四川师范大学伦理学研究所高端平台建设项目经费资助

四 川 师 范 大 学 哲 学 学 院 ｜ 承办

哲学探索

总第 5 辑

雷勇 主编

中国社会科学出版社

图书在版编目（CIP）数据

哲学探索. 2022年. 第2辑：总第5辑 / 雷勇主编. —北京：中国社会科学出版社，2023.4
ISBN 978-7-5227-1738-8

Ⅰ.①哲… Ⅱ.①雷… Ⅲ.①哲学–文集 Ⅳ.①B-53

中国国家版本馆CIP数据核字（2023）第060756号

出 版 人	赵剑英
责任编辑	刘亚楠
责任校对	张爱华
责任印制	张雪娇

出　　版	中国社会科学出版社
社　　址	北京鼓楼西大街甲158号
邮　　编	100720
网　　址	http://www.csspw.cn
发 行 部	010-84083685
门 市 部	010-84029450
经　　销	新华书店及其他书店
印　　刷	北京君升印刷有限公司
装　　订	廊坊市广阳区广增装订厂
版　　次	2023年4月第1版
印　　次	2023年4月第1次印刷
开　　本	787×1092　1/16
印　　张	23.5
插　　页	2
字　　数	446千字
定　　价	148.00元

凡购买中国社会科学出版社图书，如有质量问题请与本社营销中心联系调换
电话：010-84083683
版权所有　侵权必究

《哲学探索》编委会

（以姓氏拼音字母为序）

学术顾问 John B. Cobb, Jr. 王海明
主　　任 Baogang He
副 主 任 张海东

委　　员

Roger T. Ames	卞绍斌	蔡方鹿	陈　彪	John B. Cobb, Jr.
Gil Delannoi	樊和平	高　楠	Arran Gare	Baogang He
郝长墀	Adrian Ivakhiv		刘孝廷	雷　勇
Chenyang Li	李建华	李宗桂	马正平	Vesselin Petrov
宋洪兵	王海明	王晓华	王　寅	Zhihe Wang
文兴吾	吴书林	肖　柯	杨学功	于奇智
张海东	张桂权	张学广	周勤勤	

主　编 雷勇　吴书林
编　辑 王鹏

目 录

卷首语……………………………………………………………… 1

当代哲人评介

由彼及此：苏珊·哈克五十余年的哲学之旅

……………………………[加拿大] 马克·米戈蒂 文　颜中军 译　1

前沿问题研究

后现象学视角下技术人工物道德的哲学反思……………………曹克亮　48

CRISPR/Cas9 基因组编辑：由革命性技术引发的新老问题

…………………………………[德] Martina Baumann 文　陈云莹 译　61

基因编辑：滑向优生学？……………达维德·巴蒂斯蒂 文　曲扬 译　79

透视人类卫生健康共同体的伦理向度……………………………朱海林　95

法家哲学专题

帝制建构：秦政、秦制与汉制的次第呈现………………………任剑涛　110

中国模式中的法家因素……………………………………………喻　中　132

法家学说：世界首个科学的政治学………………………………何永军　145

法家学说与现实主义政治思维……………………………………宋洪兵　162

论先秦法家暴力化法律观…………………………………………赵　明　187

传统与当代

过程哲学专题之一：怀特海：20世纪哲学中一个被忽视的人

…………[比利时] 米歇尔·韦伯　[美] 卫安得 文　曲跃厚 译，王治河 校　197

过程哲学专题之二："站在山顶上观察事物"的哲学家
　　——怀特海的"自然"概念探析 ·· 杨富斌　206
过程哲学专题之三：地球、生命和过程思维：中国与西方
　　··························· [荷兰] 简·B.F.N.恩格伯茨 文　郭海鹏 译　232
荀子哲学的批判性发微
　　——以数术批判为中心的考察 ·· 姚海涛　247
从宗教精神的证会到宗教动力学的完成
　　——论孔子、子思与孟子的慎独之学 ····································· 张晓林　262
全球伦理：论中国道德教育的出路 ·· 俞懿娴　278

批评与对话

中国形而上学作为一个富有成果的研究课题：定义，问题和英文学界新成果
　　·· 李晨阳　方岚生 文　李璐瑶 译　291
帕托契卡对柏拉图的现象学挪用
　　································ [美] 伯特·C.霍普金斯 文　雷乐天 译　洪维信 校　306
海德格尔政治现象学：政治、自由、技术 ··· 郝长墀　322
斯坦利·豪尔沃斯之和平品格初探 ·· 杨　林　338

巴蜀哲人

建构和输出新现代人文学知识体系，塑造"文化强国"的中国形象 ······ 马正平　350

《哲学探索》征稿启事 ·· 364

卷首语

哲学探索的不仅是故纸堆里的国故和文献，还有当下社会亟待解决的危机与对策，更有那些今人尚未涉及的模糊未来。秉承着"探索"所具有的题中之意，本期承载了一系列充满探索精神的哲学思考。

"当代哲人评介"一栏收录了马克·米戈蒂的五万字雄文《由彼及此：苏珊·哈克五十余年的哲学之旅》。凭借追述哈克教授的学术生涯，作者以其四条哲学箴言为线索，全面勾勒了这位哲人的主要理论和她捍卫这些理论的方式。此文可帮助中国读者尤其是致力于当代知识论和逻辑哲学的同仁快速把握哈克的思想框架。

作为本期的重头戏，我们刊登了两个系列的特邀论文："法家哲学"与"过程哲学"。尽管法家一直因其强调"仁心不施"而在道义层面上丧失感召力，但敏锐的政治哲学家必会正视法家人物及其理论的多元性和多层次维度。《帝制建构：秦政、秦制与汉制的次第呈现》从制度史和观念史的双重角度考察了从君政到帝制的建构过程，试图扭转"秦制两千年"的简化图景。作者指出，商鞅与秦孝公开启了秦政的建构，韩非与嬴政证成了帝制的合法性，而李斯等与秦始皇则完成了秦制的构思，最终汉宣帝霸王道杂之的汉制继往开来遂成"儒家提供正当性资源、法家提供统治技艺的互补型治国模式"。《中国模式中的法家因素》提出"中国模式是中国固有的儒法传统在现代中国的'转型化延伸'之结果"，因为法家追求富国强兵、以法治国，可在根本上回应中国在当下"隐性的战国格局"中的现实需要。《法家学说：世界首个科学的政治学》则认为，因其遵循了实证的研究方法，坚持了政治与道德分离、政治与宗教神学分离的立场，以及为科学的政治学奠定了理论基础，法家学说乃是人类历史上第一个科学意义上的政治学。然而作者强调，法家政治学虽说具有科学的特点，也必须注入现代价值才能使其在当代焕发生机。《法家学说与现实主义政治思维》凸显了法家学说的"政治现实主义"，它以整体性为思想特征，以群体的生存与安全作为思考前提，以"非道德"的方式建构君臣之间、百姓之间关系的可理解性，最终铸成一种以审慎品格和"中主"政治为追求的主张,其中既含制度化、客观化的政治旨趣,又有反专制、反暴君的政治理想,可谓当代政治不可或缺的理论资源。《论先秦法家暴力化法律观》指出,法家屏蔽生命规范而成就了暴力化法律观,其所创立的目的与手段双重暴力化的法律体系,乃是实现绝对君权和"耕战"国策的工具。法家暴力化法律观长久存活于中华帝国"泛军事化"的法律秩序之中,成为"走向法治"的现代中国必须认真对待和清理的一份历史文化遗产。这四篇论文分别从模式性、科学性、现实性与暴力性的视角出发,彼此勾连、环环相扣,共同描摹了一幅法家政治哲学的立体画卷,在很大程度上还原了法家学说内在的张力和多元性,使今人能从政治科学和现实功利以及制度设计的角度重新领略和反思法家的理论贡献,为当下的理论建构和政治实践提供可资利用的古典智慧。

自19世纪末,当实证主义和自然主义先后成为界定知识的主流后,主张形而上学之合法性的过程哲学则陷入了长期以来不被知识界采信的尴尬命运。怀特海作为这一传统创建者直到20世纪80年代才逐渐恢复学术声誉。基于这一视角,本期"前沿问题研究"中的《怀特海:20世纪哲学中一个被忽视的人》指出,形而上学是一个产生重要知识的合法学科,其诉求并非完全没有意义,必须把它置于更大的历史背景中来考察;哲学的任务就在于整合不同种类的经验,构建一个足够一般、能涵盖所有学科,且足够复杂、能把它们结合起来的一以贯之的世界模型。这个模型可以协调不同学科之间的冲突,更是我们协调意见与真理、表象与存在之间矛盾的历史使命。《"站在山顶上观察事物"的哲学家》则从怀特海《自然的概念》一书中出发来深入探讨怀特海对"自然"的理解,这一考察揭示了怀特海的贡献:在相对论和量子力学基础上的以过程-关系为特征的自然概念对建立在牛顿力学基础上的实体自然概念的超越。这一贡献换作另一种视角,即是使全部科学呈现为一门完整科学的努力,因为怀特海主张,自然本身是一个系统和过程。《地球、生命和过程思维:中国与西方》指出,致使人类陷入生态危机和社会危机的罪魁祸首乃是"实体语言学",它将语言做了去场景化的理解,并把其当作是独立自主、自我包含、自我参照、凌驾于人类之上的超验封闭系统。文章从怀特海开启的过程哲学出发,对这种实体语言学三大内在局限,即对语言独立自主性神话的迷信、对语言确定性的迷恋以及对过程视角的漠视予以解构性的分析,在此基础上提出探索性建构一种服务生态文明服务的有机语言学构想。概而观之,以上三篇论文皆使读者能对过程哲学的要旨和核心思维有所领悟,若进而引发对怀特海及其后学弟子之主张有一探究竟之兴趣,便是鄙刊之幸也。

"前言问题研究"一栏取用了一系列前沿技术发展所招致的哲学反思。《后现象学视角下技术人工物道德的哲学反思》重在阐释后现象学视野下"技术人工物"的道德意义。后现象学延续传统现象学描述现实的技术路线视域，开启了道德世界中的技术调节和技术语境的分析阐释，为技术人工物的道德出场提供了合理引介，这为我们理解技术人工物的道德主体性奠立基础。《CRISPR/Cas9基因组编辑：由革命性技术引发的新老问题》解析了CRISPR/Cas9基因组编辑技术对人类的伦理影响及其可能的处理方案。作者提供了对这项技术应用的后果性论证，不仅考虑到潜在的收益和风险，还考虑到经济问题，有助于我们达到社会共识。《基因编辑：滑向优生学？》讨论了基因编辑的伦理辩论中一种经验主义版本的滑坡论证。作者从滑坡论证的视角考察了传统与自由主义的人类强化与优生学，探讨基因编辑滑向优生学的实际可能性。《透视人类卫生健康共同体的伦理向度》则指出，人类卫生健康共同体是利益共同体和责任共同体的统一。实现各国卫生健康利益共存、共享、共赢，促使各国承担国内、国际和未来卫生健康治理责任，是构建人类卫生健康共同体的本质要求和伦理进路。

"传统与当代"一栏除了上述过程哲学系列论文之外，还采纳了中西古典哲学的一系列隽永文章，试图凿除横亘在古今之间的智性障碍。《荀子哲学的批判性发微》围绕数术批判为中心，深入考察荀子哲学的批判性。具体表现为对占卜、相术、巫术鬼妖的批判；其批判性凸显出浓厚人文精神和理性特色，潜藏着儒家特有的价值理性底蕴。《从宗教精神的证会到宗教动力学的完成》则从孔子、子思、孟子三人的文本出发，剖析出慎独之学内蕴的宗教形态之三阶段的发展，并以宗教动力学的方式彻底完成。《全球伦理：论中国道德教育的出路》指出，在科技进步、全球化、社会多元化的大背景下，中国道德教育的出路在于落实"全球伦理"，这一伦理以中国人本主义传统及其宇宙观为基础，可汇通西方过程哲学的有机宇宙观，它首重培养全球意识与全球责任感并守护传统中国的品德价值。

"批评与对话"一栏我们依然如往期一样选择了跨学科、跨文化、跨时代的对话之旅，旨在消弭不同传统与学问之间的误解。《中国形而上学作为一个富有成果的研究课题：定义，问题，和英文学界新成果》作为横跨中西形而上学的对话桥梁，它概括了近期英文学界对中国哲学的研讨兴趣：中国的形而上学。该文表明了中国形而上学的一些核心特征和最新研究成果，为这个领域的光明未来给予乐观的展望。《帕托契卡对柏拉图的现象学挪用》则是试图跨域古（柏拉图）今（现象学）的探究之路。文章主要考察帕托契卡在《柏拉图与欧洲》中对柏拉图的现象学挪用，并认为这种挪用从根本上受到了"所谓的未成文学说"之影响。《海德格尔政治现象学：政治、自由、技术》则是跨越政治学与现象学两个领域的尝试。该文试图在海德格尔前后期著作中发现两种"政治现象学":"公众性"政治现象学和"框架化"政治现象学,前者挖掘的是作为自由的此在与他人之间的非本真政治关系,后者解释的是人类历史的本质在现代政治中表现出的高度一致性,使得人成为一种原材料的虚无主义境遇。《坦利·豪尔沃斯之和平品格初探》是一场横跨自由主义与基督教神学、人与神、教会群体与个人的对话性探索,它以豪尔沃斯的"和平主义"主张为出发点,厘清了该立场的逻辑脉络。

"巴蜀哲人"一栏我们推出马正平教授的一篇文章。此文乃是对马教授 50 年学术生涯之理论贡献的概括和畅想。《建构和输出新现代人文学科知识体系,塑造"文化强国"的中国形象》在面对当代人文社科所遭遇的困境之时,提出了中国传统人文学知识的超越性成果。这是在波兰尼的默会认识论和后批判知识观的基础上,揭示出人类知识观变革的新出路和新成果,包括:时空美学、非构思写作学、非形式逻辑学、实践哲学原理和语文课程论等,而这些理论又互相支持、汇聚一炉,可谓蔚为大观。这为我们探索超越现代主义的人文知识体系提供了坚实的理论基础。最终,作者提出倡议:进行 4.0 版的中国人文学科的知识更新,为我国塑造"文化大国"和"文化强国"的形象设想了一套方案。

当代哲人评介

由彼及此：苏珊·哈克五十余年的哲学之旅*

[加拿大] 马克·米戈蒂 文　颜中军 译

【内容摘要】本文以苏珊·哈克反复强调和身体力行的四条哲学箴言——走自己的路、当心错误的二分法、坚持下去、别忘了这个世界——为线索，对苏珊·哈克五十余年的职业生涯及其哲学成就做了全景式考察，相当翔实和细致地剖析了苏珊·哈克的思想背景、学术动机、主要作品和核心议题，阐释了苏珊·哈克做哲学的方式、忠告和启示。这对于整体了解苏珊·哈克的哲学思想和具体从事哲学研究都大有裨益。

【关键词】苏珊·哈克；哲学箴言；变异逻辑；基础融贯论；信念的证成

苏珊·哈克（Susan Haack，1945- ），当代著名哲学家、逻辑学家，新古典实用主义杰出代表。现为美国迈阿密大学人文科学杰出教授、艺术与科学库珀高级学者、哲学教授和法学教授。迄今已出版《变异逻辑》《逻辑哲学》《证据与探究》《理性地捍卫科学》《证据事项》《重新整合哲学》等著作 13 部，发表论文 240 余篇，在世界各地举办学术讲座 700 多场（2004 年、2009 年两度来中国巡回演讲），她的作品被翻译成 16 种语言，在 32 个国家出版。

苏珊·哈克思想敏锐、视野开阔，涵括逻辑和语言哲学、认识论、形而上

---

* 本文译自 Mark Migotti. "From There to Here: Fifty-Plus Years of Philosophy with Susan Haack", *COSMOS* + *TAXIS*, Vol. 8, Issue 4 + 5, 2020, pp.4-37. 为了方便读者了解文章内容，译者添加了摘要、关键词及苏珊·哈克的简介。另外，原文参考文献存在几处缺漏和错误，译者做了必要补充和校对并予以说明。北京大学哲学系陈波教授对译文做了全面审校和斧正，特此致谢！

基金项目：国家社会科学基金重大资助项目"当代逻辑哲学重大前沿问题研究"（项目号：17ZDA024）阶段性成果；湖南省教育厅优秀青年项目"现代逻辑多样性及其演变脉络研究"（项目号：20B234）。

学、科学哲学、实用主义、法哲学、证据法，以及社会哲学、女性主义、文学哲学等领域，提出了一系列重要主张，例如逻辑的整体多元论、信念证成的基础融贯论、坦诚的实在论、批判的常识主义等，引发了持续不断的热议。她大力弘扬以皮尔士为代表的古典实用主义精神，将其贯彻到几乎所有探究领域，学界称其为"皮尔士思想的外孙女"，她的"纵横字谜游戏"已成为广为流传的重要隐喻。鉴于哈克的卓越贡献和巨大影响，2005年英国伦敦的《星期日独立报》将其誉为历史上最重要的10位女哲学家之一；2007年被列入皮得·J.金的《大哲学家100：世界上最伟大的思想家生平及成就简述》；2016年9月被美国教育网站The Best Schools评为全球50位最具影响力的在世哲学家。

尽情生活；勿留遗憾[①]

只有奥德修斯（Odysseus）才能拉开奥德修斯的弓[②]；除了苏珊·哈克（Susan Haack），还有谁能讲述苏珊·哈克的哲学故事呢？仅当一个人具有她那样的视野，对细节的洞察力，对联系的感知，对焦点的敏锐，以及对事情刨根问底的非凡决心，才能够对她的作品做出恰如其分的评价；除了哈克，没有人具有那样的视野、洞察力、感知、敏锐和决心。此外，我们已有一份由哈克教授亲手编写的哲学履历[③]；所以你可能会想，还有什么能让别人去做呢？好吧，在刚刚提到的文章中，哈克基本上不谈她是如何走到今天这一步的，只阐述她的主要观点，而没有探讨它们的起源[1](p.550)。因此，现在的任务是：追溯哈克从20世纪60年代末的学徒式哲学家到（嗯哼）很早就成为哲学名家的历程。[④]

我的目标是，通过考察哈克取得哲学成就的途径，来突出和阐明哈克的哲学成就。按照克尔凯郭尔的观点，"我们生活要向前，但理解要向后"[2](p.161)。然而，这是不可能的，除非我们对哈克继续要做的工作有充分的理解。在她卓有成效的类比中，一般的人类探究，尤其是她自己的探究，就像一个巨大的填字游

---

① 《奉使记》(*The Ambassadors*)中的小比尔汉姆（Little Bilham），p.215。
② 又译作俄底修斯，拉丁文名为尤利西斯（Ulysses），古希腊神话中的英雄，荷马史诗《奥德赛》(*Odyssey*)的主人公。据说，他使用一张只有他自己拉得开弦的巨大弓箭，在千里之外狙击对手，箭无虚发。——译者注
③ 参见 Haack, Susan., "The World and How We Know It: Stumbling Towards an Understanding", *Estudios filosóficos*, LXVII, No.196, 2018, pp.549-561. 简称 WKS，2018年。（补充了简写文献的全名和出处。在后文引用该文献时，统一标注为 WKS。——译者和编者注）
④ 在她对本卷的贡献中，哈克写出了她在 WKS 中所忽略的内容。通过回顾自己的职业生涯，她反思了她的想法的发展，以及这些想法是如何被独特的思维习惯和性格品质来滋养和维持的。读者必须判断这篇文章是如何有效地补充了"Not One of the Boys: Memoirs of an Academic Misfit"（简称 NBAM）的内容；这意味着从不同的角度探索同一领域的必要性。（对原文文献名称信息及简写错误做了补充和校改。——译者注）

戏，在她职业生涯的大部分时间里，哈克的工作条目都位于字谜游戏的"元层次"之外。然而，如今随着哈克的书籍、文章、讲座和采访的迅速积累，字谜网格这个角落已经大幅增长。① 还有什么比从哲学史的视角来探讨哈克的世界观，以及推动其发展的态度和论证更适合的呢？

我从哈克所践行和体现的四条哲学箴言开始——两条表达思想的品质，两条关乎该学科的方法论和主题。这些戒律从一开始就活跃在哈克的工作之中，并以多种方式相互强化。通过考察哈克职业生涯前半部分的智识之旅，我简要介绍了这些内容，然后用它们来解释她的主要作品和核心主题。

当哈克"升入"牛津大学时，她被引入的哲学，带有这门学科被大肆吹捧的"语言转向"（linguistic turn）的标志。无论是披着维特根斯坦式的，还是卡尔纳普式的，或者蒯因式的，或者奥斯汀式的，或者达米特式的，或者戴维森式的装扮，哲学的"语言的—概念的—分析的风格"（linguistic-conceptual-analytical style）[3](p.235) 已然大获全胜。在某种程度上，哈克第一部严肃的哲学著作——《论歧义性》（ambiguity）就带有这种意见一致的痕迹。歧义性是语言的一个特征。虽然逻辑学教师们长期以来一直猛烈抨击模棱两可（equivocation）谬误，但那种持续的、系统的关注，举个范例来说，吉尔伯特·赖尔（Gilbert Ryle）为"系统的误导性表达式"②所造成的哲学恶作剧付出了代价，是20世纪大部分时间里主导英语世界的哲学方法的独特之处。即便如此，苏珊·哈克的博士论文似乎并不是围绕某个"热门话题"而写的。事实上，她回忆说，人们对她所选择的主题的普遍反应是困惑不解：歧义性是一个真正的哲学问题，而不是一个普遍的哲学障碍吗？——这让我想到了哈克哲学思想中的第一条箴言：**走自己的路！**作为学生，她凭借天生的本能观察到这一点；随着时间的推移，她越来越觉察到它的根本重要性。从牛津到剑桥，从歧义性到择代逻辑。用当时的行话来说，哈克从日常语言转向了理想语言，从自然语言的转折和比喻转向了形式演算的要点和目的——哈克的风格从来就不是随波逐流。初出茅庐的她敏锐地意识到歧义性对清晰思考可能造成的危害及其对哲学造成的特殊危险，所以她的第一本书的灵

---

① 截至2020年7月1日，共有12本书、230多篇文章（重印和翻译的文章更多）和700多场讲座。哈克的作品被翻译成16种语言，在32个国家出版。

② 参见赖尔的同名文章（1931-1932）。在人文学科研究中，对语言的本质和重要性的理解发生了翻天覆地的变化，这种看法在哲学之外也广泛存在，就像乔治·斯坦纳（George Steiner）的《治外法权》（Extra-territorial）的副标题所显示的一样："关于文学和语言革命的研究论文"（Papers on Literature and the Language Revolution），它是在哈克完成她的博士论文时出版的。

感来自这样一种需要，即澄清科学和哲学中的形式方法和形式逻辑。这就引出了哈克哲学的第二条总结性箴言：**当心错误的二分法！**经典逻辑要么是一切的一切，要么根本就不够，它的学术地位是由历史的偶然性和智力神经的衰竭造成的；形式方法要么至高无上、主宰一切，要么只是数学家、计算机科学家、统计学家等人的专享特权，并且在哲学中应该严格保持非常有限的地位。《变异逻辑》（*Deviant Logic*，简称 DL）的读者更了解这两个方面。

从剑桥到华威（Warwick）……从原创性学术到一本教科书？不，并非如此。虽然它对课堂教学很有帮助，但《逻辑哲学》（*Philosophy of Logics*，简称 PhL）的独特之处在于，它实际上做了作者尝试希望它做的事情，以及许多用心良苦但造诣不深的学者过于乐观地希望他们对这个或那个的介绍性考察想要做到的事情："既对学生有用，同时又让老师感兴趣。"[4](p.xiv)《逻辑哲学》能够立即为其领域作贡献并且引入它，从而解决了一种从哲学延伸至整个现代大学的伪困境：教学与研究之间令人反感的对比。《逻辑哲学》的读者们不会对作者经常获得教学奖而感到惊讶。随着哈克的教学超越课堂，延伸到她的出版物、哲学对话等，所以她"自己的工作"不仅是在教室里进行的，也是在她的研究中、在演讲厅、通过电话等形式进行的，即一种罕见而独特的哲学生活。

从华威到迈阿密……从逻辑哲学到认识论？有点快，但不是那么快。因为哈克在逻辑哲学方面的工作一直致力于更一般地理解逻辑在人类探究中的地位；[5](p.xxvi) 这使得认识论从一开始就至关重要。"如果纯逻辑不是结论性的，那还有什么是结论性的呢？"[6](p.82)①——哈克在扩大她的认识论范围时，不经意间为这个蒯因式谈话禁忌打开了一个富有启发性的视角。作为《变异逻辑》的座右铭，这本书带着些许讽刺意味，很好地引入了一种明智的探究，探究什么才是纯逻辑；根据认识论需要多大程度的重构，它变成了一个真正的问题，而不是一个修辞问题，它需要一个简单的答案：什么都没有，任何信念、理论、探究部门或推理形式在不可错的意义上都不是"结论性的"；从认识论上来说，没有任何保证可言。

自从定居科勒尔·盖布勒斯（Coral Gables）以来，哈克去过的地方很多，但也很偶然；在住所方面，她一直待在一个地方。在智识上，她拓展了自己的视野，探索了新的领域，深化和完善了长期存在的主题和想法，放大和收紧了关键论证，填补了空白，充实了草图和建议；但自从出版《证据与探究》（*Evidence and Inquiry*，简称 E&I）以来，她再没换过住址，让这本游记有了一个方便的落

---

① 原文所引之蒯因文献（Quine, 1971）编者并未找到。——编者注

脚点。我以苏珊·哈克的方式和信念，用剩下两条哲学箴言来结束这篇文章：**坚持下去！别忘了这个世界！**

　　坚持下去意味着不要丧失信心，不要忘记当你真正全身心投入工作时能得到什么。刚开始接触哲学时，通常会时而激动，时而烦恼；为哲学的博大精深而振奋，却怀疑其探索深度和理解广度的能力。如果怀疑和猜忌占了上风，那么你将无法坚持下去，你可以去上课、写文章、参加会议、编辑期刊等；但这一切都无济于事。不管有意或无意，你都会变得愤世嫉俗；从事那些需要全身心投入的活动，无须对其观点和目的做出承诺。① 正如诺斯罗普·弗莱（Northrop Frye）所说："除非一个人有充满激情的思考欲望和强烈的思考乐趣，否则他不可能开始正确地思考"——一个能引起共鸣的真理，值得镌刻"在哲学之城的每一面墙上"。②

　　对哲学的需求可能会以微妙和迂回的方式减弱，例如通过吸收热情的主要源泉。在失败和困难的打击下，一个有抱负的哲学家可以听到草根革命的号召并注意到它，可以开始抱着一线希望，希望这个现在吸引所有人注意的新方法或途径最终会迎来坚实的进展和真正的成功：扔掉我们哲学前辈的古董首饰；采用更适合现代人口味的方法和技术。③ 因此，必须坚持**箴言二（避免错误的二分法）**，并且"记住，从一个错误的极端走向相反的极端，这种愚蠢行为是多么普遍"④；还要记住，当周围的人都失去理智时，让自己保持头脑清醒是多么困难，这让我们想起了**箴言一（走自己的路）**和不要随波逐流的根本重要性。

　　分析哲学家可能会欢迎这种观点，即哲学问题是语言问题，因为它被认为有助于哲学与科学时代相适应。如果语言对于哲学而言具有某种独特而深刻的重要性，就像逻辑的—语言的—概念的分析的拥护者所认为的那样，那么关于语言的范围和目标的站不住脚的概念就可以被更容易理解的概念所取代。从它自己的广角镜头来看，语言转向似乎是西方哲学史的第三次高潮。起初，故事是这样的，哲学天真地试图解决一切问题；接下来，随着笛卡尔和现代科学的兴起，哲学

---

　　① 哈克明确指出了犬儒主义在精神生活中的害处，例如在标题"不是犬儒主义，而是连续主义"中以及《捍卫科学》的副标题中——"在科学主义和犬儒主义之间"。

　　② 还有著名的皮尔士的**理性的第一规则**：不要阻挡探究之路。理性的第一规则本身与弗莱的格言非常相似：为了学习，你必须渴望学习，并且在这种渴望中，你不能满足于你已经倾向于思考的东西（RLT, p.178）。关于理性的第一规则，见 Haack（1997）和 Migotti（1995）；关于推论，见 Haack（2014a）。

　　③ 一个典型的例子是，在斯蒂芬·斯蒂奇（Stephen Stich）、保罗·丘奇兰德（Paul Churchland）和帕特里夏·丘奇兰德（Patricia Churchland）的散文中所发现的，"注意到雄心勃勃地渴望着比旧的、过度放牧的认识论领域更绿的牧场"，这背叛了"为革命而革命的热情"（E&I, p.238）。他们支持那个弄巧成拙的论点——传统认识论对信念证成的关注是不合时宜的，因为信念是"民间心理学"虚构的产物。

　　④ 托马斯·里德（Thomas Reid），EIP VI 4，《证据与探究》的题词。我注意到**箴言二**所谴责的错误的二分法包括错误的极端、错误的前提等。

家们开始特别关注我们获取"外在"事物（如果有的话）的最基本方法，这种方法独立于我们心灵的变幻莫测；在伊恩·哈金（Ian Hacking）所谓的"思想鼎盛期"（heyday of ideas，A 部分）[7]中，他们将意识视为心灵与世界之间的"界面"（interface），正是这种"界面"赋予了哲学真正的主题。最后，由于弗雷格、罗素、摩尔等人的努力，公共语言取代了个人经验成为关键的理解媒介①，它让史前哲学走向了终结，富有成果的哲学得以开启。②

一旦上了它的当，你就会怀疑分析哲学是否有能力达到它所宣传的效果，你可能会发现有必要写一篇题为"迷失的世界"之类的文章。③

从语言和世界之间的巨大鸿沟开始，对应于一个整洁的劳动分工：在追求自成一体的"基础性"（foundational）理解过程中分析概念的哲学工作与在追求朴素的旧实证性知识的过程中使用和发明概念的科学工作；你最终将与理查德·罗蒂的庸俗实用主义（vulgar pragmatist）挥手告别，并且摆脱世界和哲学。

因此，我们看到，哈克哲学的这些箴言不仅仅是哈克的哲学箴言，而且对于哲学、时代或者至少对于作为探究分支的哲学来说也是需要的④：当你追随潮流时，你就把哲学塑造成了一种改变时尚的东西。⑤当你意识到这一点时，你坚持下去的能力将会受到考验，就像在面对由有害的假设和错误的二分法造成的虚假争论和伪问题时一样的无聊和沮丧。现实地说，如果你忘记了这个世界，你就失去了你所拥有的一切。

现在让我们回到 20 世纪 70 年代，看看哈克在逻辑哲学方面的工作。

---

① 在欧洲大陆传统中，意识并没有被语言取代，但它的研究是在现象学术语，而不是在形而上学—认识论术语中被（重新）构思的。

② 赖尔关于系统性误导表达式的文章的第一句话如下："哲学论证即使不是全部，也总是在很大程度上试图弄清楚'如此这般说意味着什么'。"（p.139）其中暗含的意思是，只有到现在，这一突出的事实才能得到充分揭示。在 20 世纪 80 年代早期，哈克曾经说过，这种哲学可能是受到了这类哲学思维最后喘息的鼓舞，臭名昭著的"戴维森热"现象（哈克在早期对其进行了尖锐的批评，见后文的"塔斯基和真"）开启了完全致力于以"-ingly"结尾的英语副词的哲学博士论文的研究前景。

③ Richard Rorty（1982:pp.3-18）。参见他对早期工作《语言哲学的元哲学困境》（Metaphilosophical Difficulties of Linguistic Philosophy）的回顾性评论："在 1965 年的那篇文章中，我发现最引人注目的是我对待'语言转向'现象的认真态度，这在当时对我来说是多么不可思议。我又吃惊又尴尬，但又觉得有趣地重读了一遍（现在令我震惊的段落），就像一个年仅 33 岁的哲学家试图说服自己，他很幸运地出生在正确的时间。"（1992[1967]:p.371）他评论的那篇文章是这本书的原版的介绍性文章。从哲学上讲，29 岁的哈克不用担心她是否出生在正确的时间这个毫无意义的问题，她直接切入了正题。

④ 相对于维特根斯坦的疗法，或概念性家务的练习，或一种文学体裁，如罗蒂在 1982 年的《哲学作为一种写作》（Philosophy as a Kind of Writing，pp.90-109）中，以惊人的一致性坚持认为，这是"一种写作"。

⑤ 皮尔士："[固定信念的先天方法]使探究成为一种类似于品味发展的东西；但不幸的是，品味或多或少总是与时尚有关。"（CP 5.383）彭斯（Robert Burns）："有独立心灵的人，看了只会嗤笑那一切。"（出自英国著名诗人彭斯的《男儿当自强，不管怎么样》中的诗句。——译者注）

形式上的结果与哲学上的探索

哈克的第一本书从一个简单的事实出发,即"存在许多逻辑系统……它们以这样或那样的方式不同于经典逻辑"[8](p.1),探究了与经典逻辑有良好动机的激烈竞争的可能性及其后果。对于一个在形式上与经典逻辑不同的逻辑系统来说——允许不是经典系统中的定理的符号串作为定理,或者经典逻辑中没有这样的符号串——这并不意味着它提供了一个经典逻辑的真正替代者。确实,一些哲学家认为经典逻辑必须免于根本的修正(revision)或校正(correction),而《变异逻辑》第一部分的重要内容就是对这方面的论证进行批判性审查。

哈克认为,那些主张逻辑具有一种特殊的、不可修正的地位的理由,与逻辑学中的"绝对主义"观念密切相关。根据这种观念,"逻辑是绝对确定的,因此是完全不变的"[9](p.25)。康德声称,由于逻辑不会被偶然经验驳倒,因而有理由认为它也应该免于修正。虽然经验科学的结论可能是试探性的和可错的,事件(黑天鹅、黑洞)的惊人转变从来都不是不可能的,但这种论点进而认为,逻辑没有这种可能性。① 康德认为,在亚里士多德的逻辑著作中"没有遗漏任何基本要点",因此,"在我们自己的时代没有著名的逻辑学家,事实上,我们也不需要在逻辑中有任何新发现"[10](pp.10-11),这并不是偶然的。弗雷格是取代亚里士多德三段论的现代逻辑创始人,他认为逻辑是不可修正的,因为它的规律是不证自明的。康德式的绝对主义和弗雷格式的绝对主义都因人们在逻辑上会犯错这一倔强事实而受到谴责。康德坚持认为,逻辑只包括那些对理解(understanding)②的任何运用都是必要的规则,如果没有这些规则,理解任何东西都是不可能的;他承认,这使得错误推理(mistaken reasoning),"在这个词的形式意义上的错误"[11](p.44),神秘到难以解释的地步。而弗雷格的《概念文字》建立在不一致的公理集之上,其中每一条公理都被认为是不证自明的真理。

如果逻辑不是绝对确定的,或许需要修正,那么可以看作"与其他'科学'理论并无二致,除了它的极端普遍性"[12](p.26)。有人反对说,这种"实用主义"逻辑观念是自毁长城的,因为根据相反的证据来修正理论和信念的想法本身预设了无矛盾律。在回应这个反对意见时,哈克承认"在实用主义画面的呈现中,有些逻辑被认为是理所当然的"[13](p.37)(添加了强调),但她否认这种指责:"假设这表明这幅画面是不一致的,那么他忘了什么才是至关重要的,借用纽拉特的形

---

① "逻辑中永远不可能有意外。"[Wittgenstein,《逻辑哲学论》(*Tractatus*),6.1251,原文强调]
② 英文 understanding,通常译为知性。本文遵从字面意思,一律译为理解。——译者注

象比喻来说，在漂浮的时候重建我们的木筏。"（同上）事实上，忘记我们在纽拉特的船上，就是忘记这个世界。在这个世界里，容易犯错的、有血有肉的人类探究者"做逻辑"（do logic），设计工艺系统，解释风险事件，做出发现和犯下错误，并从中获得教益。

与其他理论领域的标准实践一样，在这幅实用主义画面上，相互竞争的逻辑的相对优点应该"基于对[它们所产生的]整体信念集的经济性、融贯性和简单性的评估"[14](p.26)来考量。鉴于这一观点与蒯因的论点相一致，即"引导[每个人]扭曲他的科学传统以适应他持续不断的感官刺激的考虑是理性的、务实的"[15](p.46)，哈克把这位有影响力的哲学家作为"一位强大的盟友"[16](p.26)，试图捍卫她的实用主义逻辑哲学，驳斥绝对主义的反对意见。正如她意识到的，但蒯因没有意识到，在相互竞争的逻辑中做出理论选择时，要详细阐明这种"实用主义"法则的应用前景是多么困难，当你试图确定理论的相对经济性、简单性和融贯性，并证成这些评估维度与理论的可能真理的关系时，棘手的问题会迅速增加。对于这些问题，一个令人满意的实用主义逻辑解释需要比哈克（或蒯因，或任何人）在1974年所提供的答案更好的答案。逻辑哲学需要认识论——所以《变异逻辑》的作者写《证据与探究》也就不足为奇了。① 在需要坚持下去的时候，她坚持了下来。

在《变异逻辑》扩展版序言中，哈克告诉读者，她没有对原著进行"严格的单独处理"，并不是因为她对书中所涉及的主题的思考还停留在她写这本书时那样，而是因为"现在重写它至少需要十年工夫"[17](p.ix)，这样做的大部分原因与刚才提到的问题以及蒯因对它的回避有关。尽管如此，她现在后悔自己在职业生涯之初倾向于一种"让蒯因设定了太多议程"（同上）的方式来探讨逻辑的可修正性，她这样做使她根除了蒯因逻辑哲学中一个严重的紧张关系，这种紧张关系不过是贯穿于整个蒯因哲学中众多矛盾和含混纠缠在一起的一种表现。②

逻辑实用主义被设想成与绝对主义相冲突，但它与经典逻辑的保守特权和想要看到经典逻辑从传统基座上被移除的更激进意愿之间的对比关系并不直接。简

---

① 难怪，当她被要求对她的第一本书中所出现的紧张关系——一方面，她坚定地承诺在必要时修改经典逻辑；另一方面，她"在《变异逻辑》第二部分的讨论中，又不愿支持……任何特定的变异系统……"——做出解释时，哈克的回答很有说服力："逻辑上的进步和任何智力上的进步一样困难，因此，如果从我们现在称为经典的系统出现以来，错误的开始比真正的突破还要多，也就不足为奇了。"（DL, p.xvi）这位哲学家在她的第一本书中以适度的理由为她的实用主义逻辑观辩护，这些理由似乎是"最可接受的备选方案"（DL, p.40）。后来，她将一部论文集命名为"一个热情的稳健派的宣言"，同样也就不足为奇了。

② "到20世纪80年代末，……我得出的结论是，尽管[蒯因]以清晰著称，但他实际上是一个模棱两可大师。"[Haack(2013b:574)]

单性观念很容易受到完全熟悉性的影响；我们认为理所当然的东西似乎是简单的，而新东西可能看起来是不必要的复杂的。① 但是，通过影响什么东西算作简单的，如果允许熟悉和强化在平衡中起到积极作用，无论是公开的还是暗中的，那么"选择最简单的理论显然是激进的建议……会陷入最严格的保守主义"[18](p.40)；正如蒯因的例子所表明的那样：同一位哲学家借用纽拉特的水手在开阔水域重建船的形象作为《语词与对象》的题词，声称相信真正的择代逻辑学家，就像所谓的前逻辑时代的人一样，是"糟糕的翻译家"[19](p.387)虚构的发明。在《变异逻辑》第二版出版 20 年之后，哈克描述了蒯因的论点，即对逻辑词汇的可接受翻译的限制要求把逻辑保守主义看成是"令人困惑和混乱的"[20](p.20)。这里不是详细描述这些混乱的地方，我将让她推翻一个特别令人震惊的案例来代替整个故事：

> 最大程度使（激进翻译家的信念与那些目标语言使用者的信念之间）相一致的原则要求，只有在假定经典逻辑是正确的情况下，正确的翻译才能始终保持经典逻辑的优势地位……只有同意经典逻辑确实是明显的，[蒯因的] 箴言"保存明显的"才保护了经典逻辑（同上）。

在为逻辑实用主义辩护时，哈克谈到"寻找某个可以开始的前提，并在此基础上希望达成某种程度的一致"[21](p.30)所面临的困难——这一点臭名昭著地适用于一般哲学，但是，也许由于其基本原则和公理被假定为不证自明，逻辑学有时被认为是一个例外（exempt）。巴克利·罗瑟（Barkley Rosser）和阿特韦尔·特奎特（Atwell Turquette）正是本着这种思路，要求有原则地推迟哈克作为博士生时所进行的那种研究，认为只有当"这些系统的精确形式发展到相当完善的水平，甚至超出了目前的工作所达到的水平时"，考察多值逻辑系统的意义和解释才是有价值的[22](p.2)。在他们看来，那些已经提出的解释多值逻辑的建议"尚不成熟"，并告诫说没有一个建议"值得认真对待"（同上）。作为回应，哈克发现，二十年后仍不清楚"作为经典逻辑竞争的非标准系统与仅仅是经典逻辑补充的非标准系统之间，或者包含真值间隙假定的系统与包含中间值假定的系统之间，可能会有什么形式上的区别"[23](p.xxvi)。

从表面上看，添加某些东西与修正或校正某物之间的区别是很明显的：在你的房子上加盖第二层是一回事，旧屋翻新或者搬迁到其他城市又是另一回事。但是，在涉及扩大形式逻辑的范围，使之能够处理诸如模态、义务或法律，与用多

---

① 参见尼采（Nietzsche）"所有长寿的东西都逐渐充满了理性"（Daybreak, §1）。

值系统取代二值谓词演算之间的区别时，困难就会激增；就像当你试图阐明如下确切区别时一样：一个不适用于某个领域的谓词（好比真和假不适用于问题或命令），和一个谓述的主语容许在两个迄今为止相互穷举和排他的谓词之间存在第三个谓词（例如卢卡西维茨认为，为了对未来偶然陈述做出正确的解释，需要一个中间值 M，在某种程度上与 T 和 F 处于相同基础之上，但与它们都不同）。

如果与经典逻辑真正竞争的纯形式标准是可能的，那么人们应该能够在专有的句法术语中区分单纯的记法变体和更实质性的东西。但这似乎并不可行：无论《数学原理》的定义、公理和定理是用波兰记法表示，还是用罗素和怀特海的记法表示，抑或任何其他记法表示，所得到的逻辑仍然是《数学原理》中的那个逻辑而不是其他东西。但是，我们怎么知道，当一个逻辑系统的定理集中缺少某一串符号，例如"p∨⌐p"，相当于该系统不支持把排中律当作一条逻辑法则，而不是它的设计者选择使用"'∨'作为一个（反常的）符号用于通常记为'∧'的运算"[24](p.7)？我们如何能区分经典逻辑的真正竞争和因相同符号被赋予不同含义或者将不同符号赋予相同含义而产生的竞争假象？从句法上来说，我们不能区分；这就是为什么把对经典逻辑挑战问题的哲学反思局限于非经典系统的形式进展是无益的。① 事实上，情况正好相反：因为纯形式特征不能区分旨在扩大经典逻辑范围的演算和旨在修复被觉察到的缺陷的系统，或者区分完全缺乏真值和除"真"和"假"之外的真值，"有时不确定什么样的形式研究才可能是有成效的"[25](p.1)。这绝非太早，"对采用非标准系统的哲学而非纯形式的后果进行认真检讨是……早就应该完成的"（同上）。

为了解决修正和/或校正经典逻辑的问题，哈克需要揭示形式逻辑本身的特征和特权（或者缺乏这种特权），除此之外，还包括一般的形式方法和进路的范围与限度。在《变异逻辑》面世后的几年里，她转向了当时刚刚兴起的各种非标准逻辑，这些逻辑是多值逻辑"模糊化"（fuzzifying）的结果。在哈克撰写和修改她的论文的形成阶段，模糊逻辑（fuzzy logic）很快就风行起来，被吹捧为有潜力对涉及不精确概念的推理、心理分类、阈值现象、模式识别和计算机学习等主题做出重大贡献。② 在《我们需要模糊逻辑吗？》和《逻辑哲学》[第9章，"逻辑与逻辑学"（Logic and Logics）]中，哈克试图将小麦和谷壳分开——结果发现大部分是谷壳。

在对罗瑟和特奎特的回应中，哈克提请人们注意仅凭形式问题的逻辑思考

---

① 这也解释了为什么蒯因认为所谓的择代逻辑只能是经典逻辑的非正统刻画。
② Morgan & Pelletier（1977:79）。其中，每一个被引用的主张都可以在其参考文献中找到。

而造成的哲学贫困；在她批评洛夫蒂·扎德（Lofti Zadeh）试图通过将模糊谓词（vague predicates）解释为模糊集（fuzzy set）来刻画含模糊谓词的推理时，她提醒我们逻辑探究的形式维度的哲学重要性；像往常一样，她避免了险恶的"要么全有要么全无"主义（all-or-nothingisms）。

扎德关心的是给予模糊性（vagueness）应有的权利，而不是忽视它或者将它排除在外，他与像席勒（F. C. S. Schiller）或斯特劳森（Peter Strawson）这样的形式化的批判者有一些重要的共同点。但是，当他们"强调任何形式系统对于刻画日常语言微妙之处的不充分性"[26](p.237)时，他却反常地提出了一种旨在使模糊性易于处理的形式主义。其结果是一个像鲁布·哥德堡（Rube Goldberg）那样的逻辑系统，这样一个形式逻辑"缺乏现代逻辑先驱们希望逻辑应该具备的所有特征"，轻率地"牺牲了传统上被视为形式主义的关键优势——精确的形式推理规则，一致性和完全性结果所提供的安全性"（同上）。"模糊逻辑"根本不是什么新逻辑系统；它是一项"自相矛盾的事业"[27](p.xi)。

在《逻辑哲学》的序言中，哈克解释说，她已经开始支持"一种受限制的多元论而不是暗中支撑《变异逻辑》的一元论"[28](p.xiv)；在她对模糊逻辑的批判中，凸显出"受限制"的重要性。模糊逻辑将推理解释为"近似的而非精确的，[和]语义的而非句法的"[29](p.236)。虽然从"近似A"到"近似B"的相应推论的通常的精确有效性可以赋予从A到B的推论的"近似有效"（approximately valid）概念的语义含义，但"近似的句法后承（概念）是相当令人困惑的（你要么在A之后的下一行写B，要么不写；你不能近似地写出来……）"（同上）。经过仔细考察，发现模糊逻辑的整个形式装置"几乎完全是多余的"，因为"[使逻辑模糊]的真正工作都是在非形式语言分析的层面上完成的"[30](p.238)，自然语言中的模糊谓词，根据设计，变成了形式主义中的模糊对应物。逻辑多元论，是的，也许没有唯一"正确的逻辑"。但是，并非所有声称是逻辑的形式系统都值得赞誉①——这就是为什么，尽管"存在支持变异逻辑的论证，为[逻辑实用主义观点]提供了一些初步合理性"，但它并没有解决问题，因为"这种逻辑的支持者可能会误解他们自己事业的本质"[31](p.26)。尤其是在哲学领域，弄清楚你自己事业的本质就已经成功了一半。所以，走自己的路有时不仅需要坚持自己路线的勇气，而且还需要心甘情愿地放弃错误的道路；当你试图了解这个世界的时

---

① 俗话说，"闪光的东西未必都是金子"。哈克把这句话的缩写形式作为她对斯蒂芬·沙平（Stephen Shapin）备受吹捧的《科学生活》（*The Scientific Life*）的精辟评论的标题。

候，你就会更多地了解自己；反之亦然。①

但是，哈克被告知[32](p.29)，模糊逻辑一定是正确的，因为它支撑起了有效的模糊技术。医生治愈你自己；不要忘记这个世界！嗯，她回答说——在"一个漫长而炎热的夏天"[33](p.89)修改了电气工程的必要基础之后——虽然"空调、电饭煲、摄像机、洗衣机、交通信号灯、地铁制动系统等模糊控制器确实能发挥效用"，但这"对于确立[扎德的]模糊逻辑的哲学诚意毫无帮助"[34](p.230)。模糊控制器将模糊输入转换为模糊输出；例如，温度从过冷到过热到中间温度，电机速度从慢到中到全速。扎德风格的形式主义的实际工作是将模糊输入集转换为模糊输出集；在模糊集合理论中，由于隶属关系是以度来表示的，一个精确的温度，比如 65 华氏度，可能是"恰好" 0.6 度，或者"冷却"到 0.2 度等。所以在 65 度时，"如果温度刚刚好，电机转速调到中等将会达到 60%，如果温度较低，则将电机转速调慢 20%"（同上）。然后，通过加权平均，将模糊输出"去模糊化"，从而产生特定的电机速度。正如哈克所说，"迷雾开始散去"[35](p.231)。由于模糊控制器平稳运行所需要的操控都不依赖于非经典保真推理理论，它们的优点，无论它们可能是什么，都无助于进一步解释导致模糊逻辑产生的原因。

回到《变异逻辑/模糊逻辑》的序言中（并将其添加到书名中），哈克将模糊逻辑描述为一种"逻辑极端主义"——粗略地说，他们倾向沉迷于一些荒诞的正式提案来处理给经典逻辑造成问题的话题，如模糊性或语义悖论。逻辑极端主义的一个明显标志是对关于真的基本事实的把握过于松散——扎德就是一个极好的例子，因为他——显然非常严肃地——指出，"非常真"的逻辑意义或许是"真的平方"！在《变异逻辑》（第三章"变异与真理理论"）《逻辑哲学》第七章（"真理理论"）以及《他们对塔斯基的说法是正确的吗？》（*Is It True What They Say About Tarski?*）等论著中，哈克考察了关于真理的本质与意义的基本问题，特别关注阿尔弗雷德·塔斯基（Alfred Tarski）有影响力的语义解释。这种新颖的方法最早出现于 1931 年，在哈克写作时已经成为"可能是最有影响力和最广为接受的真理理论"[36](p.99)。

塔斯基的真理理论有明显的优点：它提出了一个"在 L 中真"的定义，用它自己的术语可以证明这个定义是正确的，并且这些术语具有最初的合理性。但是，"塔斯基理论中最吸引人的特征……也给它带来了问题"[37](p.99)，这一主要

---

① 这就是为什么那些想走自己路的人需要一个健康的知识群体。当你以自己更好的眼光来看，你犯了错误时（在这个词的两种意义上），其他问询者可以从外向内看着你，为你指出正确的方向。从 1998 年首次发表《反常主义及其后果》（*Preposterism and Its Consequences*）开始，一直到 NBAM，哈克强调了智力环境对哲学的重要性，这种环境有利于严肃而富有成效的探究，以及在探索和雄辩的术语中来自专业内外迅速增长的威胁。

特征体现在塔斯基首次发表其研究结果的文章标题中:"形式化语言中的真理概念"("The Concept of Truth in Formalized Languages",简称 TEL)。正是因为塔斯基定义了一个局限于形式化语言的概念,他对真理的定义才能被证明是"正确的";也正是这个原因(正如哈克所观察到的),他的阐释被指责既平淡乏味又带有偏见——有人认为它在哲学上是无关紧要的,因为它在划分相互竞争的传统真理解释的问题上保持着原始的中立,其他人或因可疑而质问,或因可取而拥护,因为它在符合论、融贯论和实用主义等理论熟知的争议之间并不保持中立,而是在相互竞争的观点中采取一个有争议或受欢迎的偏见。

塔斯基非常有效地证明了对自己的哲学事业的本质不清楚和不确定是多么容易,对于是否要恢复真理符合论,还是要取代摆在他面前的一切,他是含糊其辞的。① 但当他明确怀疑"一致地使用'真句子'这个符合逻辑法则和日常语言精神的表达式的可能性"[38](p.165)② 时,他应该听从他的话。这并不是说他因此就提倡一种奇怪的策略,即在我们的词汇中禁止使用"真句子"这样的短语;他对通常意义上的真理融贯论的怀疑,表明他对专门为工作而构建的形式习语中定义可行概念的前景持明显的乐观态度。然而,著名的哲学家们还是试图利用塔斯基的理论,假设他们尊重逻辑法则、日常语言的精神和塔斯基形式成就的特点。哈克提醒我们,同时满足这三项需求是不太可能的。

当亚里士多德说"说是者为是或非者为非则为真"[39](p.4) 时,他说了一些明显为真的话。当托马斯·阿奎那(Thomas Aquinas)将真理定义为"心灵和事物的充分性"③ 时,他说了一些需要解释的富有启示性的话。亚里士多德的格言是一个基准;而阿奎那的格言需要进一步的理论阐释。根据卡尔·波普尔(Karl Popper)的说法,塔斯基最终为我们提供了一个受欢迎的辩护,即"客观真理或绝对真理观念……与事实相符的真理"[40](pp.225-226)。让思想和事物彼此"充分",或者让一个信念、句子或理论与事实"相符",这是什么意思?波普尔认为,在塔斯基之前,我们并不知道;但现在我们知道了。正如哈克表明的那样,波普尔错了。

---

① 1944 年,塔斯基坚持认为,亚里士多德的公式"说是者为是……'也许'相当于'一个句子的真在于它与实在相一致(或符合)'"[Tarski(1944:54)],只是说"亚里士多德的刻画"比符合版本更清晰。他进一步宣称,他愿意放弃"true"这个词作为他严格定义的概念的名称并代之以一个新词,而且他"无法想象,任何人能够提出令人信服的论证,证明语义[真]概念是'错误的',应该被完全抛弃"(Ibid.,p.66)。就像哈克冷淡地说:"所以(塔斯基)并不是说语义概念是'正确的',但无法想象有人会说它是错误的:嗯。"[Haack(2005a:p.61)]。

② 原文有误。——译者注

③ *Adequatio intellectus et rei*,《关于真理的争议问题》(*The Disputed Questions About Truth*)第 1 条。

如果真理要用符合概念来解释，那么就必须能够说明真理应该与什么东西相符合——实在、世界、事实——而不以真理为前提；塔斯基的理论就是这样做的。塔斯基根据满足来定义真理，即开语句与任意选择的对象序列之间的关系；并且递归地定义满足，逻辑复合的语句根据语句形成算子和量词的标准语义而得到解释，而逻辑原子语句"枚举地"定义为"对象语言的每个初始谓词的一个子句"[41](p.111)。除了对纯枚举定义的观点感到担忧之外，"塔斯基对满足的定义……与[真理]符合论[至多]有一些相似之处"[42](p.114)；① 它与"传统的"符合论解释的关键不同之处在于，它只适用于含有合式公式的精确形成规则的形式语言。因此，当所有重要的细节都被考虑在内时，我们就会清楚地看到，虽然塔斯基的工作确实有助于理解和澄清一个普遍问题，即什么是真理理论在做的事情，以及符合式理论面临的挑战的具体问题，它的价值"并不在于所谓的恢复[客观的、绝对的、符合的真理]"[43](p.336)。

波普尔认为，只有客观的、绝对的、符合的真理概念才能作为科学的规范理想；他的证伪主义科学哲学需要这样的理想。在他看来，科学理论依据客观、符合意义上的真理而被证伪；而且，虽然结论性证实是不可能的，但进步（应该）随着更好的理论被更深入、更令人惊讶的结果被证伪而取得。正如哈克所指出的，试图构建一个可行的"逼真性"理论的明显失败可以解释探究者是如何在没有绝对正确而全面把握真理的情况下接近真理的，这支持了塔斯基自己"相当谦逊……对真理语义理论的认识论意义的评估"[44](p.117)。②

然而，或许把塔斯基的工作转向进一步哲学目标的不是知识理论，而是意义理论，正如戴维森多年来大力呼吁的那样。戴维森希望"真理的语义[原文如此]概念"——特别是在著名的约定 T 中所供奉的实质性充分条件，即在"S 是真的当且仅当 p"中，"定义真理的语言中的任何语句都能够代入'p'，并且以代入'p'的那个语句的名字代入'S'"[45](p.100)——可以为"一个出色的意义理论[提供一个]精致而有力的基础"[46](p.310)。虽然这个计划没有遭到像波普尔式的逼真概念那样彻底的反驳，但事实证明它还是行不通，因此它在适当的时候被放弃了。

正如哈克所指出的那样，一个句子的意义可以通过阐明它的成真条件来给出，这种想法并不新鲜；真正引起人们注意的倒是这样一种观点，即"把'塔斯

---

① 第一个插入的文本和重点是我的。
② 大卫·米勒（David Miller, 1974）是一位忠实的波普尔主义者，他发现了这个问题，与其存在的理由相反，"波普尔的逼真性定义不适用于两个假理论之间的比较"（PhL, p.117，删除了着重号）。

基式'的限制条件强加给真之条件的解释"[47](p.118) 可能会把这个想法的萌芽变成一个关于自然语言中句子意义原则的严肃理论。众所周知，塔斯基明确地怀疑上述这种企图——"无论谁希望……在精确方法的帮助下探求日常语言的语义，那么他将首先承担起改造这种语言的费力不讨好的任务……[并且]在以这种方式合理化后，[人们可能会怀疑日常语言]是否仍然保持其自然性"[48](p.267)——戴维森反驳说"尽管做一些'整理'是必要的……，但并不需要因此而把[自然语言]搞得面目全非"[49](p.121)。①

在她发表的第一篇文章["模棱两可"（"Equivocality"）]中，哈克揭示了像弗雷德·萨默斯（Fred Sommers）那样为自然语言表达式制定一个严格的、哲学上有用的歧义性标准是徒劳的。十年后，她几乎做了戴维森希望为准塔斯基式的"自然语言语义学的清晰且可验证的标准"[50](p.320)所做的同样事情。在之前的文章中，哈克曾指出，对形象语言的特征的适度关注就足以破坏这项事业；在《逻辑哲学》中，她注意到戴维森计划"提出了一些方法论问题，这些问题非常棘手，以至于人们没有任何信心说戴维森已经证明了塔斯基的理论适用于英语"[51](p.127)（删除了着重号）。其中，最主要的问题是，"戴维森的计划应该受到怎样的限制：允许他使用什么样的工具，以及在何处使用？"（同上）；并且这里有一个故事，可以使这条道路在哈克哲学工作的前十年就走到尽头。

戴维森认为，用塔斯基的真理来解释意义，会把一个有问题的内涵概念置于一个安全的外延基础之上。当一个复合语句的意义是其构成部分的意义的真值函数时——就像"雪是白的并且草是绿的"的意义是由"雪是白的"和"草是绿的"的意义以及合取的逻辑运算特征所决定的——这套技巧操作起来很容易。但是，例如，对于间接引语——具有"S said that p"的形式——情况就完全不同了。戴维森对这类语句提供了一个简洁的解释，对"that"做了说明性而非相关性的分析，所以"逻辑形式""S said that p"应该解读为："p：S said that"。如果 S 的语言与目标语句的语言不同，那么 p 就不能代入从 S 嘴里说出来的东西。相反，它必须将 S 中的谓词翻译成相关的元语言。但是，翻译概念正如意义概念本身一样具有内涵性。戴维森朦胧地意识到这个残酷的事实对他的计划造成了严重的威胁，但他坚持了一段时间，装出一副若无其事的样子。然而，当他为 1984 年的论文集（其中包括他所概述的影响力的计划）写导言时，他的信心已衰[52](pp.xiv-xvi)；几年后，他实际上把整个事情抛之脑后了——哈克早已指出其中缘由。

---

① 哈克在总结戴维森[Davidson（1967:314-315）]发表的更令人费解的评论。

戴维森在为《在世哲学家文库》(The Library of Living Philosophers)撰写关于他的工作的那一卷《思想自传》时，回忆起弗雷迪·艾耶尔（Freddie Ayer）对他的"间接称赞"。他告诉我们，在"一篇与我无关的书评"中，艾耶尔哀叹道："[牛津大学]年轻的哲学家们受到唐纳德·戴维森的蛊惑，把他们的精力……投入从塔斯基的真理理论中梳理出一个意义理论的西西弗斯式任务中去了"[53](pp.49-50)。根据上文概述的哈克的哲学箴言，这种令人沮丧的、有悖常理的沾沾自喜，凸显了在应用它们时发挥良好判断力的重要性；特别是以箴言三（坚持下去）的名义抵制愚蠢的固执的重要性。一旦察觉某个计划或抱负是徒劳的，或者某个问题设计得很糟糕，那么你就不会再坚持下去；你会通过寻找更富有成效的东西来坚持哲学。

经验和理由

如果哈克的逻辑哲学是从必须考虑非经典系统这一简单事实出发的，那么她的认识论就不是植根于关于知识的简单事实，其中第一条就是我们拥有知识；但第二个问题是，我们这样想可能是错误的。即使我们确实知道一些事情，但我们不能确定地知道这一点。更准确地说，我们永远无法确定在我们认为（目前）知道的东西当中，有哪些是我们实际知道的东西。

在一个被哈克后来珍视的、引起共鸣的短语中，皮尔士生动地将他的哲学描述为"一种悔恨的可错论"和"对知识实在性的高度信念"的结合[54](p.13)。在《变异逻辑》中，哈克只是粗略地提到了皮尔士，并尽量减少她使用"实用主义"来指称整体的、反绝对主义逻辑的重要性，正是这种逻辑激发了这本书的论证和结论。① 然而，在扩展的《证据与探究》(E&I)第二版中，她在新的副标题中突出了这本书的实用主义特征②，并在序言中欣然赞同将她描述为"皮尔士思想的外孙女"[55](p.24)。③ 当她发展她的认知证成的基础融贯理论（foundherentist theory）时，哈克以卓有成效的建设性方式借鉴并推进了哲学中的古典实用主义传统。

基础融贯论（foundherentism）的显著标识是，超越了根深蒂固的二分法——基础论（foundationalism）和融贯论（coherentism）；尽管它很重要，但它不过是《证据与探究》所进行的一系列富有成效的重新构想和重新定位中的一个。《变异逻辑》和《逻辑哲学》分别都是五年辛勤汗水的结晶。从哈克出版第

---

① 她在一个脚注中写道："我不打算太重视这个标签。"她解释说，选择这个标签是因为她的观点与"杜威、怀特和蒯因的观点"（DL, p.26）有相似之处。她很快就意识到，与哈克观点最相似的实用主义者是皮尔士。
② "一种认识论的实用主义重构"（取代了第一版的"走向认识论的重构"）。
③ 这个描述来自德·瓦尔[Cornelis de Waal（2005:163）]。

一部认识论方面的著作,到她对这个问题的长篇巨著之间,相隔了近二十年。在她坚持下去的时候,一个最初按照熟悉的路线构思的计划——"促进关于经验知识问题的解答,正如[《变异逻辑》]促进了关于非标准逻辑及其动机的问题的解答,[《逻辑哲学》]促进了关于有效性、证明、真理、必然性等问题的解答"——成了"更具雄心勃勃的东西;……如[《证据与探究》的]副标题'认识论的重构'"[56](p.11)。

在哲学上,找到所有人都同意的"数据点"的困难在认识论中达到了顶峰。如果我们知道从哪里开始,我们就可以从哪里开始;如果我们理解了知识的基础,我们就可以继续获取更多的知识。正如纽拉特描绘的一艘正在维修的船提醒我们的那样,科学家们长期以来一直在获取知识,并不担心知识的正确定义或最终基础。在前文提到的认识论方面的第一篇文章中,哈克认为,心理学研究(和/或日常心理学真理)的结果可能对认识论理论有积极的贡献,只要它在性格和野心上不是基础论的;并明确暗示,不用多说,这是一个拒绝基础论的好理由。

从标准的角度来看,卡尔纳普的《世界的逻辑构造》(*Aufbau*)①是一个雄心勃勃的基础论冒险的范例②;在她最早的认识论著作中,哈克利用这个计划的变迁作为她思想的有益陪衬。在《心理学的相关性》发表两年后,她评论了在卡尔纳普的书中有数量惊人的康德式主题。③例如,在《构造》和《纯粹理性批判》中,"逻辑学和心理学,表面上被认为是完全分离的,但实际上却几乎不可避免地交织在一起"[57](p.171)。在一种情况下,先验逻辑被认为是通过确立其可能性条件来验证经验知识;在另一种情况下,以认识论为导向的经验知识的理性重构被认为几乎做过同样的事情,即通过显示如何用"基本经验"来定义物理对象。

---

① 下文简称《构造》。——译者注

② 最近,《构造》的这种景象受到了挑战[例如理查德·克雷斯(Richard Creath)。参见他在《斯坦福哲学百科全书》(*Stanford Encyclopedia of Philosophy*)中撰写的"逻辑经验主义"词条,特别是第4.3节关于"科学与还原的统一"]。然而,在哈克写她早期的认识论文章时,几乎所有人都认为《构造》的意图是基础论的。对这一解读提出质疑的原因与哈克的观点大致相同,而哈克是在对卡尔纳普的书进行非基础论解读的支持者开始发表他们的观点几年之前就提出来的,这使得对她的贡献的遗漏(详见下文的脚注NN)更令人震惊,并且使得贾德森·韦伯(Judson Webb)在这种可悲做法上的光荣例外更加难能可贵(参见其"Reconstruction From Recollection And The Refutation of Idealism: A Kantian Theme in the Aufbau", *Synthese*, pp.93-105)。

③ 在卡尔纳普的《构造》问世十年后,迈克尔·弗里德曼(Michael Friedman)发表了"Carnap's *Aufbau* Reconsidered"[*Nous*, 1987(21), No.4]。在这篇文章中,他强调了《构造》对科学知识客观性的解释与康德的和新康德的知识概念的相似性"(Ibid.,p.529),但他没有提到哈克的文章;并且在1992年的一篇后续文章中,他再次拒绝引用它["Epistemology in the *Aufbau*", *Synthase*, 1992(93), No.1-2, pp.15-57]。其间,在"The Re-Evaluation of Logical Positivism"[*Journal of Philosophy*, 1991(88), No.10, pp.505-519]中,他把哈克列入了一长串哲学家名单(其中31位只有名字,没有引用出版物)之内,这些哲学家的工作证明了最近"以历史为导向的逻辑实证主义的重新思考的繁荣"(Ibid.,p.505)。学术确实是非常令人讨厌的(NBAM)。

基本经验（元）是《构造》试图用"自适应心理"元和初始关系 R 来构建人类知识的初始成分，"它处于 a 和 b 两个元之间，以至 a 早于 b 并且类似于 b"[58](p.172)。这当然是一次英勇的努力，就像用牙签建造帝国大厦一样。①但是，当他在解释和辩护他的决定，即把基本元变成具体的个体时——"短暂的经验横截面"，而不是可重复的普遍共性，即非凡的特性——卡尔纳普"对格式塔心理学家的工作产生了吸引力"（他相信，这已经表明"只有通过识别整个结构化的感知，我们才能够识别颜色、气味等等"[59](p.162)）。他明显地违反了他的基础论的限制。理论上，卡尔纳普的雄心壮志是英勇的；但实际上，它们是在自挖墙脚。②

到 1982 年，哈克令人信服地将基础论和融贯论结合在一起，而没有掺杂其中任何站不住脚的东西，基础融贯论的基本原理已初具形态。在《知识论：一个分析框架》中，她确定了这一立场，并指出了它比传统竞争对手的优势；她开始了《证据与探究》的研究，对上述论文的论证进行了扩充和改进[60](p.11)。显著的改进得到了深化并且更加揭示出下述对比之间的差别、相互联系和重合：（a）可错论和怀疑论，（b）基础论和融贯论，（c）自然主义和先验论。由于这些进步，特别是基础论从它古老的不可错论形式中分离出来——卡尔纳普的《构造》不再适合作为先验基础论的模型范例。③

将知识需要基础的观点和知识需要确定性的观点区分开来，使哈克能够把认知证成理论当作焦点。就前文提到的那项计划而言，传统对比的核心是，单向度的基础论模型（以笛卡尔为典型）和一个融贯的模型（在黑格尔的宏大风格中发现的）。前者要求基本信念的"证成独立于任何其他信念的支持"[61](p.51)，而所有其他被证成信念都依赖于基本信念的支持；后者要求内部融贯信念适当综合的融贯集的成员之间提供相互支持。一个明显的问题是，基本信念是否必须成为不可动摇的基石，还是可以"在某种程度上但不完全是不可动摇地被初步证成"[62](p.54)，这个问题被正确地视为一个明显的问题。不容置疑的知识基础是避免怀疑论的必要前提这一古老的观点仍然是基础论**"没有可容忍的选择"**（**No Tolerable Alternatives**）论证的关键前提，如果证成不能终止于基础信念，那么怀疑论就是那个所谓的没有可容忍的选择。根据这个论证，除非证成的链条——信念 a 被信念 b 证成，而

---

① 这个想象来自刘易斯（C.I.Lewis AKV, p.264），转引自 Haack（1985:238）。

② 卡尔纳普旨在为科学提供哲学基础，帮助自己取得科学成果。康德旨在使哲学走上科学的安全道路，坚持严格地将属于哲学科学的先天—超验问题与其余部分的经验问题区分开来。在适当的时候，以一种皮尔士精神，哈克将推进一种既不是科学主义的也不是先验论的科学哲学事业。参见《形而上学的合法化》（The Legitimacy of Metaphysics），以及《科学主义及其缺憾》（Scientism and Its Discontents）第二讲。

③ 在《证据与探究》的索引中，仅有一个关于卡纳尔普的引用，并且它不是直接出现的，而是嵌入在蒯因的引文中。

信念 b 又被信念 c 证成等——在那些不是由其他信念支持而证成的信念中结束，否则我们会面临无穷倒退，怀疑论就会隐现；我们从来没有理由相信任何事情。这个论证失败了，因为信念的证成无须形成一个链条；除了虚构的哲学例子外，他们很少这样做。① 基础论不需要为知识奠定基础，融贯论也不需要为可错论辩护。

由于它依赖认知证成和推理链条之间的错误类比，**没有可容忍的选择**论证违背了哈克的**箴言二（对错误的二分法说不）**。但正如"醉酒的水手"（Drunken Sailors）论证——"融贯论者声称经验信念仅凭相互支持关系即可证成，这就好比指望两个醉酒的水手没有站在任何东西上，却可以背靠背地互相支撑一样荒谬！"[63](pp.65-66)——揭示了融贯论违背了**箴言四：不要忘记这个世界**。融贯论者认为彼此之间的相互支持就足以说明关于经验世界的信念的证成，这种观点的最大问题在于：没有经验的输入，"就不能认为一个信念被证成是它为真的标志，也就是它正确地表征了世界是怎样的标志"[64](p.66)。

《证据与探究》第一章以更有力的方式概括了"知识论"的基本原理：为基础融贯论提供了一个初步案例——它由下述论题构成：（i）"一个主体的经验与他的经验信念的证成相关"[65](p.57)（不需要一个"完全凭借经验的支持、独立于其他信念的支持而被证成的加权的经验信念集"）；（ii）"证成不只是单向度的，而是涉及普遍的相互支持关系"[66](p.58)。这形成了一个理论大纲，准备加以充实并付诸实施。基础论和融贯论认识论的案例研究的一个启发性结果是，当它们各自的支持者努力应对破坏性反对意见时，他们不可避免地引向哈克所捍卫的中间立场。

给**醉酒的水手**论证令人难忘的形象起名字要归功于 C.I. 刘易斯，他为捍卫不可错的基础论的斗争有效地揭示了不可错论和基础论的缺点。当刘易斯断言"[我们的经验知识]大部分是通过它们的相互支持来维系的"[67](p.171)时，他提出了一个重要的融贯论要点；认识论上的相互支持不同于恶性循环。但是，当他补充说，所有的[经验知识]归根结底要依赖于感觉的直接发现"（同上，添加了强调）时，他又陷入了基础论。当他允许"可能或可信的近似理由不必是确定

---

① 未能认识到这一点，是彼得·特拉梅尔（Peter Tramel）试图将基础融贯论硬塞进一个基础论模子里的"软弱得可怜"（NBAM，p.104——原文缺失页码，译者补）的根源。特拉梅尔怎么可能读了《证据与探究》第一章，然后带着荒谬的错误印象离开，即"哈克对基础融贯的描述是特别的，因为它忽视了（证成的）倒退问题"（p.220），而拒绝礼貌的解释。一个更有趣和更深层次的问题涉及认识论的观点和目的：帮助我们理解我们关于世界的知识，而不是解决那些美化的脑筋急转弯，即我们在如此古怪的情况下会知道什么或是否会知道什么。特拉梅尔的严重错误表明了这样一个事实，即（用维特根斯坦的话来说）基础论认识论家无法将自己从"束缚他们的图像"[《哲学研究》（*Philosophical Investigations*，简称 PI），§115]中解脱出来。

的"时，他走向了一种彻底的可错论；当他坚持认为，经验知识仍然是不可理解的，除非"终极数据（data）……是……确定的"[68](p.333)（原文强调），他又远离了它。当他瞥见哈克所说的反对不可错的基础论的"**有得必有失**"（**Swings and Roundabouts**）论证的力量时——其效果是，由于一个信念的认知安全性（它对错误的免疫力）（或多或少）与其内容的丰富度成反比，因此不可能存在既绝对安全又能够支持"大量其他信念"的信念[69](p.69)——他用他强大的、不可错的基础论来换取一个较弱的版本，根据这个版本，即使一些信念——也许是关于一个人的直接经验——是不可错的，它们也不能仅凭自己的力量为我们的其他知识奠定基础。

刘易斯认识到，如果我们要摆脱当前的唯我论，就必须依靠我们的记忆。他承认"记忆的现状，表明……对我来说 [我过去经历过的一种判断]……不足以保证它的真"，因为"需要一种概括，以便当提供这些记忆数据时，表面上被记住的经验可能会在一定程度上被视为真实的"[70](p.336)，他必须认识到"**前后来回穿梭**"（**Up And Back All The Way Down**）论证的力量，即基础融贯论优于任何类型的基础论，无论它多么软弱或不纯洁。因为他承认，不是由直接感官体验所做出的概括，能够帮助证成在其基础上所做出的判断，就像我们对眼前事物的判断有助于证成我们对周围世界的一般信念一样。刘易斯几乎认识到基础论是不正确的，证成过程是来回穿梭、前后往复的，然而他没能够坚持到底；因此，在接近基础融贯论的边缘之后，他又立即谈到经验知识是建基于"在特定经验中揭示的真理"的"基石"之上[71](p.353)。

现在来谈谈融贯论，我们可以从这样一个事实开始：我们的所见所闻会影响我们的信念。每个人都同意这一点，即便是巴门尼德，否则他为什么要用如此强烈的言辞谴责我们根深蒂固的倾向，即默许主要由感官证据支持的信念呢？在这种公然拒绝接受感官证词的情况下，巴门尼德主义者与良好的感觉背道而驰，并退出了经验知识的认识论舞台；尽管这种并列看起来很奇怪，但真正的融贯论认识论方法的致命缺陷在于，在经验如何影响知识和信念的问题上，它并不比巴门尼德做得更好。

劳伦斯·邦约尔（Laurence BonJour）对经验知识的融贯论解释的主要论证依赖于两种二分法，即基础论和融贯论以及内在论和外在论。假设如果基础论站不住脚，那么融贯论必须站得住脚，并在选择外在论和内在论时做出必要的变通，他认为基础论和外在论面临不可克服的困难，以此得出结论，即一个令人满意的认识论必须是内在论的和融贯论的：哈克的批评植根于这两种二分法的虚假性。一旦意识到第一个对比不是详尽无遗的，而第二个对比又"不够坚固，不能承受任何重力"[72](p.95)，邦约尔的策略就失去了存在的理由。

根据对起源和证成的康德式区分，邦约尔承认我们的大部分信念不是由其他信念推出来的，而是——用他的话来说——"认知自发的"。基于那种区分的带有偏见的版本——它支持着"**因果无关**"（Irrelevance of Causation）论证——漏洞百出、困难重重，我们将不止一次遇到这个论证；它是这样运作的：由于经验不是命题性的，它们不能衍推或排除、确认或否认任何事情，因此它们必定与信念证成的逻辑问题无关——他认为，信念的起源本身无助于信念的证成。然而，他希望通过一种论证来验证我们通过感官了解世界的强烈印象，"它诉诸[认知自发信念的]非推论性起源"[73](p.96)（删除了着重号）。

邦约尔认为，他可以通过如下方式证明，由我们的所见所闻激发的信念可以在不违背他的融贯论的情况下获得证成：（1）将观察证成建立在内省证成之上，我们对外部世界的信念来源于对我们自发涌现的信念；（2）将一条"调节性的元原则"强加于能够赋予经验性证成的信念集之上，要求任何这样的集合"包含对各种合理的认知自发信念具有高度可靠性的法则"[74](p.141)。从表面上看，这种"**观察要求**"被一种无法解决的模糊性所破坏。一种解释认为，它与邦约尔的融贯论相一致，但不能确保观察输入合适的信念集中；另一种解释认为，它确实需要这样的输入，但不再是融贯论的。

如果刘易斯坦率承认，在经验知识结构中相互支持无处不在，他可能会因此放弃他那缺乏活力的、可错论的基础论，转向一种原始的基础融贯论；如果邦约尔愿意通过世俗而非教条的措辞，撰写一份观察要求来坦率地妥协他的融贯论，他可能会从另一个角度转向基础融贯论；如果唐纳德·戴维森（Donald Davidson）思考了从因果无关到信念证成论证的不愉快的含义，他可能会从第三个有利角度瞥见基础融贯论的优点。

戴维森有时不经意地支持融贯论，因为他认为对信念归因的任何合理标准都存在不可避免的限制。由于将信念归因于主体（他坚信）必须既是整体的又要对经验考虑负责，这令人惊讶地推出了"信念在本质上是诚实的"[75](p.146)；这使得信念的证成成为一种准先天基础上的既成事实："我之所以知道我的信念本身通常是真的，这个问题的答案就在于信念通常本性上就是真的。"[76](p.153)（添加了强调）就其本身而言，这个论证并不能确立融贯论，尽管如果它奏效（它没有）①，它将允许人们回答醉酒的水手论证，即反驳说，水手/信念总体而言本性上是诚实的/与世界相连的。融贯论应该遵循激进解释原则，诉诸因果关系不能

---

① 参见 E&I，pp.103-111。

提供证成这个论题。由于我们事先就知道，信念通常是被证成的（激进解释论证），但它们不能被经验证成（因果无关论证），因此，它们必须根据（弱）融贯论原则而得到证成。① 如上所述，因果关系的不相关性依赖于未阐明的前提，因为认知证成必须是命题性的和逻辑性的，信念与激发信念的经验之间的因果关系不能起到证成作用。正如哈克明确指出的那样，这个前提可以而且应该受到质疑。

简言之，戴维森没有看到我们日常生活中习惯使用的证成标准——最先进的科学、调查报道、侦察任务，以及任何为寻求真相而付出的真正重要的努力——都有两个方面：因果方面与主体信念的证据是什么有关，而准逻辑的、评估方面与证据的好坏有关。事实上，对于外行来说，**因果无关**论证肯定会显得有悖常理。经验不仅能够激发信念，而且还能够证成它，这难道不是显而易见的吗？我看见了他，所以我知道他在那里；或者我已经听到了她的声音，所以我知道是她。难道不是这样吗？根据人类的常识，哈克当然认为我们可以基于这样的理由来知道这些事情；但她既不否认也不回避一个棘手的哲学问题，即如何将经验本身整合到主体的证据中去，以支持或反对某个给定信念。

根据基础融贯论，证成 S 相信 p 取决于 S 的经验对 p 的支持程度。但经验并不是那种拥有真值的东西，所以，如何将它们与（至少部分）基于它们而形成的信念的可能真理联系起来并不明显。哈克的解决方案是，从主体对某个给定信念的"S-证据"开始，以"[主体] 的状态"形式存在的证据"成功地……在力的矢量中使他相信 p" [77](p.120)。然而，在这种力的矢量中，并不是所有状态都可以作为证据，只有那些看似被认为是从信念主体以适当方式与世界（或他自己）的互动中出现的状态："信念状态、知觉状态、内省状态、记忆痕迹……被看作证据性的；其他状态，如主体的欲望和恐惧，他受到酒精或恐慌的影响等，则不[是]" [78](p.121)。

在确定了一个信念的主体证据（即 S-证据）后，我们就会问它有多好；但是，为了使 S-证据必须转化为 C-证据，证据必须作为命题的内容而不是主体的状态。信念主体的心理和身体状态可能彼此对抗或相互协作；但是，它们不能"相互支持或诋毁，相互猜测或否定，彼此相一致或不一致，作为解释性故事融贯或不融贯" [79](p.124)。因此，由于证成与真理有关，并且是由证据赋予的，所以

---

① 之所以称为"弱"融贯论，是因为仅仅在发表《一个融贯的理论》四年后，戴维森便承认他所提出的在任何实质性意义上都不是一个融贯的理论 [Davidson（1987:155）]。他解释说，对他来说重要的论点是，只有信念才能证成信念。戴维森喜欢的对比，不是融贯论和基础论之间的对比，而是"纯粹信念的理论和非纯粹信念的理论之间的对比"（E&I，p.111）。

证据必须以一种适合于对真理进行评价的形式提出。相应地，主体 A 的 S-证据通过以下方式转换为他的 C-证据：首先，把他的 C-理由作为那些信念的命题内容，"[他]相信这些信念构成了他相信 p 的 S-理由"；其次，把 A 经验的 C-证据作为语句或命题，使 A 处于某一状态或状态集，这一状态（集）构成"A 相信 p 的经验 S-证据"（同上）。

一个主体的证据对他的特定信念有多好？哈克回答这个问题的模型"不同于基础论者，不是如何确定一个数学证明的可靠性或者相反；而是如何确定在纵横字谜游戏中条目的合理性或者相反"[80](p.126)。正是在这样毫不含糊的语气中，诞生了哈克对认识论和一般哲学的最重要贡献之一。

用来评估经验证据的数学证明模型既是偷偷摸摸的基础论，同时也是早期的形式主义，这鼓励了一种不幸的想法，即对"可能知识"的理解主要是在归纳逻辑和确证理论领域内来寻求进展。但是，哈克注意到，"存在这样一种有利但非结论性的证据"比假设"存在这样一种'归纳蕴涵'或'归纳逻辑'"更有资格成为一种前理论数据，特别是当后者"被用来表示易受纯句法特征影响的关系"[81](p.129)时。确定一个经验信念的主体证据有多好，并不是要证明任何事情；正如纵横字谜游戏类比所表明的那样，评估证据是一个权衡不同因素的问题，几乎没有在一个维度上的成功与另一个维度上的失败之间进行权衡的线性序或者算法的可能。一个人对纵横字谜游戏的线索的候选答案的信心有多合理，取决于：

> 这条线索和任何已经填写好的交叉条目对该条目能够提供多少支持；独立于所讨论的条目，一个人的信心是否合理在于那些已经填充的条目是否正确；以及有多少交叉条目已经被填满了[82](pp.126-127)（添加了强调）。

根据这三个部分的依赖性，并基于这样一个假设，即某人相信某事之被证成取决于他的证据有多好，哈克开始阐述她的认知证成的基础融贯论标准，将其视为一个函数：（a）一个命题的证据是多么有利；（b）那部分包含在进一步信念中的信念主体的证据是多么独立可靠；（c）有多少与信念的真相关的证据被纳入考虑范围。

如果你存贮的信念包含 p，那么迄今为止，你已经有了最好的证据来证明它的真；但是，如果这些信念并无确凿根据，那么从它们的命题内容到 p 的论证或许有效但不可靠，这可能会使你对 p 的整体证据变得非常糟糕——如果有证据表明 p 不在你的认知范围内，情况类似。对于什么使大量证据支持（或不支持）目标信念，哈克解释的核心观点是，这取决于证据和信念的契合度有多好。根据哈克在暗指 20 世纪 70 年代中期一部法律剧的同名主角时所谓的"帕特塞利原则"（Petroceli Principle），证据 E"越是支持 [关于 p 的信念]，留给替换 p 的余地就越小"[83](p.127)。不那么具有隐喻性的是，一组证据支持一个命题的程度就是，将该命题添加到证据中比添加竞争命题更能"改善其解释的整合性"（同上，添加了强调）。

与更熟悉的解释的融贯性概念不同，解释的整合性对经验和信念都起作用；与众所周知的"最佳"解释推理概念不同，它既不是单向度的，也不是最优的。同样，基础融贯论标准的全面性维度也不同于归纳推理的"完全证据"要求，因为它具有开放性和层次性。哈克的认识论及一般哲学，是彻底的联合主义和改良主义：事物以各种方式联系在一起；虽然不能苛求完美，但仍然可以争取改进。世界就是这样的，我们在哲学中不能忘记它。

哈克详细阐述了基础融贯论，使其成为一个可行的理论，而不是一张雄心勃勃的期票，她回到了《心理学的相关性》（The Relevance of Psychology）中的问题，回到了一个哲学家：卡尔·波普尔（Karl Popper），他关于逻辑的教条式的绝对主义在《变异逻辑》中受到了耐心的批评。由于波普尔的证伪主义科学哲学存在演绎逻辑（对科学至关重要）和归纳逻辑（与科学无关，也不存在）之间的尖锐分歧，由此导致他后来的《没有认知主体的认识论》（Epistemology Without a Knowing Subject）也存在理论的证成和其他认知产物（认识论的工作）以及信念的起因（心理学的工作）之间的尖锐分歧。哈克在 1979 年发表的两篇论文中首次阐述了她对这种观点的缺陷的诊断。① 在《证据与探究》中，她使用了波普尔的观点，以及约翰·沃特金斯（John Watkins）对它们的详细阐述和辩护，作为进一步阐明她对感官证据的叙述的衬托。

基础融贯论把主体的知觉体验整合到他的特定信念的证据之中，理所当然地认为，我们通过感官所感知到的是"我们周围的事物和事件"[84](p.158)，从认识论上来说不是我们"当下"的感觉数据或"表象"（seemings）。鉴于这一点，哈克认为，这个前分析假定是否能够得到貌似合理的感知科学理论的支持，问题就自然而然地产生了。作为回答，她指出了建构于基础融贯论中粗糙而现成的感知理论与"吉布森（J. J. Gibson）及其追随者的'生态心理学'核心的'直接感知'理论"[85](p.162)之间存在惊人的一致性。

当哈克努力工作，她的基础融贯论打破了基础论者和融贯论者之间的僵局时，阿尔文·哥德曼（Alvin Goldman）也在为一个表面上很接近的目的地开辟

---

① Haack（1979a）和 Haack（1979b）。

一条不同的道路。起初，他在基础论的伪装下提出了他的可靠主义（reliabilist）证成理论，基本信念之被证成，如果它们是通过无条件的可靠过程形成的；而派生信念之被证成，如果它们是通过有条件的可靠过程形成的。然而，由于将证成与可靠性（reliability）联系起来并不需要这种基础论结构；并且，就像基础融贯论一样，可靠主义允许证成概念部分是部分因果的，通过质疑每一个可疑假设，努力改进基础论和融贯论，它看起来似乎是基础融贯论的一个严肃竞争对手。然而，经过检查不难发现，认识论中备受吹捧的"可靠主义革命"（reliabilist revolution）[1]并没有通过帮助解决困难问题来进一步实现这个令人钦佩的目标，而主要是增加了人为的因素。

与基础融贯论相反，它的工作假设是，在一个信念中被认知证成与拥有好的证据支持它几乎是相同的概念，[2]可靠主义试图在不诉诸证据概念的情况下解释证成。不同于基础融贯论者的观点，即证据在经验锚定和解释性整合的一定程度上是好的，我们有一个"外在论的"（externalist）观点，即被证成的信念是它的形成过程的导真（the truth conduciveness）的函数。哥德曼一提出这种观点，[3]立即招来一片反对声音；而根本原因并不难找到：一个主体支持或反对给定信念的证据，他形成该信念的过程可能是他完全没有意识到的；但是，认为我们的信念是否（或在多大程度上）被证成了，可能取决于完全超出我们认知范围的事情，这个说法是极不可信的。

在他对可靠性理论的最初表述中，哥德曼担心这样一种前景："一个仁慈的恶魔把事情安排得井井有条，以致一厢情愿形成的信念通常都是正确的。"[86](p.16) 在一个被仁慈的恶魔控制的世界里，一厢情愿的想法是形成信念的可靠方法，但能肯定"我们不想把一厢情愿产生的信念当成是证成的吗？"（同上）实际上，我们不会；因此，哥德曼对他的理论提出了三个条件：第一，为了获得证成，信念形成过程必须在现实世界或"非受控环境"中是可靠的[87](p.17)；第二，重要的不是哪些过程碰巧是可靠的，而是我们相信哪些过程是可靠的；第三，被证成的信念必须满足"无破坏"条款，使得在可靠形成的信念中证成主体不能拥有其他可靠的过程，这些过程可能会引发一种不同的信念，但他们并没有采用这些过

---

[1] 威廉姆斯（Michael Williams, 2016），转引自《斯坦福哲学百科全书》中的"可靠主义认识论"（"Reliabilist Epistemology"）词条。

[2] "我倾向于……把'证成'看作实际上是认识论家的合成词。因为在一般性用语中，通常会用较少技术性的词汇来表达，如强有力的或不可靠的理由，软弱的或压倒性的案例，好的或薄弱的证据等。"（E&I, p.118）。

[3] 在1979年的《什么是被证成的信念？》（What Is Justified Belief）中。

程 [88](p.20)。这些措施的累积效应是对哥德曼的否定，甚至认为得不偿失；因为他们密谋剥夺任何依赖于可靠性之上的可靠主义。哥德曼没有勇敢面对坦白的后果，而是承认：为了解决他似乎清楚地意识到的问题，他实际上只是承认那些缺乏证据证明他们的信念是可靠形成的主体（或有证据证明他们的信念不是如此形成的主体），不能在这些信念中获得证成，即使它们实际上是由可靠过程形成的。

六年后，在一本厚书中①，哥德曼提出了一种新的可靠性辩护，即"J-规则系统"的正确性标准，其中 J-规则是"被证成信念形成的许可规则"②。为了处理当时熟悉的反例——例如，所谓的"透视眼问题"③——他必须再次制定保护条款，使得可靠过程只有在没有受到损害时才会产生证成，例如，相关主体可以（而且应该）将"认知状态"带入情境，但却没有；即再次说明，证成可以被相反证据推翻。此外，为了回应可靠主义者的反对意见，令人难以置信的是，他坚持认为，如果我们被邪恶的恶魔所奴役，那么我们不仅会被剥夺真理，而且还会被剥夺证成，他提出，如果这些过程在"正常世界"中运行，即"与我们对现实世界的一般信念相一致" [89](p.107)，那么把可靠主义证成的范围限制在这些过程之中就是可靠的。出于一些不值得详述的原因，这种策略并不比之前的实际世界策略好多少。因为我们用来理解正常世界的信念并不包括关于我们认知能力的信念，也就是说，被证成的信念会剔除那些"导致正常世界中 [真假信念比例足够高]"的信念（同上，原文强调），根本没有暗示哪些过程是可靠的：正常世界的限制"在信念之间没有任何歧视" [90](p.203)。

没过多久，哥德曼放弃了挽救可靠性的第二次尝试，转而提出我们认知证成的前分析概念在弱意义和强意义之间是系统地模棱两可的。④ 现在的观点是，在一种弱的、以责任为中心的证成意识中，如果我们是笛卡尔恶魔的受害者，我们将在受谴责的假信念中获得证成，这种直觉可以得到维持；但在强的（可靠主义的）以真理为中心的意义上，它被适当地覆盖了。如果你持有一个信念而不会被谴责，那么你的信念就是弱证成的，但强证成取决于你形成信念的过程的真理导向性。

哥德曼认为，一个适当划分的认知证成概念允许我们说出我们应该说的话，

---

① 《认识论与认知》（*Epistemology and Cognition*，简称 E&C）。
② 参见 E&C，第一章。
③ 这个例子源自邦约尔（1980），哥德曼和鲍勃·贝德（Bob Beddor）在《斯坦福百科全书》一篇关于可靠主义的综述文章中对其做了许多讨论，大致是这样的：假设事实上有人在不知情下，最近获得了可靠的透视能力，但没有理由相信这已经发生；令人难以置信的是，他被这些能力所激发的信念，按照可靠主义标准将算是被证成了。
④ 在《强证成与弱证成》（*Strong and Weak Justification*）中。

既关于我们在一个邪恶的恶魔世界里的认知情况,也关于"愚昧认知者"——以相信神谕、预兆之类的迷信猖獗的文化或团体的成员——在现实世界中的认知情况。如果你不是因为自己的过错而被带入虚假之中,那么就不应该因为默认了相关假信念而受到谴责;这是因为不应该受到指责或多或少和没有犯错一样。尽管如此,在传统认识论更严格的以真理为中心的意义上,愚昧认知者的假信念很可能是没有得到证成的。然而,正如哈克所指出的,即使这个提议适用于地球上的愚昧认知者,其原因是在一个邪恶的恶魔世界中指向了一个相反的道德。

假设我们不认为,在现实世界中,人们从小就相信不可信的来源,应该因持有由此衍生的假信念而受到谴责,但我们确实认为,在某种意义上,他们缺乏对它们的认知证成。我们之所以做出这些截然不同的判断,是因为愚昧认知者所能得到的证据本身也是愚昧的。我们认为自己已经为我们的信念获得了更多更好的证据,并发展了"判断它"①的更优手段,而不是认为我们是由它们支配的。但在恶魔的世界里,假信念是无法根除的;在这种情况下,无论我们"学到"多少,或对强加在我们身上的总是系统性误导的证据做出多么好的判断,我们都会犯错。因此,在贫乏的认知环境中,我们否认地球上信念主体的"强"证成的理由,不适用于这种情况——而哥德曼挽救可靠主义的尝试暴露了一个微妙的失败,即没有把这个世界放在心上。当现实生活中的人在教条主义、迷信盛行的环境中与他们可用的不充分的认知实践相一致时,我们很可能会感到"在裁定 [他们是] 或 [他们不是] 有证成地相信之间左右为难"[91](p.205)。但是,如果跟踪世界的所有努力从一开始就失败了,那么我们无需对如何评估我们的处境(也许应该是"我们的"处境)感到任何相应的两难。

在这一点上,一本不那么雄心壮志的《证据与探究》可能已经结束了它对证成标准的说明,这个证成标准隐含在我们正在进行的、从认知角度评估信念的实践之中:基础融贯论已经确立,而一个广为流行的竞争对手——可靠主义——受到了沉重打击。但是,大量元认识论问题已经出现,还有另一个可能的竞争立场需要对付:蒯因的"自然化认识论"。哈克在《证据与探究》中考察了蒯因在核心认识论问题上的立场转变,这让人想起她在近20年前关于蒯因对变异逻辑可行性的反复无常观点所做的一次梳理。如果说有什么区别的话,那就是解决问题所要付出的艰苦劳动,在认识论方面比在逻辑哲学方面产生了更丰富的成果。

在《变异逻辑》中,哈克指出,在扩大经典逻辑的范围和对经典逻辑的自命

---

① 这个短语出自密尔(Johan Stuart Mill)的《逻辑体系》(*A System of Logic*)。

不凡提出根本挑战之间，看似简单的区别要比初看起来多得多。在《证据与探究》中，她就扩大传统认识论的视野和完全超越既定计划之间的区别提出了一个平行的观点。或者更确切地说，她提出了很多观点，因为"诱人的模棱两可的标题'自然主义认识论'可能被用来涵盖［关于这种事情可能是什么］的显著不同（并且在某些情况下不相容的）概念"[92](p.167)。在这个范围的一端，有人建议"'认识论'一词不仅可以指关于知识的哲学理论，还可以指对认知的自然科学研究"（同上）；另一方面，更激进的一端是"明显敌视传统认识论计划的强烈趋势"[93](p.37)，其中最致命的可能是理查德·罗蒂的认识论概念，他认为认识论是一项错误的事业，源于一种不合时宜的欲望，即恢复哲学在现代科学兴起之前据说享有的卓越地位。

罗蒂把蒯因对"［梦想］比科学更坚定的第一哲学，并服务于证成我们对外部世界的知识"[94](p.2)的批判，作为他的反认识论磨坊的谷物。但蒯因也提倡一些听起来完全不同的东西；不是对认识论的否定，而是对它的概念转换。自然化的认识论不是"一个独立的先验学科"，而是成为"我们关于这个世界的整个信念之网不可分割、相互关联的一部分"[95](pp.170-171)。有时蒯因期待着科学主义的激进形式（并为罗蒂服务）；有时（像刘易斯、邦约尔和戴维森一样），他期待着基础融贯论。

说来奇怪，这位曾经认为"科学哲学就是哲学"[96](p.446)的哲学家，却对科学拿不定主意。当蒯因把认识论当成科学的一部分时，"科学"是否指那些"通常被称为'科学'"的学科的集合？[97](p.172)（添加了强调）或更确切地说，"我们一般的经验信念"除了规范的科学领域之外，还包括整个素朴的"常识"领域、历史探究和数学、逻辑以及哲学本身吗？（同上）。英语用法可以支持任何一种选择，并且根据上下文进行混合和匹配也没有任何问题。但是，利用这种虚夸的言辞来回避棘手的问题则是完全错误的。① 蒯因是否希望自然化的认识论成为一门取代传统知识哲学的知识科学？或者他认为传统的知识哲学将受益于科学精神？在哈克的分类中，这个问题就是：蒯因的自然主义是科学主义的，还是更确切地说是"后验主义的"。经验科学当然是后验的，但这一广泛的范畴比经验科学更有意义。因此，科学主义的自然主义要么主张彻底摒弃诸如信念的证成、证据的特征和质量（在其革命性版本中）等认识论问题，要么将它们移交给专门的科学

---

① 正如前文引用的蒯因在"两个教条"结尾的诱人句子中所做的那样，关于我们每个人"扭曲他的科学传统以适应他持续不断的感官刺激"：如果我们狭义地解释"科学传统"中的"科学"，这就指向了具体知识的认识论方向；如果我们广义地解释它，它就会指向《证据与探究》的主题，即一般经验知识的认识论。

（改良论版本）；在任何一个版本中，认识论作为探究的一个独特哲学分支都走到了尽头。相比之下，后验主义的自然主义强调，在经验知识（广义科学）的范围内而不是独立于它，以哲学的方式解决传统问题的优点。蒯因提供了一个大杂烩，"一种由三种互不兼容的[认识论中]自然主义风格的组合"[98](p.180)。

一个比科学更坚定的第一哲学的梦想可能已经结束，但科学的认识论地位问题仍然存在。哈克在《变异逻辑》中指出，无论是经典逻辑学家，还是他们变异的竞争对手，都不能直接对自己的情况做出判断。《证据与探究》涉及了一点关于科学知识的认识论：正因为科学已经产生了大量得到充分证实的、相互关联的世界理论，并不意味着要解释他们是如何做到的，以及它可能是如何做到的，所以应该（或可以）让他们自己去做。哈克预测主题本身将会变得越来越大，她指出：

> 尽管[被狭义解释的]科学在普罗大众眼中已经获得了一定的认知权威，但没有理由认为它拥有一种历史学家、侦探或我们其他人无法获得的特殊的探究方法，也不能免受流行和时髦、政治和宣传、偏袒以及寻求权力的影响，所有人类认知活动都容易受到上述因素的影响。[99](p.187)

在哈克看来，从通俗语言和社会学角度来说，科学享有"尊贵的认知地位，但不是特权地位"[100](p.188)。① 为了看到其中的差别，并凸显那些令人不快的后果，我转向哈克在保罗·丘奇兰德（Pual Churchland）、帕特丽夏·丘奇兰德（Patricia Churchland）和斯蒂芬·斯蒂奇（Stephen Stich）的著作中所发现的革命的科学主义对传统认识论的回避。

我援引了哈克关于斯蒂奇和丘奇兰德的讨论，以说明她那敏锐的耳朵"注意到雄心勃勃地渴望比旧的、过度放牧的认识论领域更绿的牧场"[101](p.238)，弥漫在他们对所谓的老掉牙问题的不屑和令人厌倦的辩论之中。② 孔德学派渴望拥有一门比哲学更先进、更辉煌的科学——这是一个反复出现的问题，正如哈克最近不得不揭露这些缺陷所证明的那样，尤其是那些正在享受它们短暂阳光时刻的有害形式③——与哈克对真正被科学精神激发的皮尔士式哲学的看法形成鲜明对比。④

---

① 要彻底了解科学主义的危险和陷阱，请参见《科学主义及其缺憾》。
② 详见 NN。
③ 特别是在《科学主义及其缺憾》中。
④ 即，被真正的科学精神或真正科学的精神所激励，而不是"**旧尊崇主义者**"（**Old Deferentialists**）的虚假偶像（哈克后来会这样称呼他们）或者**新犬儒主义者**（**New Cynics**）耸人听闻的讽刺。

在当前的情形中，哈克的目标是一个直言不讳的论证，如果它是可靠的，那么的确会完全败坏认识论的名声：认识论关注的是根据真理的可能性来评估信念的标准，即在特定认识论意义上的证成；但是，认知和神经科学的进步表明，信念是一个过时的范畴，因此认识论也是一门过时的学科。

暂且不谈对认知科学和神经科学引发的所谓范式转变性突破的大肆宣传，这种以科学主义方式消除认识论的论证（只要有论证）依赖于心灵哲学中的激进还原论。如果意向性状态通常不能还原为物理状态，并且如果物理领域是唯一存在的，那么意向性状态必须被解释为先天性幻觉。如果没有意向性状态，那么就没有信念；如果没有信念，那么认识论也就没有什么意义了。由于还原的物理主义是一种形而上学，而不是一种科学发现，这条消除认识论的途径不取决于对科学的应有尊重，而取决于"心灵哲学中的先入之见"[102](p.226)，其令人尴尬的特征明显体现在他们要求得出的结论的不可信之上。斯蒂奇和丘奇兰德抛弃了信念和意向性状态，通常理由是它们与物理主义不相容，而哈克开始着手解决这个难题，即确立如何以一种不导致明显不可信结论的方式理解物理主义。

关于信念的"无神论"显然是不可信的，这可以通过指出为它提供支持的不可能性来证明。正如约翰·黑尔（John Heil）讽刺地观察到的那样，如果无信念论题（no-belief thesis）是正确的，那么它"既不能被认真对待，也不能被接受"，并且"必须同时是令人难以置信和不容置疑的"。[103](p.346) 黑尔非常乐于设想斯蒂奇和丘奇兰德为他们宣扬的《逻辑哲学论》风格的冒犯性论题进行辩护的可能性，即作为一个深刻的真理，它只能被显示而不能被陈述，哈克更喜欢直截了当地反驳那些提出这一观点的人，在她看来，那些人"就像是他们正在攀爬梯子的时候，却一脚把梯子踢开了"。[104](p.238) 不满足于此，她概述了对科学主义挑战的积极回应之初，一种对信念的"记号中介"解释将在后来的工作中被扩充和增强。

对于斯蒂奇和丘奇兰德来说，认识论的消亡是一个受欢迎的间接伤害，但对理查德·罗蒂来说，至少在《哲学与自然之镜》中，认识论才是最大的敌人；这使他成为哈克的"眼中钉"。因为罗蒂以实用主义之名攻击认识论，哈克对此嗤之以鼻。因此，她坚持不懈地对罗蒂颇具影响力的反认识论的、实际上是反哲学的实用主义，进行了细致而丰富的回应。①

---

① 例如，参见下文杰米·纽碧莱（Jaime Nubiola）所讨论的 Haack(2016a)；而且如果你想了解一篇真正受启发的哲学批评文章，请参见《我们实用主义者……：皮尔士与罗蒂的对话》（"We Pragmatists …:Peirce and Rorty in Conversation"）。

我在前文提到，罗蒂喜欢将"语言的—概念的分析模型中的哲学"与哲学时代结合在一起，因此，对曾经成功的范式的觉醒不可避免地导致对整个事业的觉醒。在他对认识论的批判中，这种同化被认为是一个自然结果，即 20 世纪早期至中期的分析哲学是"基础论"哲学的最后喘息，因为它是现代科学兴起以后被构想出来的。罗蒂认为，中世纪的衰落和最终凋敝留下了一个哲学家们渴望填补的文化空白。如果哲学能把物理科学的知识严谨性与对人类需求和宗教愿望的全面敏感性结合起来，那么现代就可以拥有这一切：罗蒂认为，这正是那个产生认识论的白日梦，因为当他和哈克开始研究哲学时，认识论已经广为人知。通过观察语言转向，罗蒂认为，真正的哲学革命者是那些从内部破坏它的一些定义原则的人；最为著名的是，威尔弗里德·塞拉斯（Wilfrid Sellars）——在他对**所与神话**的批评中——以及蒯因，在他对分析—综合区分的批评中。罗蒂认为，把这两种批评合二为一，你就会从认识论的整个概念中脱离出来。认识论寻求知识的基础，所以它必须是基础论的；并且认识论是哲学的基础，甚至被认为是文化的基础；拿走基础，所有一切都将崩塌。

罗蒂的"仅此或全无"主义（this-or-nothingism）是大胆的：哲学要么是科学的女王，要么是彻头彻尾的冒牌者；真理要么**与自在之物相符合**，要么是没有人在乎或敢于质疑的信念的"一种空洞的补充"[105](p.371)；而认知证成要么来自**自然本身**，要么是一件完全传统的事情，只服从于会话和社会互动的规范。哈克的首要任务是区分认识论或学科本身可能是基础的或基础论的三种含义。第一种含义与基础论者和融贯论者的争辩中有争议的证成结构有关。第二种含义是，作为第一哲学的认识论概念比科学更牢固，"证成标准的解释 [被认为] 是一项分析的事业，[并且] 它们的认可需要对其真理指示性做出先验证明"[106](p.244)。第三种含义是"[这样的] 论题，即证成标准并不完全是传统的，而是需要客观的基础"（同上）。

正如我们所看到的，哈克拒绝了这三种含义中的前两种基础论，并认为塞拉斯和蒯因提出的论证有助于证实它们的不足；所以，罗蒂戏剧性结论的可行性取决于他对第三种即"客观主义"含义上的基础论的攻击的合理性。他反对认知证成的客观标准的论证取决于区分"真的"（true）和"实在的"（real）等关键概念的两种含义——一种"普通的、陈旧的"含义，比如"真的"意味着"你能够针对一切异议而加以捍卫的东西"，以及一种"特殊的哲学含义，就像**纯粹理性观念**一样，被专门用来代表**无条件的**"——然后声称"认识论的大部分困惑来自于这两种含义之间的摇摆不定"。[107](p.308) 这种区别以及基于它的论证，是"惊人地站不住脚的"；因为它"不能太直白地说，'真的'没有这样的含义……其意

31

思是'你能够针对一切异议而加以捍卫的东西'"[108](p.247)——回想起她职业生涯的早期阶段，哈克可能会补充说，这只不过是说"真的平方"（true suqared）仅仅表示"非常真"（very true）的含义。当我们注意到，在罗蒂绝望的非实在论和他反对的不幸的宏大的超验主义之间存在几种真理概念和理解时，认识论的困惑依然存在，一如既往地具有挑战性和发人深省。

这并不是说认识论的问题和抱负就是金科玉律。相反，《证据与探究》最富成效的成就之一在于，它（重新）塑造和（重新）构思对理解和证成经验知识感兴趣的认识论家们应该做些什么，而不是争论使 S 知道 P 的充要条件。① 例如，哈克试图"以一定的精确性和理论深度来阐明判断中隐含的东西，即这个人有充分理由持有这个信念，那个人毫无道理地妄下结论，另一个人是一厢情愿的受害者……"[109](p.49)。她并没有试图杀死怀疑的巨龙，而是探究我们日常活动和智力活动中根深蒂固的认知评估模式的真诚度，问我们有什么理由必须相信我们能够把曾经使用过的标准变好，我们是否有权假设（用基础融贯论者的术语来说）信念有更多更好的证据支持，更深入地经验性锚定和解释性整合，比在这些方面更糟糕的信念有更好的机会成为真的。

在漫不经心地回应哈克对他观点的批判时，罗蒂无意中透露，他对他想要终结的学科的可靠主义方法背后的基本思想表示赞同[110](p.149)；他的推理有一种反常的内涵。因为可靠主义最明显的缺点之一就是它对认可难题（the hard problem of ratification）的轻视；罗蒂并没有追随哥德曼，肆无忌惮地试图把这种必要性当作一种美德，而是将其视为对这个任务的简化。哥德曼不可避免地让人想起罗素关于盗窃胜过诚实劳动的名言，在他对解释问题的回应中构建了一个解决认可问题的"解决方案"[111](p.194)。在一个众所周知的极端奇怪案例中——以及一个教唆罗蒂议程的讽刺案例中——这种不同问题的混合让人想起笛卡尔《沉思录》中臭名昭著的笛卡尔式循环。有了上帝，笛卡尔就能证明他清楚明白地感知的就一定是真的；并且有了这个原则，他就能证明上帝存在，"证明"在这两种情况下都是有抱负的。根据证成的可靠主义说明，认可的任务在开始之前就已经完成了：除非我们形成自己的信念以确保真理，否则我们就没有证成；并且如果我们确实通过产生真信念的方式来形成信念，那么由此产生的信念就自动被证成了。

面对这样的攻击，可靠主义者可能会寻求庇护，建议我们仅仅用他们提出的

---

① 因此，在如何应对埃德蒙·盖梯尔（Edmund Gettier）关于将知识定义为证成的真信念的反例上，可能会引发一场毫无结果的争论。关于这个问题，请参见《知道只是一个四个字母组成的单词》（"Know is Just a Four Letter Word"），《证据与探究》第二版（pp.301-330），但写于 1983 年。

可靠性标准来取代目前使用的证据评估标准。这样设想，可靠主义对认可问题的轻快方式可能会被当作一种福音，而不是祸根。但这只不过是把它们从岩石转移到坚硬的地方①；因为"与我们实际拥有的证据主义证成标准不同，可靠主义标准恰好不是我们可以用来评价一个人的证成的标准；我们所能做的就是在我们认为是在显示真理的基础上工作，即使用修正主义的可靠主义者想要取代的证据标准"[112](p.271)。

我们认为我们知道，但我们不能证明它——我们也不应该尝试。在哈克毫不退缩的"非笛卡尔式的"认识论中，不仅笛卡尔的"证明"被拒斥了，即我们清楚明白地感知为真的东西就一定是真的，而且证明"我们假定的知识就是知识"[113](p.270)的整个想法被认为是瞎折腾而被抛弃了。与传统先验论者试图获得认可的不切实际的希望相反，哈克更温和的目标是"给[她]提供能够保证……基础融贯论的标准是显示真理的"[114](p.263)。她的基础融贯论的认可采取了一种钳形运动形式，"自上而下"方法与"自下而上"方法共同发挥作用。在一个方向上，她寻求"把完全证成[即由无法扩展的证据支撑的信念，其解释性整合和经验锚定已无法改进]与对[真]的决定性显示联系起来"；另一种则是"将较低的证成度与真理显示的级别联系起来"。[115](p.274) 自上而下，她对夸张的笛卡尔式的怀疑论做出了"相当间接"的回应；自下而上，她对不那么激进的前笛卡尔式的怀疑论给出了类似的有限制的回应。在这两种情况下，论证都建立在之前的观点之上，即当我们试图弄清楚事情的时候，"我们所要做的……是我们的经验和我们为解释它而设计的解释性故事"[116](p.278)。

自上而下地开始，我们很容易把皮尔士对真理的解释，例如"注定要被所有研究者都接受的意见"[117](p.407)，等价于一个拥有完全证成的真理方程式。如果我们这样做，我们可以说，通过坚韧不拔和明智地为真理而奋斗，我们能够做得最好的事情就是，"根据定义"什么是真的，从而使得一个信念的完全证成的确是信念为真的一个决定性标识，因为后者实际上是前者构成的。为了避免这种策略被认为将太多人沦为命运的人质，哈克用一种带有条件的结论、更为谨慎的推理线路来补充它。然而，我们理解真理："除非完全证成是真理的标识……否则探究将是徒劳的。"[118](p.276)（添加了强调）如果你认为没有真理可寻，那么寻找它就像在11月寻找复活节彩蛋一样毫无意义。如果对某物的探究是一项融贯的事业，那么完全证成肯定至少是真理的标识，即使不一定是真理的必要构成部分。

在实在世界中，"我们很少，如果有的话，在我们的信念中被完全证成"，所

---

① 此处的"岩石"和"坚硬的地方"意指两种险恶的处境。——译者注

以一个自下而上的论证,"还需要探索如何专注于较低的证成度"。[119](p.277) 如果自上而下的论证凸显了真理和意义的问题,那么自下而上的论证抓住了使证据具有支持性的基础融贯论说明的细节。由于证据 E 对信念 p 的支持度"取决于 E 给 p 的竞争对手留下的空间有多么小"[120](p.278),所以,p 的证据的支持度越高,替代 p 的余地就越小。在完全证成的极限情况下,除了 p 之外没有任何空间,并且一般来说,"根据基础融贯论标准,证成度(结果)是人们所能拥有的最好的真理标识"(同上)。

  与以往流行的观点相反,哈克自下而上的准演绎式认可标志着在一个被许多人认为是令人沮丧的、难以解决的问题上取得了重大进展,即臭名昭著的证成归纳推理难题。哈克将注意力集中在证据而不是推理模式上,避免陷入众所周知的僵局。我们该如何证成归纳呢?它不是演绎的,因为演绎论证会导致假结论,即归纳推理必然导致真结论;许多归纳都不会成功。但也不是归纳的,因为归纳论证显然是循环的,即我们将来应该继续信赖归纳,因为它过去对我们很有帮助。所以,我们被困住了。相比之下,关于什么有助于增强信念建基于上的证据的支持度问题,《证据与探究》给出一个很有希望的答案:在后来的工作中,这个答案的基本要素被保留了下来,而它作为一个不可分割部分的理论得到了细化和改进,兑现了最初的承诺。①

  在她开始提出经验知识证成的基础融贯论理论的几年前,哈克曾指出,传统的归纳证成问题只是其中一半;因为任何试图证明演绎推理的尝试都会出现类似的困境:"演绎的归纳证成太弱了,而演绎的演绎证成是循环的。"[121](p.181)② 这里的真正问题是推理本身;如上所述,确定逻辑法则有效性的根基这一问题仍然在哈克的议程上。③ 总的教训是:"认识论……及其元理论是关于世界和我们自身的整个理论网络的不可分割部分,不是被其他部分所支撑,而是与其他部分相互啮合。"[122](p.238)

向各个方向拓展

  利用在《证据与探究》中发展起来的丰富的洞察力、区分、概念创新等,不那么优秀的人可能会喘口气,满足于休息一会儿。但是,哈克还有其他一些温和的、故意含糊其辞的想法。在搬到迈阿密后的三十年里,她以加倍的精力继续坚

---

 ① 特别参见《捍卫科学》第三章"解开科学证据之谜的线索"。
 ② 总结了《演绎的证成》("The Justification of Deduction")中的论证。
 ③ 《一位杰出的女性》(*A Lady of Distinctions*,p.56)。

持，在如下方面做出了实质性贡献：

形而上学：相对主义与实在论；信念的本质；**坦诚实在论**（Innocent Realism）。

科学哲学：科学证据与探究；科学的价值，及其与文学和宗教的关系；科学主义的危险和"反科学主义"的陷阱；**批判的常识主义**（Critical Common-Sensism）。

伦理与社会哲学：诚信、平权行动、女权主义和多元文化主义、学院和职业哲学的现状、认识论的特征。

法律：科学证词和专家证人；法律中的逻辑和经验；作为社会制度的法律；不断演变的法律概念。

隐喻，意义的增长、文学哲学、认识论小说。

皮尔士，实用主义，以及哲学的未来。

在我剩下的篇幅中，哪怕涵括其中一小部分都是不可能的；并且在我开始更实质性地讨论真理和探究、坦诚实在论和批判的常识主义的价值，以及哈克的"多面体哲学"对法律发展出一种新颖的、古典实用主义理解的过程中得到进一步发展之前，我忍不住提及一些只好留给下次讨论的话题和主题：富有创造性和想象力的工作——可以追溯至 30 年前有关隐喻方面的工作①，关于认识论小说、文学和科学，关于幽默在严肃哲学中的作用，**实在的**、**虚构的**和**虚假的**，以及令人难忘的《融贯一致性、说服力、协调性、凝聚力等》（*Coherence Consistency, Cogency, Congruity, Cohesiveness &c.*）方面的工作；勇敢的工作——女权主义以及探究与倡导之间的区别；细致的学术研究——皮尔士和实用主义的起源；还有我个人最喜欢的、精辟的、能引起共鸣的工作——生命的多重意义和《为什么我不是一个矛盾体》（*Why I am Not an Oxymoron*）。

当哈克离开英国时，她清楚地意识到，对认识论的敌视——无论是革命的科学主义还是庸俗的实用主义者——是一种更广泛的文化萎靡的症状；这就使我们更全面地看到在《证据与探究》中所反驳的两种拒绝认识论的策略之间的重要区别。形式上，关于认识论的无用性所提供的理由是一致的。一个阵营驳回了这项计划，理由是它依赖于一个错误假设，即存在信念；另一个阵营贬低它，因为它

---

① 如上所述，哈克对形象语言的关注，让她发现了弗雷德·萨默斯（Fred Sommers）寻求模棱两可的形式标准的致命缺陷，或许已是五十多年前的事了。读者可能有兴趣知道"奇怪的噪音"：这一开始是在亚里士多德学会一心智协会的联席会议上所做的主席致辞。在一百多年的会议中，这样的致辞被认为值得发表的只有少数几次。

依赖于另一个错误假设,即证成标准绝不是可选的社会习俗。这些论证失败的原因是对它们各自的目标、信念和认知证成缺乏理解。但它们之间有区别。自从人类出现以来,信念就一直存在;因此,不管你在理论上怎么想,都没有希望真正消灭它们——也就是说要相信!困难的部分是解释何谓相信某事,而不是解释掉它。① 但认识论——更具体地说,构建一个令人满意的认知证成理论的计划——是一项历史偶然的事业,如果它只是失去了追随者,它就会结束。② 如果你认为可以毫无信念地生活,那是在欺骗自己;但如果你认为没有认识论也能过得很好,可能反而会使自己更糟。

在批评罗蒂在世界方向上的姿态——在这个世界中,认识论家们有时不是为了发现什么,而是为了"延续西方文化的对话"[123](pp.377-378)时,哈克曾直言不讳地反驳,"在罗蒂的后认识论乌托邦中,不可能有诚实的智力工作"[124](p.252),这种说法让人不禁反思一个智力疯狂的反乌托邦世界的悲惨前景,但没有真正的工作。的确,就在哈克和罗蒂摆好架势的时候,一种复杂而令人担忧的对真理的蔑视正在迅速发展,因为"激进女权主义者、多元文化主义者、知识社会学家、文学理论家"一致认为——撇开深奥的认识论不谈——任何类型的诚实探究"既不可能,也不可取"[125](p.ix, p.1)。

在他们的日常活动中,没有人"严重怀疑找出真相的可能性或有用性,这是我们在询问飞机时间表、银行账户状况或孩子疾病的最佳治疗方案时都被认为是理所当然的事情"[126](p.1)。这就是为什么哈克认为,那些沉迷于对"公正地寻求真理"③进行自夸式诽谤的人,已经屈服于"一种故意的和人为的绝望"④。可以补充的是,不切实际的理论和日常实践之间的这种差异,表明人们已经以一种非常熟悉的方式忘记这个世界:在你的研究中,你可能会写一篇充满激情的长篇大论来痛斥文化不变的真理,并不遗余力地将其揭露为可疑的社会结构,与统治和剥削政权串通一气;但当你在银行排队,或考虑是否要参加试验性医疗测试,或在最近结了冰的池塘里滑冰,或……你不得不考虑其他事情,关于线的长度、试验

---

① 哈克在《证据与探究》一书中就开始了这项工作,并在2010年和《科学主义及其缺憾》第二讲中取得了进一步的进展。

② 如果分析认识论联盟(Analytic Epistemology Union,简称AEU,哈克的术语)的一些更不幸的子域(sub-niche)陷入停滞,这也许是一件好事;"盖梯尔学"(Gettierology)就是一个明显的例子。遗憾的是,正如哈克最近有机会哀叹的那样[例如在 Haack(2016b)中],这个领域的业务似乎正在快速增长,随着旧的子域过时,新的子域出现了。

③ 简·希尔(Jane Heal)的一篇文章标题,《亚里士多德学会学报》(*Proceedings of the Aristotelian Society*),1987-1988,Vol.88, pp.97-108。

④ 弗兰西斯·培根(Francis Bacon):《新工具》(*The New Organon*),格言八十八。

成功的机会、冰的厚度。

人们对"赞扬"公正地追求真理抱有敌意的一个常见原因是,他们清楚地意识到,许多"过去(在这一努力中取得的成功)……已……证明并非如此"[127](p.93)。① 虚假和有害的理论已被认为是正确的,理应公正的研究者被有害的偏见牢牢控制着,这也许罪有应得,也许是因为他们所处的时代:太真实了,但完全符合——确实需要——真理和公正探究的可能性和价值。如果没有一个稳健的真理观念,当我们承认所讨论的真理时,我们该怎么办?(如果你想对当权者说出真相,那么你放弃真相就是不明智的!)从我们过去经常犯错推断出我们永远不可能是正确的,当然是见证了一种"人为的绝望";但"如此普遍"却让这种诱人的不合逻辑的推论变成了"它应该拥有一个名字";哈克把它叫作"'以为是'谬误"(the "passes for" fallacy,同上)。

有时,"以为是"谬误中所包含的"人为的绝望"压倒了它可能导致的实用主义的自相矛盾。当真理的宝贵收获被胡说八道、口是心非、自我夸耀以及"反常主义"(preposterism)②的蛀虫和蝗虫践踏时,这很容易让人放弃并说"播种有什么好处?"——这就把我们带到了哈克的**坦诚实在论**和**批判的常识主义**,前者命名她独特的形而上学方法;后者是她关于科学证据和科学探究的认识论的独特贡献。这两种观点在她的哲学中已经隐含了一段时间;她不断努力深化和磨砺这些思想,特别好地证明了我用以贯穿其思想的箴言中的第一条和第三条之间的相互作用,以及她所保持的深刻的原创性方式——耐心、严谨、天资、沉着。

当基础融贯论在基础论和融贯论之间航行时,**坦诚实在论**则在野心勃勃的形而上学实在论的旋涡和自毁长城的相对主义的多头怪物之间穿越。在她发表的第一篇关于这一观点的表述中——在文章的开头,她列出了一张不同形式的相对主义的表格,曾经是"为了回答一个学生提出的一个悲哀的问题而画在黑板上的:'哈克博士,什么是相对主义?——我知道 X 博士……反对它,但我不知道它是什么'"[128](p.211)——哈克将坦诚实在论与希拉里·普特南(Hilary Putnam)以贬损口吻在"**形而上学实在论**"的标题下归类的"错综复杂的论题集合"进行了对比。这些论题是:

> 存在一个实在世界,由一个独立于心灵的对象的固定整体构成;对

---

① 《令人费解的科学》("Puzzling Out Science")。
② "preposterism"是雅克·巴赞(Jacques Barzun)创造的术语,用来描述这样一种状态:"在重视知识的价值时,我们提出反常的观念[把最后的放在最前面,最前面的放在最后],然后说……每个人都应该为了生存而进行书面研究,这应该被视为一种知识爆炸。"[Barzun(1968:221)]

这个实在世界有一种真实描述，一种用特权的"绝对"科学词汇表达的描述；它的真理在于它对世界及其独立于心灵的对象的固定整体的摹写或符合。[129](p.153右后)

坦诚实在论承认有一个实在世界，但卸下了多余的包袱。是的，存在一个实在世界；一个有实在事物和材料而不是虚构的世界。但是，不，这个唯一的实在世界并不是由一个独立于心灵的对象的整体构成的，它允许一个描述"符合"这些对象，并以一种独特的特权词汇表达出来。首先，**坦诚实在论**设想的实在世界与作家和说书人创造的无数虚构世界形成了鲜明对比，更不用说撒谎者和骗子了。小说作品的内容并不存在于实在世界之中，但作品本身存在于实在世界之中：尽管世界只有一个，但它是"一个多元的宇宙，极其多样化，多面向的，而同时又是统一的"[130](p.552)。哈克指出，只有一个实在世界，与宇宙学的多元宇宙理论中引用这个术语的准技术意义上的存在许多"宇宙"是相容的。存在许多不同于我们自己的宇宙的证据，必定是在这个唯一的实在世界中找到的；在这个世界里：

除了各种各样的自然物质、事物、种类、事件、法则等之外，还有人类的信念、希望、恐惧等几乎难以想象的范围，以及人类创造物的密集网格，物质的和精神的，智力的和想象的：物理构建；社会制度；语言、符号系统、概念和理论等智力结构；以及富有想象力的创作，如神话、传说、民间故事、艺术作品、戏剧、诗歌、小说作品以及它们介绍的想象中的地方、人物和场景（同上）。

正如哈克明确指出的，纯真无邪的**坦诚实在论**是一项哲学成就，而不是人类给予的。这既是一种回归——去相信我们内心一直相信的哲学，也是一种进步，因为以一种哲学上令人满意的方式来充实**坦诚实在论**的合理起点是很不容易的。正如我们所看到的，哈克经常通过拒绝似是而非的问题并回避由此引发的无谓辩论来取得进展。是否存在"一个独立于心灵的对象的固定整体"？这个问题"把你困在一个形而上学的角落里，如果你回答'是'，你似乎就会陷入一种类似于**逻辑原子论**者的图像之中，其中有……神秘的逻辑终极对象；如果回答'不'，你似乎就坚信我们的概念行为会带来新的存在对象。"[131](p.159右后)但我们有更好的理由拒绝这些选择，而不是认为我们有义务在它们之间做出选择。所以，除了寻找一个更好的起点，别无他法——到21世纪初，哈克在发展一种独特的、原创的、实用主义—基础融贯论的科学哲学的过程中正是这样做的。

《捍卫科学》(*Defending Science*，简称 DS)的一个关键目标体现在其副标题中：为科学提供一份"在科学主义和犬儒主义之间"的说明，既不过分轻信和顺从科学，也不过分怀疑和轻视科学，能够真正阐明它是什么以及它在做什么。因此，"科学主义"并不局限于斯蒂奇和丘奇兰德所发现的猖狂版本，犬儒主义也不是罗蒂及其同伴加入"**更高漠视**"的可疑特权。一方面，20世纪的主流科学哲学家，正如哈克所说的"**旧尊崇主义者**"，当他们把科学的成功归因于"科学方法"严格应用于它的各种主题和问题而给予可怜的赞美时，他们对科学主义给予了支持。另一方面，当**新犬儒主义者**——包括"激进社会学家……文学理论家、修辞学家、符号学家，以及置身于严格科学哲学圈之外的哲学家"[132](p.21)——完全拒绝科学在认识论上的自命不凡时，科学就成了一种伤害。

无论它是什么，科学都是一种社会建制；无论它取得了什么成就，它都极大地增强和扩大了我们对世界的理解。没有任何一种科学哲学否认这两点都是正确的，然而无论是旧尊崇主义和新犬儒主义都不能公正地对待这两点。双方都漠不关心对方观点中的真理；更确切地说，双方都无意指出一个不可否认的真理和一个邻近的有害谬误之间的关键区别。科学是社会的，是的，但这不是它的结束；因为科学并不"只是另一种"社会建制、只适合于这样研究。科学为我们提供了非凡的知识财富，是的，但这与以一种几乎非隐喻的方式揭示"福音真理"完全不同。在《捍卫科学》第一章的标题中给出了坚守真理、避免错误的方法：将科学视为"既非神圣亦非骗局"。

哈克详细阐述了《证据与探究》中已经突出的一个主题，以"最普通的经验探究"强调了科学研究多种多样的连续性。[133](p.9) 我们得到的不是科学方法的理论，而是一个精心设计的"更真实"的故事，关于"所有探究者使用的推理模式和探究程序"如何被各种"数学、统计或推理技术，以及特殊仪器、模型等"极大地扩展和增强，所有这些都是"这个或那个科学领域的局部"。[134](pp.94-95) 如果"科学方法"指的是一种单一的、特定的、仅为科学所特有的研究方式，那么没有这种东西（犬儒主义者对此印象深刻）；但是（正如那些犬儒主义者不能理解的那样），存在许多令人印象深刻的、有效的科学方法，由于科学探究而为知识财富做出了显著贡献。① 此外，一些对科学探究最重要的"帮助"与社会组织模

---

① 哈克曾经一度对《捍卫科学》的开篇语"表示厌倦"："根本就没有所谓的科学方法，而这就是一本关于科学方法的书。"(p.10)

式有关；例如，认知劳动的普遍分工和资源的集中，鼓励富有成效的合作和竞争，"制度化的相互批评和检查以及有充分根据的结果的制度权威之间的一种微妙平衡"[135](p.108)。

根据已经确立的流派来说，在《捍卫科学》中所发展起来的科学哲学是实在论，而不是工具主义的，或建构性经验主义的，或社会建构主义或其他什么。但是，当哈克带着她那坦诚实在论—批判的常识主义工具包用于诸如乌鸦悖论、新归纳之谜及数据对理论的不充分决定等主要科学哲学问题上时，其结果是可预期地令人耳目一新和有益的。事后看来，对于一位在哲学的形式方法和模型的范围及其限制方面做了大量工作，并解释了如何以及为什么"证据的支持不是一个纯形式问题，而是取决于谓词的实质内容，它们在背景信念的网格中的位置，以及 [当然！] 它们与世界的关系"[136](p.83)的哲学家来说，这些谜题是成熟的果实。

首先，卡尔·亨佩尔（Carl Hempel）关于黑乌鸦和白鞋子的话题转移——"所有乌鸦都是黑色的"与"所有不是黑色的东西都不是乌鸦"之间的逻辑等价，似乎通过无可挑剔的推理，驱使我们得出一个荒谬结论：观察一只白色鞋子证实了所有乌鸦都是黑色的假说。这只是在某种程度上令人不安，因为我们没有认真对待这样一个事实："'乌鸦'不是简单的观察术语，而是一种谓词"。[137](p.84)由于乌鸦是鸟类，关于它们的假说的形成和检验将对鸟类的已知情况，特别是对已知的不同物种的颜色模式变化的多样性及其原因等保持敏感。

其次，尼尔逊·古德曼（Nelson Goodman）出于一个原则性的理由，煽动了一场徒劳无功的追逐。例如，为什么"绿色"（green）应该是可投射的，而"绿蓝色"（grue）则不是。就像亨佩尔的悖论一样，它被认为是一种改进，这种观点之所以具有吸引力，只是因为人们对语言和科学的形式与句法维度的根深蒂固的关注，以及随之而来的对证据和假说之间关系的狭隘观点。事实上，"'所有翡翠都是绿色的'和'所有翡翠都是绿蓝色的'具有相同形式，但不同内容"[138](p.244)，这一事实应该使证据支持的实质而非形式特征一下子变得非常明显。但稍等一下，整个观点不应该是这样的吗？即，虽然我们固执地相信翡翠是绿色的，并且不愿把它们看作绿蓝的，但"根据定义"，它们仍然是绿蓝的。是否可以否认，任何支持一种假说的证据也在相同程度上支持另一种假说？是的，可以否认。因为这个挑战依赖于对范围和证据种类的人为限制，而这些限制被允许与这个问题有关。假设一个社群说一种"grulor"语言，"带有原始的'绿蓝色'和'蓝绿色'（bleen），而'绿色'和'蓝色'是参照之前的时间 t 定义的"[139](p.85)。在 t 之后，他们会突然发现"草的嫩叶正在变成蓝绿色，而不是绿蓝色的，并且……从矿洞中挖出来的蓝宝石是绿蓝色的，而不是蓝绿色的"[140]

(p.86)。当地的科学家难道不会开始"怀疑他们的色彩物理学（或 grulor）和他们的色彩 –（或 grulor-）感知光学出现了严重的问题"（同上）？形式上的可能性是一回事；严重的认识论后果是另一回事。

哈克此处的观点让我对她后期著作中的两个重要主题略加提及：意义的增长和认知的灵活性对科学进步的重要性。从正确的哲学角度关注探究的历史可以发现，远没有威胁到科学调查的真诚，正如许多旧尊崇主义者所担心的那样（而新犬儒主义者则对此感到高兴），理论术语的意义改变以及富有成效的隐喻和其他有助于想象力的东西的发展和应用，能够对其成功做出重大贡献。[141](p.556) 科学理论需要适应这个世界，这就要求在词汇表和框架中进行恰当而精确的描述，并对它们进行富有创意的、明智的调整。

最后，蒯因对非充分决定性的担忧，以及与这位 20 世纪分析哲学的权威人物的第三个回合。不出所料，蒯因把许多不同的论题置于非充分决定性的保护伞之下，其中一个论点是，"对于任何科学理论，都存在另一种理论，它在经验上与第一种理论等价，但不相容"，"只要它们派生出相同的'观察条件'集"，那么这些理论就是在经验上等价的，"只要一些陈述是从某个陈述推出来的，它要么是这个陈述的否定，要么是一些根据其他陈述而转化为这个陈述的否定的陈述"。[142](p.87) 有了这些定义，我们甚至不可能表达经验上等价的论题，除非我们"有一种办法，把具有相同经验结果的不相容理论与同一理论的记法变体区分开来，以及识别构成一个理论的经验后果的观察陈述的类别"（同上）。正如我们已经看到的，在他最好的时候，蒯因拒绝了他自己著名论题的两个前提！然而，在目前情况下，需要强调的是，尽管我们探究了相当长一段时间，对于一个容易受到科学探究影响的真正问题，我们仍然被各种不兼容的答案困住了，可以得出的结论是"这只是为了认识到我们认知条件的不完美性"[143](p.88)。①

因此，科学是光荣的，但不是完美无瑕的；是值得钦佩和尊重，但不值得崇拜。它是"混乱、容易犯错和笨手笨脚的"，就像文学、雕塑、债券、立法机构和宗教一样，科学是非常人性化的东西。无论是乡村的无神论者，还是真正的信徒，都不喜欢这种论调；每个人都认为，把科学和（或）宗教与这些乱七八糟的人放在一起是在贬低他们。哈克认为科学或宗教都不会被贬低，尽管她把它看作一个"体面攸关的事情"，直接宣布：虽然科学的成就证明了人类智力上的成熟，而宗教信仰表明我们容易受到一种对事物秩序的天真信任的魅力的影响。

---

① 哈克怀着同样的情感、用同样的话，结束了她对"古德曼新归纳之谜"（Goodman's New Riddle）的讨论。

另一个不完美、令人钦佩的、(在我们的世界中)必不可少的人类制度是法律。由于这卷书的读者有四篇该领域学者的文章可供选择,我将仅限于简要地"重点"评述哈克对"法律的多元宇宙"(Pluralistic Universe of Law)这一独特的、实用主义的"拼接"概念的发展,并集中评论她的工作的一个方面:专家证人证词问题。

与奥利弗·温德尔·霍姆斯(Oliver Wendell Holmes)一样,哈克看待法律的方式,不是"天空中某种沉思的无处不在的东西"[144](p.222),而是"需要不断适应新环境的地方社会结构"[145](p.xviii)等一系列法律体系中的共同因素。为了避免作为分析型哲学次级专业的法律哲学工作中"有时令人眼花缭乱的高度抽象和一般性"特征,她同意这一传统的主要代表哈特(H. L. A. Hart)的观点,即对于"什么是法律"这个问题"没有任何定义可以精确到令人满意的地步"[144](p.16)。在哈克看来,法律的概念是"一种集群概念",它确定了制度之间不断发展的联系,"[其中]整个总体……代表着一场长期且仍在持续的斗争,用明智的、和平的方式取代武断的、野蛮的武力来解决人类社会中不可避免的争端"[147](p.461, p.456)。①

在证据法方面,基础融贯论直接帮助指导我们:"当我们着眼于法律的证据规则和程序时,如果我们想从法律的要求(如决定的及时性和终结性)中得到事实上为真的裁决,首先要区分利害攸关的认识论价值,这可能会与它们竞争"。[148](p.559)在法庭已经"驯服"科学专家证人证词的可采性规则时,实际需求和认识论原则之间的紧张关系达到了顶点。

外行证人不能给出自己的意见或结论作为证词;专家证人可以,这就是让他们出庭的意义。但谁才是专家呢?并且当诉讼各方都有自己的专家,经过事先审查,得出预先确定的结论时,我们难道不应该像勒恩德·汉德(Learned Hand)所哀叹的那样,陪审团必须在"两种陈述之间做出决定,其中每一种陈述都建立在与自己经历不同的基础上",当"正因为他们不能胜任这样的任务,所以专家才是必要的"。[149](p.54)这是一种实践认识论的荆棘丛;哈克在这个问题上的许多工作听起来像是一个熟悉的警示性主题,涉及解决实质性问题的形式方法的范围与限度。正如没有增进科学知识的绝对可靠的科学方法,也没有区分经典逻辑的扩充和它的竞争的绝对可靠的形式标准,所以,没有"完美的法律公式"[150](p.255)可以恰好将那些无可指责的中肯的科学证词纳入记录。

在哈里·布莱克曼(Harry Blackmun)大法官看来,美国最高法院对多伯特(Daubert)案做出的具有里程碑意义的裁决对多数人有利,关于新科学证词可采

---

① 原文缺失页码,译者补。

性的旧弗莱规则（the old Frye rule）已经被联邦证据规则（the Federal Rules of Evidence）取代，他冒险涉猎科学哲学领域，理由乍一看似乎很有说服力。如果法官需要区分可接受的科学证据和无用的江湖骗术，为什么不求助那些长期致力于研究"划界问题"（the "demarcation problem"），即区分真科学与伪科学、形而上学等任务的主要科学哲学家呢？哈克回答说，因为那样做是愚蠢的，或者至少是浪费时间。然而，如何就可采纳的科学证词的标准做出原则性决定，这一基本问题并没有简单的答案：

> 存在……更好的问题和更糟的问题。与其徒劳地担心划界问题或者方法论与结论的区别等等，我们最好把注意力转向其他类型的问题——请记住，虽然完美是不可能的，但好胜于坏，而且细小的改进累积起来的效果可能相当大……[151](p.256)

为了得到更好的答案而提出更好的问题，这是值得铭记的。但是，这一准则如何能够帮助法官或陪审团面对所谓最前沿、晦涩难解的研究？这些研究的有效性对他们必须审理的案件的是非曲直有着至关重要的影响。即使在这方面，哈克的方法也有帮助。坚持科学探究与日常探究的核心连续性，意味着在证据变得复杂和混乱时，普通公众不应过早放弃；当问题就在于混淆时，被搞糊涂的人需要尽其所能地阐明它的来源，并提出适当的问题。因此，仅举哈克提供的众多例子中的一个，也许"与过滤法律上不能接受的问题相一致"，可以找到允许陪审员"在无法跟踪专家证人时要求澄清"的方法。[152](p.257) 再举一个例子，有理由认为，法官和律师会发现手头有"定期更新的一本书或系列丛书，建议如果出现这样或那样的问题，对于专家证词的可靠性，提出哪些问题是可取的，哪些答案是有利的，哪些是不利的"，将会是很有帮助的。希望是：

> 一些法庭和律师会问这些问题，并从这些答案中得出合理结论；随着时间推移，其他律师和法庭将逐渐从他们的经验中吸取教训……这并不是一副万能药；对于如此复杂和多面向的问题，不可能有一个简单的、一次性的解决方案。但这可能是朝着提高专家证词质量和法庭对其价值评估的方向上迈出了有用的一步。[153](p.28)

为了得到更好的答案而提出更好的问题，尤其值得在哲学中牢记于心，几乎所有具有里程碑意义的先行者都以独特的方式提出了独特的问题，从而（他们希望）提高他们（和我们）对世界最普遍特征的理解。哲学探究的这一特点在古典实用主义思想家的工作中尤为突出。在哈克坚持不懈地试图以她独特的方式探索富有成效的问题并提出有希望的答案的过程中，他们为哈克提供了如此重要的帮助。这不是追求确定性，而是以一种毫不妥协的可错论和明智的连续主义精神追求知识。就像哈克在《证据与探究》结尾说的那样："当笛卡尔的认识论故事以'从此幸福快乐'结束时，我们知道这太好了，不像是真的。也许这样结束我的故事是合适的——'从此充满希望'，它结合了一种普遍的可错论和关于我们认知条件的适度的乐观主义。"[154](p.284)

关于这一点，我的故事就到此为止。

参考文献

[1][130][141][148] Haack, Susan, 2018, "The World and How We Know It: Stumbling Towards an Understanding", *Estudios Filosóficos,* LXVII 549-561.

[2] Kierkegaard, Soren, 1996, *Papers and Journals: A Selection*, Alastair Hannay ed. and trans., London: Penguin.

[3][138] Haack, Susan, 2005c, "Formal Philosophy? A Plea for Pluralism", Haack(2013a), pp.235-250.（原文缺失，译者补）

[4][5][28][36][37][41][42][44][45][47][49][51] Haack, Susan, 1978, *Philosophy of Logics*, Cambridge: Cambridge University Press.

[6] 编者注：原文所引之蒯因文献（Quine, 1971）编者并未找到。

[7] Hacking, Ian, 1975, *Why Does Language Matter to Philosophy?* Cambridge: Cambridge University Press.

[8][9][12][13][14][16][17][18][20][21][23][24][25][26][27][29][30][31][34][35][121] Haack, Susan, 1996, *Deviant Logic, Fuzzy Logic: Beyond the formalism*, Chicago: Chicago University Press.（原文遗漏，编者补）

[10][11] Kant, Immanuel, 1885/1800, *Kant's Introduction to Logic,* Translation of his *Logik* by T. K. Abbot, Longmans, Green.

[15] Quine, W. V. O., 1953a, *From a Logical Point of View*, New York: Harper Torchbooks.

[19] Quine, W. V. O., 1960, *Word and Object,* New York: Wiley.

[22] Rosser, Barkley and Turquette, Atwell, 1977/1952, *Many-Valued Logics*, Westport: Greenwood Press.

[32] Haack, Susan, 2016a, Pining Away in the Midst of Plenty: The Irony of Rorty's Either-Or Philosophy", *The Hedgehog Review: Critical Reflections on Contemporary Culture*, pp. 76-80.

[33] 2016c, "Five Answers on Philosophy of Logic", In: *Philosophy of Logic: Five Questions,* eds., Lupher and Adajan, Vince Press.

[38][48] Tarski, Alfred, 1956/31, "The Concept of Truth in Formalized Languages", J. H. Woodger, Trans., *Logic, Semantics, Metamathematics: papers from 1923 to 1938*, Oxford: Clarendon Press, pp.152-278.（译者对原文缺失部分做了补充）

[39] Aristotle, *Metaphysics*, 2016, Trans., C. D. C. Reeve, Indianapolis: Hackett Publishing.

[40] Popper, Karl, 1963, "Truth, Rationality, and the Growth of Scientific Knowledge", *Conjectures and Refutations*, London: Routledge and Kegan Paul.

[43] Haack, Susan., 1976a, "Is It True What They Say About Tarski?", *Philosophy*(51), pp. 323-336.

[46][50] Davidson, Donald, 1967, "Truth and Meaning", *Synthese* (17).

[52] Davidson, Donald, 1984, *Inquiries into Truth and Interpretation*, Oxford: Oxford University Press,

[53] Davidson, Donald, 1999, *The Philosophy of Donald Davidson* (Library of Living Philosophers), Lewis Hahn ed., Chicago: Open Court.

[54][117] Peirce, C. S. P., 1931–1960, *Collected Papers of Charles Sanders Peirce*, Vol.8, ed., Charles Hartshorne, Paul Weiss, and Arthur Burks, Cambridge, MA: Belknap Press, Cited as "CP" by volume and paragraph number.

[55][56][60][61][62][63][64][65][66][69][72][73][77][78][79][80][81][82][83][84][85][90][91][92][93][95][97][98][99][100][101][102][104][106][108][109][111]112][113][114][115][116][118][119][120][122][124][154] Haack, Susan, 2009, *Evidence and Inquiry*, 2nd. expanded ed., Amherst: Prometheus Books.

[57][58] Haack, Susan., 1977, "Carnap's Aufbau: Some Kantian Reflections", *Ratio* XIX, No.2.

[59] Haack, Susan, 1975, "The Relevance of Psychology to Epistemology", *Metaphilosophy* (6), pp. 61-76.

[67][68][70][71] Lewis, C. I., 1971/1946, *An Analysis of Knowledge and Valuation*, LaSalle: Open Court Press.

[74] BonJour, Laurence, 1985, *The Structure of Empirical Knowledge*, Cambridge MA:

Harvard University Press,

[75][76] Davidson, Donald, 1983/2001., "A Coherence Theory of Truth and Knowledge", *Subjective, Intersubjective, Objective*, Oxford: Oxford University Press.

[81] Quine, W. V. O., 1973, *The Roots of Reference*, La Salle: Open Court.

[86][87][88] Goldman, Alvin, 1979, "What Is Justified Belief?", *Justification and Knowledge,* ed., G. Pappas, Dordrecht: Reidel, pp.1-23.

[89] Goldman, Alvin, 1986, *Epistemology and Cognition*, Cambridge MA: Harvard University Press.

[94] Quine, W. V. O., 1970b, "Grades of Theoreticity", *Experience and Theory*, eds., L. Foster and J. W. Swanson, Amherst: University of Massachusetts Press.

[96] Quine, W. V. O., 1953b, "Mr. Strawson on Logical Theory", *Mind,* Vol. 62, No. 248, pp.433-451.（译者对原文缺失部分做了补充）

[103] Heil, John, 1988, "Intentionality Speaks For Itself", Silvers, R. ed., *Representations: Readings in the Philosophy of Mental Representation.* Dordrecht: Kluwer.

[105][107][123] Rorty, Richard, 1979, *Philosophy and the Mirror of Nature,* Princeton: Princeton University Press.

[153] Haack, Susan, 2020, "Not One of the Boys: Memoirs of an Academic Misfit", *Cosmos + Taxis* (this issue).

[110] Rorty, Richard, 1995, "Response to Susan Haack", *Rorty and Pragmatism: The Philosopher Responds to His Critics*, Hermann J. Saatkamp ed., Nashville: Vanderbilt University Press.

[125][126][127][128][131] Haack, Susan, 1998, *Manifesto of a Passionate Moderate*, Chicago: University of Chicago Pres.

[132][133][134][135][136][137][139][140][142][143] Haack, Susan, 2007a, *Defending Science—Within Reason: Between Scientism and Cynicism*, New York: Prometheus Books.

[144] 编者注：Southern Pacific Company v. Jensen, 244 U.S. 205, 222 (1917)。

[145][150][151][152] Haack, Susan, 2014, "Evidence Matters: Science, Proof and Truth in the Law", Cambridge University Press.

[146] H. L. A. Hart, 1961, *The Concept of Law*, Oxford: Oxford University Press.

[147] Haack, Susan, 2008 "The Pluralistic Universe of Law: Towards a Neo-Classical Legal Pragmatism", *Ratio Juris,* 21 (4), pp.453–480.（原文缺失，译者补）

[149] Hand, Learned, 1901, "Historical and Practical Consideration to Regarding Expert

Testimony", *Harvard Law Review* (15), pp.40-58.（译者对原文缺失部分做了补充）

【作者简介】马克·米戈蒂（Mark Migotti），耶鲁大学哲学博士，加拿大卡尔加里大学（University of Calgary）哲学系教授，主要从事哲学史，尤其是19世纪哲学史、皮尔士、美国实用主义以及伦理学和认识论等方面的研究。著（译）有《皮尔士的双面真理论》（论文，1998）、《实用主义、谱系学与真理》（论文，2009）、《法律的绝对原则：现代性的对立》（译著，2002）、《伦理学与精神生活：尼采对现代道德的批判》（专著，2019）等，详情可参见个人网页：https://phil.ucalgary.ca/profiles/mark migotti。

【译者简介】颜中军（1982- ），男，湖南科技大学马克思主义学院教授，博士生导师，主要从事现代逻辑、分析哲学研究。

前沿问题研究

后现象学视角下技术人工物道德的哲学反思*

曹克亮

【内容摘要】技术作为道德中介,以技术塑行的方式改变了传统形而上学对道德主体的界定。现象学对现象世界及科学知识的描述,为人类认知技术道德及其相关性打开了理论大门。后现象学进一步打破科学与技术与道德主体的对立,展示了道德主体向技术人工物延伸的可能性。技术人工物道德相关性及技术自由问题的阐释为技术人工物的道德主体性地位奠定了基础。从技术人工物道德对道义论和后果论伦理学的反驳中,技术人工物道德走向道德行动者的证明变得清晰。

【关键词】道德中介;技术人工物;后现象学

现象学(phenomenology)作为 20 世纪西方最流行的一种哲学思潮,开启了对作为人类生活世界的现象世界的描述,传统现象学哲学以"描述"现实代替科学的"分析"现实。如布伦塔诺(F.Brentano)的知觉现象学,胡塞尔的生活现象学(亦可称为描述现象学),海德格尔此在现象学等。后现象学通过对传统现象学"描述"现实的技术路线视域,开启了道德世界中的技术调节和技术语境的分析阐释,为技术人工物的道德出场提供了合理引介。因此,通过梳理后现象对科学技术世界及道德的一般描述,对于客观认识技术人工道德相关问题有着正当意义。

---

* 本文为浙江文化研究工程重大项目"浙江工匠精神研究"(项目号:21WH70077ZD),浙江文化工程重点项目"浙江铸剑工匠与工匠精神研究"(项目号:21WH70077-7Z)的阶段性成果。

一 后现象学描述技术与道德的方式

1. 唐·伊德技术意向性

唐·伊德（Don Ihde）将科学和技术视为与人的现实世界相关联的技术意向性研究引入道德问题领域。通他过对人与技术之间关系的结构分析，并通过调查技术在人类经验和存在中的实际作用，展示了科学技术哲学绝不是"扶手椅哲学"，后现象学技术哲学将技术分析作为生活世界及其科学世界和科学知识的组成部分，而不是对它的威胁。这一路径被称为"后现象学"的研究路径。唐·伊德的研究应用和扩展了现象学概念，如意向性、体现性、解释学来分析科学成像的实践。唐·伊德后现象学研究专注在科学研究中对感知的调解以及仪器和图像技术的作用，这是一种将"创造真理"的具体实践作为其研究对象的研究范式。技术意向性是人类面对生活世界的现实指向性，人类的感觉、知觉、思想、行动无不与技术装置调节世界有关。"唐·伊德的主要兴趣不是公平对待参与者，而是理解为什么在特定情况下以特定方式给出现象，将事物给出的方式与帮助人类感知和解释它们的技术联系起来。"[1](p.124) 甚至有些知觉无法在日常生活中给予明确对应，但这也无法避开技术装置对人的意向性和知觉调整，以射电望远镜为例，科学家和天文学家的各种解释是在通过射电望远镜技术装备的"转译"中实现的。这里其实没有"原始"的人类知觉，而是知觉被技术装置调节了，被调节后的知觉自身才构成了所谓的"原始知觉"。技术意向性不仅是将人类带到传统现象学的"现象"或"物本身"，而是在塑造"现象"和"物本身"存在的世界。对于技术问题的追问，首先需要超越人类中心主义和主观主义的掣肘。将研究视角扩展到物质性和物质能动性的领域，"物质性不是人类解读的空白投影屏幕，而是在我们的技术文化中扮演着积极的角色。科学和技术不仅应该被理解为社会过程的结果，还应该被理解为社会过程的'投入'"[2](p.124)。唐·伊德关于技术的解释学的工作表明人类的意向性可以"延伸"到技术以及技术人工物上，技术人工物具有影响人类决策和行动的"意向性"。因此，为了理解后现代技术文化中的伦理和道德，我们需要超越严格的现代主义主客体分离的一贯概念，从现实世界中的人—技世界出发，从客观世界的被技术调节性现实出发，理解人—世界的关系不应当被作为先在主体对先在客体的感知和行动关系，而是世界客观与主体主观所经验、所存在的客观世界构成的场所。如果坚持把人类主体的自主性作为道德能动性的先决条件，人类将永远无法理解自身的行为方式的真正道德本质，也难以理解我们的行为方式是由我们周围的技术深刻地共同塑造的这一内在特性。所以，唐·伊德的后现象学视角将传统现象学的"物本身"带回到人类认识和道德探讨的本身，并在技术调节道德这一命题下建构科学技术世界呈现给我们的一切道德认知。

2. 米歇尔·福柯技术的权力

福柯发现了另一条通往道德中介的技术伦理之路，那就是技术权力之路。福柯通过聚焦决定主体与产生客体的力量和结构，将道德问题诉诸权力结构的维度予以考量，将看似人类独有事务的道德引向对权力的讨论，引向对技术调节的讨论。福柯认为"人的意向性并非'真实的'而是源自可被呈现为物质的权力结构；人类不是自律的，而是他律的"[3](p.84)。福柯并没有把道德主体看作既定的人，人的道德主体地位是自我构建的主体性。道德实现是通过"使自己服从"特定的道德规范来实现的，这种特定的道德规范在福柯那里被理解为权力关系，道德实现是权力关系的产物，而技术调节是权力关系结构的一个重要维度。通过主体的权力关系和技术调节，人与物实现了道德上的动态自由关系。在福柯那里，道德性服从道德规则，显然，这种"服从性"是道德对道德规则的服从而不是技术权力对人的俘获。对于福柯来说，权力构造了我们的存在、思考以及行动方式。但这种构造绝不是一种强制性、压抑式的方式，而是一种"自我驯服式"的道路，这种自我驯服在很大程度上与技术世界相关联。人类的主体性存在不是在真空下进行的，而是在观念、技术人工物、机构、组织、政治等各种条件下生成的。从某种意义上来说，各类技术不是通过控制身体而征服身体；恰恰相反，技术是通过服务身体和人类来"征服"身体和人类，这种技术方式通过更高层次的"有用性"以一种"温驯"的方式实现着对主体的驯服。以"全景监狱"为例，这种人工设计的建筑物，让犯人和看守者同时成为规训机器的一部分。对"全景监狱"①的设计展现了权力有时不是外部强加的规则体系，反而是权力以自我控制的形式创建了一个自我强加的规则体系。

据此，我们可以将"真正的主体"概念引入道德主体的讨论视域内，技术权力通过调节人类的行动和知觉形成对主体的规训、管理和矫正，这是一种结构化的权力运作的体系，不是简单的技术物的单次调节（当然不排除技术人工物的单次调节）。如果道德观念只隶属于人类主体，那道德行动就绝非是人类行动独有的特权，至少，道德行动是在技术权力的驯服下而运作的。主体自由引发道德自律，这是自康德以来就予以确证的事实，但主体自由仅仅表现为对权力的抵抗吗？显然不是，主体自由是在与权力的联结、相互作用下的自由。主体的自律当

---

① 全景监狱是一种监狱设计，旨在确保对犯人的最佳监视。犯人不能看到自己是否被监视，但最大可能的监视有效地规约了他们的行动。

然也是在这种自由下进行的，人与技术人工物的联结与相互作用产生了技术规训下的人的自由和自律，而不是对技术的抵抗。福柯通过对道德主体和伦理的权力主体的研究路径，开始触及作为技术中介物的道德调节主体这一核心问题。后现象学视角已经阐明"我们不能将人类主体的自主性作为道德代理的先决条件，但我们需要用技术中介的意图取代人类主体的'原动机'地位"[4](p.4)。显然，福柯的道德主体的自我构建理念已经为技术中介作为道德主体的构成上开辟了新的视角。

二 技术人工物道德相关性论述的出场

1. 技术人工物道德工具论与政治性

"道德物化"（Moral materialization）是展示将物自体（包含技术人工物）视为道德中介的核心概念。然而，这一概念牵涉出必须首先进行技术人工物的道德相关性讨论。对于人工物进入道德共同体的讨论从来都不是一帆风顺的，斯威斯特拉（Swierstra）从道义论和后果论角度认为，人工物仅仅是工具，不是一个能够做出自我行动解释的完全的道德行动者。另外，人工物不能将行动自身对道德价值的意义做出进一步阐明，一个道德的行为理应是按照理性的标准来行动，虽然人工物可以调节道德抑或开启新的道德行为，但是，这些行动显然不是理性合理标准下道德契约的真正结果。所谓的人工物的道德只能从因果层面而非道德层面解释行为的道德性质。"因此，引人入胜的人工物不能是道德行动者，他们也不能让人类行动真正有道德。因此……没有理由将人工物纳入道德共同体之中。"[5](p.52)但是，人工物不具备意向性以及物不能对行为负责的论断，不是将人工物排除在道德共同体的前提。人工物为行动的道德性提供了必要的"物质答案"，排除物的道德性必然忽视物在道德问题上的功能意义，即作为技术中介的人工物也源自人类自身的创造。任何将技术向人提供道德调节的规范都不是自然而然的理由，现实世界的道德及其道德调节机制无不与人工物相关，将技术中介排除在道德共同体之外，显然不符合人工物推动道德塑行的现实逻辑。

荷兰技术哲学家兰登·温纳（Langdon Winner）对人工物是否具有政治性做出了深刻的阐释，他曾发出疑问："人工物有政治吗？"温纳曾列举了一个著名案例，纽约州的一些具有"种族歧视"色彩的低悬天桥，这种天桥只允许私家车从下面通过，而公共汽车则不能通过。显然这样的设计阻止了买不起轿车的美国贫穷黑人进入琼斯海滩欣赏美景的愿望。作为人工物的天桥显然成了作为政治信念的物质实体，也展示了设计者将"政治实体"的塑造道德化的特征。这在一定程度上阐释了人工物设计上的意向性政治维度，温纳的另一个例子则是番茄收割机，这个例子则展示了人工物的非意向性的政治维度。番茄收割机大规模、集约化和低成本性，迫使番茄种植改变原有种植品种，以适应番茄收割机的机器化收割，这一技术发展原先根本不具有让小农场倒闭和农民失业的明确意图，但是，番茄收割机的应用确实让这一切发生了。因此，番茄收割机的例子证明。即使人类没有明确地赋予技术人工物的某种意图（包括政治意图）或意向性，甚至是偶发性的意图或意向性，但事实确实让人感受到技术道德自主性的存在，技术构造了我们的生活世界和道德秩序。

2. 道德行动者网络与美好生活

法国著名哲学家布鲁诺·拉图尔（Bruno Latour）认为，道德不是人类独有的事物。所谓的道德"迷失"，恰恰是因为道德迷失在了人类中心主义之下，寻找"迷失"的道德不是在人之内而是在物之中。启蒙时代开启了主客分离的思维模式，奠定了人本主义的"视物观"，这显然与现代世界人与非人实体交织行动的实际不符。拉图尔以行动者网络理论来阐释人与非人的实体关系。人工物以特定的方式形成的道德"脚本"规划着人的行动，道德"脚本"告诉人（行动者网络中的"演员"）在什么时间、什么场合或环境下做什么或说什么。人与物一起构造了人的行动者网络。减速带前的减速，既非人的意向，也不是减速带的脚本意向，而是人在涉身环境和行动中与物一起构造的行动者网络共同实施的行为，这种行为下的道德属性不能简单地规划进人或物之中。拉图尔打破了仅仅将技术作为手段领域之内的危险，指出在行动者网络中，技术行动里人—物的时空和行动是相互交织、相互塑造的。这与一个锤子从铸造所需物质（矿物质、木头）到使用、从生产到销售一样，都在时空中变化。技术或人工物的作用不仅能帮助人类实现在物质世界中的某种意向性，充当人类的工具中介，在人类使用技术和铸造人工物时，也充当了道德和行动调节者的角色。技术的道德相关性其实是内涵在道德调节的一个一个领域之内的。传统现象学很难将人工物安置于道德领域之内，还源自传统现象学常常将道德与义务相关联。这种义务性被根植于道德性之中，这种道德义务性的主动性很难与人工物相对接。然而，事实上，道德并非人类事务，道德也体现在非人的实体中。我们之所以不愿意接受这一现实，是因为在超越传统的自我中心主义之前，我们更愿意将人工物的道德性"隐藏"起来，这是为凸显人类行动的正确性、可靠性和延续性提供暂时的心理庇护。但毋庸置疑的是，技术及其人工物一直在形塑人类行动和人类道德全貌。不仅如此，科学技术也在现代主义的宏大叙事中被置于现代化的命题之内讨论，现代主义视角下（明天，科学更美好）的科学不是回归自然主义的探索真实性的学问，而是"这种现代主义的历史也可以通过一种完全不同的伟大叙述来描述，这种叙述是如此的不同，以至于现代主义的思想无法与之调和，这就是悖论所在。至少在过去两个世纪里，科学、技术、市场等不仅扩大了人类的规模，非人类在越来越大的群体中相互联系，而且这种联系也是通过亲密关系建立起来的"[6](p.4)。因此，建立全新的道德和技术"本体论范畴"非常必要。

美国技术哲学家阿尔伯特·伯格曼（Albert Bergman）发展了海德格尔的存在主义技术哲学路线，从技术和美好生活的视角分析了技术的社会和文化作用，并指出"美好生活的构成不仅仅是基于人类的意向和观念，而且还基于物质的人工物和物质的摆置。技术为美好生活提供环境"[7](pp.60-61)。伯格曼认为人类的文化是被技术所引发的"装置范式"来规约和发展的。以音乐为例，传统的音乐是一种"要求性"的物，它对乐器、演奏技巧、环境等客观事物要求较高，演奏和欣赏往往体现更多现实情景的具身性。而随身携带的立体声播放器将音乐由传统的演奏欣赏变为随时随地的自由和自我欣赏，音质音效比现场更好，随时切换的音乐类型也更好地与听者处于自由美好的切身状态。一种可任意处置的物质实在性（音乐随身播放器）正在冲击甚至取代一些要求性的规定实在性（音乐现场演奏）。并且，随着可任意处置的实在性从时间和空间中被抽离而逐步商品化和规模化以后，道德也存在被商品化的可能。可任意处置的物质实在性已经变成了独立个体，它塑造着一个人（主体）的喜怒哀乐和情感意志。人类的物质文化在形塑着人类的道德行为实践，物质文化领域的道德相关性得以佐证，技术装置和非技术的"物"都在以各种方式塑造着我们生活于其中的物质世界，也不断构造和激发着人类对美好生活世界的价值追求。

3. 人工行动者（智能机器、智能技术物）道德能动性

卢恰诺·弗洛里迪（Luciano Floridi）和桑德斯（J.W. Sanders）以人工行动者（智能机器、智能技术物）是否可以是道德行动者的研究而闻名，弗洛里迪从作为智能技术物的"行动者"资格入手，指出"资格"不是与是否具有意向性或有意识相等的问题，而是与能否产生善恶的能力作为评判标准，"一个行动之所以能称为道德有限的是仅当一个行动能引起道德层面的善或恶时，一个行动者之所以被称为一个道德行动者是仅当行动者能够从事道德上有限的行动时"[8](p.12)。

这一人工道德能动性能论述需要是在人工行动者（智能机器、智能技术物）之间的互动关系下呈现，需要满足由刺激引发自身状态改变的反应的交互性特征、由没有刺激也能改变自身状态的自主能力以及基本状态被改变而改变"规则转译"的能力三个方面条件，只有满足上述标准，一个能够与外界环境进行交互并且没有外部刺激的情况下也可以自主行动的智能行动者才会出现，其行为也就具有了道德上的能动性，或许，这种道德能动性是"有限道德能动性"（limited moral initiative），但这也足以解释人工行动者或智能人工物道德能动性存在的必然性。关于人工行动者的道德责任问题，卢恰诺·弗洛里迪和桑德斯通过将责任从道德能动性剥离的方式，给予了"非负责任的道德"的回应，显然这个回应肯定会招来很多人的质疑，一个"非负责任"的人工物或智能物难道还可以成为人工道德能动者吗？比如，无人驾驶汽车、无人潜艇、无人飞机等。目前，无人驾驶汽车之所以还未完全实现上路正常通行和普及性应用，最大的问题来自法律责任和道德承担的主体界定尚未完全明晰，但各个国家和行业都在为这一时刻的到来做着各种法律和道德方面的准备，相信不久的将来无人驾驶时代会应然而至。而无人驾驶汽车所涉及的驾驶者、汽车生产商、汽车设计者、其他相关主体都将被纳入法律和道德主体范围。"非负责任的道德"之所以被诟病，主要在于从道德承担的后果论角度看待智能人工物所引发的道德问题，比如因汽车故障或智能系统紊乱引发的不道德，人们不会将责任追究到物上，肯定要追究到人身上。但对于人的道德承担追溯，可能只是一个法律追溯的衍生或翻版，是追究开发者责任中的技术设计缺陷还是"合乎伦理设计"的道德缺失？是追究销售商的贪婪自负还是追究驾驶者的盲目与粗心？显然，这些道德承担的后果论都有可能出现，"非负责的道德"只是将责任从道德能动性剥离，既不是不要负责，也不是不要道德。而道德能动性不仅仅限于人的能动性，而是付诸人与物共同形塑的能动性，并且人工行动者（智能机器、智能技术物）也确实产生了因非人因素引发的善恶能力。

从兰登·温纳的人工物的政治性到布鲁诺·拉图尔的道德"迷失"，从伯格曼技术和美好生活的启示到弗洛里迪和桑德斯人工道德能动性的讨论，一个从技术道德工具论到技术道德行动者的后现象学技术伦理视角清晰可见。

三 技术人工物道德意向性与自由问题

1. 道德工具与道德调节

道德工具论将技术人工物视为"无道德"的道德工具，其核心结论来源于将道德技术中介限定在工具理性视角。技术道德行动论将技术人工物视为具有产生善或恶的行为或能力的道德行动者，有着"有限道德行动者"的内在含义，这是技术道德行动论转换研究视角重新定义道德主体及其核心概念的缘故。不可否认，所有的论述者都承认技术隐含的道德意蕴，人类的道德行为和能力不是主体概念的创造或自我定义，而是在人—技术交织的世界里逐步形成的。"技术塑行"是技术人工物道德研究的理论基础，但这些研究没能深刻回应人们对于道德意向性与自由问题的疑问。技术人工物的道德潜能及后果是无法预料的，不管是番茄收割机，还是减速带，抑或十字门在产生善的道德意向性时，也对另一些人产生恶的意向性。拉图尔道德行动者网络是对道德实体的模糊性解释和关联性诠释。卢恰诺·弗洛里迪和桑德斯展示的"非负责任的道德"显然也难以说服质疑者。

后现象学的技术人工物道德中介多是以道德调节者的方式出场。将技术人工物视为道德调节者，即一种拉图尔式的非人能动性也是一种技术能动性思想。道德调节的能动性被分散和融合于人与物之中，而非人与物之间。道德调节论引入技术道德调节伦理学视角，将在更大的范围和伦理学的领域内予以意义彰显，例如能源生产系统促进生产生活方式的变革，让能源的使用和扩张成为正常性和经常性的工作，这也形塑了我们在环境问题上的道德判断和价值主张。道德能动性必须面对技术人工物没有意向性的质疑。要明确意向性的基本哲学概念，或许从技术意向性出发是一个不错的选择路径。

2. 技术意向性

辨析技术意向性需要以辨析意向性为前提。意向性（intentionality）在拉丁语中为"intendere"有"指向"（point）的含义，即"指向某个过程"（point to a process），"指向某个心灵"（point to a heart）。因此，技术人工物的意向性也暗含于人类行动和体验的指向性之中，技术的意向性或者说技术调节的意向性是一种特殊物质性的意向性。"人工制品的意向性表现在其对人类行为和经验的指导作用中。因此，技术中介可以被视为意向性的一种具体的物质形式。"[9](p.4) 意向性及其能力是通过形成意向的能力和意向的现实指向性两个方面获得表达和实现的。首先，意向性本身就是现象学理解人与世界关系的重要核心概念，现象学通过意向性概念将人与世界的关系定义为密不可分的关联，这种关联呈现的现象世界才是我们认识世界的起点。这也就是说，人类不可能脱离其生存的物质世界而独立运用所谓的"思考"或概念理解和解释世界。其次，意向性的现实指向性是关涉人的行动意识和行动能力的指向性。人的行动意向性的"实践域"维度与人的知觉诠释维度紧密相连，形成行动的意向需要对行动发生的世界的体验和诠释。并且，意向性的现实性指向性天然的与情景相关联，这种关联体现于通过温度计解读温度、通过电话交谈、通过核磁共振成像做检查、通过超声波检查胎儿等各种情景领域。在各种情景领域内，人的意向性和道德角色以及道德选择被置于技术或装置的调节之下。维贝克甚至用"超声后现象学"（a post phenomenology UItrasound）来揭示这种情景。这样一种装置或技术调节的意向性是人与技术"杂交"的意向性，意向性被赋予人，也被赋予非人的技术实体，应该说技术与使用技术的人都具备了意向性。如果这些还不能构成对技术意向性的确证性论证，那可以从更加直接的实用主义和解释学视角予以回应，技术以"脚本"的形式规则引发了人类的某种既定行为，比如，通过乳腺癌的前期诊断和超声波的胎儿检查，人们可以事先知晓疾病是否有可能发生，并做出是否进行乳腺切除治疗或者流产的决定，以免发生更加难以承受的后果。技术对身体进行了前置的解释性帮助，虽然技术本身没有"蓄意而为"，但是技术确实也增强了行动主动性，前置了道德选择和道德判断。缺乏独立意识并不代表技术或者人工物"有"意向性能力的事实。技术的意向性能力可以是"原发意向性"也可以是"自发意向性"，比如，减速带的设计"原发意向性"是确保交通安全，"自发意向性"是它也引发了对轮滑爱好者和轮椅行动者的行动不便。技术意向性可以是原发性的意向性，它或许来自设计师和用户的意向，而自发意向性则超越了技术设计的初衷意向，所以，技术有时以人类未曾预料的方式调节着人类的行动体验和道德行为。

技术意向性或者技术人工物的意向性当然需要在面向人本身的意向性中获得可能，其调节作用也是在人类有意识的发现中获得认可与改进。没有技术或技术人工物就没有技术道德和技术道德调节的出场，没有技术道德调节的出场就没有道德角色和道德选择情景的出现。因此，"严格地说，没有这样一种物可以作为'技术意向性'；意向性一直是人与非人意向性的杂交，或者更确切地说，是与在人—技术—世界的关系中分布着人与非人的元素一起的'复合意向性'"[10](p.73)。"杂交意向性"或者"复合意向性"才是技术意向性的合理称谓，这也是技术道德哲学不至于走入极端情景的最好诠释。

3. 技术自由

关于技术或者技术人工物的道德意向性和能动性的讨论必然牵出技术或技术人工物对道德行动的道德承担问题，也就是技术道德承担的自由问题。技术有自由吗？一般理解下技术不可能有自由。自由以理性和心灵为前提，技术人工物根本没有所谓的理性或心灵。康德伦理学通过理性将自由与自律进行对接，"康德当然认为，如果我们判断行为是错误的，我们有能力拒绝整个方案，从而放弃对目的的追求。这种能力是我们自由的一个重要方面，当我们的倾向所激发的行为是错误的时候，我们可以把它放在一边"[11](p.86)。这是康德对道德自由与道德自律的阐释。但是，这是从纯粹理性角度上的思考，真正的道德决策和道德自由不是在真空中做出的，一旦引入道德能动性的情景性特征和调节性特征，我们会发现技术调节现象视域下技术以某种特定方式构成了身体也构成了特定的道德决策语境。或许道德能动性不需要理性意义上的完全自律，拥有某些自由的性质或自由度就可以。另外，技术的道德调节并非涵盖了自由的所有领域，技术世界的道德调节不能远离人类的日常生活，技术道德调节也就不是理想意义上的完全自由。这种相对意义上的道德承担和实施自由，符合技术道德调节对于自由的理解。以自由的主权概念为前提来界定技术自由，将技术道德的自由理解为有限自由，可以帮助我们更深入的探讨技术自由问题。

同时，我们也知道道德调节和道德本身是两个概念。假设道德行动者需要自由、技术调节限制或摧毁自由，那么只有非技术调节的场景才能为道德本身留下空间。显然，一切因技术诱发的行动和道德都可能被看作具有非道德的特征。处于非人类主体、非自由意志状态下的技术道德调节不可能是"道德的"。显然，将自由从技术人工物中剥离谈论纯粹的人的道德能动性不符合逻辑实际，最好的方式是将自由重新界定为道德行动者网络中与决策行动者要素有关的能力。依据这种能力，人类追求自由不是非强迫和非约束，也不是道德上的自律或非自律，而是一种自由意识的场域，在这个自由意识场域中，人—技术—世界处于相互的共同塑造之中，正是在这种物质性的共同塑造下，才创建了各式各样的自由维度，这些自由维度秉持自由本性，但又不是脱离具体情境的理念自由，这种自由展示了人类对自身存在的认知，也展示出人类自由的限度，从而实现着自由场域内的道德自由。

技术自由问题的讨论不是将自由理念牵强地赋予技术人工物，而是换一种视角审视技术人工物回归自由国度的可能性。如果将意向性只分配给人，那技术作为道德中介的意向性就无法展开，同样，技术自由不是人的自由；反之，也应该被理解和承认。人—技术—世界相互关联的自由场域给予技术道德调节创造了理论和现实空间，也为发现和审视技术人工物更好做出道德预判和道德行为提供了实践可能。

三　从技术人工物道德到道德行动者

1. 技术人工物道德对道义论和后果论伦理学的反驳

不可否认，随着人类技术的不断进步，道德问题已经不是人类的专属特权。生态伦理学、动物伦理学、信息伦理学都在将道德问题纳入考察视野。当哈佛大学哲学教授克里汀·M.科尔斯加德在《动物同胞：康德伦理学与我们对动物的责任》一文中借用康德的话说"当人第一次对羊说，'你穿的毛皮是大自然给你的，不是你自己用的，而是我的'，并从羊身上取下来自己穿的时候，他意识到一种特权……他对所有的动物都享有这种特权；现在，他不再把他们看作同类，而是把他们当作可以随意使用的手段和工具，以达到他所希望的任何目的"[12](p.79)，人类中心主义的道德律令缺陷就在动物伦理中被无情的揭露了。布德维恩·德布鲁因（B.De Bruin）和卢西亚诺·弗洛里迪（L.Floridi）也在《云计算的伦理》（"The Ethics of Cloud Computing"）一文中指出列举了一个有关信息伦理的著名案例，美国参议院国土安全和政府事务委员会主席乔·利伯曼（Joe Liberman）的工作人员与亚马逊联系，要求将维基解密从其服务器上删除。一天后，托管公司确实停止了对维基解密的服务。这说明"对任何认为云计算服务可以信赖以保护客户利益的人的一次警醒"[13](pp.21-39)。存储个人数据的云存储器和云数据，包括云服务提供商、托管公司的"云中空间"安全、自由、隐私等问题，在伦理学视野中都会被考察审视。

技术人工物的道德问题显然会受到来自道义论视角和后果论视角的双重审视，道义论视角的典型观点是反对将道德能动性赋予非人类的道德主体。道义论遵从康德绝对命令的道义规范，认为技术无法按照同时且能够成为普遍规律的准则去行动的自由。显然，问题的关键又回到了道德自由本质问题的探讨中，我们知道技术调节的道德能动性根本不与道德命令相矛盾。技术调节与人类理性不是彼此剥离的，在超声波检查中，是否做出堕胎的道德抉择，是人基于道德规范和法律规范做出的综合考量，并且在不同国家、不同文化、不同道德惩罚环境中的选择是不同的。超声波检查及其技术左右或影响了人类在道德决策中的理性行动，最终做出的道德选择一定是理性考虑后的结果。但不可否认的是，人类所做出的道德决策不完全是理性的结果，而是在人与物、人与技术交织的环境中以一种交互的形式做出的。至于后果论伦理学，他们将功利主义对幸福的认知和幸福的提升作为评价道德价值的标准。显然，一般的后果论功利主义认为，即使技术带来了美好生活和幸福的提升，但也悲观地认为技术已经彻底统治了幸福。这样的幸福还是真正的幸福吗？人类基于个体性格、情感、群体偏好和对幸福的理解与追求是否已经失去了应有的位置？后果论伦理学大都对技术及其提升的幸福增强和道德增强保持芥蒂，有些甚至是悲观失望。不可否认，技术不仅影响了道德决策，技术也在影响偏好本身，有些地方将鉴定胎儿性别合法化就是一种明证。后果论伦理学的道德偏向性难以撼动技术道德中介的道德调节地位。

2. 道德行动者

有关道德主体、技术自由等话题的讨论，为道德行动者的讨论带来可信任的便利条件。"万物有灵"论者可以轻松地将技术人工物道德纳入道德行动主体，但一般人都是技术道德工具论的代表。承认技术人工物的道德作用和道德调节意蕴，但否认技术人工物的道德主体地位。道德工具所处的立场依然是现代主义的主客立场，这是自启蒙运动以来就一直存在的坚定立场，但这种立场的最大不利之处在于，拒绝承认技术伴随下的人类道德现实。"使用技术的技巧"其实也在影响着"技巧使用的技术"，这是一种相互的形塑关系。技术调节道德主体的出场绝非一种固定模式，它在福柯那里至少通过道德伦理实体、权力服从方式、自身行为塑造、道德实践后果四个方面给予了主体概念以澄清，并且技术塑造和调节主体的具体构成方式也在佐证这样的道德主体和行动者绝非纯粹的理性自主。道德行动者被技术调节既有显性的方式也有隐形的方式，既有强制的方式也有劝说的方式，既有规范的方式也有引诱的方式。海德格尔面向技术的调节主张一种"诗意的栖居"，但现实之中"诗意的栖居"很难成为大部分人的惬意选择。我们的生活世界实际上一直处于系统世界的调节与控制之中，这是一种系统权力的构成和运作方式，生活世界中的技术维度以各种风格形塑着道德行动者的感觉、知觉、思想和行动，技术的权力运作在达成一种更高层次的文化规训，比如，元宇宙的技术场景将很可能改变人们对于虚拟与现实的认知，道德行动者不是要逃离技术管控，而是要追寻技术伴随下的自由，任何道德行动者要想限制、逃离或者想缺席技术在场的影响都将是一个艰难（甚至是不可能）的过程。

通过对道德相关性、意向性和技术自由问题的考察，结合美德伦理学对生命美好、人类美好的追求，道德行动者是道德共同体中的每一个人、每一种物、每一项技术，所有这些人、物、技术构成了现有的生命世界，也构成和发展着人类存在的形式。在物质世界展开的人类美好生活也必然要面对人—技术—世界交织的道德环境，并在这种道德环境下面对、更新、形塑和破解已有的道德世界及其困境。也许，现代主义力图将人与物、人与非人进行割裂，从而凸显人类中心主义和彰显人本主义价值，而后现代主义则在寻找和弥合这种割裂，从而凸显真实世界里人对美好生活追求的真实现状。将技术人工物视为道德行动者，既非对技术强权的臣服也非对技术世界的抵抗，而是抛开人类中心主义立场，以道德共同体的视角审视技术进步和人类道德世界。当然，面对技术的行塑，人也无须为自身的道德地位感到担忧。人类的道德行动者地位不是被剥夺了，而是被技术增强了，这种技术增强一方面带来了人的道德行动能动性和场域的扩展；另一方面，也让人对道德实践有了更加切身的感知。不把人作为唯一的道德行动者不是在破坏道德团结，恰恰是在构建一种更加实际具体的有建设性的道德团结。

参考文献

[1][2] Verbeek P. P., *The Matter of Technology: A Review of Don Ihde and Evan Selinger (Eds.), Chasing Technoscience: Matrix for Materiality*. Anticancer Research, 2005.

[3][5][7][10] [荷]维贝克著. 闫宏秀、杨庆峰译. 将技术道德化：理解与设计物的道德[M]. 上海：上海交通大学出版社.2016.

[4][9] Verbeek P. P., *The Technological Mediation of Morality: A Post-Phenomenological*

Approach to Moral Subjectivity and Moral Objectivity, Workshop Moral Agency & Technical Artifacts Nias, 2007.

[6] Latour B., "It's development, stupid! or : How to Modernize Modernization", *Espacestemps Net*, 2008.

[8] Floridi L., Sanders J. W., "On the Morality of Artificial Agents", *Minds & Machines*, 2004.

[11] [12]Korsgaard C. M., *Fellow Creatures: Kantian Ethics and Our Duties to Animals*, University of Utah Press, 2005.

[13] Bruin B. D., Floridi L., "The Ethics of Cloud Computing", *Science and Engineering Ethics*, 2017, 23(1).

Post-Phenomenological Reflection on the Morality of Technological Artifacts

Abstract: As a moral intermediary, technology has changed the definition of moral subject in traditional metaphysics in the way of technology shaping. Phenomenology's description of the phenomenal world and scientific knowledge opens the theoretical door for human cognitive technology morality and its relevance. Post phenomenology further breaks the one-dimensional opposition between science and technology, and shows the possibility of extending moral subject to artificial technology. The interpretation of the moral relevance and technological freedom of artificial technology has laid a foundation for the moral subjectivity of artificial technology. From the refutation of artificial technology morality to deontology and consequence ethics, the proof that artificial technology material morality moves towards moral actors becomes clear.

Keywords: Moral Intermediary; Artificial Technology; Post-phenomenology

【作者简介】曹克亮（1982- ），男，安徽颍上人，博士研究生。浙江省中国特色社会主义理论体系研究中心中国计量大学基地研究员。主要研究方向：技术哲学、人工智能哲学。

CRISPR/Cas9 基因组编辑：
由革命性技术引发的新老问题*

[德] Martina Baumann 文　陈云莹 译

【内容摘要】 基因组编辑自 20 世纪 80 年代以来一直处于争议之中，但在 CRISPR/Cas9 技术首次用于人类胚胎修饰之前，它通常基于推测性假设。本文结合了基因编辑的科学技术现状、经济考虑、法律框架和临床方面的知识，阐述一种确认 CRISPR/Cas9 基因组编辑对人类的伦理影响以及可能的处理方式的方案。不同于大多数关于 CRISPR/Cas9 的义务论讨论，本文是针对基因组和体细胞编辑的某些应用的后果论论证，不仅考虑到潜在的利益和风险，还考虑到社会经济问题。本文将指出制定临床试验的适应症目录和指南以及基础研究资金的现实需求。我们认为，这种对监管行动和讨论的需求并不主要是因为 CRISPR/Cas9 具有革命性的伦理影响和对人类治疗的潜力。了解不同利益攸关方提出的论点的价值和利益相关性，并从过去对类似技术的辩论中吸取经验教训，有助于我们做出判断和决定，也更容易达成社会共识，这也应该是伦理辩论和生命伦理学的真正目标。

【关键词】 CRISPR/Cas9；基因组编辑；基因修饰；生命伦理学；ELSA

一　引言

CRISPR/Cas9 基因组修饰技术近来已经应用于人类胚胎中[1]，这项技术的发展预示着一个"直接的基因组编辑时代"[2]的到来，其特点是科学和医学的巨大

---

* 本文原刊于 *Nanoethics*，2016 (10), pp.139–159。

进步[3][4]。CRISPR/Cas9 使科学家能够对基因组序列进行基因"编辑",与以前的 TALENs① 和 ZFNs② 等基因组修饰工具相比,CRISPR/Cas9 具有前所未有的方便性和快捷性、高精度与低成本[5][6]。DNA 序列几乎可以在基因组的任何位置插入、删除或改变[7]。原则上,在一个基因组中可以同时进行多个修饰,这为治疗复杂疾病或改变受多基因影响的性状提供了可能[8]。2015 年 4 月,中国科学家发表了他们在人类胚胎中进行 CRISPR/Cas9 基因组编辑的工作[9]。由于他们使用的是无法正常发育的三核胚胎,因此人类基因组编辑的可行性和安全性不能从这些实验中得出明确的结论[10]。这篇论文引发了一场关于基因组编辑的伦理讨论。乔治·丘奇(George Church)认为,一方面是疗法的安全性问题;另一方面是在投入使用以后,价格高昂会导致不公正和可获得性的问题。

在我看来,丘奇提出的这两个问题都是相关的,然而这个问题的复杂性要求细致地考察来预防不必要的社会影响、伦理问题和对健康的危害。在当今的社会、生态和法律背景下评估 CRISPR/Cas9 的技术现状及其伦理影响,会发现 1980 年代就已经提出的一些关切[11]应该被摒弃,因为它们太具推测性,而涌现出的其他问题则应得到更认真的考虑。

这篇文章首先简要地了解不同利益集团的争论,各自的区别、框架、重点及其问题。基于 CRISPR/Cas9 基因组编辑的技术现状和 ELSA(伦理、法律和社会方面),将制定一个说明 CRISPR/Cas9 将来用于人类的方案,并确定相关的伦理问题和监管方面的挑战。从后果论的角度出发,强调鲜少被考虑的医疗目的的基因组编辑技术在社会经济与实践上的挑战。

二 不同利益集团的争论,各自的区别、框架、重点及其问题

1. 区别、框架以及这场争论的参与者使用的参照物

与生物技术、信息技术或纳米技术进行对比,将对合成生物学的评估产生不同的结果[12]。不同的参照物会使不同的讨论框架占主导地位,如伦理、风险或潜在效益[13]。例如,人们可能会说合成生物学是生物技术的一种延伸或更复杂的形式,由于使用了更多经过彻底修改的有机体,它的风险也会增加。合成生物学也可以与针对潜在效益的纳米技术相比较。[14]人们会认为合成生物学影响更大,它为人类重大问题提供了解决方案和好处。

考虑不同群体或利益相关者所使用的主导框架和参照物,也有助于我们理解

---

① Transcription activator-like effector nuclease.
② Zinc-finger nucleases.

CRISPR/Cas9 辩论中的争议。伦理委员会目前仍在研究伦理和监管指南[15]，而涉及 CRISPR/Cas9 伦理影响的文章仍仅限于博客文章或短评和评论性的文章。更全面地讨论新型基因组编辑技术的伦理影响的文章很少，它们要么考虑技术的广泛应用[16]，要么关注人类基因组编辑的法律和监管问题[17][18]。不同的讨论参与者的观点很大程度上受到他们的价值观、兴趣和知识的影响。

大众传播媒介报道的内容不仅包括对治愈疾病的正面看法，也认为由于治疗的可遗传性及其不可预测的破坏性副作用，这些实验打破了伦理禁忌。

一些科学家则将生殖系编辑的临床应用与用 CRISPR/Cas9 对人类胚胎进行体细胞基因治疗或基础研究区分开来。基础研究虽然也涉及胚胎浪费等伦理问题，但有望帮助治疗人类疾病，而且研究的自由性也是合理的。[19] 他们愿意将研究限制在普遍接受的领域，并进行公开讨论。然而，体细胞编辑和生殖系编辑之间的区别，以及基础研究和临床应用之间的区别，可能还是过于模糊。

生命伦理学家通常忽略不同应用及其技术可行性，而是将生殖系编辑的伦理问题作为讨论对象，如义务论的论点[20]、不公平论证[21]和功利主义的推理[22][23]。即使提及经济方面的问题，但对科学、技术和实践的可行性以及社会的接受程度都做了一些推测性的假设。理论性的观点也阻碍了对临床实践中产生的伦理挑战的考虑。

总而言之，目前辩论中的主流声音没有提到临床中的经济和实践挑战。下文将讨论这些观点，当使用不同的参照物时，这些观点在公共辩论中可能是相关的。

2.如何解决这场争论的复杂性

每当一项新技术出现时，人们都会再次关注伦理问题，而无视旧技术已被广泛接受的事实。这是极有可能的，因为辩论中有争议的论点在定义上往往依赖于不可靠的推测和规范性的假设。许多伦理问题只能通过进行大量猜测和主观评价来回答。

生命伦理学应试图增加缺失的解释框架和参照物，以便能够考虑到所有的观点，并至少提出所有相关的伦理问题。本文将捍卫一个高度实用的伦理框架，将重点放在成本与效益、替代方案以及资源可用于其他目的上，因为我认为社会经济和实践问题尚未得到足够广泛的讨论，并且论点要基于对技术发展及其应用潜力的现实假设。

三 CRISPR/Cas9 用于人类治疗的方案及其伦理问题与监管挑战

1.CRISPR/Cas9 在人体的不同治疗应用上的前景

基本上，为了预测 CRISPR/Cas9 基因组编辑临床应用的可行性，需要考虑以下三个不同的方面：

（1）技术可行性

基因组修饰的技术问题在于效率方面，即成功率（胚胎中被修饰的细胞比例）和精确性，也就是确保只有预期序列以所需方式修改。由于将 CRISPR/Cas9 系统输送到体内细胞更加困难，目前在母体子宫内对胚胎进行基因修饰，比体外修饰和植入体外受精（IVF）胚胎提出了更大的挑战。因此，这里将不考虑体内胚胎编辑。一个女性在一个生育周期内能够产生的卵细胞数量有限，而试管婴儿的成功率，以生命出生率来衡量，每个周期只有 20%。[24] 因此，修饰必须具有极高效率才不会降低总成功率。除了效率之外，重要的是要防止所谓的嵌合性——并非所有的身体细胞都被成功修饰。此外，必须有很高的精确度，以排除对非预期序列的修改带来的有害副作用。

这些要求至今未得到满足。唯一发表的涉及人类胚胎编辑的研究报告称，单基因修正的效率为 15%。[25] 脱靶频率（Off-target frequencies）和嵌合性已被发现[26]；对于临床应用来说，详细了解这些副作用至关重要，但很难评估[27]。由于动物物种、基因组编辑技术、基因组编辑系统的传递方式、序列修饰类型的不同[28]，其效率存在着巨大的差异，这意味着目前仍难以对未来的发展和成功策略做出预测。

尽管使用 CRISPR/Cas9 的体细胞治疗的伦理争议相对较小，因为它不会通过生殖系传递给后代，但它仍存在技术挑战和安全问题。[29] 体细胞基因组修饰不仅要求对基因突变进行高效、精确的修正，还包括将 CRISPR/Cas9 系统成功递送到目标细胞，但由于其体积较大，这一过程仍有难度[30]。

（2）关于疾病的遗传原因和身体性状决定性因素的知识

基因疗法能否成功也取决于是否清楚所要治疗疾病的确切遗传原因，是酶缺乏导致的疾病还是其他复杂病因，如糖尿病、癌症或精神疾病问题。这两类疾病都可能有遗传原因，然而复杂疾病的相关基因数量往往很多，起主要作用的突变很少，由单基因引起的复杂疾病也很少。[31] 尽管基因组序列数据爆炸性增长，但科学对复杂性状（如智力甚至身高）的遗传学理解还很遥远。[32]

（3）遗传疾病的诊断

目前仅在极少数特殊情况下考虑应用生殖系编辑[33]。有关夫妇本身会有严重的遗传疾病，从他们的疾病症状、基因筛查或家族史中可以知道他们以后有患病的风险。发现和修正纯合子的遗传易感性将是额外的挑战，因为它不一定能从一个人的家族史中看出。PID 是必要的，因为这对夫妇的所有胚胎都会受到影响。要使生殖系编辑在其他情况下优于 PID，CRISPR/Cas9 技术必须做出巨大改进，例如必须允许多次多重修饰。胚胎中基因突变的诊断需要和修饰一样安全、可靠才具有适用性。生殖系编辑的另一个应用是保护胚胎不受卵子和精子细胞中自然发生的或在胚胎发育过程中产生的新突变的影响。作为一项预防措施，即使根据家族史来看一般不会出现严重突变，也必须对胚胎进行筛查。同样，需要有极高的标准来保证基因筛查的安全性和准确性。然而，即使采用最先进的技术，全基因组筛查仍然不可靠[34][35]且昂贵。按照丘奇的说法，基因修饰与筛查的技术进步会减少某些问题，如安全问题，但也会造成不公正问题。

2. 基于CRISPR/Cas9生殖系治疗的风险—效益分析

为了在事实的基础上形成有效的后果论论证，需要考虑到生殖系治疗的潜在危害、效益及其成本。考虑到上述技术现状，生殖系编辑最现实的用途是预防父母一方或双方已经存在的遗传性疾病。对于父母双方都是或至少有一方是同源性常染色体隐性疾病，生殖系编辑将是拥有一个从基因上属于自己的健康孩子的唯一途径。[36] 这不是一个可以通过PID和对有致病等位基因的胚胎进行消极选择来解决的问题[37][38]。问题在于生一个基因上属于自己的孩子的好处是否是修改基因组可能对孩子本身和后代造成的潜在伤害的风险的合理理由。在PID是生殖系修饰的替代方法并带来同样好处的医学案例下，我们可以比较不同方案的风险。人们已经尝试使用支付意愿法来量化效益和评估成本，支付意愿法是基于人们在治疗上愿意花费的金额，或者根据QALYs（质量调整生命年）。

当涉及使用CRISPR/Cas9系统的体细胞基因治疗时，安全性也是一个问题，尽管潜在危害的风险被认为是普遍较低和更可预测的，而且可以应用已经用于基于其他修饰技术的基因疗法的临床指南。根据经济学理论[39]，应该区分风险和不确定性，前者是可以计算的；后者是无法说明概率的或者说是未知的。生殖系编辑的安全问题主要是关于不确定性的问题，因为由于缺乏经验，无法知道风险的发生率，甚至可能会出现完全无法预见的副作用。对于大多数人来说，这足以证明对生殖系治疗采取预防原则的合理性，不过也有相反的意见。我将以史密斯（Smith）[40]的论证为出发点，说明在反对预防原则时使用了一些值得商榷的假设，如果要确定相关的伦理意义，就不应该对生殖系编辑这样的技术在应用、安全性和成本上过于不加区别地对待。

3. 基于效益、风险与成本的后果论论证

如果要实施生殖系治疗，在不考虑风险和不确定性的情况下，出于社会经济的考虑，就应该对效益进行衡量，并与现有的治疗方法及其成本做比较。成本—效益分析是卫生技术评估中使用的一种方法，它可以应用于医疗系统的不同层次，从医院个体到整个医疗系统[41]。新疗法的社会经济维度不应该被忽视，因为它对资源的

公正获取和分配具有伦理意义[42][43]。

有人认为不公正问题是每一项新技术的最初特征，但随着技术变得廉价并最终使整个社会受益，这一问题将会消失[44]。但在CRISPR/Cas9生殖系和体细胞治疗的案例中提出这一论点时，有两个错误的假设。首先，生物衍生疗法的价格并没有大幅下降。其次，史密斯的论证是基于这样一个假设，每个人最终都会通过增强功能而受益于基因疗法，这既要求公众更广泛地接受这一目标，也要求其可行性，而可行性大多受限于知识而非单纯的技术。[45]生殖系治疗如果能够实现的话，很可能会大大增加公共医疗预算的压力，因此这种疗法的开发可能不该由政府资助。当进一步研究所需的投资金额随之增加时，可能需要对基因疗法进行详细的成本—效益分析。

进行成本—效益分析最简单的方法是直接比较具有相同疗效的治疗方法，如遗传性疾病IX因子缺乏症/血友病B可以通过基因治疗或蛋白输注的方式进行治疗[46]。由于在效率和生产方面具有优势，基于CRISPR/Cas9的疗法可能比其他基因治疗更便宜。

当然，还可以采用社会经济观点，考察有多少人能通过多少金额受益，以及必要的研究、开发和应用成本有多高，然后必须将这一比例与相同疾病以及完全不同疾病的其他疗法的效益—成本比率进行比较。能够从CRISPR/Cas9生殖系编辑中获益，且没有其他途径拥有健康后代的人数可以忽略不计[47]。生殖系编辑的成本可以根据目前的技术以及安全性试验、随访研究和诊断进行粗略估算。在与其他疾病和治疗方法进行比较时，应提出两个关键问题：首先，钱是否花在"正确"的疾病上，当然这并不意味着罕见病没有任何权利获得财政援助。其次，是否有效地解决了某一特定疾病。制药领域有一个明显的趋势，即把资源分配给高科技产生的昂贵疗法，而由此产生的疗法的有效性与投资相比相当小。[48]虽然已经取得了显著的改善，基因治疗的研究和试验已经进行了20年，至今也未能实现患者获益方面的突破[49]。这一事实并不能阻碍研究自由，也不意味着发展CRISPR/Cas9基因治疗应用的目的不成立。但如果项目的明确目标是为整个社会带来最大的利益，那就有必要仔细考虑其投资数额。

CRISPR/Cas9体细胞疗法最现实的应用是"治疗单源性、高穿透性疾病，因为这些疾病的遗传性很明确，而且往往缺乏安全、有效的替代疗法"[50]。这种应用虽然有望带来很高的效益，但与那些患有慢性病和多因素疾病的患者相比，这种应用只能帮助少数患者。这使得癌症成为制药公司的目标，也使得研究经费易于提升。然而，一种有效的癌症治疗方法往往比许多对抗单基因疾病的治疗方法更难开发。CRISPR/Cas9有前途的应用应始终与现有的替代方案进行比较，并应针对每一种具体疾病分别进行，而不是对比这种昂贵的高科技解决方案。

总而言之，某些基因疗法成本太高，从公正分配的角度来看可能是不道德的。CRISPR 因其廉价和易用而备受赞誉，但这只是基因治疗的一个促成因素，而基因治疗还依赖于许多其他医学、技术和经济因素。未来应该在基因组研究和医疗保健系统上进行投资，以便为整个社会创造和提供效益。[51]

4. 基础研究中的 CRISPR/Cas9

根据上文，人类生殖系编辑的应用型研究不应得到公共资助。然而，由于 CRISPR/Cas9 在促进对人类发育和遗传学的理解，以及解决复杂疾病方面的巨大潜力[52]，这次呼吁公开讨论的最终目的是防止对 CRISPR/Cas9 的基础研究的限制[53][54]。尽管有人呼吁暂停将 CRISPR/Cas9 也纳入对人类胚胎的基础研究，英国已经在计划进行此类实验[55]。如果要认真对待围绕人类生殖系修饰的禁忌，在产生"危险的知识"[56]之前，就应该仔细考虑并提前限制基础研究的某些必然应用于临床的方向。然而，这是否完全可能、是否最好采取更实际的措施，使临床实践尽可能地安全和对患者有利，也是一个问题。

5. 监管挑战——基于安全性讨论对生殖系编辑的全面禁止与适应症目录

广泛认为目前的技术水平不允许将 CRISPR/Cas9 应用于人类的生殖细胞系，科学家认为在通过公开辩论得出关于基本伦理反对意见的结论之前，应该停止任何进一步的实验[57][58][59]。国际上现有的法规不尽相同，有些国家允许创造胚胎，而有些国家则只允许涉及剩余试管婴儿胚胎的研究[60]。有科学家认为，用 CRISPR/Cas9 进行胚胎修饰与其他任何一种胚胎研究并没有本质区别，只要胚胎在使用后不被植入即可[61]。虽然美国最近禁止对生殖系编辑的研究资助，但私人资助的研究几乎不受监督[62]。

虽然大众媒体对控制 CRISPR/Cas9 生殖系编辑的使用表示担心，但这些担心并不合理，因为处理人类胚胎需要高科技设备和专业知识[63]。现有的监管似乎已足够，但基因组编辑技术也可能在监管不那么严格的国家进行临床应用，如果成功，可能足以使目前支持全面禁止基因组编辑的安全讨论失效[64][65]。这在试管婴儿的历史上并非史无前例，在英国，私人资助导致了第一个体外受精孩子的诞生，人工生殖技术很快被资助机构接受，并在不久后付诸实践。[66] 随后，私人公司和医院可能会开始专门从事这类治疗。广泛使用生殖系编辑的可能性不大，因为它的成本很高，且医疗保险公司很可能拒绝支付。考虑到这种情况，与其完全禁止，不如将生殖系编辑限制在特定的适应症范围内，这可能是最实际的解决办法。

6. 生殖系编辑适应症目录的可能内容

鉴于目前的技术水平，治疗性生殖系编辑的唯一应用将是允许具有特定的单基因疾病遗传倾向的父母拥有健康后代。[67] 这一好处可以被认为足以合理化生殖系修饰的一些不可排除的风险。根据对生殖系编辑与 PID 相比的潜在危害的评估，可以定义一个更合适的适应症目录。PID 涉及从胚胎中提取细胞，理论上可能会伤害胚胎。近年来对 PID 临床经验的定期报告和讨论旨在防止适应症范围扩大到非常严重的遗传疾病以外。国家卫生部宣布，遗传疾病非常罕见，而且相关知识在不断增长，适应症可能会扩充但必须预防这一趋势。[68]

目前，由于潜在的脱靶效应、嵌合现象和低效率，生殖系编辑胚胎除了被修饰外，还需要进行筛选，这将产生额外的风险。因此，适应症目录应比 PID 更窄。但科技进步原则上可以使基因组编辑与 PID 一样安全，并消除目前使 PID 作为大多数适应症的更佳替代选择的安全隐患。此外，由于引入甚至不存在于亲本中的变异，生殖系编辑开辟了新的可能性。基于这些假设，更慎重的监管使修饰能够防止单基因疾病。当筛查变得更便宜，基因组数据的解读更加自动化时，随着基因组变异与疾病的关系的发展，甚至可能会允许纠正那些被认为极大概率对健康产生严重影响的基因变异。这种亲代倾向不一定要在胚胎中进行筛查，而是可以通过筛查卵细胞、精子细胞甚至是体细胞来检测。

7. 生殖系治疗——对临床试验的挑战

调整规范常规临床实验的准则使之应用于生殖系编辑是否可行？在伦理上是否可以接受？鉴于这种疗法的特殊性，是否无法达到可接受的安全水平？生殖系编辑会影响所有的身体细胞，并且会遗传给后代。这一点经常作为反对人类生殖系修饰的论点提出，因为其风险要到第一次在人类身上做实验时才会知道，而且其后果对子女甚至其后代都是不可逆的。这个问题并不新鲜。虽然在临床实践中已经确定，但 PID 也可能通过表观遗传学导致可遗传的变化 [69]，而且 IVF/PID 儿童仍未到足够的年龄来证实该手术在老年时期没有不良影响 [70]。

利用编辑技术设计的化学药物、生物分子甚至体细胞基因治疗的临床试验，原则上能够保证试验对象的健康，因为药物会降解且可以控制剂量。生殖系修饰是一种不可逆的程序。除了知情同意的问题，还需要设计全新的临床指南，例如限制第一次实验中接受治疗的人数并对他们进行几年的全面监测，再允许对更多的患者进行治疗。用 CRISPR/Cas9 进行体细胞基因治疗的实验可能在几年内就会成为现实。一方面，对于影响体细胞的其他类型的基因疗法，已经有了相应的指导原则，应该足以适用于 CRISPR/Cas9。另一方面，这些准则的设计可能需要改进，以便不仅能够开发出可负担的疗法，而且能够避免有害副作用和无效疗法。

由于基因疗法在临床实践中的新颖性和低风险，指南要求进行许多常规疗法没有规定的额外检查，这些检查可能会被基因疗法以意想不到的方式改变。[71] 一个挑战将是不要夸大安全和生产标准，使基因疗法能被负担得起，同时保护患者免受有害副作用。此外，还要保证其有效性以限制不必要的医疗支出，保护患者免受无效疗法的影响。这方面的一个挑战是，基因疗法通常是实验性的，它们被授予了专门的使用许可而不属于监管其他疗法的法律范围。尽管不一定会威胁健康，但临床实验和医疗实践可能无法为患者提供有效的治疗，同时又对医疗经济造成额外负担。

8. 临床实践的挑战——咨询和其余的决定冲突

关于某些治疗性修饰的合法化和适应症目录的问题，监管当局很可能总是让父母来决定是否采用某种疗法以保护他们的自主权。诊断也可能取决于父母，因为针对某些疾病的基因筛查可能是昂贵的，而且不由大多数医疗保险公司支付。由于各种选择的复杂性以及未来遗传医学的潜在利益和风险，这对临床医生和父母来说是一个相当大的挑战。这种情况在 PID 中已经存在，但如果有可能修改遗传变异和选择现有变异，则可能对更多人产生影响。技术上的可能性会迫使父母做出决定，如果他们接受疾病的潜在后果，而不是面对生殖系修饰的风险或这种治疗的高额费用，他们可能无法证明这一决定的合理性。

对新生突变进行修正是有风险的，会降低基因检测胚胎成功活产的概率。在经过 IVF 和 PID 后确定怀孕的情况下，额外的纠正措施可能更容易被父母接受。然而，全基因组筛查仍然成本高昂且结果的可重复性和有效性也相当差。[72][73]

因此，在近期的临床实践中，诊断可能会限制生殖系编辑的潜力，并可能支持做出对哪些突变进行筛选的决定（技术可以可靠地检测特定的突变，但不是每一个可能的突变）。这种以父母为中心的观点，在决定治疗方案合法化时也需要考虑，这也需要对未来的临床医生和服务人员进行特殊培训。

四　基因组编辑技术在社会经济与实践上的挑战

1. 如何将以前的讨论纳入 CRISPR/Cas9 的辩论中

一方面，需要对技术可行性进行细致评估，并对不同的应用进行伦理论证。另一方面，还要确定价值负载和利益负载的假设以及基于这些假设的论点，以便做出更接近理想共识的决定，并将社会上所有利益相关者及其各自的价值观纳入其中。研究者在进行研究时首先应该在面向应用的研究和基础研究之间进行区分，担心后者会因为主要由前者引起的道德反对而受到限制。同样，基于

CRISPR/Cas9 开发体细胞基因疗法的专利持有者或制药公司可能会强调生殖系疗法和体细胞疗法在安全性和伦理方面的差异。在不同类型的研究或应用目的（如增强和治疗）之间划清界限并不是一个容易的问题，也不是一个目前最重要的问题。应当以一种典型的方式来权衡利益攸关方的观点，以反映整个社会的价值观和利益，特别是那些为研究和治疗付费的公民和患者的利益。

通过比较技术本身和相关辩论，精心选择的参照物可能是从以前的讨论中学习的一个重要途径。可以对现有技术的科学现状和 ELSA 进行评估，以确定新的伦理问题。根据这种比较的结果，可以对以前和现在的辩论进行比较，以确定价值观的变化。当然，很难确定事实和价值观对争论的重要性的确切影响。究竟是第一个试管婴儿的事实和基因诊断的进步改变了公众对 PID 的接受程度，还是说是由于一方面是对自然性的价值的改变，另一方面是对健康或者说是对生一个健康后代的可能性的改变？可能这两个方面是相辅相成的。当然，历史的视角[74][75]只有有限的预测能力，但至少可以为监管机构面对一项新兴技术可能做出的反应提供一些启示。

区别、框架和参照物是相互依赖的。例如，增强与治疗之间的区别和阿西洛马会议的参照物显然是以伦理和风险为框架的，而社会经济框架就不太合理。然而，不同的参照物也可以用不同的框架。在本文的剩余部分，将举三个例子来说明使用不同的参照物和框架的挑战和好处。

2. 线粒体转移作为 CRISPR/Cas9 生殖系编辑的参照物

线粒体转移是一种相对新颖的技术，用于治疗某些由线粒体 DNA 突变引起的疾病，线粒体 DNA 是位于线粒体的全基因组的一小部分。在英国，它被人类受精和胚胎学管理局（HFEA）批准为一种疗法，但只适用于特许诊所。它可以说是一种生殖系修饰技术，和生殖系编辑一样，可能使少数人受益。因此，这种参照物对患者和临床医生来说具有明显优势，但却被一些不想将 CRISPR/Cas9 应用于生殖系治疗的科学家避开，并明确拒绝对线粒体转移和 HFEA 允许这一程序的决定发表评论。[76]

在生殖过程中，母体的几百个或上千个线粒体中只有一小部分会传给孩子，这些线粒体的基因组都略有不同。此外，在子宫内的胚胎发育过程中，可能会出现嵌合性，导致不同体细胞的线粒体基因组组成不同。当线粒体基因组错误的比例超过一定的阈值时，就会出现异质性疾病的传播风险。[77]此外，每 40 个线粒体 DNA（mtDNA）异常的人中只有一个人需要治疗，其余的人没有症状或仅有轻微症状。[78]

当我们审视这两种类型的生殖系修饰可能产生的意外后果时，一方面会担心供体线粒体和受体核 DNA 的不相容性[79]；另一方面会担心基因组编辑的脱靶效应和嵌合现象。在基因组编辑的情况下，为了不弊大于利，对"正确"修饰的了解是至关重要的，而线粒体转移不需要对引起疾病的确切突变有更深的了解，因为转移的是健康人的全部 mtDNA。

综上所述，理论考虑和实验研究表明，生殖系编辑在技术上的要求更高，且核基因组中的致病突变比线粒体突变更容易检测和选择胚胎。即使在技术层面上进行比较，也无法明确回答哪种技术的风险更可接受。然而，鉴于对这两种技术的争论，一旦技术上有所改进，今后以安全为由全面禁止生殖系编辑似乎会变得更加困难。CRISPR/Cas9 生殖系编辑是否已经到了仅仅因为基本道德理由而禁止医疗干预的地步？对线粒体转移的反应似乎与对 CRISPR/Cas9 的人类胚胎实验的反应非常相似[80]。转线粒体被认为是走向优生学的滑坡，因为健康的供体线粒体不仅可以预防糖尿病和老年痴呆症，还可以提高运动能力。此外，它被认为太过冒险不能在人类身上尝试。因此，对线粒体转移和生殖系编辑的比较显示，关于 CRISPR/Cas9 和人类生殖系治疗最严重的问题已经存在于一种即将应用于临床实践的技术。原则上，线粒体转移可用于增强的目的[81]，并可能治疗某些不孕不育症。

每一项新的辅助生殖技术都在打破禁忌，然而一旦医疗效益得到证实，接受度就会迅速提高，并将以前打破禁忌的做法变成日常的临床常规，这在试管婴儿的历史上已经出现过[82]，在近期的线粒体替换中也可能再次发生。从这种比较中可以看出两点：第一，CRISPR 不会导致任何根本性的新伦理问题。第二，与过去投入使用的技术进行比较的结果既不直接也不完全客观，反而可能导致对相似程度的不同评估，这取决于哪些方面是重点。

3. 哲学与心理学框架：从非自然性到知识—能力不平衡

在生命伦理学文献中的讨论中，非自然性论点将基因改造定义为非道德的，因为它违反了某种自然秩序，而且在某些方面可能过于脱离现实。但一方面，自然性论点可能会将非理性的心理厌恶或对未知事物的恐惧合理化，把"厌恶"或"反感的智慧"因素作为无须证明的伦理直觉[83]；另一方面，这些对改造人体的厌恶情绪的来源之一是神话，就 CRISPR/Cas9 而言，这样的警告可能是合理的。首先，考虑到在人类和猴子身上进行的生殖系编辑实验结果的严重性以及从动物试验到人类应用的技术不确定性；其次，考虑到基因组的复杂性、对人体发育的影响以及与环境的相互作用，这些因素长期以来一直被低估[84]。尽管有些人反对这样做，但这种情况似乎证明了应用预防原则的合理性，尤其是在基因组医学中。科学已经证明，人类的基因组比二十年前认为的要复杂。高估我们的知识可能会导致技术上可行的干预措施产生有害的结果。如前所述，不确定性和风险是不同的概念。然而，面对未知，理性在决策中不一定具有优势，情绪或许可以保护人们不从事风险行为。

另一个关键问题在于，可能并不是 CRISPR/Cas9 生殖系编辑本身因其非自然性而不道德，而是围绕它的必要的社会和商业结构会构成道德威胁。医疗保健的私有化、研究经费的竞争以及大众媒体的报道风格，确实可能会进一步加剧或促成与 CRISPR/Cas9 的使用和应用相关的伦理问题。无论是否有意，争论都可能被引导到利益相关者喜欢的某些方向，从而掩盖相关问题，商业利益可能会掩盖伦理意识并指导决策。需要更多的研究来了解公司如何影响公众对伦理道德的认识、生殖系编辑的有用性和接受程度，以及伦理委员会和临床医生的决定。需要认真监测制药业等利益相关者的利益以保护病人，并在不限制创新的情况下尽可能地利用保健预算。

4.CRISPR/Cas9 生殖系编辑——一种历史框架

从历史的角度来看，可能有助于人们更好地了解新兴医疗技术在社会和经济背景下可能产生的影响。1978 年产生了第一个试管婴儿[85]，此后有 200 万个孩子通过这种程序出生，技术也有了很大的发展，使其更易获得，效率更高，适应症范围更广。[86]生殖系编辑是否会得到私人资助？是否会成功？是否会被接受？是否会因技术改进而被用于更广泛的治疗和非治疗目的？这样的事态发展是不可避免的，还是可以引导的如果可以，应该如何引导？虽然历史不能预测未来，但至少可以表明，即使在伦理问题占上风或变得更加严重的情况下，技术也可以被接受。试管婴儿是体外基因筛选胚胎的前提，而胚胎的基因筛选则是对父母没有的疾病进行生殖系修饰的前提。在过去，技术的发展和结合的方式使得辅助生殖的适应症更加广泛，这种趋势会不会继续下去？这个问题还有待解答。

五 总结与结论

不同于生命伦理学文献中的理论讨论和大众媒体对辩论的某种推测性描述，本文试图对 CRISPR/Cas9 的生殖系编辑和其他治疗性应用提出一种更为现实和基于背景的技术评估观点。需要一个基于技术现状和社会法律框架的方案，将事实与假设分开，以免在后者的伦理反思上浪费资源[87]，降低讨论的复杂性，使 CRISPR/Cas9 这样的新兴技术得到负责任的发展和处理。

从实用的角度来看，反对生殖系编辑的理论论点无论多么令人信服或基本一致，从长远来看，都不可能对实际的决定产生任何重大影响，因为这种论点已经存在了 50 年其间也没有阻止体外受精、PID 或转线粒体的合法化。伦理方面的顾虑将始终存在，但随着生殖系编辑在人类中的首次医学成功，接受度可能会提高。鉴于现有的治疗理由和快速发展的技术，生殖系编辑的应用几乎是不可避免的。生命伦理学需要关注临床，关注患者的需求和感受，才能对实际问题提出伦理解决方案。需要的是帮助家长做出决定的临床指南、法律和咨询，而不是呼吁全面禁止 CRISPR/Cas9 技术。如今更紧迫的一个问题是，医学中的尖端技术的经济方面和医疗系统中资源的公正分配问题。

对 CRISPR/Cas9 生殖系编辑的所有伦理和其他正反两方面的论点进行全面的阐述仅仅是迈出了第一步，而且在决策时，无论是决策者、临床医生还是患者，其本身带来的困惑多于帮助。德国伦理委员会的一项研究说明了围绕线粒体转移问题的复杂性[88]，而不是回答这个问题："是否应该允许线粒体转移？"它提供了一棵复杂的决策树，其中有许多分枝，必须考虑到这些分枝，并相互权衡，才能做出决定。然而，对 CRISPR/Cas9 在人类中应用的伦理判断和许可，最终将取决于各种主观价值和伦理假设。生命伦理学无法对这些价值和假设在后现代世界中的合理性提供明确的答案，但可以提供对生命伦理问题的不同道德观点的理解[89]。有时，这些观点是隐蔽的或不为人知的，造成讨论者最终"各说各话"的局面[90]。对现有的框架和参照物进行分析，并额外使用非正统的或非主流的参照物，可以拓展哲学、心理学、历史或社会经济框架，从而丰富讨论内容。

展望：公众参与、国际性与生命伦理学的作用

有人指出，由于对公众舆论的某些假设，二元对立已经确立，并在关于生殖系编辑的讨论中占主导地位，尽管这一点无法通过调查得到证实。[91] 例如，大多数受访者没有明确区分体细胞治疗和生殖系治疗，优生学也没有被视为基因治疗方面如此重要的伦理问题。[92] 最近，有人通过在线调查对价值观和知识进行了评估，结果表明，即使在伦理问题仍然存在的情况下，媒体对提高接受度有重大影响，并且表明公众的考虑和生命伦理学文献有时会出现分歧。[93][94]。

最近，生命伦理学受到严厉批评，认为它过于脱离现实，在涉及减轻疾病痛苦时，还在争论尊严、自主性等理论原则。生命伦理学与其过度限制，不如根据具体情况迅速评估不断发展的新技术。[95][96] 生命伦理学家可以考虑 ELSA 和对技术的差异化观点，并按照基因组学伦理学中的参与式方法的趋势，站在政策制定者尚未听到的"沉默"声音的一边。[97]

此外，在这个新技术发展不受国界限制的时代，国际和文化间的讨论也非常重要，而国家管理上的差异又是生命伦理学的一个复杂因素。正如联合国教科文组织总干事所言："各国人民及其政府有必要超越国界来理解正在产生的生命伦理问题，并提供对所有人都公平并符合国际社会多元价值观和利益的解决方案。"[98] 相关法律的国际统一可以防止基因治疗蔓延到监管不严格的国家，但也应建立在国际价值共识的基础上。[99]

本文试图说明，当伦理讨论应该与现实相关，并能够影响为整个社会的利益而做出的决定时，需要考虑到广泛的问题和观点。本文并非全面的，而是试图为生命伦理学，特别是学科间的合作勾勒出一个议程，这对讨论人类 CRISPR/Cas9 基因组编辑问题可能是富有成效的。生命伦理学必须了解社会和法律背景，对新兴技术采取细致入微的观点，并倾听公众意见。此外，在一个全球化的科学世界里，还需要有国际视野。鉴于第一个试管婴儿诞生于近 40 年前，我们现在也可以从历史的角度来看待辅助生殖医学。这可能是一项艰巨的任务，但当涉及 CRISPR/Cas9 技术时，这正是我们需要完成的任务。有足够的前景让人对生命伦理学能够强调其重要作用并回应批评的声音抱有相当大的希望。

参考文献

[1][9][10][25][26] Liang P., Xu Y., Zhang X. et.al., "CRISPR/Cas9-mediated Gene Editing in Human Tripronuclear Zygotes", *Protein Cell*, 2015, 6(5): 363–372.

[2][20] Doudna J.A, Charpentier E., "The New Frontier of Genome Engineering with CRISPR-Cas9", *Science*, 2014, 346(6213):1077.

[3][46][50] Cox D.B.T., Platt R.J., Zhang F., "Therapeutic Genome Editing: Prospects and Challenges", *Nat Med*, 2015, 21(2): 121–131.

[4] Gersbach C.A., "Genome Engineering: the Next Genomic Revolution", *Nat Methods*, 2014, 11(10):1009–1011.

[5][7][27] Mussolino C., Mlambo T., Cathomen T., "Proven and Novel Strategies for Efficient Editing of the Human Genome", *Curr Opin Pharmacol*, 2015, 24: 105–112.

[6] Singh P., Schimenti J.C., Bolcun-Filas E., "A Mouse Geneticist's Practical Guide to CRISPR Applications", *Genetics*, 2015, 199(1):1–15.

[8] Ran Le Cong F.A., Cox D., Lin S. et.al., "Multiplex genome engineering using CRISPR/Cas systems", *Science*, 2013, 339(6121): 819–823.

[11] Norman C., "Clerics Urge Ban on Altering Germline Cells", *Science*, 1983, 220(4604): 1360–1361.

[12][13][14]Torgersen H, Schmidt M., "Frames and Comparators: How Might A Debate On Synthetic Biology Evolve?", *Futures*, 2013, 48(100): 44–54.

[15] A. J. Newson, A Wrigley, *Identifying Key Developments, Issues and Questions Relating to Techniques of Genome Editing with Engineered Nucleases*, Background paper, 2015.

[16] Carroll D., Charo R.A., "The Societal Opportunities and Challenges of Genome Editing", *Genome Biol*, 2015, 16(1): 242.

[17][28][33][36][37][67] Araki M., Ishii T., "International Regulatory Landscape and Integration of Corrective Genome Editing Into In Vitro Fertilization", *Reprod Biol Endocrinol*, 2014, 12: 108.

[18][60] Ishii T., "Germline Genome-Editing Research and Its Socioethical Implications", *Trends Mol Med*, 2015, 21(8): 473–481.

[19][57][63] Bosley K.S., Botchan M., Bredenoord A.L. et.al., "CRISPR Germline Engineering—the Community Speaks", *Nat Biotechnol*, 2015, 33(5): 478–486.

[21] Ter Meulen R., Biller-Andorno N., Newson A., Hunter D., "How to Object To Radically New Technologies On the Basis of Justice: the Case of Synthetic Biology", *Bioethics*, 2013, 27(8):426–434.

[22] Smith K., "Synthetic Biology: A Utilitarian Perspective", *Bioethics*, 2013, 27(8): 453–463.

[23][40][42][44][142] Smith K.R., Chan S., Harris J., "Human Germline Genetic Modification: Scientific and Bioethical Perspectives", *Arch Med Res*, 2012, 43(7): 491–513.

[24] Sunkara S.K., Rittenberg V., Raine-Fenning N. et.al., "Association Between the Number of Eggs and Live Birth in IVF Treatment: An Analysis of 400 135 Treatment Cycles", *Hum Reprod*, 2011, 26(7): 1768–1774.

[29] Das S.K., Menezes M.E., Bhatia S. et.al., "Gene Therapies For Cancer: Strategies, Challenges and Successes", *J Cell Physiol*, 2015, 230(2): 259–271.

[30] Ledford H., "Mini Enzyme Moves Gene Editing Closer To The Clinic", *Nature*, 2015, 520(7545):18.

[31] Kendler K.S., What Psychiatric Genetics Has Taught Us About The Nature of Psychiatric Illness And What Is Left To Learn", *Mol Psychiatry*, 2013, 18(10): 1058–1066.

[32][45][47] Lander E.S., "Brave New Genome", *N Engl J Med*, 2014, 373(1): 5–8.

[34][72] Powledge T.B., "Whole-Genome Sequencing In Your Doctor's Office? A Reality Check, But Sooner Than Later", 2014, https://geneticliteracyproject.

org/2014/03/25/whole-genome-sequencing-in-your-doctors-office-a-reality-check-but-sooner-than-later/.

[35][73] Winand R., Hens K., Dondorp W. et.al., "In Vitro Screening Of Embryos By Whole-Genome Sequencing: Now, In The Future or Never?", *Hum Reprod*, 2014, 29(4):842–851.

[38] Hens K., Dondorp W., de Wert G., "A Leap Of Faith? An Interview Study With Professionals On The Use Of Mitochondrial Replacement To Avoid Transfer Of Mitochondrial Diseases", *Hum Reprod*, 2012, 30(5): 1256–1262.

[39] Knight F. H. Risk, *Uncertainty and Profit,* Hart, Schaffner & Marx, Houghton Mifflin, Boston, MA, 1921.

[41] DACEHTA-Danish Centre for Health Technology Assessment, *Health Technology Assessment Handbook*, 2015.

[43] Nature Medicine, "Germline Editing: Time for Discussion", *Nat Med*, 2015, 21(4): 295.

[44] Berg P., "Meetings that Changed the World: Asilomar 1975: DNA Modification Secured", *Nature*, 2008. 455(7211):290– 291.

[48] Kuhrt N., "Was Darf Ein Monat Leben Kosten?", *Frankfurter Allgemeine Zeitung*, 20th January 2010, 2013.

[49] Wirth T., Parker N., Ylä-Herttuala S., *History of Gene Therapy*, *Gene*, 2013, 525(2):162–169.

[51][97][98] Knoppers B.M., Chadwick R., "Human Genetic Tesearch: Emerging Trends In Ethics, Nature Reviews", *Genetics*, 2005, 6(1):75–79.

[53][54][59] Baltimore D., Berg P., Botchan M. et.al., "A Prudent Path Forward For Genomic Engineering And Germline Gene Modification", *Science*, 2015.

[55][61] Cressey D., Abbott A, Ledford H., "UK Scientists Apply For Licence To Edit Genes In Human Embryos", 2015.

[56] Goldim J.R., "Genetics and Ethics: A Possible and Necessary Dialogue", *J Community Genet*, 2015, 6(3): 193–196.

[58][76] Lanphier E., Urnov F., Haecker S.E. et.al., "Don't Edit The Human Germ line", *Nature*, 2015, 519(7544): 410–411, 348(6230):36–38.

[62] Reardon S., "NIH Reiterates Ban On Editing Human Embryo DNA", 2015.

[64] Fateh-Moghadam B., "Rechtliche Aspekte der somatischen Gentherapie", Fehse B., Domasch S. (eds.) *Gentherapie in Deutschland*, Dornburg: Wissenschaftlicher

Verlag, 2011.

[65] Reich J. (ed.), *Genomchirurgie beim Menschen - zur verantwortlichen Bewertung einer neuen Technologie: eine Analyse der interdisziplinären Arbeitsgruppe Gentechnologiebericht*, BBAW, Berlin, 2015.

[66][74][82][85] Johnson M.H., Franklin S.B., Cottingham M., Hopwood N., "Why the Medical Research Council Refused Robert Edwards and Patrick Steptoe Support For Research on Human Conception in 1971", *Hum Reprod*, 2010, 25(9): 2157–2174.

[68] Bundesministerium für Gesundheit, PID..

[69] van Montfoort A.P.A., Hanssen L.L.P., de Sutter P. et.al., "Assisted Reproduction Treatment and Epigenetic Inheritance", *Hum Reprod Update*, 2012, 18(2): 171–197.

[70][75][86] Wang J., Sauer M.V., "In Vitro Fertilization (IVF): A Review of 3 Decades of Clinical Innovation and Technological Advancement", *Ther Clin Risk Manag*, 2006, 2(4): 355–364.

[71] Europäisches Parlament und Rat zur Schaffung eines Gemeinschaftskodexes für Humanarzneimittel im Hinblick auf Arzneimittel für neuartige Therapien, zur Änderung der Richtlinie 2001/83/EG des Europäischen Parlaments und des Rates zur Schaffung eines Gemeinschaftskodexes für Humanarzneimittel im Hinblick auf Arzneimittel für neuartige Therapien: RICHTLINIE 2009/120/EG, 2009.

[77][78] Nuffield Council, "Novel Techniques for the Prevention of Mitochondrial DNA Disorders: An Ethical View", *Nuffield Council on Bioethics*, London, 2012.

[79] Mitalipov S., Wolf D.P., "Clinical and Ethical Implications of Mitochondrial Gene Transfer", *Trends Endocrinol Metab*, 2014, 25(1): 5–7.

[80] Jesse Reynolds, "Monkeys, Mitochondria, and the Human Germline", 2009.

[81] Kouros N., "Eugenics Concerns Over Mitochondrial Replacement", *Monash Bioeth Rev*, 2013, 31(2): 5–6.

[83][84] Ball P., "The Art of Medicine: Unnatural Reactions", *Lancet*, 2014, 383: 1964–1965.

[87] Nordmann A., Rip A., "Mind the gap revisited", *Nat Nanotechnol*, 2009, 4(5): 273–274.

[88] Deutscher Ethikrat, "Sollten Vorkernund Spindeltransfer bei mitochondrialen Erkrankungen in Deutschland zulässig sein?", 2014.

[89] Engelhardt H.T., "Confronting Moral Pluralism in Posttraditional Western Societies:

Bioethics Critically Reassessed", *J Med Philos*, 2011, 36(3): 243–260.

[90] Patenaude J., Legault G.A. et.al., "Moral Arguments in the Debate Over Nanotechnologies: Are We Talking Past Each Other?", *NanoEthics*, 2011, 5(3): 285–293.

[91][92][99] Macer D., "International Perceptions and Approval of Gene Therapy", *Hum Gene Ther*, 1995, 6: 791–803.

[93] Robillard J.M., "Communicating in Context: A Priority For Gene Therapy Researchers", *Expert Opin Biol Ther*, 2015, 15(3):315–318.

[94] Robillard J.M., Roskams-Edris D., Kuzeljevic B., Illes J., "Prevailing Public Perceptions of the Ethics of Gene Therapy", *Hum Gene Ther*, 2014, 25(8):740–746.

[95] Madhusoodanan J., "Bioethics Accused of Doing More Harm Than Good", *Nature*, 2015, 524(7564): 139.

[96] Pinker S., "The Moral Imperative For Bioethics", 2015.

【作者简介】Martina Baumann，任职于慕尼黑工业大学，慕尼黑社会技术中心。E-mail: martinabaumann@posteo.de

【译者简介】陈云莹，女，复旦大学哲学学院博士生，主要研究方向为生物学哲学与生命伦理学。

基因编辑：滑向优生学？*

达维德·巴蒂斯蒂 文　曲扬 译

【内容摘要】本文讨论基因编辑的伦理辩论中一种经验主义版本的滑坡论证。按照滑坡论证，允许编辑胚胎的种系必然导致应受到道德谴责的事情，比如新形式的强制优生学。本文从滑坡论证的视角考察传统的和自由主义的人类强化与优生学，探讨基因编辑滑向优生学的实际可能性。本文首先从历史的角度考察传统优生学，结论是传统优生学是道德上卑劣的，但基因编辑并不可能滑向它。进而探讨哈贝马斯和桑德尔对自由主义优生学以及人类强化的批评，并这样回应：尽管我们不可能拒绝所有形式的基因增强，但由于自由主义优生学不满足正义、无害、非工具化的原则，因而应被视为道德上不可接受的，但是滑向自由主义优生学比滑向传统优生学更有可能。本文探讨这样一种策略：我们可以接受一些对胚胎种系的基因编辑，同时避免落入滑坡论证所预示的陷阱。即使有滑向危险后果的可能性，滑坡论证也不能给出禁止在医疗与人类强化领域应用基因编辑技术的决定性理由。

【关键词】滑坡论证；基因编辑；传统优生学；自由主义优生学；基因增强

引言：基因编辑领域中的滑坡论证

滑坡论证（slippery slope argument）是与人类种系编辑讨论最相关的论证策略之一。滑坡论证广泛应用于生物伦理中，诸如堕胎、安乐死[1]、生殖辅助医疗等相关问题。根据滑坡论证，允许种系基因编辑将会不可控制地滑向危险后

---

* 原文为 Battisti, Davide, 2019, "Genome editing: slipping down toward Eugenics?" *Medicina Historica* 3 (3):206-218.

果，导致优生学或者人类增强。为避免这些可怕后果的出现，无论其目的是治疗还是增强，种系基因编辑都应当被禁止。在逻辑学教科书与伦理学文献中，滑坡论证经常被视为一种非形式谬误，论证的前提不能支持其结论[2]。但是我在本文中关注更有说服力的、经验的或者说社会心理学版本的滑坡论证[3][4][5]：按照这个版本的论证，允许种系基因编辑将使社会逐渐接受基因增强，进而危害社会的道德敏感度，并最终导致新形式的强制优生学。某些社会心理因素使我们难以清楚区分伦理上可接受的与不可接受的基因编辑形式。[6] 基因编辑是第一项让我们能够积极改造子孙后代的技术，对此必须小心谨慎。我将用滑坡论证考察传统的与自由主义的两个版本优生学，以及基因增强概念。我们只有对这些概念做了深入伦理分析，并验证了某些可能后果是否真有那么糟糕，以及另一些后果发生的真实概率后，才能评判滑坡论证的可靠性。把握这些概念及历史文化语境能够帮助我们理解允许编辑人类种系基因可能导致的后果。安内莉·杰弗逊（Anneli Jefferson）认为经验的滑坡论证几乎总是要结合文化与政治语境来评价。[7] 有鉴于此，本文将论证这种策略：我们可以接受一些对胚胎种系的基因编辑，同时避免落入滑坡论证所预示的陷阱。即使有滑向危险后果的可能，滑坡论证也不能给出禁止在医疗与人类强化领域应用基因编辑技术的决定性理由。

  本文预设责任理由的"词汇"优先性[8]。按照这种观点，产生最大总体福利的先验限制以人权理论为基础。这里所说的人权应该被认为是天赋的，或者是基于协议、契约，它们不能以为了更好的社会之名而被侵犯。即使我们断定一个行为不会侵犯人权，我们仍需判断这个行为是否会导致人权被侵犯的可能情况。基于责任伦理学，我们有很好的理由去阻止这类行为发生。此外，本文也从结果论的角度评价不同行为对于现在与未来人权的影响。要判断哪一个行为有最高的道德合法性，我们应该考察哪一个行为能产生最大总体福利。根据词汇优先性，只有在责任伦理要求被满足时，结果因素才被纳入考虑。

  自由与自主两项权利应当受到机会公平保障，而这自然会限制财富的过度积累，并保障公平的教育与医疗权利。即使是为了整个社会的福祉，把人仅仅当作手段而非同时也是目的是伦理上可质疑的[9]：康德伦理学将人类尊严视作不容置疑的且不依赖于主体自由的概念，这种理论经常被对比于将权利视作基本的伦理学理论，但是本文认为这两种理论不一定是对立的。我们可以合理地假定人类享有不被只用作手段的权利，这有积极的或者非消极的后果：不被利用的权利使得人类能够将自己视作自由并与他人平等的。

  上面的论述与汤姆·比彻姆（Tom Beauchamp）及詹姆斯·丘卓斯（James Childress）所持主张一致，为温和的责任论与目的论提供了融合的基础。[10] 总而言之，本文的论证不仅参考自由、自主、非工具化的原则，也参考非恶意、裨益、公正的原则。

一 优生学：备受争议的概念

在19世纪后半叶达尔文进化论开始传播之后，一些令人不安的理论开始出现，其中之一是优生学，它在1870—1950年被具体地实践于政治和科学领域中。在此时期，发源于英国的优生学运动得到全世界众多科学与政治团体的支持。"优生学"一词由弗朗西斯·高尔顿（Francis Galton）提出："优生学是改善种群的科学，这绝不限于适当配种的问题。特别对于人类来说，为了帮助更适宜的种族或血脉更快速地取得分布优势，无论影响多么微小的因素都要纳入考虑。"[11] 高尔顿在他的《遗传的天才》一书中研究了天赋的分布与生物学遗传，得出两个结论：（1）天才出现在具有良好社会地位以及道德与智力水平的家庭中的概率显著高于其出现在整体人口中的概率；（2）天赋的分布服从正态分布，天赋总是趋向于均值，因此天才与低智力水平的人随着时间的推移都会减少。[12] 在高尔顿看来，团结、怜悯等社会道德标准妨碍了自然选择这一进化驱动力。人类退化由此产生，并被另一个因素加剧："有缺陷的"人群倾向于繁衍更多后代，最终超过"适宜的"人群。为了从不可避免的退化命运中抢救人类，高尔顿提出两个建议：（1）积极优生学，保障与促进具有高于平均水平的道德、身心品质的人繁衍后代；（2）消极优生学，通过绝育、堕胎、避孕等手段阻止有缺陷的人群数量的增长。需要注意的是，高尔顿认为这些举措不应通过政府强制，而应该出于公民的自由选择：在这个意义上的优生学计划更像是一种民众宗教。[13] 随着高尔顿的理论在全世界取得成功，许多国家对优生学运动产生了浓厚兴趣，并推行了积极与消极优生学政策。运动的内容在各国不尽相同，但随着时间推移出现了一个被广泛接受的政治意识形态理念。这一"民粹主义转变"糅合了原本的高尔顿理论以及种族主义、阶级主义、民族主义等意识形态[14]。天才不再是优生学实践追求的对象，种族的纯粹或阶级的存续取而代之：强制性政策被制定出来，导致限制移民，禁止通婚，种族隔离，强制绝育。美国、瑞典等国家都参与了优生学运动，而纳粹德国无疑是最典型的。在追求"雅利安种族"纯粹的旗号下，有缺陷的人群被强制绝育并肉体消灭，"雅利安人"被禁止与犹太人或其他少数族裔通婚，最终种族、宗教上的少数群体以及同性恋人群被系统性灭绝。[15]

二 优生学伦理学

优生学是人类历史中备受争议的一页，特别是涉及科学与伦理的关系时。

抛开具体应用不谈，优生学运动建立在错误的思想与科学前提下。其思想前提如下：

（1）种族主义，由阿蒂尔·德·戈比诺（Arthur de Gobineau）系统性发展，在19世纪广泛传播的思想。[16] 基于种族主义思想，有天赋高低之分的种族被划分出来。

（2）阶级主义。最富有的人被认为具有更优秀的性状，这包括形态、智力上的表现。与此相对，下层阶级的人则具有低等的性状。阶级区分的实践大约开始于18世纪。[17]

（3）民族主义。这一政治概念将个体从属于国家作为核心，而从属的基础可以是共同的血脉这样的生物学的特征，也可以是文化、语言、宗教、政治、历史这样的社会学特征。[18] 由于欧洲发生的民族与国家革命，民族主义在19世纪成为最显著的政治与社会力量之一。[19]

优生学运动的错误科学前提包括：

（1）今天的基因研究表明只存在一个人种：智人，族群间的身体差异是适应不同环境的结果。认为只有具有某些身体特征的个体才能达到特定智力水平的观点得不到任何科学支持。[20][21][22]

（2）优生学主张人类的生存状况反映了他们的个人能力，这进一步反映了他们的基因状况。贫困、卖淫、酗酒、犯罪等"社会疾病"反映了这些个体是有缺陷的，因而不应该繁衍后代。基因基础与行为特征间的关系在今天仍不明确，最新的研究只是告诉我们某些性状比如喜爱极限运动[23] 或者具有更高智力[24] 可能具有基因基础。但是我们知道大多数性状决定性地依赖于环境因素，由基因引起的倾向性并不必然导致特定行为。

（3）优生学支持者认为人类基因库正在衰退，因为社会包容违背了"适者生存"的自然趋势。因此，他们认为人类需要对社会原则进行积极的对比，然而没有科学证据表明文明和遗传健康之间存在反比例关系，这只是来自非理性恐惧的没有科学根据的信念。

（4）优生学的遗传改良方案不可能对社会产生重大影响。由于没有办法识别隐性基因的携带者，也没有足够的遗传知识，所以不可能识别出适宜的和有缺陷的个体。在某些情况下，优生主义者承认优生学的效果不佳，但他们认为这些结果证明了干预措施的合理性。

基于这些考虑，我们很容易看出优生学运动在伦理上是有问题的，应该被拒斥。在那段历史时期，人权不断受到侵犯：首先是物化、诋毁、隔离；其次是非自愿绝育；最后是在纳粹德国的极端情况下，是大规模灭绝。优生学运动造成了种族和阶级偏见，它的声名狼藉理所应当。

三　激进自由主义优生学

一些生物伦理学家认为，传统优生学肯定是道德上错误的，但不是因为改善人类基因库的最初追求。[25] 优生学实践在伦理上是有问题的，是因为在许多情况下，它们没有留下个人自由和自主选择的可能性。事实上，优生学的主要争议点是没有考虑相关个人的权利、偏好与愿望。相反，目前可用的或将来可用的某些形式的基因选择和基因治疗在道德上是可以辩护的，即使它们与优生学运动有某些共同特征。从这个角度来看，西方国家的社会和文化背景支持个人的自主权，只要他们的选择是基于自身对善的观点：例如，一对夫妇可能希望有一个没有泰勒—萨克斯病或镰刀型细胞贫血症的孩子，同时希望他有特定的眼睛的或头发的颜色。这些选择不是由第三方强加的，而是父母自由选择的结果。

当且仅当父母的决定不受国家强制，通过修改种系来增强后代才可能是道德上适当的。允许父母选择后代的眼睛颜色或提高后代的数学能力，在道德上应与允许父母教导孩子某些宗教价值或强迫他们学钢琴相提并论。因此，如果基因改变与环境影响，如教育，会导致相同的结果，并具有同等的可取性，那么它们在道德上也应被一视同仁。与这些论点一致，罗伯特·诺齐克（Robert Nozick）在其"最小国家"理论中提出了"基因超市"概念，允许父母设计他们的孩子："这种超市系统有一个很大的优点，即它不需要集中决策以决定未来的人类类型。"[26]

四　温和自由主义优生学

提升生育自主权并不总是让优生学免受争议。温和自由主义优生学支持者尼古拉斯·阿加（Nicholas Agar）指出，并非每一种遗传生殖治疗都应被认为是道德上适当的。[27] 事实上，这种干预可能会损害孩子拥有开放性未来的权利。假设一对聋人夫妇想生一个聋人孩子，一种新遗传技术可以改造早期胚胎，使其永久性耳聋；这对夫妇并不认为耳聋是一种身体缺陷，而是一种文化身份，可以保证其生活经验与其他人一样丰富。根据阿加的说法，耳聋会对这个人的未来人生计划造成相当大的限制；这种对后代自由的限制极富争议，因此应该禁止以此为目的的遗传治疗。总体来说，伦理上适当的治疗应该仅包括基于美好人生观的人生计划，且不排除计划与父母观点完全相反的可能性。这个主张是基于有些父母的愿望可能包含着时代偏见。约翰·麦基（John Mackie）指出："如果维多利亚时代的人能够使用基因工程，他们会让我们更加虔诚和爱国。"[28] 回到前面的例子，由于聋人夫妇的孩子无法彻底摆脱父母强加的情况，旨在强加聋哑等性状的种系改造在伦理上并不适当。不过，增强智力等能够使个人有更多机会实现其人生计划的改造在道德上是可辩护的。

五 哈贝马斯与对人性的自我理解

哈贝马斯在他《人性的未来》一书中强烈批评了自由主义优生学。哈贝马斯认为，基因工程模糊了我们的本质和我们给予自己的机体装备之间的分界线。他断定在区分消极遗传学和积极遗传学，即区分消除疾病和人类增强之间存在困难。而自由主义优生学支持者反对根据疾病概念来划出一个明确的界限，他们更愿意舍弃一切限制，为个人选择和市场规则让路。这种观点令人担忧，因为超出了治疗界限的基因干预可能会破坏我们作为人类的道德自我理解，并影响一个受过基因编程的人的自我理解。[29]

哈贝马斯观点的核心是，自由主义优生学会损害个人自主性和代际平等。任何形式的基因增强都会扰乱新个体的道德自我理解，她将不再能够把自己设想为一个自主的人，即谱写自己人生并对其负责的主体。事实上，经过基因改造的个体不可能把自己看作自己人生不可分割的作者，她甚至失去了被认为对自己负责的可能，她将与一个在她出生前就改变了自己基因的第三人分享其行为责任。被基因编程的人不可能把编程者的意图视为一个自然因果事实，这可能会产生一种对她自己的疏远。[30]

此外，人的尊严会受到侵犯，即人类将难以在人与人之间的对称关系中将自身视为平等。哈贝马斯认为，尊严不是智力或眼睛颜色这种人类天生具有的品质。尊严只存在于道德主体组成的群体中，他们赋予自身拥有的所有关系以律则。[31]因此自由主义优生学不仅会损害被基因编程的人的自我理解和道德主体性，它还会导致不对称的人际关系，危及人类将自身视为平等的可能性。在正常情况下，孩子和父母之间的社会差异会随着孩子的成长而被持续抵消，而被改造的孩子对其父母的基因依赖，则损害了道德上平等的主体间的正常相互关系。

值得注意的是，在引导自己人生的伦理自主性方面，被改造者和未被改造者的情况并没有什么不同：他们都没有选择自己既定遗传基因的自由。然而哈贝马斯指出，对某些身体和心理性质的基因编程引发了关键性问题，因为它将被改造者的人生固定在由父母选择的轨道上。从这个角度来看，自由主义把基因改造孩子和教育塑造孩子进行类比是不适当的。在后一种情况下，学生总是可以与社会化进程保持关键距离，使自己在追溯的意义上获得自由。而基因改造不能事后纠正，个人"批判性自我重构"是不可行的，也不存在修正性的学习过程。在这种情况下，基因工程将导致让人无法接受的人类物化，个人不再被视为目的本身，也不会被视为自我主导的人生的作者。

总之，根据哈贝马斯的观点，任何积极优生学干预都不应该被允许，如非医疗原因的胚胎植入前基因诊断（Preimplantation genetic diagnosis）和旨在增强未来儿童的种系基因组编辑。这并不意味着每一种基因治疗都应该被禁止，我们可以假设未来人会默认同意对普遍认识的严重疾病进行基因治疗，而哈贝马斯也认为这种干预是合理的。此外，对造成极端痛苦的遗传性疾病进行植入前诊断，也可以是道德上适当的。

六 对哈贝马斯的回应

哈贝马斯似乎支持这样的论点：我们有道德上的决定性理由反对基因增强，因此任何基因增强都应该被视作非法。然而这种观点引发了一些反对意见，艾伦·布坎南（Allen Buchanan）认为，哈贝马斯没有解释，为什么从被改造的胚胎发育而成的人应该认为或被他人认为自己的自由度比其他人低。[32] 当且仅当种系基因编辑使个体无法自主生活时，这种论点才成立。只要基因设计不破坏个体发展出自主性的生物学基础，个体就可以成为自己人生的"作者"。这并不排除被改造的个体仍然可以认为自己在道德上与未改造的个体不同，或被未改造的个体视为在道德上不同。但这是经验性的心理学预测，而不是自明真理，哈贝马斯在这方面没有提供任何论据。此外，一些心理学研究似乎表明，哈贝马斯的推断在经验上是错误的[33][34]：与自然受孕的孩子相比，经过非医疗原因胚胎植入前基因诊断的孩子在心理发展上没有因此受到负面影响。此外，根据朱利安·萨乌列斯库（Julian Savulescu）的说法，即使在性别选择的例子中，儿童似乎也没有显示出受负面影响的迹象。[35]

哈贝马斯的观点"被基因改造的个体将被固定在特定人生轨道上"用于激进自由主义优生学特别有效，即认为应该允许父母不受任何限制地私下决定对其后代的胚胎进行何种基因改造的立场。但是哈贝马斯的批评对于温和立场来说就不那么有效了，在温和立场下，父母可以改造后代，但不可完全自由裁夺。即使哈贝马斯的论证适用于激进的基因改造，这也不意味着对后代的其他基因增强是有伦理问题的。

还应该指出的是，将未来个体固定在特定人生轨道上并不意味着损害其自主性。不管基因增强是否会损害未来个体的自主性，哈贝马斯的论点都应该是伦理上相关的。这与布坎南的观点一致，即被改造的个体和未经改造的个体都有被赋予而非自己选择的基因组。在这种情况下，两个个体有实现自主的同等生物学基础。不管怎么说，父母有意将未来个体固定到特定人生轨道上的做法应该被认为是有伦理问题的。为了澄清这一点，让我们假设一个为了成为新的古典音乐天才而被改造的胚胎。由这个胚胎发育来的个体肯定是自主的，可以自由做出人生选择，就像基因肯定没被改造的贝多芬一样。然而父母通过改造胚胎，使未来个体更倾向于古典音乐，从而使她先天倾向于特定的人生。不可否认，我们的身体和心理特征塑造我们的选择和人生，即使二者并不完全一致。被操纵成为古典音乐天才的个体在其人生的某个时刻可能会"感觉"到对古典音乐有某种亲和力，她可能会由此进入音乐的世界。事实上，一个倾向某类活动的人很可能会从实践这类活动中获得满足。另外，对某类活动没有天赋的人不太可能在其中找到人生方向或充满激情。人类往往更频繁地追求最适合自己能力的活动。此外，父母知道孩子所受基因改造，并希望孩子成为古典音乐家，就会鼓励孩子学习古典音乐，从而更加推动孩子走向父母选择的未来。简而言之，被增强个体的自主性不受损害并不意味着父母获得对孩子彻底的基因干预权。将后代固定在特定人生轨道上，父母将自己的孩子视为单纯的手段，而不是目的本身。上面的论证并不能为无条件拒绝任何形式的基因增强提供充分理由，使后代有更高非定向智力，同时不把个体固定在特定人生轨道上并非一种形式的物化，而提高特定倾向，如古典音乐则应该被认为是有伦理问题的。

七　迈克尔·桑德尔：掌控与天赋

另一个反对基因增强的突出论点是由迈克尔·桑德尔（Michael Sandel）在《反对完美的案例》中提出的。桑德尔认为基因增强的核心问题是对掌控的驱动力："对掌控的驱动力所错过的，甚至可能破坏的，是对人类天赋力量和成就的欣赏。"[36]优生学和基因增强代表着意志对自然天赋的单方面胜利，代表着支配对敬畏的胜利，代表着塑造对沉思的胜利。普罗米修斯式的支配冲动推动人类重新设计自然，失去了接受人类生命作为自然礼物的能力。通过基因工程消灭偶然性的冲动，腐蚀了作为一种由无条件的爱的规则所支配的社会实践的父母身份。父母之爱不应该取决于孩子所拥有的天赋和特质，而应该取决于"对不受限事物的开放性"，也就是一种克制掌控后代的冲动的品质[37]。正如威廉·梅（William May）指出的，父母之爱有两个方面：接纳之爱和改造之爱。接纳之爱肯定孩子是其所是，而改造之爱则追求孩子的福祉。父母之爱的每一方面都纠正着另一方面，使其不至于过度[38]。桑德尔认为这两种形式的爱之间的平衡被基因工程破坏了。基因增强还侵蚀了对天赋的感知，并可能导致关键道德词汇的改变，即谦逊、责任和团结[39]。首先，如果人们习惯于基因增强，谦逊的社会基础就会被削弱。这是因为只有意识到天赋和技能并不完全取决于人类，还部分取决于偶然，才能减少他们的傲慢倾向。其次，基因增强可能意味着父母责任的增加。父母将对选择或不选择他们孩子的特征负责，产生道德上的超负荷。这可能会导致滥用基因检测，或使未被增强的人或残疾人受到侮辱。最后，基因增强会使培养社会团结的道德情感更加困难。将天赋视为命运的果实，人们将更倾向于与那些并不是由于自己的过错而不具备同样天赋的人分享成果。出于没有人对自己的成功负全部责任的认知，任人唯贤的社会才得以避免舒适的确定性，即成功是个人美德的回报，富人之所以富有是因为他们比穷人更应获取。当偶然性不复存在，任人唯贤将变得更苛刻，更少同理心。因此桑德尔认为，对基因的绝对控制会破坏人们反思自身天赋和运气的偶然性时产生的团结。

八　回应桑德尔

桑德尔也未能提供一个令人满意的论证来反对所有形式的基因增强。首先，根据约翰·哈里斯（John Harris）的说法，天赋概念是富有争议的。比如，为什么我们必须承认和接受正常的天赋，而不是疾病的天赋。[40]桑德尔可以回应说，治疗和预防疾病，或者使伤患恢复健康，并不妨碍生命作为一种天赋概念，因为它没有亵渎自然，而是荣耀自然。[41]相比之下，基因增强是出于作为设计者的父母的傲慢，因为他们想掌控生育的神秘。使用上述"对不受限事物的开放性"的表述，桑德尔坚持认为只有属于亲子间非破坏性关系时，这才是善的。但是他没有对治疗和增强之间的伦理区别给出合理的划分标准。总之，桑德尔没有提供令人信服的论据来支持自己的论点，只是运用修辞推理[42]。哈里斯建议，治疗和增强之间是连续的，我们应该考虑二者共同的善意动机和增强生命的结果[43]。

其次，即使我们假设对天赋的感知是一种核心的善，父母也可能希望基因增强他们的孩子，而没有掌控的冲动。例如，延长寿命的增强不隐含支配他人的倾向，对天赋的感知也得到保留。一个假定的长寿未来个体仍然可以从很多东西上维持对天赋的感知。我们可以像布坎南那样论证说，增强的人仍然会死于意外；我们中的许多人不希望，战争大概仍然会发生；我们极力避免，致命的大流行病大概仍然会出现；人们仍然会爱上不爱他们的人，并在被爱的一切努力中失败。[44]这似乎表明，谦逊、责任和团结并不排斥所有形式的基因增强。不过可以肯定的是，出于支配的冲动而无止境地追求与好的生活相悖的增强应该被视作负面的。毫无疑问，对完美孩子的渴望可能会在某个临界点开始腐蚀父母的美德，但很难说这种担忧为反对任何形式的增强提供了决定性理由。

九　对增强的一般性思考

我们可以根据上述讨论断定，哈贝马斯和桑德尔未能为彻底拒绝基因增强提供决定性论证。与此同时，我们可以采纳他们的建议，寻求一个既不过分放任也不过分限制基因增强的方案。两位杰出哲学家的一些担忧是合理且值得注意的。因此我们应该采取逐案分析的方法，来评估各种形式基因增强的利弊、风险与收益。这种方案并不预设任何结果主义或功利主义观点，而是主张考虑所有的因素，不仅考虑结果，也要考虑责任义务。该方案与布坎南所说的"平衡观"相当类似[45]。为了支持这种方案，我们需要放弃有关历史性改进和基因增强之间区别的有问题的框架预设，并重新引导有关增强的伦理学。

增强在这里被定义为一套旨在提升特定能力和功能到超越普通人水平的技术。因此，增强人类意味着他们能够做到正常人做不到的事情。我们应该注意到，增强不只局限于基因层面，而是在人类历史上无处不在。事实上，识字和算术属于最重要的认知增强。识字提升了我们的认知能力，使我们能够通过阅读来了解过去；它不仅强化了记忆，还提升了反思经验并赋予它们意义的能力[46]。从这个角度来看，历史的改进即使不是基因的，也必须被视作人类增强。因此没有理由认为基因增强在道德上比历史增强更有问题。

增强的问题不在于增强本身，而在于实现增强的方式。增强可以被强加给那些不愿意接受的人，这将损害他们的自主性。某些增强可能会导致社会不公、不平等和对未增强个体的歧视。正如丹尼尔·维克勒（Daniel Wikler）所指出的，传统优生学和自由主义优生学都引起了重要的公正问题，即增强带给部分个体的优势[47]可能导致公平的扭曲。这就是为什么无论是历史意义上还是基因（或生物医学）意义上的增强，都不能因为其本身而被拒绝。平衡观适合于逐案评估具体形式基因增强的伦理适当性。

总而言之，只要旨在增强的基因编辑符合非恶意、非工具化、公正原则，并且因此不会造成或加剧社会分化或社会不平等，我们就可以认为这种基因增强是道德上合理的。即使某些自由主义优生学的论点很吸引人，比如它提倡父母的生育自主权，拒绝国家提倡的特定"理想基因"。但某些基因增强可能会破坏上述原则，因此自由主义优生学特别是极端的版本应该被拒绝。

十　回到滑坡论证

需要重申，滑向传统优生学是不可取的：在1870—1950年，优生学运动一再侵犯人权，宣扬阶级主义和种族主义，侵犯人的尊严。但实际上，回归传统优生学似乎不太可能。更确切地说，人权不断受到强制措施以及种族和阶级歧视的损害的情况不太可能再次出现。"二战"后西方国家对人权给予了极大关注。由于纳粹德国的暴行，1948年的《世界人权宣言》重申了个人尊严和尊重的核心地位[48]。此外，民主价值在西方和西欧的传播改变了社会和个人之间的关系。如今，社会对公民身体的强制干预被认为是不可接受的，每一次医疗干预，无论是实验性的还是治疗性的，都受到知情权约束。[49] 自20世纪下半叶以来，残疾人、同性恋和少数民族权利运动在促提升机构和公众对这些权利的认识方面取得了巨大进展[50]。因此我们可以合理假设，即使开放种系基因编辑也不会损害上述原则，以至于优生学运动的历史再现。在当代西方社会的主流思想中找不到传统优生学的历史前提，因此可以合理地认为，类似的运动不可能再次出现。

然而在世界的某些地方，种族主义、民族主义和阶级主义等意识形态偏见仍然普遍存在，在这种情况下，必须仔细分析对改造胚胎基因的监管。

虽然回到传统优生学不太可能，但滑向自由主义优生学似乎变得更加可能。接受种系基因编辑将为这样的未来铺平道路：根据父母的个人选择和意愿来"塑造"和增强未来个体是道德上可以被接受的。从社会文化背景可以看出全社会逐步接受上述观点的可能性，即作为基本自由主义立场的生育自主权和多元化原则在当代西方社会得到广泛认可。尽管我们把非医疗目的的性别选择视为负面的，但在法律允许的国家，这种做法在道德角度被人们广泛接受。因此只要技术足够进步，其他形式的基因增强就很容易被接受。桑德尔指出，当代美国社会已经体现出剥削儿童的倾向。这些儿童受制于父母的意愿，经常被要求在体育和学校方面付出过多努力[45]。与桑德尔的说法一致，娜塔莉·科拉内里（Natalie Colaneri）及其同事观察到，在过去二十年里，注意力障碍确诊病例急剧增加。这可能是由于治疗和增强之间的划分不明确而导致的诊断模糊性，但更可能是由于父母对孩子有过高期望，以及父母对其养育方式的构想。[52][53] 由于无限制基因增强发生的可能性，旨在实现父母最大胆愿望的"基因超市"很可能出现并被人们接受。因此不加批判地接受种系改造，就会有逐步接受损害公正、非工具化和非恶意原则做法的风险。尽管如此，我相信有一种策略可以使我们接受种系基因编辑以享受其无可置疑的优势，同时避免滑向危险的后果。

十一 避免滑坡论证：一个建议

这里提出的策略与自由主义观点形成鲜明对比。根据自由主义观点，无论是治疗性，还是增强性的基因编辑都应该由纯粹的市场动力调节，同时它也反对只允许治疗而禁止所有形式增强的模式。

我所支持的策略接受一些医疗应用以及父母对其后代进行基因增强的要求。基因增强应符合以下合理性标准：(1)它们不得与未来个体的利益和福祉相冲突（非恶意原则）；(2)它们不得违反后代的非工具化原则（非工具化原则）；(3)它们不得产生不合理的不平等或破坏未强化个体获取社会地位的机会（公正原则）。

当然反对者可以合理地指出，经验主义版本的滑坡论证并没有被避免。允许某些强化可能会导致允许许多其他强化，最终导致自由主义优生学被接受。这种策略没有提供任何概念上的划分和有效避免在社会心理层面接受不可取情况的方案。为了保证策略成功，同时避免滑坡，有必要建立一个咨询和授权机构。机构的主要作用是通过逐案分析，评估哪些增强是合理的，哪些是不适当的。

出于论证需要，这里简要回顾人类受精和胚胎学管理局（Human Fertilization and Embryology Authority）的情况。这是英国卫生部一个负责监管体外受精、人工授精、配子和胚胎冷冻保存以及人类胚胎研究的机构。该机构不仅包括医生、研究人员、科学家，还包括经济学家、法学家、生物伦理学家、宗教权威，以及报告辅助生育经历的个人。自1990年成立后，其任务一直包括监督和管理与该领域的技术发展相关的医疗。[54]这不只是委托执行并监督立法的问题，管理局有很大权力监管与该领域技术发展相关的医疗实践。[55]这种权威机构的建立不仅使法律（以及伦理和社会考虑）适应快速变化的医学领域，还能够逐案评估所涉及的利益。[56]父母向管理局提出的请求会经由一个委员会分析，并根据评估给予或拒绝授权。本文在基因干预方面支持授权模式，这与自由主义优生学所支持的自由放任制度不同，后者将所有利益都置于父母生育自主权原则之下。以死于事故的三岁女孩妮可的父母的案例来看管理局的作用：妮可死后不久，其父母与管理局联系，要求允许他们使用胚胎植入前基因诊断来选择一个女性胚胎。他们已经有了四个儿子，想要"重建家庭中的女性层面"。管理局没有批准这一请求，因为它认为除非是为了避免遗传性疾病，否则选择性别是不可接受的。[57]

管理局的经验对于应对基因治疗和增强的有关问题具有重要意义。授权机构应该审查父母对增强子女的要求，并评估其是否符合非恶意、非工具化和公正的原则。在此之上，授权机构还应该考虑其决定可能带来的社会后果。除了评估职能，授权机构还应该为打算增强子女的父母提供支持和咨询服务[58]，使得父母在完全知情的情况下行使自主决定权，同时保证未来个人和社会的利益。最后，这样的机构应该保证社会公平，避免社会分裂和不合理的不平等。

结论

有些观点认为经验主义版本的滑坡论证并不总是可以被避免。某些令人信服的论据表明，接受某些基因改造实践，可能会导致接受不适当的干预。然而由此推论唯一的出路是普遍禁止种系基因编辑是错误的。本文的策略为滑向自由主义优生学提供了一个合理的防护堤。授权模式可以允许更大的生育自主权，并促进对人类基因增强领域的合理控制，削减这一领域隐藏的重大风险发生的可能性，因而是有前景的。虽然普遍禁止并不合理，但过度的自由放任可能会导致逐步接受这样的情况：正义、非恶意和非工具化的原则不断被违反，基因干预变得在伦理上无法被接受，也不可取。有鉴于此，建立一个由专家组成的机构，评估强化个案的伦理和社会适当性，是新基因编辑技术辩论中值得考虑的策略。

参考文献

[1] Montaguti E., Jox R., Zwick E., Picozzi M., "From concept of 'good death' to the modern concept of euthanasia", *Med Histor*, 2018; 2(2):104-08.

[2] Kelley D., *The Art of Reasoning*, New York: W. W. Norton & Company; 1994.

[3] Volokh E., "Mechanisms of the Slippery Slope", *Harvard Law Review*, 2003; 116:1028-1037.

[4] Walton D., *Slippery Slope Arguments*, Oxford: Oxford University Press; 1992.

[5] den Hartogh G., "The Slippery Slope Argument", *A Companion to Bioethics*, Ed. Helga Kuhse and Peter Singer, Oxford: Wiley-Blackwell; 2010:321-332.

[6][7] Jefferson A., "Slippery Slope Arguments", *Philosophy Compass*, 2014; 9(10):676.

[8] Rawls J., "Justice as Fairness; Political not Metaphysical", *Philosophy and Public Affairs*, 1985; 14(3):223-51.

[9] Kant I., *Groundwork of the Metaphysics of Morals*, Cambridge, U.K: Cambridge University Press; 1998.

[10] Beuchamp TL., Childress JF., *Principle of Biomedical Ethics*, Oxford, New York: Oxford University Press; 2019.

[11] Galton F., *Inquiries into human Faculty and its development*, London: J.M. Dent & Company; 1883.

[12] Galton F., *Hereditary Genius*, London: MacMillan; 1875.

[13] Defanti CA., *Eugenetica un tabù contemporaneo*, Torino: Codice; 2012.

[14] Buchanan A., Brock D., Wicler D., Daniels N., *From Chance to Choice. Genetic and Justice*, New York: Cambridge University Press; 2009:32.

[15] Binding K., Hoche A., *Die Freigabe der Vernichtung lebensunwerten Lebens: Ihr Maß und ihre Form*, Berlin: BWV Berliner Wissenschafts-Verlag; 1922.

[16] De Gobinaeu JA., *Essai sur l'inégalité des races humaines*, Paris: Firmin-Didot frères; 1853-1855.

[17] Baycroft T.. *Nationalism in Europe 1789-1945*, Cambridge: Cambridge University Press; 1998.

[18] Triandafyllidou A., "National Identity and the Other", *Ethn Racial Stud* 1998; 21(4):593-612.

[19] Young S., *Encyclopedia of Women and World Religion*, New York: Macmillan Library Reference; 1999.

[20] Montagu MFA., *Man's most dangerous myth: the fallacy of race*, New York: Columbia University Press; 1942.

[21] Lewontin RC., "The Apportionment of Human Diversity", *Evol Biol*, 1972; 6:381-397.

[22] Barbujani G., *L'invenzione delle razze. Capire la biodiversità umana*, Milano: Bompiani; 2006.

[23] Thomson CJ., Hanna CW., Carlson SR., Rupert JL., "The -521 C/T variant in the dopamine-4-receptor gene (DRD4) is associated with skiing and snowboarding behavior", *Scand J Med Sci Sports*, 2014; 9(4):108-113.

[24] Sniekers S., Stringer S., Watanabe K., Jansen PR., Coleman JRI., Krapohl E., Taskesen E., Hammerschlag AR., Okbay A., Zabaneh D., Amin N., Breen G., Cesarini D., Chabris CF., Iacono WG., Ikram MA., Johannesson M., Koellinger P., Lee JJ., Magnusson PKE, McGue M., Miller MB., Ollier WER., Payton A., Pendleton N., Plomin R., Rietveld CA., Tiemeier H., van Duijn CM., Posthuma D., "Genome-wide association meta-analysis of 78, 308 individuals identifies new loci and genes influencing human intelligence", *Nat Genet*, 2017; 49(7):1107-1112.

[25][47] Wikler D., "Can we learn from eugenics?", *J Med Ethics*, 1999; 25(2):186-194.

[26] Nozick R., *Anarchy, State and Utopia*, Oxford: Wiley Blackwell; 1974:315.

[27] Agar N., *Liberal Eugenics*, Oxford: Wiley Blackwell; 2004.

[28] Glover J., *What Sort of People Should There Be?*, Harmondsworth. London: Penguin Books; 1984:149.

[29][30][31] Habermas J., *The Future of Human Nature*, Cambridge: Polity; 2003.

[32][44][45][46] Buchanan A., "Enhancement and the ethics of development", *Kennedy Inst Ethics J*, 2008; 18(1):1-34.

[33] Sutcliffe A., "Reproductive technology and its impact on Psychological Child Development", *Encyclopedia of Early Childhood Development*, 2011, http://www.chilf-encyclopedia.com

[34] Morar N., "An Empirically Informed Critique of Habermas' Argument from Human Nature", *Sci Eng Ethics*, 2014; 21(1):95-113.

[35] Savulescu J., Dahl E., "Sex selection and preimplantation diagnosis", *Hum Reprod*, 2000; 15(9):1879-80.

[36][37][39][41][51] Sandel M., *The Case Against Perfection*, Cambridge: Harvard University Press; 2007.

[38] May W., "The President's Council on Bioethics: My Take on Some of Its Deliberations", *Perspect in Biol Med*, 2005; 48:230-231.

[40][42] Harris J., *Enhancing Evolution, The Ethical Case for making better people*, Princeton: Princeton University Press; 2007.

[43] Harris J., *Wonderwoman and Superman: the ethics of human biotechnology*, Oxford: Oxford University Press; 1992.

[48] *United Nations. Universal declaration of human rights*, 1948, online: http://www.un.org/en/universal- declarationhuman-rights.

[49] Cosentino M., Picozzi M., "Transparency for each research article. Institutions must also be accountable for research integrity", *BMJ (Clinical research ed.)*, 2013; 10:347f5477.

[50] Cosentino M., Picozzi M., "The declaration of Helsinki and post-study access to effective drug treatments for subjects participating in clinical trials", *Bioethics*, 2012; 26(7):393-394.

[52] Colaneri N., Sheldon M., Adesman A., "Pharmacological cognitive enhancement in pediatrics", *Curr Opin Pediatr*, 2018; 30(3):430-7.

[53] Battisti D., Gasparetto A., Picozzi M., "Can Attitudes Toward Genome Editing Better Inform Cognitive Enhancement Policy?", *AJOB Neuroscience*, 2019; 10(1):59-61.

[54] Warnock M., *A Question of Life. The Warnock Report on Human Fertilization and Embryology*, Oxford, New York: Blackwell; 1985.

[55] Casonato C., *Introduzione al biodiritto*, Torino: Giappichelli; 2012:108.

[56] Wilkinson S., *Choosing tomorrow's Children, The Ethics of selective reproduction*, Oxford, New York: Oxford University Press; 2010.

[57] Mongomery J., "Rights, Restraints and Pragmatism: The Human Fertilisation and Embryology Act 1990", *The Modern Law Review*, 1991; 54(4):533-534.

[58] Gasparetto A., Jox R., Picozzi M., "The Notion of Neutrality in Clinical Ethics Consultation", *Philosophy, Ethics and Humanities in Medicine*, 2018; 13(1):3.

【作者简介】达维德·巴蒂斯蒂，哲学博士，英苏布里亚大学医疗伦理中心研究员，研究方向为生物伦理、基因增强伦理。

【译者简介】曲扬，山东大学哲学与社会发展学院博士研究生。

透视人类卫生健康共同体的伦理向度*

朱海林

【内容摘要】 人类卫生健康共同体以维护人类生命健康及其赖以依存的生态安全为价值目标和价值追求，蕴含着生命共同体与生态共同体的价值"双核"。人们之所以在伦理层面认可、接受和赞同人类卫生健康共同体理念，既是缘于人类卫生健康共同体的价值追求代表了全球卫生健康治理合作的潮流和愿望，也是缘于它以人类共同命运和共同情感为基础、具有命运共同体与情感共同体的双重内涵与特质。从归根结底的意义上说，人类卫生健康共同体是利益共同体和责任共同体的统一。实现各国卫生健康利益共存、共享、共赢，促使各国承担国内、国际和未来卫生健康治理责任，是构建人类卫生健康共同体的本质要求和伦理进路。人类卫生健康共同体具有协调性和进取性双重伦理功能和价值，意味着人类卫生健康共同体既是具有协调卫生健康伦理关系、促进各国正常和普遍交往的伦理功能的交往共同体，也是具有引领全球抗疫合作方向、凝聚全人类力量团结抗疫的精神价值的精神共同体。

【关键词】 人类卫生健康共同体；价值追求；伦理认同；伦理进路；伦理功能

构建人类卫生健康共同体是中国在新冠肺炎疫情肆虐全球的紧急时刻发出的旨在促进全球团结抗疫和建设健康世界的倡议。这一倡议既是中国和全球抗疫斗争的经验总结，又是以实现人类永续发展为终极目标的深远谋划，既具有鲜明的

---

* 本文为国家社科基金重大招标项目"构建人类卫生健康共同体的伦理路径研究"（项目号：21&ZD057）。

中国特色，又深蕴人类共同的价值追求。从伦理向度看，作为全球抗疫的经验总结，人类卫生健康共同体内蕴着主体对全球性卫生健康问题和公共卫生危机及其应对的伦理反思和伦理评价；作为建设健康世界的深远谋划，人类卫生健康共同体则内蕴着推进卫生健康治理国际合作、完善全球公共卫生安全体系的伦理考量和伦理智慧。可见，人类卫生健康共同体本质上也是一种具有伦理意涵、伦理特质和伦理功能的伦理共同体，伦理向度应该成为理解和把握人类卫生健康共同体的一个基本向度。

一　价值追求：生命共同体与生态共同体的统一

人类卫生健康共同体的基本价值目标是"共同佑护各国人民生命和健康，共同佑护人类共同的地球家园"[1]。前者是构建人类卫生健康共同体的价值主旨、价值起点和归宿；后者表达了对人类生命健康赖以依存的生态安全的深度关切和人类永续发展的道德理想，是维护人类生命健康的重要基础和前提条件。可见，人类卫生健康共同体要实现的是人类生命健康及其赖以依存的生态安全两方面的价值追求，蕴含着生命共同体与生态共同体的价值"双核"。

构建人类卫生健康共同体首先是构建生命共同体。生命共同体包含两个基本维度：第一个维度是把生命理解为人类的生命，生命共同体就是以维护人类生命存在、生命质量、生命价值为目标的共同体；构建生命共同体就是要"共同佑护各国人民生命和健康"，在人与人之间形成尊重生命、同舟共济、守望相助的命运与共的整体。从这一维度看，构建人类卫生健康共同体就是构建人类生命共同体。

生命健康既是人类社会存在和发展最基本的目标，也是人类一切活动的前提和基础，更是人类永恒的价值追求。正因为生命存在具有终极性意义、生命价值是人类的终极性价值，"尊重生命"作为生命伦理学的主旨和一项基本伦理原则，成为古今中外几乎所有制度的基本价值取向之一。当前，卫生健康问题早已突破国界、民族、种族的界限。不管承认与否、赞成与否，新冠肺炎疫情的全球大流行已使世界各国和各国人民成为唇齿相依、休戚与共的生命共同体。在新冠肺炎疫情面前，任何国家、任何人都不能置身事外。即使是美国这样在经济、科技、军事等各个方面均非常发达、强大的国家，也不仅未能将之拒之门外，反而"跻身"于疫情最严重的国家之列。这一事实充分证明，在全球性卫生健康问题和公共卫生危机面前，人类是具有共同前途和命运的生命共同体。作为以构建生命共同体为价值目标和价值追求的人类卫生健康共同体，就是要超越国家、民族及历史文化等各方面的差异，搁置社会制度、意识形态等各种分歧，站在全人类生命健康的高度来认识和处理卫生健康问题，团结应对影响和威胁人类生命健康的各种危机。中国倡导构建人类卫生健康共同体正是顺应这一客观要求和趋势，主张世界各国把人类生命健康摆在优先地位，通过全球更紧密的团结合作，共同维护人类生命安全和健康福祉。

作为人类卫生健康共同体理念的倡导者和践行者，中国在抗疫斗争中，始终坚持把人民的生命安全和身体健康摆在第一位，通过最全面、最果断、最严格的防控措施，在较短的时间内基本控制国内疫情。同时，不惜一切代价全力救治患者："确诊患者人均医疗费用约2.3万元。其中，重症患者人均治疗费用超过15万元，一些危重症患者治疗费用几十万元甚至上百万元，全部由国家承担。"[2]中国在做好国内疫情防控、尽一切努力维护中国人民生命健康的同时，不遗余力支持世界各国的抗疫斗争，通过自己大规模的全球人道主义行动维护世界人民的生命健康。"中国已为受疫情影响的发展中国家抗疫以及恢复经济社会发展提供了20亿美元援助，向150多个国家和13个国际组织提供了抗疫物资援助，为全球供应了2800多亿只口罩、34多亿件防护服、40多亿份检测试剂盒。中非建立了41个对口医院合作机制。"[3]构建中国卫生健康共同体、开展全球人道主义行动充分体现了对中国和世界各国人民生命健康的珍视、守望和关照，实践着人类生命共同体的价值追求。人类卫生健康共同体作为中国和全球抗疫斗争的经验总结，是对世界人民生命健康负责的人类健康理念的时代表达，蕴含着人类生命共同体的价值内核。

第二个维度是把生命理解为人类生命及其涉及或包含的自然界的所有生命，生命共同体就是以生态安全、生态正义、生态文明为目标的共同体；构建生命共同体就是要"共同佑护人类的共同地球家园"，把人与自然生态环境视为相互依存、相互影响、相互作用的和谐共生的整体。从这一维度看，构建人类卫生健康共同体也是构建人与自然生命共同体，即生态共同体。

生态共同体是基于"人与自然是生命共同体"以及世界各国在生态安全上相互依存的客观事实，以生命为联结点、从人类生命健康与生态安全一体化的视角审视人类卫生健康问题的共同体。一方面，"人与自然是生命共同体，人类必须尊重自然、顺应自然、保护自然"[4]，人是自然界的一部分，人本身来源于自然界；自然界是人类生存和发展的基础，生态环境的好坏直接影响人类的生命健康。反过来说，人类活动对生态环境也有直接而深刻的影响，并最终制约人类的生存和发展。近现代以来世界工业文明和科技发展客观上使整个地球生态系统遭受巨大破坏，使人类生命健康遭受严重威胁。对此，世界各国只有团结起来共同应对，才能克服和战胜共同的威胁和风险。另一方面，世界各国的生态安全是密切联系、相互依存、相互影响的。当前，全球生态环境问题已经成为一个密不可分的整体，一国的生态环境问题既可能是由别国的问题引发的，也可能引发别国甚至全球性的生态危机。"在艾奥瓦州种植玉米的农民可能无意中杀死了墨西哥湾的鱼类。"[5](p.108) 因此，任何国家都不能忽视和无视其他国家和全球性的生态环境问题；保障人类生命健康赖以依存的生态安全、共同构建生态共同体也是构建人类卫生健康共同体的题中之意和另一价值内核。

作为从人类生命健康与生态安全一体化视角来认识和处理卫生健康问题的理念，构建人类卫生健康共同体意味着对割裂人类生命健康与生态安全一体性的思维和做法的矫正。马克思说，"全部人类历史的第一个前提无疑是有生命的个人的存在。因此，第一个需要确认的事实就是这些个人的肉体组织以及由此产生的个人对其他自然的关系。"[6](p.519) 事实上，人类历史的前提既包含人的生命，也包括从中产生的人与自然的关系，包括人的生命赖以依存的自然、地理、气候环境和条件。自然界对人类活动的影响也有自己的"记忆"。如果人类不顾自然界的客观规律，不注意对自然生态环境的保护，就会遭受自然界的惩罚。对此，恩格斯早就发出警告："我们不要过分陶醉于我们对自然界的胜利。对于每一次这样的胜利，自然界都报复了我们。"[7](pp.559-560) 习近平也反复强调："宇宙只有一个地球，人类共有一个家园"；"到目前为止，地球是人类唯一赖以生存的家园，珍爱和呵护地球是人类的唯一选择"；[8](p.538) 自然界对人类的"报复"直接体现为恶化人类赖以生存和发展的生态环境，并最终影响人类的生命安全与身体健康。

总之，人类卫生健康共同体是旨在应对人类生命健康和生态安全威胁和风险而提出的理念，既内蕴着维护人类生命健康的价值目标，也深蕴着保障人类生命健康赖以依存的生态安全的价值追求。突破孤立看待人类生命健康和生态安全的传统思维方式，从人类生命健康与生态安全一体化的视角审视卫生健康问题是人类卫生健康共同体理念的一个基本特质。正是从这个意义上说，人类卫生健康共同体是生命共同体与生态共同体的统一。

二 伦理认同：命运共同体与情感共同体的统一

构建人类卫生健康共同体是一项涉面极广的系统工程，需要具备主客观多方面的条件和努力。其中，主观方面的一个基本条件和努力即是伦理认同。伦理认同是构建人类卫生健康共同体的重要基础和不可或缺的重要环节。没有伦理认同，构建人类卫生健康共同体就无从谈起。那么，主体对人类卫生健康共同体的伦理认同是否可能、何以可能，就成为构建人类卫生健康共同体的一个前提性基本问题。

从人类卫生健康共同体自身的角度看，主体的伦理认同所以可能，主要有两个决定性因素：一是人类卫生健康共同体本身的价值目标和价值追求能够引领全球卫生健康治理发展的潮流和方向，因而能够获得主体在伦理层面的认可、接受和赞同，并成为世界各国和各国人民共同的价值目标和价值追求。或者说，人类卫生健康共同体本身的价值目标和价值追求有足够的吸引力，主体在此基础上可以达成必要的价值共识。关于这一点，从上文的分析可以看到，答案是肯定的。

二是人类卫生健康共同体建基于共同命运和情感基础，具有命运共同体与情感共同体相统一的内涵与特质，是主体伦理认同所以可能的现实基础。一方面，在全球化时代，"各国命运紧密相连，人类是同舟共济的命运共同体"[9]。人类命运共同体是为谋求人类整体利益、开创人类美好未来，基于人类共同作为"地球公民"、具有共同生存和发展需要和愿望而提出的理念。人类卫生健康共同体则是构建人类命运共同体在卫生健康领域的具体行动和重要环节。人人享有健康是人类共同的美好愿景，也是构建人类命运共同体的题中之意和核心内容。人类卫生健康共同体理念鲜明体现了对全球性卫生健康问题及与之紧密相连的生态环境危机的伦理反思，为世界各国和各国人民团结合作战胜疫情、实现人类永续发展提供了价值导向。从这一角度看，世界各国和各国人民之所以能够认同人类卫生健康共同体理念，是因为人类卫生健康共同体作为一种命运共同体，回应了世界各国和各国人民对人类共同前途和命运的关切。

当前，全球性卫生健康问题和生态环境危机把世界各国人民的前途和命运紧紧联系在一起，不分民族、种族、国家制度和意识形态，一荣俱荣、一损俱损。"这个世界，各国相互联系、相互依存的程度空前加深，人类生活在同一个地球村里，生活在历史和现实交汇的同一个时空里，越来越成为你中有我、我中有你的命运共同体。"[10]不仅全球性卫生健康问题和公共卫生危机使任何国家、任何人都不能独善其身，全球性生态环境危机也把全人类牢牢绑定在了一艘船上，进一步凸显着人类的共同前途和命运。"全球变暖和物种的大量灭绝将会影响到世界各地的每一个人。我们全都乘坐在同一艘环境之舟上，当这艘船一处接着一处地出现渗漏时，我们将全部遇难。"[11](p.10)在这样的情况下，世界各国唯有搁置分歧和争议，在平等团结、互利共赢的原则基础上展开合作，携手应对全性公共卫生和生态环境危机，才能把握自己的前途和命运。"人类是命运共同体，团结合作是战胜疫情最有力的武器。这是国际社会抗击艾滋病、埃博拉、禽流感、甲型H1N1流感等重大疫情取得的重要经验，是各国人民合作抗疫的人间正道。"[12]倘若抱持本国优先、单边主义政策，采取隔岸观火甚至落井下石的态度，最终必将损害本国和本国人民的生命健康。"共同构建人类卫生健康共同体"

正是基于人类共同的前途和命运、团结合作携手抗击"共同敌人"愿望的提炼和表达。

另一方面，人类卫生健康共同体也是建基于共同情感的情感共同体。"共同体也是一种集体身份，它是一种对'我们'是什么人的定义。"[13](p.285) 作为一种"集体身份"的"我们"，是有共同生活方式和共同情感需要的整体。共同生活方式是结成共同体的现实基础，共同情感需要则是结成"我们"的精神纽带。"命运共同体也是一个情感共同体，建基于共同的情感追求和情感偏好。"[14] 人类卫生健康共同体作为命运共同体的重要组成部分，不仅建基于共同价值追求、共同前途和命运，也建基于共同的情感。人类卫生健康共同体所赖以建基的情感至少包括三个方面：一是主体对他者遭遇的感同身受。这从作为个体的人的角度看，即胡塞尔、哈贝马斯所讨论的主体间性：不同的主体对世界的理解可能具有共同性；一个主体所理解的世界同时也可能是别的主体所理解的世界。因此，不同主体在共同的公共卫生和生态环境危机面前可能采取一致的行动。从群体和国家的角度看，某一群体或国家遭受的磨难，别的群体或国家也可能"感同身受"。比如，当中国受到新冠肺炎疫情袭击，多国给予了宝贵支持；而对其他国家和地区面临的抗疫困难，中国也感同身受，尽己所能给很多国家提供了人员、技术和物资等多方面援助。二是对人类前途和命运的忧虑和担心。在全球性公共卫生危机日益频仍、地球生态环境日益恶化的今天，凡是关注人类未来的国家和人们都会为人类的前途和命运感到深深的忧虑和担心。三是共同应对人类"共同敌人"的信任与团结。"共同体是因为信任而团结在一起。"[15](p.13) 人类卫生健康共同体正是基于人类在面对全球性卫生健康问题和公共卫生危机时的共同前途和命运，因为信任和团结而形成的守望相助、"抱团取暖"的情感共同体。

在思想史上，相当长的一段时间内情感都被赋予了"恶"的内涵或因素，情感大多被作为理性的对立物受到关注。斯宾诺莎率先打破这一传统："我把情感理解为身体的感触，这些感触使身体活动的力量增进或减弱，顺畅或阻碍，而这些情感或感触的观念同时亦随之增进或减退，顺畅或阻碍。"[16](p.97) 客观地说，人是理性存在物与情感存在物的统一，"人类对自我的认知总是具有情感色调的，并且因为这些认知是由情感控制的，因此，在互动过程中，这些认知将更加显著，并且更有可能诱发新的情绪反应"[17](p.92)。事实上，在包括卫生健康在内的社会生活的各个领域，人们在创造奋斗、实现社会和自我价值的同时，也需要心灵和情感层面的沟通和慰藉。"共同体是一个温心而又舒适的地方，一个温馨的场所，在改善我们共同生活心愿的引导下，我们可能友善地争吵，以便使生活变得更为美好。"[18](p.33) "在共同体中，我们能够互相依靠对方。如果我们跌倒了，其他人会帮助我们重新站立起来。"[19](p.4) 人类卫生健康共同体作为一个情感共同体，正是这样"一个温心而又舒适的地方"和"一个温馨的场所"。它以作为人类卫生健康共同体成员的主体的共同价值追求、共同情感基础为纽带，把世界各国和各国人民凝聚成团结合作的整体。

人类卫生健康共同体是建基于共同命运和共同情感的命运共同体和情感共同体的统一。在共同命运基础上形成共同价值追求是建立共同情感的现实基础和价值导向，共同情感则是增进和巩固价值共识的情感基础。正是共同命运和共同情感需要凸显了不同文化和伦理之间的依存关系，也凸显了不同文化和伦理的共通性和公共本性，为构建人类卫生健康共同体提供了价值和情感力量。就主体的伦理认同而言，从人类卫生健康共同体自身的条件看，主体之所以能够认同人类卫生健康共同体理念，正是因为人类卫生健康共同体建基于共同命运和共同情感，具有命运共同体和情感共同体相统一的内涵与特质。

三　伦理进路：利益共同体与责任共同体的统一

从归根结底的意义上说，一切共同体都是利益共同体。人类卫生健康共同体也不例外。构成人类卫生健康共同体的利益包括共同体所有成员的共同利益和不同成员的特殊利益和两个方面。人类卫生健康共同体所要维护和实现的共同利益是人类生命安全、身体健康及其赖以依存的生态安全。人类卫生健康共同体以"共同佑护各国人民的生命和健康""共同佑护人类共同的地球家园"为价值目标，实际上也是阐明了人类卫生健康共同体所有成员即全人类的共同利益；同时，作为人类卫生健康共同体成员的国家也都有各自的国家利益，即各国自身的卫生健康利益，包括各国人民的生命健康保障、各国的公共卫生安全利益、卫生健康资源利益、生态利益，等等。

就二者之间的关系而言，全人类的共同利益是构成人类卫生健康共同体的基石。没有共同利益，构建人类卫生健康共同体就无从谈起。作为共同体成员的国家利益则是共同利益的重要组成部分，也是实现共同利益、构建人类卫生健康共同体的基本前提。世界各国为维护本国和本国人民的卫生健康利益而奋斗，也是在为维护人类生命健康、增进全人类的共同利益贡献力量。反过来说，维护全人类的生命健康说到底必然体现和落实到各国人民的生命健康，或者说最终是为了维护各国人民的生命健康。可见，没有国家利益，全人类的共同利益也将无从谈起。客观地说，各国之所以愿意或渴望结成人类卫生健康共同体，一个直接因素即在于维护本国的卫生健康利益和本国人民的生命健康需要。人类卫生健康共同体中的共同利益正是各国利益的异中之同，是各国卫生健康利益在共同利益基础上的对立统一。

具体地说,人类卫生健康共同体中共同利益的"共同"包含共存、共享、共赢三个层次,利益共存、共享、共赢是构建人类卫生健康共同体的题中之意和本质要求,也是人类卫生健康共同体的基本价值原则和伦理进路。作为一种利益共同体,人类卫生健康共同体首先是一种利益共存体。构建人类卫生健康共同体并不是要"消灭"各国的卫生健康利益,也并不是要在各国卫生健康利益之间做非此即彼的选择,而是为了实现各国卫生健康利益的共存和共容。众所周知,国家利益起源于具有利己主义本性的私人利益,因而天然地具有自利的价值取向和价值诉求。正如马克思所说的,"实际需要、利己主义就是市民社会的原则;只要政治国家从市民社会内部彻底产生出来,这个原则就赤裸裸地显现出来"[20](p.52)。卫生健康利益作为国家利益的重要方面也不例外。当然,国家利益的自利性并不意味着各国卫生健康利益是绝对对立、非此即彼的关系。当前,"没有哪个国家能够独自应对人类面临的各种挑战,也没有哪个国家能够退回到自我封闭的孤岛"[21]。这不仅意味着各国的国家利益也有共同性和一致性的一面,而且在客观上提出了各国在求同存异基础上加强合作、建立利益共存和共容机制的必要性和重要性。人类卫生健康共同体正是旨在推动各国在求同存异基础上实现各国卫生健康利益共存、共容的机制和"组织形式",意味着克服国家利益的自利本性,实现各国卫生健康利益和全人类共同利益的相互促进和同步实现。

作为一种利益共同体,人类卫生健康共同体也是一种利益共享体。构建人类卫生健康共同体并不是要排斥各国的卫生健康利益,也并不是要否定各国维护本国卫生健康利益的努力,而是为了实现全球卫生健康利益的共创与共享。构建人类卫生健康共同体的核心和基本途径是加强全球卫生健康治理合作。利益共享、义利统一是人类卫生健康共同体的一个本质特征,也是全球卫生健康治理合作的根本价值原则。中国倡导"共同构建人类卫生健康共同体"的一个基本出发点即在于呼吁世界各国搁置分歧和争议,在平等尊重、求同存异的基础上携手努力,建立和完善全球公共卫生监测预警、联防联控、信息分享、资源配置以及科技成果共享等机制;建立共同应对当前全球性卫生健康问题和公共卫生危机、着眼未来人类卫生健康安全的全球卫生健康治理长远机制。可见,人类卫生健康共同体的实质和核心内容是把人类卫生健康作为一个有机整体,通过全球卫生健康治理合作,世界各国和各国人民共同应对全球性卫生健康问题和公共卫生危机,共同创造全人类的卫生健康价值和利益,共同享有全球卫生健康治理成果、卫生健康资源和利益。

作为一种利益共同体,人类卫生健康共同体同时也是一种利益共赢体。构建人类卫生健康共同体并不是要否定各国的卫生健康利益，也不是为了一些国家的卫生健康利益而打压和牺牲另一些国家，而是为了实现各国卫生健康利益的共进与共赢。人类卫生健康共同体所倡导和维护的利益是全人类共同的卫生健康利益与各国卫生健康利益的统一。人类卫生健康共同体所要保障的利益既包含各国的国家利益，又不是唯本国独尊的国家利益；既与国家利益有一定差别（在特定情形下还可能发生矛盾和冲突），又不是与各国利益根本冲突的共同利益。如前所述，全球性卫生健康问题和公共卫生危机把世界各国和各国人民牢牢"捆绑"在一起。共同的卫生健康利益成为人类结成卫生健康共同体团结应对各种危机和挑战的枢纽，成为全球卫生健康治理的共同利益基础。这就要求世界各国不能仅把目光聚焦在本国利益上，也应把视野拓展到人类的共同利益上。只有优先保障人类共同的卫生健康利益，才能更好地维护和实现各国的卫生健康利益，从而实现各国卫生健康利益的共进与共赢。人类卫生健康共同体正是以维护全人类共同的整体利益和长远利益为出发点和归宿，以维护世界各国人民的生命安全和健康福祉为直接目的，以期在优先保障人类共同卫生健康利益的基础上，实现各国卫生健康利益的共同增进和价值共赢。

利益共存、共享、共赢意味着责任共担。共同维护人类共同的卫生健康利益需要世界各国、国际组织乃至每一位"地球公民"共同承担全球卫生健康治理责任。从这个意义上说，人类卫生健康共同体是利益共同体与责任共同体的统一。作为一个责任共同体，共商共建、责任共担是构建人类卫生健康共同体的必由之路和另一本质要求，也是全球卫生健康治理合作的又一基本价值原则和伦理进路。作为人类卫生健康共同体的成员，共同栖息在地球家园的世界各国，既应该对本国负责，也应该对他国和世界负责；既应该承担当前全球抗疫中的责任，也应该承担未来应对各种全球性卫生健康问题、实现人类永续发展的责任。

其中，国内责任是世界各国在全球卫生健康治理中的首要和最基本的责任。通过有组织的努力把本国人民团结起来，形成抗疫社会合力；采取各种可能的有力措施，尽最大努力控制疫情，尽一切可能挽救每一位社会成员的生命，是世界各国应该承担的最基本的义务和责任。作为人类卫生健康共同体的倡导者和践行者，中国始终坚持"以人民为中心"和生命至上原则，在疫情防控和经济社会发展之间果断做出人民生命健康优先的价值选择，不惜一切代价全力佑护人民的生命安全和身体健康，切实做到对本国和本国人民负责。中国的抗疫努力和抗疫成果不仅最大限度地佑护了中国人民的生命健康，而且为全球抗疫斗争提供了中国经验和中国方案，为构建人类卫生健康共同体、维护全人类的生命健康做了巨大贡献。

世界各国在全球卫生健康治理中的国际责任是推动和参与卫生健康治理国际合作，支持和配合世界卫生组织等国际组织领导全球抗疫合作的努力，尽己所能地支持和帮助其他国家的抗疫斗争。作为人类卫生健康共同体的倡导者和践行者，"中国始终秉持构建人类命运共同体理念，既对本国人民生命安全和身体健康负责，也对全球公共卫生事业尽责"[22]。中国积极主动与世界卫生组织和国际社会展开全面合作，以实际行动切实做到对他国和世界负责；中国向世界毫无保留地分享疫情信息、抗疫经验和科研成果；中国在自身防控任务仍很艰巨的情况下，尽己所能为150多个国家提供抗疫物资、医护人员等各类援助；在构建中国卫生健康共同体的基础上，中国以自身的实际行动带头维护国际团结，推动筑成全球抗疫统一战线，打造中韩、中非、中国—东盟等区域性卫生健康共同体，为构建人类卫生健康共同体迈出了坚实的步伐。

未来责任即应对未来各种全球性卫生健康问题、实现人类永续发展也是世界各国卫生健康治理责任的重要维度。在历史上，人类之所以能战胜麻风、天花、霍乱等一系列传染病导致的公共卫生危机，都是国际社会共同担责、共同努力的结果。进入21世纪以来，"非典"、甲型H1N1流感、禽流感疫情等公共卫生危机的暴发日益频仍。可以预见，随着全球化进程不断加速，世界流行病的传播速度日益加快、传播范围日益扩大，加上新的病原体层出不穷，全球性卫生健康问题和人类生命健康面临的威胁不仅不会消减，甚至可能不断增加。这就需要世界各国共同商量、共同谋划应对不断增多的公共卫生安全威胁的卫生健康治理长远方案。应该说，中国倡导构建人类卫生健康共同体本身即是对人类未来负责的具体体现。人类卫生健康共同体既是对当前全球抗疫斗争的经验总结，也是对未来抗击人类"共同敌人"、实现人类永续发展的长远谋划，既为当前全球抗疫斗争指明了前途和方向，也为未来建设健康世界提供了行动指南，彰显了中国在全球卫生健康治理中的责任担当。

四　伦理功能：交往共同体与精神共同体的统一

人类卫生健康共同体具有协调性和进取性双重伦理功能和价值。人类卫生健康共同体的协调性价值在于协调卫生健康伦理关系，推动主体在应对重大突发国际公共卫生事件和全球卫生健康治理中的团结与合作；进取性价值在于激励主体不断进取，促进外在规律、道德要求和伦理精神向主体内在规律和"良心"的转化。人类卫生健康共同体的主体是人类卫生健康共同体的所有成员，包括国际组织、国家和其他社会组织等群体主体和个体主体。人类卫生健康共同体具有协调性功能，意味着人类卫生健康共同体是一种促进主体之间在卫生健康领域实现正常和普遍交往的交往共同体,即通过协调世界各国、国际组织和其他社会组织等群体主体和个体主体之间的伦理关系,以生命至上、平等团结、守望互助等伦理原则推动全球抗疫合作、构筑全球抗疫统一战线。人类卫生健康共同体具有进取性功能,则意味着人类卫生健康共同体也是一种对全球抗疫斗争和卫生健康治理国际合作具有重要精神价值的精神共同体,即通过激励主体不断进取,坚持勇于担当、迎难而上、求实创新等道德准则和伦理精神参与全球抗疫斗争和卫生健康治理国际合作,为最终战胜疫情、维护人类生命健康贡献应有的力量。可见,从伦理功能向度看,人类卫生健康共同体是交往共同体和精神共同体的统一。

交往共同体是美国哲学家皮尔士(Charles Sanders Peirce)提出的一个重要概念。哈贝马斯认为皮尔士的交往共同体的一个基本特点是理想性或无限性,即理想交往共同体或无限交往共同体。哈贝马斯在引进并改造胡塞尔的"生活世界"的基础上,对皮尔士的理想或无限交往共同体进行了改造,认为交往共同体除了理想类型之外,还有一种以生活世界为背景的现实类型——"这个共同体的成员在一个主体间共享的生活世界"[23](p.18)。人类卫生健康共同体正是这样一种现实的交往共同体。作为以推动全球抗疫和卫生健康治理合作为直接目标的中国方案,人类卫生健康共同体既是对当前世界卫生健康领域交往与合作状况的概括和总结,也是对未来人类卫生健康交往与合作发展方向的判断和指引,反映了人类卫生健康事业发展对世界交往关系的客观要求。

如前所述,人类卫生健康共同体是人类命运共同体的重要组成部分。"习近平关于构建人类命运共同体的倡议是对马克思世界历史理论在新时代的创新和发展。"[24] 在马克思的世界历史理论中,"交往"是使"历史"从"地域历史"向"世界历史"转变的关键范畴之一。"世界普遍交往"是人类文明进步的重要表现,它把世界各国和各国人民紧密联系起来,从根本上改变了国家之间的交往准则和交往方式。当前,世界普遍交往已经被世界各国和各国人民所接受,各国在经济、政治、科技、文化教育、卫生健康等各领域的交往日益密切。在卫生健康领域,随着全球化的不断深化,卫生健康问题全球化速度也在日益加快。新冠肺炎疫情的全球大流行,更是使世界各国在卫生健康领域实现正常和普遍交往与合作显得格外重要,也使各国人民加强交往与合作的意识和愿望变得空前强烈。但是同时,当前世界交往与合作仍然面临西方中心论、主客二分论、文明冲突论等诸多文化障碍,在全球抗疫斗争中集中表现为单边主义、本国优先以及把疫情政治化、标签化、污名化等行径和做法,这些行径和做法成为全球抗疫合作和世界普遍交往的巨大障碍,抵销了世界各国和各国人民的抗疫努力和成果,延缓了人类战胜疫情的进程。

作为人类命运共同体的重要组成部分，人类卫生健康共同体正是针对全球抗疫斗争中阻碍和破坏交往与合作的各种错误行径和做法、推动全球抗疫合作而提出的理念，是马克思世界交往理论在当代世界卫生健康治理合作中的具体运用。面对新冠疫情，"各国向何处去""人类向何处去"成为世界各国和各国人民无法回避的现实问题。是奉行"单边主义"、本国优先甚至"政治操弄"、落井下石，还是坚持"多边主义"、团结合作；是继续"丛林法则"、恃强凌弱、霸权主义还是同舟共济、平等尊重、包容互鉴，是摆在世界各国面前的两条道路，分别引向人类的两种相反的前途和命运。事实上，在世界多极化的今天，"任何国家都没有包揽国际事务、主宰他国命运、垄断发展优势的权力，更不能在世界上我行我素，搞霸权、霸凌、霸道"[25]。世界各国都是国际交往中的平等主体，各国人民的生命健康权利应平等实现，保障人类生命安全和健康福祉需要世界各国和各国人民团结合作、共同努力。正是从这一角度看，人类卫生健康共同体发挥着推动世界各国和各国人民在卫生健康领域正常和普遍交往与合作的交往共同体的伦理功能。

同时，人类卫生健康共同体也是一种具有重要精神价值的精神共同体。精神共同体是德国社会学家裴迪南·滕尼斯最早提出的概念。在《共同体与社会》中，滕尼斯认为共同体包括血缘共同体、地缘共同体和精神共同体三种结合形式。三种共同体的关系好比亲属、邻里、友谊的关系。精神共同体是"真正的人的和最高形式的共同体"[26](p.65)，精神共同体的成员"是信仰上的教友，他们到处都受到一种精神纽带的约束，为一项共同的事业而工作"[27](p.67)。可见，精神共同体是由志同道合的人基于一定价值共识和伦理精神等精神纽带既而结成的不需要共同生活场所、不以实体方式存在的、为共同事业而工作的共同体。

人类卫生健康共同体作为凝聚全人类力量团结抗疫的理念，正是这样一种精神共同体，或者说发挥着精神共同体的伦理功能。人类卫生健康共同体是一切有志于团结抗疫、共同建设健康世界的志同道合的国家和人民为人类卫生健康事业而工作结成的共同体形式。人类卫生健康共同体的精神纽带是维护人类生命健康的共同价值追求和生命至上、平等尊重、同舟共济、守望相助、合作共赢、国际人道主义等价值准则和伦理精神。人类卫生健康共同体的价值追求和伦理精神体现和表达了世界各国和各国人民团结合作、共同抗击人类"共同敌人"共同愿望，彰显和引领了人类团结应对全球性卫生健康问题的时代潮流。

作为一种精神共同体，人类卫生健康共同体在全球抗疫斗争中发挥了两方面的作用。一方面，人类卫生健康共同体是全球抗疫合作的价值导向，在全球抗疫斗争中发挥着"价值指针"的功能。人类卫生健康共同体的价值目标——"共同佑护各国人民生命和健康""共同佑护人类共同的地球家园",人类卫生健康共同体的基本要求——"坚持人民至上、生命至上""坚持科学施策,统筹系统应对""坚持同舟共济,倡导团结合作""坚持公平合理,弥合'免疫鸿沟'""坚持标本兼治,完善治理体系"[28],正面回答了全球抗疫斗争的价值目标和行动路线问题,彰显和表达了人类的共同价值追求和团结抗击人类"共同敌人"的价值共识,为全球抗疫合作及人类最终战胜疫情指明了方向。

另一方面,人类卫生健康共同体是全球抗疫合作的"价值水泥",在全球抗疫斗争中发挥着凝聚全人类力量团结抗疫的"凝结器"的功能。人类卫生健康共同体秉持的价值准则和伦理精神,既有利于世界各国搁置社会制度、意识形态差异和各种分歧,团结一切可以团结的力量共同抗疫,也有利于孤立那些奉行本国优先、单边主义和霸权主义的国家,从而彻底粉碎将疫情政治化、破坏全球抗疫合作的企图。事实上,随着疫情形势的发展和各国抗疫正反两方面的经验教训日渐深刻,越来越多的国家和人民认同并践行人类卫生健康共同体理念。作为一种具有重要精神价值的精神共同体,人类卫生健康共同体已经在事实上成为全球抗疫合作的价值观旗帜,在全球抗疫斗争中作为"价值指针"和"价值水泥"两方面的功能和作用日益显现。

参考文献

[1][22] 习近平.团结合作战胜疫情共同构建人类卫生健康共同体——在第73届世界卫生大会视频会议开幕式上的致辞[N].人民日报,2020-05-19(2).

[2] 中华人民共和国国务院新闻办公室.抗击新冠肺炎疫情的中国行动[N].人民日报,2020-06-08(12).

[3][28] 习近平.携手共建人类卫生健康共同体——在全球健康峰会上的讲话[EB/OL].http://politics.people.com.cn/BIG5/n1/2021/0521/c1024-32110237.html.

[4] 决胜全面建成小康社会夺取新时代中国特色社会主义伟大胜利——在中国共产党第十九次全国代表大会上的报告[N].人民日报,2017-10-28.

[5] [以]尤瓦尔·赫拉利.今日简史:人类命运大议题[M].林俊宏译,北京:中信出版社,2018.

[6][20] 中共中央马克思恩格斯列宁斯大林著作编译局.马克思恩格斯文集:第一卷[M],北京:人民出版社,2009.

[7] 中共中央马克思恩格斯列宁斯大林著作编译局.马克思恩格斯文集:第九卷

[M].北京：人民出版社.2009.

[8] 习近平.习近平谈治国理政：第2卷[M].北京：外文出版社，2017.

[9] 习近平向"一带一路"国际合作高级别视频会议发表书面致辞[N].人民日报，2020-06-19（1）.

[10] 习近平.顺应时代前进潮流促进世界和平发展——在莫斯科国际关系学院的演讲[N].人民日报，2013-03-24(2).

[11] [美]诺曼·迈尔斯.最终的安全：政治稳定的环境基础[M].王正平、金辉译.上海：上海译文出版社，2001.

[12] 习近平.团结合作战胜疫情共同构建人类卫生健康共同体——在第73届世界卫生大会视频会议开幕式上的致辞[N].人民日报，2020-05-19(2).

[13] [德]斐迪南·滕尼斯.共同体与社会[M].林荣远译.北京：商务印书馆，1999.

[14] 王泽应.命运共同体的伦理精义和价值特质论[J].北京大学学报（哲学社会科学版），2016(5):5-14.

[15] [美]弗朗西斯·福山.信任：社会美德与创造经济繁荣[M].桂林：广西师范大学出版社，2016.

[16] [荷]斯宾诺莎.伦理学[M].贺麟译.北京：商务印书馆，2012.

[17] [美]乔纳森·H.特纳.人类情感——社会学的理论[M].孙俊才、文军译.北京：东方出版社，2009.

[18] [19] [英]齐格蒙特·鲍曼.共同体[M].欧阳景根译.南京：江苏人民出版社，2003.

[21] 决胜全面建成小康社会夺取新时代中国特色社会主义伟大胜利——在中国共产党第十九次全国代表大会上的报告[N].人民日报，2017-10-28.

[23] [德]尤尔根·哈贝马斯.在事实与规范之间：关于法律和民主法治国的商谈理论[M].童世骏译，北京：生活·读书·新知三联书店，2014.

[24] 李包庚.世界普遍交往中的人类命运共同体[J].中国社会科学，2020(4).

[25] 习近平.在联合国成立75周年纪念峰会上的讲话[N].人民日报，2020-09-22(2).

[26][27] [德]斐迪南·滕尼斯.共同体与社会[M].林荣远译.北京：商务印书馆，1999.

Perspective on the Ethical Dimension of Human Health Community

Abstract: The human health community takes the maintenance of human life and health and the dependent ecological security as the value goal and value pursuit, which contains the value "double core" of life community and ecological community. The reason why people recognize, accept and agree with the concept of human health community at the ethical level is not only because the value pursuit of human health community represents the trend and desire of global health governance cooperation, but also because it has the dual connotation and characteristics of community of destiny and emotional community based on human common destiny and common emotion. In the final analysis, the human health community is the unity of interest community and responsibility community. To realize the coexistence, sharing and win-win of health interests of all countries and urge all countries to assume domestic, international and future health governance responsibilities is the essential requirement and ethical approach to build the human health community. The human health community has dual ethical functions and values of coordination and enterprising, which means that the human health community is not only a communication community with the ethical function of coordinating health ethical relations and promoting normal and universal communication among countries, but also a spiritual community with the spiritual value of leading the direction of global anti epidemic cooperation, condensing all human forces and uniting against the epidemic.

Key Words: Human Health Community; Value Pursuit; Ethical Identity; Ethical Approach; Ethical Function

【作者简介】朱海林，1974年生，哲学博士，湖南师范大学道德文化研究中心、中国特色社会主义道德文化省部共建协同创新中心教授、博士生导师，主要从事生命伦理学研究。

法家哲学专题

帝制建构：秦政、秦制与汉制的次第呈现

任剑涛

【内容摘要】 中国的帝制建构，是从春秋到战国一个长程历史变迁的结果。在战国晚期，帝制借助帝政蓄积的能量，在形式结构上呈现其完整型态。但秦制并不是帝制宣告落成的制度体系。帝制需要在帝政的操作方式、帝制的正当化论证，以及帝制的制度架构成形的基础上，落实到实际政治的运转过程中，方始成为替代君政体系的新型制度体系。帝制就此依赖商鞅与秦孝公完成的秦政建构、韩非与秦王嬴政合力的帝制证成、李斯等与秦始皇精心构思的秦制，以及汉宣帝伸张的霸王道杂之的汉制精髓。帝制在汉代得以完型并最终确立起来。可以说，"百代皆行秦政法"只在帝制初成的意义上成立，而"百代皆行汉政法"才在帝制完型的意义上挺立。单独拈出其中任何一个环节来讨论中国古代帝制的建构，都会有以偏概全之失。

【关键词】 帝制；秦政；秦制；法家；汉制

人们习惯上将帝制建构归于秦朝。"秦制两千年"的说法几成定势。分析起来，这个让人耳熟能详的说法其实是不成立的。一种能够行之既久的制度体系，绝对不可能短时间就成就它的基本形态，它需要很长时期的施政、观念与制度积累。从制度的新旧视角看，它有一个新旧制度交替的过渡时期；从制度完型的角度看，它有一个从具体的施政举措到相互匹配的制度体系，再到制度的正当化证成成长过程；从制度的长期推行上看，它有一个为不同时期政权掌控者所接受的统治效度认取问题。中国的帝制，是不是可以秦制概观，是一个需要讨论的问题。但中国古代制度以帝制定论，恐怕不会有太大的分歧。帝制从孕生到成型，

经西周到东周漫长的过渡,由秦给出了施政框架与制度设计,到汉代才得以最终落定。这个过程需要从新旧制度交替、帝政与帝制的事实与设想,以及帝制的成熟运作机制三方面来讨论。给予综观分析,方才能有一个比较准确的理解。

一 从君政到帝制

帝制中国起于秦朝,这可以说是一个共识。秦以前,中国实行的制度,从总体上讲,可以说是封建制。整个周代,包括西周行之有效的封建制、东周封建制逐渐崩溃两个阶段。西周可以说是中国先秦时期封建旧制度成型的时期;东周则是封建制度衰微,新兴制度迅速兴起、凸显轮廓、大致成型的时期。这一变局最终由秦"横扫六合,一统天下",建构起大一统的帝国,又经由汉代对这一制度运行方式的摸索,俾使帝制得以最终成型。这一制度,绵延两千年之久。新旧制度变局,被称为"周秦之变"。吕思勉对此曾有言简意赅的归纳,"自来治史学者,莫不以周、秦之间为史事之一大界,此特就政治言之而"[1](p.1)。周秦之变,正是中国从小规模共同体走向大规模共同体的关键一变,也是有血缘性社会结构的扩展性政治复制走向超血缘性社会政治建构的决定性之变,更是从古代政治支撑的儒家理想政治转向法家务实政治的帝制建国"临门一脚"之变。

周秦之变,所变何事?对此不同学者有不同的表述。前述封建制变为郡县制、小共同体变成大共同体、理想政治变为现实政治,都是其中的一些重要见解。封建制到郡县制的变化,只是从制度机制变化上做出的概括;小共同体变为大共同体,主要是从社会政治实体的规模上进行的分疏;理想政治变成现实政治,着眼点主要是在政治观念形态上做出的归纳。周秦之"变"的政治实质究竟是什么?如果需要给出一个高度凝练的概括,则莫过于吕思勉的八字概观:"帝制成功,君政废坠。"[2](p.52)这八个字将新旧制度的本质特点凸显出来不说,而且将新旧制度变局的过程中出现的王霸制度作为过渡形态看待。因此,它鲜明突出了周秦之变的变局实质,即作为新制度的帝制取代了作为旧制度的君政。春秋战国时期满盈耳目的王霸之辩,不过是新旧制度过渡状态下的政治摸索产物而已,并不具有中国古代政治形态的代表性。

因此,理解周秦之变,也就是理解这一变局的三个政治制度形态,既帝制建构的三个制度截面:君政、帝制以及二者间的转变形态,便浮现在人们面前。作为旧制度体系的"君政",这是中国古代政治的原初形态;作为向新制度体系过渡的王与霸两种政治形态;作为新制度体系的"帝制",这是中国古代政治的成熟形态。理解周秦之变,需要对这三种政治形态进行一番个别性分析。

"君政",兴起于尧、舜、禹传说时代,定型于西周的分封制度。尧、舜、禹时代的君政是这一政治形态的原型，西周政制已经不是经典的君政形态，而是一种改良性的君政形态。君政，可以从三个角度得到认知：其一，在社会结构层面看，它就是"公天下"的政治。这就是人们称颂的"大同"之世。"大道之行也，天下为公。选贤与能，讲信修睦。故人不独亲其亲，不独子其子；使老有所终，壮有所用，幼有所长，矜寡孤独废疾者皆有所养；男有分，女有归。货恶其弃于地也，不必藏于己；力恶其不出于身也，不必为己。是故谋闭而不兴，盗窃乱贼而不作，故外户而不闭。是谓'大同'。"[3](pp.331-332) 其中有三个足值重视的要点：总体特点是天下为公，私有理念不存；选官方式是选贤任能，不是私相授受；社会关系是讲信修睦，不是利己害人。衡诸人类历史发展，这就是一种原始共产主义状态：社会发展虽然是低度的，但是社会政治是和谐的。其二，从政治事实层面看，它就是三代圣君的政治行迹所呈现的状态。尧舜禹皆是勤勉为政的君王，他们不仅与同族成员同心同德、共同奋斗、同甘共苦、和衷共济。更为关键的是，他们在君位时，克己奉公、夙兴夜寐、吃苦在前、竭力履职。其中最经典的传说故事，就是大禹治水。司马迁讲，大禹治水，"居外十三年，过家门不敢入"①，其勤勉程度可想而知。其三，从权力转移方式上看，就是禅让制度。有人认为，禅让制度属于虚构，但其合乎原始共产主义社会的公共权力转移方式。儒家后来在解释禅让制度的时候，为了避免陷入私相授受的解释陷阱，特别将天意祭出，作为禅让制度的终极正当性依据。孟子在与学生对话中，对之进行了明确阐释。"万章曰：'尧以天下与舜，有诸？'孟子曰：'否，天子不能以天下与人。''然则舜有天下也，孰与之？'曰：'天与之'。'天与之者，谆谆然命之乎？'曰：'否。天不言，以行与事示之而已矣。'曰：'以行与事示之者如之何？'曰：'天子能荐人于天，不能使天与之天下；……昔者，尧荐舜于人而天受之，暴之于民而民受之，故曰：天不言，以行与事示之而已矣。'……尧崩，三年之丧毕，舜避尧之子于南河之南，天下诸侯朝觐者，不之尧之子而之舜；讼狱者，不之尧之子而之舜；讴歌者，不讴歌尧之子而讴歌舜，故曰，天也，夫然后之中国，践天子位焉。"[4](pp.307-308) 可见，禅让不是单纯基于圣君之间的私人认可，而是基于天命与民意，天授民受，是禅让的两个必不可少的条件。禅让之拒斥权力私有的特征是显而易见的。

尧、舜、禹君位的克己奉公、君位禅让，可谓君政的理想形态。但大禹之后，传子不传贤，公天下成为家天下，禅让传奇不再。但这不是君政终结的标

---

① （汉）司马迁：《史记·夏本纪》，中华书局 1982 年版，第 51 页。按司马迁的说法，大禹这样治水，是因为畏惧其父鲧治水的失败波及自身，但即便如此，其治水的投入感之强还是可以肯定的。

志；相反，君政以一种"家天下"国家框架中的亲力亲为形式延续下来。君政机制的修正形态，就是夏商周三代实行的政治形态。君政的这一转变形态，与典范形态相比，已经出现重大的调整。"今大道既隐，天下为家。各亲其亲，各子其子；货力为己；大人世及以为礼，城郭沟池以为固；礼义以为纪——以正君臣，以笃父子，以睦兄弟，以和夫妇；以设制度，以立田里；以贤勇知，以功为己。故谋用是作，而兵由此起。禹、汤、文、武、成王、周公，由此其选也。此六君子者，未有不谨于礼者也。以著其义，以考其信，著有过，刑仁讲让，示民有常。如有不由此者，在埶者去，众以为殃。是谓'小康'。"[5](pp.332-333) 从天下为公到天下为家、从亲力亲为到以礼为治、从选贤任能到谨守常规，这些重要的变化，提示人们注意君政的持续与转变。以血缘关系取代选贤任能，一旦血缘关系转淡而逐渐丧失政治控制功能，那么，以典范君政为底本的政治体就会遭遇颠覆危机。

这种颠覆危机，出现在春秋与战国阶段。变局的出现，就是因为君政所仰赖的两个政治支柱都遭遇坍塌危机：其一，从君政理想来看，历史已经发生巨大变化，圣君不再具有示范效用。"孔子、墨子俱道尧、舜，而取舍不同，皆自谓真尧、舜；尧、舜不复生，将谁使定儒、墨之诚乎？殷、周七百余岁，虞、夏二千余岁，而不能定儒、墨之真，今乃欲审尧、舜之道于三千岁之前，意者其不可必乎！参验而必之者，愚也；弗能必而据之者，诬也。故明据先王，必行尧、舜者，非愚则诬也。愚诬之学，杂反之行，明主弗受也。"[6](p.457) 在韩非做出这样的论述之际，上古、中古与战国之局的惊人变化，岂可因循同一政治统治之举？！其二，从儒家所推崇的君政之当下范式，也就是周政来讲，由于血缘关系的淡化，也让其政治能力在战国晚期不再能够延续。而对于历史的清醒哲学判断，成为帝制决断的深厚基础。"上古之世，人民少而禽兽众，人民不胜禽兽虫蛇。有圣人作，构木为巢以避群害，而民悦之，使王天下，号之曰有巢氏。民食果蓏蚌蛤，腥臊恶臭而伤害腹胃，民多疾病。有圣人作，钻燧取火以化腥臊，而民说之，使王天下，号之曰燧人氏。中古之世，天下大水，而鲧禹决渎。近古之世，桀纣暴乱，而汤武征伐。今有构木钻燧于夏后氏之世者，必为鲧禹笑矣；有决渎于殷周之世者，必为汤武笑矣。然则今有美尧、舜、汤、武、禹之道于当今之世者，必为新圣笑矣。是以圣人不期修古，不法常可，论世之事，因为之备。宋人有耕者，田中有株，兔走触株，折颈而死；因释其耒而守株，冀复得兔，兔不可复得，而身为宋国笑。今欲以先王之政治当世之民，皆守株之类也。"[7](p.442) 这是历史大变局下的韩非对以变为常的社会进程所做的高度凝练概括。在时易世变之际，想固守历史某个阶段的做法，必定成为人们的笑柄。在韩非看来，这样的历史变局，可以更为简练地表述为"上古竞于道德，中世逐于智谋，当今争于气力"[8](p.445)。而这种变局下的政治总体方略，寥寥数字就能明其宗旨，"事异则备变"[9](p.445)。处在一个血缘关系控制系统经过数百年淡化的大变局之中，韩非痛感，如果不寻找与王霸莫测的时局相应的新型政制，那就真是会落到守株待兔的窘迫境地了。

君政的衰颓，并不等于帝制的出场。原因很简单，君政确实在不可挽回地衰颓，但人们试图挽回君政的尝试从来就不绝于书，儒家的顽强努力就是一个最佳证明。事实上，衰颓的君政未始就没有值得捍卫的东西。那种由尧、舜、禹传说和周代礼制共同支撑起来的上古理想政治，一直就是激励一部分人、其主体人群一直是儒家，在历史的起伏跌宕中竭力捍卫君政的德性理想。但从总体上讲，君政是势不可免地要退出政治舞台了。但作为替代者的帝制，在历史中极为缓慢地显露其轮廓：帝制的建构不是一蹴而就的结果，而有一个逐渐浮现的过程。帝制建构的初始状态，是认识到君政机制的秩序整合效果不尽如人意。但是，此时的人们并不知晓君政的走向，因此对君政的人格载体即君王如常地尊崇。但分封诸侯已经很难谨守按照"大宗套小宗"的血缘机制建立起来的礼制。在这一特定阶段出现的"挟天子以令诸侯，天下莫敢不从"[10](p.113)具有制度变化的两个重要指示作用：一方面，这样的事实证明了天子权威的衰变，但天子依然是一个足以号令天下的符号，这是君政余威尚存的体现。另一方面，它也表明诸侯的实权已经显著增长，因此，政治的实力逻辑让低位的政治权力正在僭取高位的政治权力。这就使地方权力与中央权力的既定结构发生动摇，正在促成新的权力机制的建构。所谓"春秋五霸""战国七雄""合纵连横"这些历史现象，则证明中国历史早期国家权力体系的重构，已经走到另一个阶段：兴起的地方霸权已经不再尊崇名存实亡的中央权力，它们已经在明目张胆地竞争新的中心权威。但中心权位究竟是什么，还未在军事化政治的竞争中显山露水，只是崭露轮廓而已。这一阶段，所有竞取中央权力的诸侯都跃跃欲试，试图主导分裂的政局，兼并天下。但在春秋时期的五霸、战国中期的七雄的各自实力，以及诸侯们的政治雄心，都还没有达到一统天下的强势状态。直到战国晚期，经过持续改革的秦朝，才让其余六个强国无能为力。最终，由秦王嬴政一统中国。

历史地看，帝制之成为君政的替代机制，依赖于两个条件：一是列国的彼此征战将改良版的君政机制的中央王权摧毁殆尽，越来越将列国权力调节的权威明确诉诸战场上的高下。因此，新兴的权威需要为自己寻找新型政治机制与正当化理由。于是，各国竞相改革，这就是以"变法"著称的政治改革风潮。魏文侯任用李悝所进行的变法、楚悼王任用吴起所展开的变法、韩昭侯任用申不害所从事的变法、在秦孝公时实施的两次大规模的商鞅变法，都是其中引人瞩目的大事件。这些变法活动，都是在脱离君政时代，由尝试称雄的诸侯进行的政制改革，试图建构起与诸侯争霸局面相适应的新型政治体制。其中，废除世袭制度、奖励耕战、整顿吏治、建立法治、修术行道等在君政时代不曾有过或不甚昭彰的新政纷纷出台，成为诸侯国之间强弱之势变易的强大动力。[11](pp.203-229) 二是兼具政治家与政治思想家身份的改革者们，在努力楔入政治过程中，争取王权青睐的时候，愈来愈自觉地为新兴的帝政提供崭新理论支持。于是，帝制在新政中浮现；新政在国策谋划中证成。李悝对法的认识、申不害对术的阐释、商鞅对集权政治的设计等，都在变法进程中显示出某种新兴政制建构的精神方向。终于，君政有了帝制的替代选项，被送进了政治史的博物馆。

这一变化的实质，吕思勉做过非常精到的概括。"怎样说帝制成功，君政废坠呢？原来'君者善群也'。他的责任，就是把一群中的事情，措置得件件妥帖。……原始的君，固未必人人能如此，然以其时的制度论，则确是可以如此的。所以只要有仁君，的确可以希望他行仁政，原来封建政体，即实行分封制的贵族政体中，保留有原始'君'的制度的残余，自从封建政体逐渐破坏，此种制度，亦就逐渐变更了。……古代的统治者阶级是贵族。他的地位，是因用兵力征服被治者而得的。后世的治者阶级是官僚，官僚是君主所任用的。"[12](pp.52-53) 为官者只需要执行君主命令即可，无须亲力亲为，明分使群。至此，君政方始被帝制彻底取代。影响整个中国古代历史的一次重大政体变局，就此算是尘埃落定。以君政和帝制的相互关系来定位这一变局，比用封建制和郡县制之变来定位这一变局，要更能说明这一变局的权力本质之变。而后者不过是从权力授予机制上所做的概观，远不如君政帝制之变呈现周秦大变局的全貌。两相比较，君政以大同的理想形态和小康的满意形态呈现其基本模式，而帝制则以超然于族群的皇帝权力为根基，以皇帝传奇建构为动力，以皇权支配为政治运作轴心，以专事控制的皇权和专司行政事务的官僚体系来维系。这确实是两套截然不同的政治体系。

二 帝制的三根支柱：秦政、帝权与秦制

一种政治制度，生成于一种与之相关的新旧制度交替的政治过程之中。从人类政治史看，从来没有横空出世的政治制度，一个成体系的政治制度，只能在新旧制度的随机性磨合中，在策略性的实际政治举措摸索中，在看似不太相关的政治安排中，逐渐积累起制度资源，进而渐渐落定为一套相互支持的政治机制，沉淀为彼此互适的制度体系。在中国古代国家发轫时期，君政与帝制，是中国早期政治中浮现的两套政治机制。这不是在国家起源意义上讲的发轫，而是在国家崭

露其成型机制,并且显著脱离血缘性机制的特定意义上讲的国家发轫。君政,源自传说时代,成于西周的宗法血缘制度:这是一种已经产生巨大变形的君政体系,一方面,君政的德性优先、亲力亲为、身先士卒、身正为范、谦让权力,在西周的体系中得到明显的体现;①另一方面,中央权力的凸显,让宗法血缘的分封制度成为稳定中央权力的制度安排,礼制体系成为政治控制体系。天子制度的成立,成为凸显中央权力的一个突出安排。"天子三公、九卿、二十七大夫、八十一元士。大国三卿,皆命于天子;下大夫五人,上士二十七人。次国三卿,二卿皆命于天子,一卿命于其君。"②前者凸显的是德性力量,后者依仗的是制度安排。这套制度,将德性力量与制度力量结合起来,确实长期发挥了稳定供给人心秩序与政治秩序的作用。但随着前述的血缘关系的衰退,后一分封机制开始丧失控制功能;进而随着诸侯王竞相争夺霸权,孟子所谓"王何必曰利,亦有仁义而已矣"[13](p.201)的呼求便成了迂腐之论。③西周残存的君政与系统的礼制这一政治混合体,便明显失去了人心与社会政治控制功能。

如前所述,作为君政替代者的帝制,并不是一蹴而就的。它的兴起、兴盛、成型、实施,有一个长过程。在春秋时期,君政有序推展的"天下有道",已经衰变为秩序大乱的"天下无道"。④原来由西周设计并运行的一套井然有序的天子制度,已经明显丧失了政治控制功能。于是,在利用天子的剩余权威,也就是"挟天子以令诸侯"的符号权威与实质权威畸形组合的情况下,一种关于新型权威如何浮现的论题就出现了——王霸之辩的浮现,便是君政崩溃之后,以一种什么体制取而代之的第一波尝试。王霸之辩的孟子分辨,很准确地反映了两种政治行动模式的特点。"以力假仁者霸,霸必有大国。以德行仁者王,王不待大:汤以七十里,文王以百里。以力服人者,非心服也,力不赡也。以德服人者,中心悦而诚服也,如七十子之服孔子也,诗云:'自西自东,自南自北,无思不服。'此之谓也。"[14](p.235)霸道显然是一种明显偏离君政机制且挑战周天子权力的、诸侯之"无道"的政治做派;而王道则是谨守内心秩序,"以不忍人之心,行不忍

---

① 周公是这样的政治状态的一个辨认符号。他不继王位,诚心辅佐侄子,成就让权美谈。在勤政方面,他的"夫子自道"就更是鲜明体现出来。他送子到鲁国任职,恳切嘱咐道:"我文王之子,武王之弟,成王之叔父,我于天下亦不贱矣。然我一沐三握发,一饭三吐哺,起以待士,犹恐失天下之贤人。子之鲁,慎勿以国骄人。"(汉)司马迁:《史记·鲁周公世家》,第1518页。

② 陈澔注,金晓东校点:《礼记·王制第五》,上海古籍出版社2016年版,第141页。有人指出,"王制"系汉时儒生所作,但其大致反映了周代王制安排的情形不假。

③ 司马迁评论孟子道,"见以为迂远而阔于事情",氏著《史记·孟子荀卿列传》,第2343页。

④ 孔子讲:"天下有道,则礼乐征伐自天子出;天下无道,则礼乐征伐自诸侯出。自诸侯出,盖十世希不失矣;自大夫出,五世希不失矣;陪臣执国命,三世希不失矣。天下有道,则政不在大夫。天下有道,则庶人不议。"(宋)朱熹:《四书章句集注》,第171页。

人之政"[15](p.237)的德性政治方式。行霸道，乃是春秋战国时期诸侯趋同的政治行为模式，这是一种实力政治的追求，是一种基于争夺而非相让的政治方案；行王道，则推崇周公创制的德性政治模式，谨行仁政，以收摄人心为施政追求。这当然就是一种"郁郁乎文哉，吾从周"[16](p.65)的政治倾向表现。很明显，行霸道是叛逆性的，它是对既定周制的颠覆；行王道则是顺从德性的，是对周制的尊崇。进而，行王道是从内心信守德性规则的，而行霸道则只是利用仁义道德而已。对于王霸，儒家的态度是鲜明的：反对霸道，赞同王道。但春秋战国的实际政治早就脱离了王道的轨迹，春秋五霸的出现正是霸道政治通行的标志；战国七雄的出现更是霸道政治势已成型的象征。

但霸道政治还不是足以取代君政的帝制雏形。最多可以说霸道政治是君政向帝制过渡的中间形态。从一般意义上讲，帝制不可能由君政奠基，君政也不可能支持帝制。帝制之脱离君政，是由于君政的失败；而君政的衰颓，正是帝制兴起的契机。但君政与帝制作为两种政治类型，需要霸道政治成为"君政废坠，帝制成功"的中介与桥梁：霸道政治的流行，既表明君政秩序不再能维持，也证实新的政治逻辑已经出现。而各个诸侯国，为了在国家生死存亡的激烈竞争中立于不败之地，或者说为了在残酷的战争或神鬼莫测的计谋中成为霸主，就不得不改变统治绩效甚低的君政模式，寻找有助于实现霸权目标的新政。这种新政寻求，便是帝制开始积累制度资源的标志。但各国变法的改革，远没有落成帝制形态，而大致流于寻找富国强兵的政治措施。因此促成的成效不一的变法运动，却让法治成为取代礼制的崭新制度走向。诸侯国的变法，前已提及，这里并不打算具体叙述。因为这类变法具有相互影响的作用，但由于它们之间并不构成持续作用的机制，因此对帝制的兴起与积累作用有限。需要将注意力集中到具有持续性，至少说是继起性特点的变法运动，才有助于凸显帝制兴起与成长的全过程。

于是，秦国的变法尝试，秦王对变法的推动，秦王对帝制的理论认取，最后，秦王在"横扫六合、一统天下"之际对帝制的君臣合作谋划，构成一线展开的去君政而代之的帝制成长线索。其间，两对半的组合机制尤其具有人们重视的理由：商鞅与秦孝公的组合对秦政的结构性改善，奠定了秦制通向帝制的坚实基础；秦王嬴政对韩非的赞叹与认同，确立了帝制建构的思想根基，为帝制的系统出场清理了观念空间；秦王嬴政与大臣李斯等进行的帝制谋划，鲜明凸显了帝制的制度轮廓，从而促使帝制呱呱坠地，成为此后中国制度的基本模式。两对半组合，构成帝制浮出台面的三根支柱。所谓"两对半组合"，是因为前后两对组合是付诸较长行动的实质性组合，而中间秦王与韩非的组合，主要是观念上的契合，而非行动上与观念上的实际结合。因为秦王主要是欣赏韩非的帝制思想，但却被同学李斯的借刀杀人，阻断了两人进入政治行动场域的过程。因此，秦王与韩非的组合，只能算是半对。但两人的组合，却实实在在地发挥了帝制第三根支柱的作用：因为韩非对帝制正当化的论证，深深印入秦王，也就是后来的秦始皇的脑海，成为他引领秦国痛击山东六国，强力统一国家的观念基础。两对半组合，都属于宽泛意义上的法家组合①：在政治思想史上，商鞅、韩非都是法家的代表人物，而秦孝公、秦王嬴政（秦始皇）和李斯则属于践行法家理念的政治家。由此可以说，成就帝制的政治运行方式并予以合理化的第一对组合，为秦制的兴起奠定了坚实基础，也就是为帝制的建构清理出了第一块令人瞩目的观念与实践地盘。第二对组合则将韩非系统阐释的帝制理念推向一统天下的帝制建构前台，不仅表明帝制为兴起中的帝王所自觉认取，而且也表明帝制在观念形态上的趋于成熟。第三对组合是在帝王霸业已成就的当下，君臣同气相求，设计帝制的制度体系，从而让帝制的形式建构收锣罢鼓。三者之间的关系，呈现出一种实际政治尝试、观念自觉提炼到制度成熟落地的次第呈现过程，有一种一以贯之的帝制推进的流畅感。

分别地看，在秦政方面，之所以它能以积极进取的施政改革而展现帝制的为政轮廓，就是因为地处西域边陲的秦对国家存亡的危机感与进取心。秦国是周的一个诸侯国。但秦有争雄天下的传统。春秋时期兴起的改革，尤其是管仲的改革，激发了诸侯国徐图霸业的改革思路。作为春秋五霸之一的秦穆公，与晋的霸主地位争锋，取得了向东发展的契机。但此时的秦国，并不是霸主易位中的佼佼者。幸运的是，在战国时期的混乱处境中，秦依然可以保有秦献公、秦孝公这样的任用能臣、锐意改革的诸侯王。献公敢于触动贵族特权，推动编户齐民的措施，让国运得以转变。秦孝公继承献公的改革事业，启用商鞅进行大刀阔斧的改革。商鞅不仅在两次变法中实施了大幅度的改革，一者颁布法律，推行连坐，轻罪重刑；二者奖励军功，禁止私斗，设置爵位；三者重农抑商，奖励耕织，鼓励垦荒；四者焚烧儒家经典，禁止游宦之民；五者废除井田制，开阡陌封疆；六者推行县制，设置县级官僚机构；七者统一度量衡，按户按人口征收军赋，迁都以改变政治势力分布，以中原习俗改变残留的戎狄风俗。[17](pp.217-229) 这些改革，让秦的施政面貌焕然一新。更为重要的在于，商鞅将时政的改革措施，升华为自觉的政治观念，提出并初步论证了作别旧制、实行新政的一套政治方案。商鞅的政治思想，因此具有了初设帝制的开创性意义。商鞅的思想范围所及甚是广泛，但

---

① 严耕望指出："秦代政制大体为战国制度之集结，而作进一步之行政集中。可谓法家思想发挥到极高点。"氏著：《中国政治制度史纲》，上海古籍出版社2013年版，第93页。

要旨在于：其一，强烈主张"更法"，也就是变法。其时的变法，就是改变旧制，适应诸强争胜的新局，借此商鞅将诸侯王必须以变法求强的处境直白地表述出来。"法者所以爱民也。礼者所以便事也。是以圣人苟可以强国，不法其故；苟可以利民，不循其礼。"[18](p.14) 这就将政治变革与国家强盛直接关联起来，将变法定位为废除旧制（礼制），寻求新规的活动。这是一种与时俱进的政治变革者思维的表现。他从历史角度来印证自己因时因地采取变法举措的正确性。"三代不同礼而王；五霸不同法而霸。故知者作法，而愚者制焉。贤者更礼，而不肖者拘焉。拘礼之人不足与言事，制法之人不足与论变。"[19](p.16) 正是基于这种对政治处境改变，则政治举措必须改变的认知，商鞅强烈主张"更法"。

其二，商鞅对种种可以促使国家强盛的变法举措进行了设计，足值重视的是他明确提出了空前的法治主张。"凡将立国，制度不可不察也，治法不可不慎也，国务不可不谨也，事本不可不抟也。制度时，则国俗可化，而民从制；治法明，则官无邪；国务壹，则民应用；事本抟，则民喜农而乐战。夫圣人之立法、化俗，而使民朝夕从事于农也，不可不变也。夫民之从事死制也，以上之设荣名、置赏罚之明也，不用辩说私门而功立矣。故民之喜农而乐战也，见上之尊农战之士，而下辩说技艺之民，而贱游学之人也。故民壹务，其家必富，而身显于国。上开公利而塞私门，以致民力；私劳不显于国，私门不请于君。若此，而功臣劝，则上令行而荒草辟，淫民止而奸无萌。治国能抟民力而壹民务者，强；能事本而禁末者，富。"[20](p.81) 这段话可以说是商鞅对其变法宗旨的阐释，其将治国中的法律创制重要性安顿在一个决定国家兴衰成败的关键位置，其核心指向在于去私为公，重农抑商，奖励耕战，杜绝淫辞，禁绝奸邪，统一政务，赏罚有度。这可以说是商鞅对其变法的概览性说明。

其三，商鞅对建国的基本方案进行了系统的构想，将法家革除旧制、坚行法治的国家要领凸显出来。"国之所以治者三：一曰法，二曰信，三曰权。法者，君臣之所共操也；信者，君臣之所共立也；权者，君之所独制也，人主失守则危。君臣释法任私必乱。故立法明分，而不以私害法，则治。权制独断于君则威。民信其赏，则事功成；信其刑，则奸无端。惟明主爱权重信，而不以私害法。故上多惠言而不克其赏，则下不用；数加严令而不致其刑，则民傲死。凡赏者，文也；刑者，武也。文武者，法之约也。故明主任法。明主不蔽之谓明，不欺之谓察。故赏厚而信，刑重而必；不失疏远，不违亲近，故臣不蔽主，而下不欺上。"[21](p.110) 法度、信用与权柄，是国家得以治理且强盛的三大支撑点。这与周制迥异其趣：前者依赖的治国支撑点是礼制、德性和仁政，后者依靠的是法律、互信与权力。这是一个血缘秩序井然、惯习成规有效、君主勤勉劳作，与军功秩序建构、法条作用机制、君臣严格分工的两种机制。这中间内涵的国家建制转换，也就是从君政到帝制的转变信息，已经非常明确且丰富了。

其四，商鞅对国家统治方式进行了校正，把国家的强弱与人民的强弱直接对立起来，鲜明强调了人们必须服从国家法治的原则。"民弱国强，国强民弱。故有道之国，务在弱民。朴则强，淫则弱。弱则轨，淫则越志。弱则有用，越志则强。故曰：以强去强者，弱；以弱去强者，强。"[22](p.155) 这里的弱民，是指人民在国家法律面前，是否敢于越轨而为，触犯国家法规。这不是在一般意义上所说的国家强大到完全压倒民众的意思，也不是国家剥夺一切民众资源让其不得自存的含义，更不是在现代意义上所说的国家与社会关系的强弱定势的含义。一个国家，如果民众做强到视法律为无物、作奸犯科、杀人越货、以身试法、无法无天，国家就必定会陷入不可收拾的混乱状态。这是在战国时期特定的社会秩序情景中，设计的国家重归秩序的二者择一的方案。就近，即就当时的国家处境来看，它的针对性与时效性是显而易见的；就远，即从大历史角度看，它所具有的消极影响也不容小觑。但就致力于富国强兵、以免国家陷入危亡之境的秦政来看，它的务实性也是需要承认的。

从总体上讲，商鞅与秦孝公的组合，主要是想解决秦内政不修、对外不强的国家痼疾。因此，因应于政治实际举措的改革及其思路展示，便成为这一组合最具辨认度的成就。显然，它只能作为诸侯国脱离君政轨道，转而寻求新制的一个界碑，远没有抵达改制的终点。尤其是在商鞅为改革而展开的思想历程，可以说大致停留在应对战国竞争的国家危局需要上面。其间，转危为安、进而实现国家强盛的目的性，明显遮蔽了对新制正当性的论证冲动。只有在韩非与秦王嬴政的这对组合中，前者对帝制的自觉阐释，与后者对帝制理论的全心认可，才将帝制思想推向了战国政治的舞台中央。由此，确立了帝制理念的阐释进路和实践模式。这一组合，以秦王嬴政对韩非思想发自内心的认取为成功连接帝制理念与实践的标志。"人或传其书至秦，秦王见孤愤、五蠹之书，曰：'嗟乎，寡人得见此人与之游，死不恨矣'。"[23](p.2155) 秦王对韩非没有做到用人不疑，以至于韩非受人谗言而死。但秦王对韩非的帝制理念，则是完全认同无疑的。

在韩非的政治思想中，类似商鞅那种因应时势需要采取变革措施的主张不少，趣味相同。诸如疏远近臣亲人、任能授官、赏罚分明、循名责实、驭臣有术等。这些方面，韩非并没有什么特出的地方。但相对于商鞅那一代法家来讲，韩非不再推崇变法。因为战国晚期的局势让韩非坚信推行法治重要过建立法规，并且他同时坚信君权中心而不再单纯崇尚富国强兵。这不是说韩非比前期法家高明，因此不再沿循他们的思想轨迹。恰恰相反，由于韩非看到战国早中期与晚期局势的重大改变，他致力于将前期法家的主张落实到君权建构的平台上，以求帝制的核心问题有解。因此，韩非的思想之所以得到秦王的热忱拥抱，就是因为它大大推进了前期法家的国家建构思想，既为帝制提供了他们所缺的正当性论证，又为帝制提供了完全不同于君政的系统论证。

为秦王极为欣赏的韩非名篇《孤愤》，其中心思想是对国家两种治理之术的强有力分辨。这是此前法家不曾如此断然划界的问题。"智术之士，必远见而明察，不明察，不能烛私；能法之士，必强毅而劲直，不劲直，不能矫奸。人臣循令而从事，案法而治官，非谓重人也。重人也者，无令而擅为，亏法以利私，耗国以便家，力能得其君，此所为重人也。智术之士明察，听用，且烛重人之阴情；能法之士劲直，听用，矫重人之奸行。故智术能法之士用，则贵重之臣必在绳之外矣。是智法之士与当涂之人，不可两存之仇也。"[24](p.78) 在这里，韩非将法治与人治的界限截然分开，将君臣分权之道对立展示，把私权与公权判然区隔，对智法之士与当涂之人绝不两存。这是对国家必须作别变形的君政而走向帝制的斩钉截铁之论。面对这样的决绝态度，君王怎能不慎之又慎、坚毅决断呢？！君道臣道，正是战国晚期帝王权力是否能够成功建立起来的权力重建关键——凸显君权中心，将已经浮出水面的、不受臣下干预的帝制权威，作为法术之治的重中之重。如果君王对君权中心浑然不觉，放任臣下弄权，则无异于"与死人同病者，不可生也；与亡国同事者，不可存也。"[25](p.82) 这就将选择法术之治，还是当涂之人的帝制决断，陡然放到了国家生死存亡的高度。正是这种极为分明的态度，让秦王一下子惊觉君政与帝制的分水岭已然呈现，而韩非则是这一分流的直率宣告者。秦王怎能不生发一种深得我心的欢天喜地、亟于结交的热切盼望呢？！

更为重要的是，韩非除开对君王如何想方设法维护其权力进行了系统深入和具有行为指引意义的分疏，他还将政治—道德哲学与历史哲学的论证综合起来，为帝制兴起提供了深度辩护，实现了证成帝制的理论建构目标。君王之所以必须强力维护其权力，免于儒墨人士的影响，拒斥各种不利君权的说法与做法，不仅是因为权术法则所致，而且还因为帝制权力的强烈排斥性所致，所谓"君臣一日百战"，并非君臣之人好战，而是因为君王不全力捍卫君权，臣下就会篡夺君权，君王则会身死国亡。这是政治中的人性所致，不单是权力排斥性引发。血缘至亲的不可靠，笃定政治上的君臣关系也不可靠：前者皆携自为之心，"人为婴儿也，父母养之简，子长而怨。子盛壮成人，其供养薄，父母怒而诮之。子父至亲也，而或谯或怨者，皆挟相为而不周于为己也"[26](pp.273-274)。那么，后者也必然彼此相互算计。"臣尽死力以与君市，君垂爵禄以与臣市。君臣之际，非父子之亲也，计数之所出也。"[27](p.352) 韩非基于自己对政治中人性的看法，确立了君主维护权力的根本。进而，从政治还需依托的根本道理上讲，韩非强调，在道为万物根本的基点上，"夫缘道理以从事者，无不能成。无不能成者，大能成天子之势尊，而小易得卿相将军之赏禄。夫弃道理而妄举动者，虽上有天子诸侯之势尊，而天下有猗顿、陶朱、卜祝之富，犹失其民人而亡其财资也。众人之轻弃道理而易妄举动者，不知其祸福之深大而道阔远若是也，故谕人曰：'孰知其极？'"[28](p.136) 在一种比较的思路中，"缘道理以从事"与"弃道理而妄举动"所导致的迥然不同的后果，提醒君主依循权力要么绝对维护，要么绝对丢失之理，来看待权力及其运用的问题。

韩非基于帝王术即是费尽心机维护手中绝对权力的基本判准，不仅竭尽心力地从两个端点指出了君主维护权力、防止臣下与近亲篡权的方法，而且从历史哲学的高度，将之提升为切近当下历史特质的用权法则。就前者来讲，七术六微，可谓韩非的权术大全。"主之所用也七术，所察也六微。七术：一曰众端参观，二曰必罚明威，三曰信赏尽能，四曰一听责下，五曰疑诏诡使，六曰挟知而问，七曰倒言反事。此七者，主之所用也。"[29](p.211) "六微：一曰权借在下，二曰利异外借，三曰托于似类，四曰利害有反，五曰参疑内争，六曰敌国废置。此六者，主之所察也。"[30](p.240) 这真可以说是韩非的帝王术大展示：全方位考验臣下、以罚显示威严、行赏激励臣下、听臣之言责臣之事、以诡诈役使群臣、以明知故问试探臣下、以正话反说正事反做保其神秘，由此避免权力旁落、臣下借力谋利、伪托相类欺蒙君主、臣谋私利危害君主、势位匹敌相互争夺、依于外敌任用人事。之所以君主必须以一副枕戈待旦的样子行使权力，正是因为人类历史发展到战国晚期，道德、计谋都已经没有效用，唯有以泰山压顶式的绝对权力力量，才足以收拾政治局面，维护手中权力。由于"上古竞于道德，中世逐于智谋，当今争于气力"[31](p.442)，取决于这种宏观的历史哲学理念，韩非强调，不同时代，需要自觉意识到世道不同，情况已经变化（"世异则事异"），而情况不同了，就必须改变治国的措施（"事异则备变"）。正像司马迁所举秦王醉心的韩非《五蠹》篇所分析的，韩非之拒儒墨、斥五蠹、力推法术之治，理由正在于此。"故明主之国，无书简之文，以法为教，无先王之语，以吏为师，无私剑之捍，以斩首为勇，是境内之民，其言谈者必轨于法，动作者归之于功，为勇者尽之于军。是故无事则国富，有事则兵强，此之谓王资。既畜王资，而承敌国之衅，超五帝、侔三王者，必此法也。"[32](p.452) 这段话简直就可以说是帝制施政指南。

由上可见，韩非将商鞅基于施政需要的变法，推进到了依托于政治道德与历史哲学根基上的帝制，他对帝制的正当性论证和制度性概览，确实超迈法家先辈地为替代君政的新制即帝制,提供了系统论证。他的论证之清晰有力、之鞭辟入里、之醒人心神、之打动君王,实在是堪称帝王之师。但韩非毕竟处在秦一统天下的前夜,他对帝制兴起的洞察、对帝制进行的正当资源聚集、对帝制提供的操作指南,都还需要在战国时代结束,国家走出君政废坠残局、归于帝制一统之后,才足以凸显观念与制度层面的帝制完整面目。而这,正是第三对组合,也就是李斯与秦始皇组合来完成的帝制设计之临门一脚。唯有在秦始皇与李斯组合中完整展现出秦制面目之后,帝制形式的轮廓才宣告成型。

这里所说的秦始皇与李斯的第三组合,是以李斯为秦臣代表而已,准确地讲,则包括秦朝开国功臣群体。在"天下大定"的情况下,秦始皇意识到帝制设定的重要性,因此召集重臣,议定新制。正名,是中国的政治传统,秦也不例外。丞相王绾、御史大夫冯劫、廷尉李斯等都说道:"昔者五帝地方千里,其外侯服、夷服诸侯或朝或否,天子不能制。今陛下兴义兵,诛残贼,平定天下,海内为郡县,法令由一统,自上古以来未尝有,五帝所不及。臣等谨与博士议曰:'古有天皇,有地皇,有泰皇,泰皇最贵。'臣等昧死上尊号,王为'泰皇',命为'制',令为'诏',天子自称曰'朕'。"王曰:"去'泰',著'皇',采上古'帝'位号,号曰'皇帝'。他如议。'制曰:'可。'追尊庄襄王为太上皇。制曰:'朕闻太古有号毋谥,中古有号,死而以行为谥。如此,则子议父,臣议君也,甚无谓,朕弗取焉。自今以来,除谥法。朕为始皇帝,后世以计数,二世、三世至于万世,传之无穷。'"[33](p.236)这段对话,将帝制的制度轮廓展示出来:一是以郡县制取代封建制,这就将帝制中国的国家控制体系,从血缘性机制改变为官僚化控制体系;二是将诸侯国颁布的各种法令加以统一,形成对所有被征服诸侯国均有效的国家法令;三是帝制自认其成就超迈古今,因此在名号上需要集古代帝王最尊之号;四是正式开启帝制世袭传统,将家天下的世袭权力转移机制敲定下来。

在此基础上,李斯进言,断绝儒家介入国家治理的通道,全方位推行法家之治:"五帝不相复,三代不相袭,各以治,非其相反,时变异也。今陛下创大业,建万世之功,固非愚儒所知。且越言乃三代之事,何足法也?异时诸侯并争,厚招游学。今天下已定,法令出一,百姓当家则力农工,士则学习法令辟禁。今诸生不师今而学古,以非当世,惑乱黔首。丞相臣斯昧死言:古者天下散乱,莫之能一,是以诸侯并作,语皆道古以害今,饰虚言以乱实,人善其所私学,以非上之所创建。今皇帝并有天下,别黑白而定一尊。私相与非法教,人闻令下,则各以其学议之,入则心非,出则巷议,夸主以为名,异取以为高,率群下以造谤。如此弗禁,则主势降乎上,党与成乎下。禁之便。臣请史官非《秦记》皆烧之。

非博士官所职，天下敢有藏《诗》《书》、百家语者，悉诣守、尉杂烧之。有敢偶语《诗》《书》者弃市。以古非今者族。吏见知不举者与同罪。令下三十日不烧，黥为城旦。所不去者，医药、卜筮、种树之书。若欲有学法令，以吏为师。"[34](p.255) 秦始皇大倡法家之治、拒斥儒家之学、大量焚书、以法为教、以吏为师，以统一法律号令天下的秦制，便在此尘埃落定。帝制下"车同轨，书同文，度同制，行同伦"的制度体系由此成型。

在决策体制上，秦始皇也非常明确地实行着高压统治与皇帝拥有最终和最高决策权的体制。这正是儒生讥刺的一种决策机制，"始皇为人，天性刚戾自用，起诸侯，并天下，意得欲从，以为自古莫及己。专任狱吏，狱吏得亲幸。博士虽七十人，特备员弗用。丞相诸大臣皆受成事，倚辨于上。上乐以刑杀为威，天下畏罪持禄，莫敢尽忠。上不闻过而日骄，下慑伏谩欺以取容。秦法，不得兼方，不验辄死。然候星气者至三百人，皆良士，畏忌讳谀，不敢端言其过。天下之事无小大皆决于上，上至以衡石量书，日夜有呈，不中呈不得休息。贪于权势至如此，未可为求仙药"[35](p.258)。残忍的坑儒事件，便因之发生。正是在这种决策与施政状态中，贪权的皇帝很难因应实际做出英明神武的决断，而一众大臣畏权不敢忠义直言，秦制决策中枢倒是因之确立，但决策体制之功因此废弛。终于在"天下苦秦久矣"[36](p.1950) 的造反中被推翻。

三 汉制成就帝制

帝制的一套框架建构在秦制中落实，但并未在秦制中有效实施。原因很简单，秦"横扫六合，一统天下"后建立起来的国家体系，运行时长，太过短暂，根本不可能全面推行它刚刚确立的那套制度机制。人们当然有理由推断，说秦制早在其列国征战中形成了，到它建立统一国家权力体系的时候，不过是尘埃落定而已。这一断言有其道理，但需要限定或解释。从政治发展线索来看，秦制从秦政中脱胎而来，秦政是秦制生成的源头活水。但秦政是依据列国竞争的需要，因时因地采用的具体政治措施，它并不自然地构成一套稳定、可行和可持续运行的制度安排，也缺乏相应的理论论证和认同建构。这在一定意义上讲，商鞅厘定的秦政做派，尽管可能对后世发挥持续影响，但缺乏规约后起帝王的强大理论力量。秦制的设计在秦一统天下之后大致完成，但秦始皇统一国家之后的一大爱好是云游天下，四处勒石，自我表彰，压制反秦。制度的落实在其次，皇权的伸张排首位。因此，秦制远没有从君臣所议决的制度，下落为一套有效实施的政策措施。从政治思想史的线索上看，商鞅因应于施政实际需要进行的某些带有理论性的思考，尚不足以成为帝制正当化论证的理论。因为他的多数说法只是做法的归纳，而相对较深的归纳又指向具体的做法。他的法家之论，缺乏人性的纵深透视、权力的深刻洞察、历史的长程审视，因此难以成为真正统一中国的帝王所仰仗的思想资源。韩非具有后起优势，在总结归纳法、术、势的法家思想积累成果的基础上，在政治、道德与历史的哲学思考支持下，才系统论证了支持帝制成长的政治理论。

从前面对秦政与秦制的大致描述中可以看出，两者之间既有联系，更有区别。联系在于，秦制是秦政运作的结果，因此两者都是一个政治运行过程的产物；区别在于，秦政是秦"横扫六合、一统天下"这一动态过程的连续性产物，而秦制是秦统一中国之后的制度设计。而秦制凸显之后，没有赢得必要的运作时间。因此，严格说来，秦制只具有形式或框架建制的构造意义，而不具有建制运行的必要磨合时间和推展矫正空间。秦制的运行形态，经由汉朝初期几代帝后的摸索，才以"汉家制度"的形式呈现出来。可以说，从秦政到秦制，为帝制提供了较为完整的形式结构；从商鞅到韩非，为帝制提供了策略思想与观念论证。相比而言，在政治的运行过程中，秦政的高压性与秦制的古典规则性，是其取向上的重要差别。秦政可以分两个阶段来分别陈示：一是秦孝公支持商鞅改革时的秦政，这使秦摸索到在诸侯国之间激烈竞争中如何占据优势的施政形态；二是秦始皇在横扫六合、一统天下的过程中实行的种种政治措施，它使秦摸索到聚合韩非观念与施政方略的帝制进路。从秦政到秦制，前一种秦政为秦制奠定了基调；后一种秦政为秦制树立了标杆。韩非指引了后一种秦制的成长，又对秦政、乃至于帝政的总体运作了然于心，因此对帝制的操作体系与历史理性给予了同时证成，帝制就这样成就了。

但秦制的落定，并不是帝制的完成形态。相反，秦制是帝制的未完成形态，它需要进一步的展开，让秦制这一几乎可以说是帝制的粗犷方案，能够真正切进帝国的实际运转之中，从而真正呈现出在结构上完全不同于君政的帝制面目，在功能上展现其支持国运长久的稳定效用。秦的帝权短祚，根本不可能施展秦始皇与重臣面对面碰撞出来的那一套制度。因此，秦制不过是有待实施的帝制，或者说，帝制在其短期的实施中，证明单靠高压的实施方案是不可行的。当然，秦制为帝制不只是提供了设计方案，它为帝制运行提供了最初的蓝本，这就是秦政的贡献；而且它也为帝制提供了理论论证，这就是商鞅、韩非贡献；进而还为帝制提供了一套制度框架，这就是秦始皇与重臣对帝制做出设计的贡献。三者相加，让秦制与帝制具有了高度吻合的相交结构。但这还不是帝制中国的成型。原因在于，秦制之作为帝制的建构，至少有两个重大缺陷需要弥补，才能驱动"设计好"的帝制，走向"运作好"的帝制实际政治进程：一是帝制的超验根据尚待论证，这让秦制的正当化理由还处于短缺状态，韩非是就帝制而行帝制的政治理论证成者，但远不是帝制何以成功运行的政治理论提供者；二是帝制的运作指南未能出台，因此还缺乏一个帝制的帝政操作法则，韩非的那一套政治行动法则，驱动的只能是列国争霸的帝制初建进程，还需要动用软硬两手，才足以真正让帝制行之有效。前者，让帝制成为一套赤裸裸的控制体系，其太过僵硬，以至于不存在让人信服的任何厚实理由；后者，让帝制成为粗暴的施政，无法为帝王游刃有余地加以实施。

秦制的失败处，正是汉制的成功处。汉制之于中国古代帝制的建构，发挥的正是最终制胜的临门一脚的功夫：一者，汉制的形式建构是由秦制直接挪移过来的一套典章制度与刑罚体系，这就让帝制建构从战国晚期延伸到汉代，因此，让帝制获得了形式建构的持续性与增效性。所谓"汉承秦制"，不仅具有汉代承袭秦代的政治制度框架的意思，也有汉代继承且发扬光大秦制的另一层意思。此所谓"秦兼天下，建皇帝之号，立百官之职，汉因循而不革，明简易，随时宜也"[37](p.321)。因此，在《汉书·百官公卿表》中处处可以看到一个官位后面的"秦官"的表述模式。至武帝将内朝、外朝区分，帝制的形式建构才与秦有了比较明显的区别。而汉代实行的郡县与封建并用的体制，也与秦制在构成上有了形式结构上的差异。但基本形式结构的一致性，尤其是官僚机制的高度一致性，还是明显高于两者之间的差异性的。

二者，汉制的建构在"天人三策"的君臣对话中，补齐了秦制未能给帝制以在人事之外的超验正当化论证的短板。如前所述，韩非给帝制自身的成立提供了正当化论证，以为唯有这样才足以形成适应大时代需要的政治机制。但韩非还是一种限于人事的论证。在"制天命而用之，从天命而化之"的时代里，这样的论证已经足敷政治之亟须了。但经验化的人事，毕竟还不足以让人心生敬畏之心，也不足以将历史哲学支持的政治正当性论证提升到超验层次，让人"法天而治"。在汉初政治的"与民休息"贯彻不下去的困境中，汉武帝与董仲舒的对策，开启了帝制正当化的超验进路。汉武帝想知道从古至今的统治基本法则，以维持汉代基业而不动摇。此即"朕欲闻大道之要，至论之极"[38](p.1094)。董仲舒以"天人之际，甚可畏也"作为立论基点，将天人关系规划为天人相副、天人感应、天人谴告的一套超验政治论说。所谓"天人相副"，指的是人的一切都与天一致。"天以终岁之数，成人之身，故小节三百六十六，副日数也；大节十二分，副月数也；内有五藏，副五行数也；外有四肢，副四时数也；乍视乍暝，副昼夜也；乍刚乍柔，副冬夏也；乍哀乍乐，副阴阳也；心有计虑，副度数也；行有伦理，副天地也。此皆暗肤著身，与人俱生，比而偶之弇合。于其可数也，副数；不可数者，副类。皆当同而副天，一也。"[39](pp.356-357) 以此为据，那么"人法天而治"就是确定政治控制方式的首要法则。对于掌管国家命运的王者来说，"古之造文者，三画而连其中，谓之王；三画者，天地与人也；而连其中者，通其道也；取天地与人之中以为贯，而参通之，非王者孰能当是？是故王者唯天之施，施其时而成之，法其命而循之诸人，法其数而以起事，治其道而以出法，治其志而归之于仁。"[40](pp.328-329) 假如人们不知敬畏上天，胡乱作为，就会遭到天的惩罚。"臣谨案《春秋》之中，视前世已行之事，以观天人相与之际，甚可畏也。国家将有失道之败，而天乃先出灾害以谴告之，不知自省，又出怪异以警惧之，尚不知变，而伤败乃至。以此见天心之仁爱人君而欲止其乱也。自非大亡道之世者，天尽欲扶持而全安之，事在强勉而已矣。"[41](p.1095) 董仲舒的这一套论证，极大地提升了帝制自我正当化的理论水平，将韩非限于人事的帝制正当化论证，改进为天人相关的正当化进路。这可以说是汉制在完型帝制的建构进程中一个极为重大的进展：它不仅在政治理论上有效地杜绝了人，尤其是帝王的恣意妄为，而且在制度上预设了一个政制安排必须取法高于人世的超验法则。这是对帝制的一个限制性论证。当然，因为超验力量未能在人世找到组织载体，只能诉诸帝王的敬天之心了。这是董仲舒试图限制帝王而收效低微的决定性原因。

三者，在汉宣帝与汉文帝的帝政对话中，以"霸王道杂之"一举解决了"天下苦秦久矣"的暴政困扰，得到了国家长治久安的密钥。作为最终成就帝制的汉制，并不是一挥而就的。汉初，高祖刘邦为自己建功立业而意绪飞扬，写下豪气万丈的"大风歌"——"大风起兮云飞扬，威加海内兮归故乡，安得猛士兮守四方。"[42](p.389) 因此，他试图在马上打天下，也在马上治天下，对儒生的治国建议颇为不屑。而陆贾犯颜提醒道："居马上得之，宁可以马上治之乎？且汤武逆取而以顺守之，文武并用，长久之术也。"[43](p.2699) 陆贾此说，奠定了汉制的基本精神方向，也将粗暴的秦制扭转为软硬兼施、粗细得宜的治国模式，而这与汉初到汉中期帝王们对统治方略的不同模式的尝试具有密切关系。汉初，为了战后的休养生息，采取了"黄老无为之术"的治国进路，与民休息。其时，汉朝高层聚精会神的求解一个统治难题，那就是秦的万世基业，何以二世而亡？贾谊对之的回答是，秦不知道得天下与治天下的根本差异，因此暴政横行，终致王朝短命。"秦王怀贪鄙之心，行自奋之智，不信功臣，不亲士民，废王道而立私爱，焚文书而酷刑法，先诈力而后仁义，以暴虐为天下始。夫兼并者高诈力，安危者贵顺权，此言取与守不同术也。秦离战国而王天下，其道不易，其政不改，是其所以取之守之者无异也。孤独而有之，故其亡可立而待也。借使秦王论上世之事，并殷、周之迹，以制御其政，后虽有淫骄之主，犹未有倾危之患也。故三王之建天下，名号显美，功业长久。"[44](p.12) 可见，汉制在政治精神上是拒绝承袭秦制的，反而力图扭转秦制崇尚暴力或马上打天下马上治天下的逻辑。

这种大思路获得了两个进路的反响：在政治思想脉络中，在董仲舒那里终于以"更化"的理念，得到自觉且系统的表述："至周之末世，大为亡道，以失天下。秦继其后，独不能改，又益甚之，重禁文学，不得挟书，弃捐礼谊而恶闻之，其心欲尽灭先圣之道，而颛为自恣苟简之治，故立为天子十四岁而国破亡矣。自古以来，未尝有以乱济乱，大败天下之民如秦者也。其遗毒余烈，至今未灭，使习俗薄恶，人民嚣顽，抵冒殊扞，孰烂如此之甚者也。孔子曰：'腐朽之木不可雕也，粪土之墙不可圬也。'今汉继秦之后，如朽木、粪墙矣，虽欲善治之，亡可奈何。法出而奸生，令下而诈起，如以汤止沸，抱薪救火，愈甚亡益也。窃譬之琴瑟不调，甚者必解而更张之，乃可鼓也；为政而不行，甚者必变而更化之，乃可理也。当更张而不更张，虽有良工不能善调也；当更化而不更化，虽有大贤不能善治也。故汉得天下以来，常欲善治而至今不可善治者，失之于当更化而不更化也。古人有言曰：'临渊羡鱼，不如退而结网。'今临政而愿治七十余岁矣，不如退而更化；更化则可善治，善治则灾害日去，福禄日来。"[45](pp.1098-1099) 董仲舒的"更化"方案，就是凸显"天不变道亦不变"的"法天而治"。经由汉武帝之手，以及武帝之后帝王们的推进，终成汉制相对于秦制的理智统治方式。

对贾谊之论的另一个呼应是，在政治运作或帝制技巧上，汉宣帝对汉元帝的告诫，凸显了帝王自身对汉制特质的观念自觉与自具特点的操作模式。"孝元皇帝，宣帝太子也。母曰共哀许皇后，宣帝微时生民间。年二岁，宣帝即位。八岁，立为太子。壮大，柔仁好儒。见宣帝所用多文法吏，以刑名绳下，大臣杨恽、盖宽饶等坐刺讥辞语为罪而诛，尝侍燕从容言：'陛下持刑太深，宜用儒生。'宣帝作色曰：'汉家自有制度，本以霸王道杂之，奈何纯任德教，用周政乎！且俗儒不达时宜，好是古非今，使人眩于名实，不知所守，何足委任？'"[46](pp.104-105) 汉宣帝王对太子的训诫，包含了非常丰富的汉制信息：一是在周秦之变以后，单纯的周政或德教已经不足以用来治国。二是儒生对于政治时局的把握不到位，名实难分，不堪任用。三是汉制自具特点，那就是霸王道交叠使用，"两手抓，两手都要硬"。这一训诫，将汉制最终成就的帝制操作模式的精髓凸显出来。就此而言，帝制岂能被视为秦制，而秦制离规范帝制距离尚远。唯有汉制凸显，帝制才成为刚柔并济、软硬兼施、行之顺畅、收效颇著的体制。

在这个意义上，"百代皆行秦政法"就不如"百代皆行汉政法"更能反映中国古代政治史的真实情形。诚如冯天瑜指出的："汉朝确乎效法前朝，所谓'汉承秦制'，但汉朝并未抛弃周制，而是以秦制为基干，汲纳周制，兼取儒法两家。

汉初'天下既定，命萧何次律令，韩信申军法，张苍定章程，叔孙通制礼仪，陆贾造《新语》，又与功臣剖符作誓，丹书铁契，金匮石室，藏之宗庙。虽日不暇给，规摹弘远矣'（汉书·高帝纪），博取以秦为主的先代诸制。至武帝时，董仲舒倡'复古改制'，取周制以补秦制之弊，成就了兼采周秦的汉制。这种'儒皮法骨''霸王道杂之'的汉制，后世传承不辍，两汉以下的唐宋元明清诸朝，沿袭的是综会周秦二制的秦制修正版——汉制。"[47] 汉制正是以自己对前朝政制的兼采与综合，最终成就了为后世沿循的帝制。从最直接的角度讲，是秦汉两朝最终成功建构了影响整个中国古代历史的帝制系统。"秦汉时代中国第一次走上统一之途，能维持四百年之久，此一制度尽了相当的功能。中国经此长久的统一局面，已凝成为不可分之一体，自后政治上纵然时或有离心的叛乱出现，但最后终归统一，得此制度影响甚大。换言之，中国二千年来世界性国家之局面，为旷世所未见，此一具有阔大胸襟不分夷夏一视同仁之制度，实有其历史性的影响作用。"[48](pp.94-95) 汉朝将秦推行的法家的"非道德政治"①扭转为儒家提供正当性资源、法家提供统治技艺的互补型治国模式，确实具有远超任取其中一个方面都更为持久的政治稳定功能。

参考文献

[1] 吕思勉.秦汉史 [M].上海：上海古籍出版社，2005.

[2] 吕思勉.中国政治思想史 [M].北京：中华书局，2012.

[3][5]（清）朱彬.礼记训纂 [M].北京：中华书局，1996.

[4][13][14][15][16]（宋）朱熹.四书章句集注 [M].北京：中华书局，1983.

[6][7][8][9][24][25][26][27][28][29][30][31][32]（清）王先谦.韩非子集解 [M].北京：中华书局，1998.

[10] 何建章.战国策注释 [M].北京：中华书局，1998.

[11][17] 杨宽.战国史 [M].上海：上海人民出版社，2016.

[12] 吕思勉.中国政治思想史讲义 [M].天津：天津古籍出版社，2007.

[18][19][20][21][22] 高亨.商君书注译 [M].北京：中华书局，1974.

---

① 西方学者在"非道德政治"的总命题下，讨论了中国古代的法家与现代早期的马基雅维利思想，并以"永不过时的马基雅维利主义"统揽之。参见本·拉米·沙尔夫斯坦《非道德的政治：永不过时的马基雅维利主义》，韵竹译，南京大学出版社2022年版，引言，第12—14页。至于这一概观是否适当，则是需要另文讨论的问题。另可参见任剑涛《政治：韩非四十讲》，广西师范大学出版社2021年版，第三十九讲"中西碰撞：韩非与马基雅维利"，第321—330页。

[23][33][34][35][36][42][43]（汉）司马迁. 史记 [M]. 北京：中华书局，1982.

[37][41]（汉）班固. 汉书（上册）[M]. 湖南：岳麓书社，1993.

[38][45][46]（汉）班固. 汉书（下册）[M]. 湖南：岳麓书社，1993.

[39][40]（清）苏舆. 春秋繁露义证 [M]. 北京：中华书局，1992.

[44]（清）吴云. 贾谊集校注 [M]. 天津：天津古籍出版社，2010.

[47] 冯天瑜. 百代皆行汉政法 [J]. 华中师范大学学报（人文社会科学版），2022（2）.

[48] 严耕望. 中国政治制度史纲 [M]. 上海：上海古籍出版社，2013.

The Construction of the Imperial System: the Successive Presentation of the Qin Politics, the Qin Constitution and the Han Constitution

Abstract: The construction of China's imperial system is the result of a long-term historical change from the Spring and Autumn (Chunqiu) to the Warring States (Zhanguo) Period. In the late Warring States period, the imperial system took advantage of the energy accumulated by the imperial politics to present its complete type in form and structure. But the Qin Constitution was not an institution as which the imperial system declared its completion. The imperial system needs to be implemented in the actual political operation on the basis of the operation mode of the imperial politics, the justification of the imperial system, and the formation of the imperial system's institutional framework, and then it would become a new institutional system that replaces kingship. In this regard, the imperial system relied on the construction of the Qin politics completed by Shang Yang and Qin Xiaogong, the justification of the imperial system by Han Fei and the King of Qin Yingzheng, the Qin constitution carefully conceived by Li Si and the Emperor Qin Shihuang, and the Han constitution's essence of the integration of Confucianism and law (Bawangdao zazhi) promoted by Emperor Han Xuandi. The imperial system was finalized and finally established in the Han Dynasty. Thus, it can be said that "every generation implements Qin's politics and law" (Baidai Jiexing Qinzhengfa) holds only in the sense of the preliminary imperial system, while "every generation implements Han's politics and laws" (Baidai Jiexing Hanzhengfa) stands in the sense of the completion of the imperial system. To single out any part of the link to discuss the construction of the ancient Chinese imperial system, there will be a loss in overgeneralization.

Key Words: Imperial System; the *Qin* Politics; the *Qin* Constitution, ; Legalism (*Fa Jia*); the *Han* Constitution

【作者简介】任剑涛，清华大学社会科学学院政治学系教授，研究领域：政治哲学（公共理论、国家理论）、中西政治思想（儒家政治思想、西方现代政治思想）、中国政治（政治转型、国家治理）；代表作：《道德理想主义与伦理中心主义》《伦理政治研究——从早期儒学视角的理论透视》《中国现代思想脉络中的自由主义》《权利的召唤》《后革命时代的公共政治文化》《政治哲学讲演录》《为政之道：1978—2008中国改革开放的理论综观》《建国之惑：留学精英与现代政治的误解》《复调儒学——从古典解释到现代性探究》《社会的兴起：社会管理创新的核心问题》《拜谒诸神：西方政治理论与方法寻踪》《除旧布新：中国政治发展侧记》。

中国模式中的法家因素

喻 中

【内容摘要】 全面理解逐渐形成的中国模式,有必要正视法家这个源远流长的因素。历史地看,在古代中国与当代中国之间,虽然经历了一个根本性的变革,但是,在相当程度上,中国模式是中国固有的儒法传统在现代中国的"转型化延伸"或"延伸性转型"之结果。在儒法传统中,儒家与法家具有互补性。就其中的法家因素来看,它追求富国强兵,主张以法治国,可以在根本上回应当代及未来中国的现实需要。从源头上说,法家的理论及实践归根到底是应对战国格局的产物,而当下及未来的世界,正是一个比春秋战国时代更加复杂的新战国时代,因而,在当下及未来的中国模式中,法家这个因素将会持久地发挥作用。

【关键词】 中国模式;法家;富强;法治;战国

从 20 世纪 80 年代开始,直到当下,数十年间,关于中国模式的讨论一直弥漫于多个学科、多个领域。不同时期、不同专业的学者持续不断地关注中国模式,有一个重要的原因是:中国的政治制度、经济制度、社会制度与文化制度经受了时间的检验,一直保持了政治的持续稳定,特别是实现了经济的较快发展。近年来,围绕着中国模式这个主题,尽管存在着各种各样的观点,但中国模式毕竟是一个现实性的存在,甚至还产生了理论聚光灯式的效应。在这样的背景下,更加全面地理解中国模式,不仅具有理论意义,而且具有现实意义。

把中国模式与法家关联起来,有助于更加全面地理解中国模式,当然也有助于深化对法家的理解。着眼于此,我们可以提出一个相对聚焦的问题:如何理解中国模式中的法家因素?尤其是,在当下及未来的中国模式中,源远流长的法家因素占据了一个什么样的地位?显然,这样的问题颇有诱惑力,有必要从不同的角度、侧面做一些初步的探讨。

立足于考察中国模式中的法家因素，下文首先正面分析法家主张的富国强兵、依法治国与中国模式的关系，这有助于从富强、法治的角度理解中国模式中的法家因素。其次，论述法家传统与儒家传统的互补性，旨在表明，当下及未来的中国模式既需要吸取儒家的思想资源，也需要吸取法家的思想资源。再次，为了揭示法家思想资源对于中国模式的意义，还有必要厘清关于法家思想的一些流行观点。最后，从一个更加宽广的视野中看，还有必要着眼于儒法传统与外来文化的关系，为理解中国模式中的法家因素建构一个更加宏观的框架。

一 富国强兵与法治主义

在数千年的传统中国，没有人会关注"中国模式"这样的问题。中国模式的提出，是因为有中国模式之外的其他模式可以作为比较与对照。在19世纪以前，除了中国固有的且让中国人习以为常的政治、经济、社会、文化模式之外，传统中国人无法想象还有其他可以与中国的模式分庭抗礼、并驾齐驱的模式。因此，着眼于长时段、大历史，中国模式是近现代的产物，是中国融入世界的产物。如果像梁启超在《中国史叙说》中那样，把中国的历史划分为"中国之中国"（"自黄帝以迄秦之一统"的"上世史"）、"亚洲之中国"（"自秦一统后至清代乾隆之末年"的"中世史"）与"世界之中国"（"自乾隆末年以至于今日"的"近世史"）这样三个段落[1](p.453)，那么，中国模式的提出是中国进入"世界之中国"这个历史段落的产物。

在20世纪早期，孙中山提出的三民主义具有一定的代表性，在一定程度上、一定范围内，表达了那个时代的中国人所理解的中国模式。20世纪中叶以后，中国强调独立自主、自力更生，其中隐含的旨趣是，我们要独立自主地探索中国自己的发展道路、发展模式。在1949年以后的三十年里，中国经历了一段曲折的探索过程。自20世纪70年代末期以来，持续不断的改革依然是对中国模式的探索。因为，改革的实质就是探索、摸索、尝试。人们今天所看到的中国模式，其实也是近代以来不断尝试、不断探索的结果。

经过长期的改革与探索，中国初步形成了自己的模式。那么，应该如何描述现在呈现出来的这个中国模式呢？对于这个宏大、宏观的问题，各个方面都有很多论述，有的着眼于政治，有的着眼于经济、社会与文化，各种述论都有自己的侧重点，这里暂不予以详细的评析。但是，有一点应当引起注意，那就是现在的中国模式较为明显地吸纳了传统中国固有的法家因素。因为，在当今已经呈现出来的中国模式中，至少包含了这样几个要点：第一，追求富国强兵，建设一个富强的国家。第二，坚持依法治国，建设一个法治的国家。这两个要点，既是传统法家的核心主张，在相当程度上也是今日中国的实践，同时还是我们这个政治共同体已经形成的基本共识，而且，这样的共识还见于中国宪法文本中的正式规定。此外，还有第三点，那就是，要加强和改进政治中枢的整合能力。这既是传统法家的主张，也是今日中国的实践。这几个方面表明，当前的中国模式，从历史与文化的层面上看，包含了较多的法家因素。

先秦法家理论及实践的兴起有一个基本的背景：列国竞争。春秋战国时代，在弱肉强食的生存竞争格局下，先秦法家的核心目标是富强。只有富强的国家，才能生存下去；如果不能走向富强，就只有走向灭亡。先秦法家代表人物通过推动变法，创制并实施新法，刻意奖励耕战，就是为了实现国家富强，进而追求在列国竞争中实现自保，甚至还能享有某种优势地位。譬如，在"三家分晋"之后的韩国，由法家人物申不害具体主持国家事务，其间，他"内修政教，外应诸侯，十五年。终申子之身，国治兵强，无侵韩者"[2](p.395)。还有秦国，在法家人物商鞅的辅佐下迅速崛起，并在后来的长期兼并战争中最后胜出。这些历史事实都表明了先秦法家理论及实践对于富国强兵的有效性。

到了19世纪中后期，走出天下体系、进入万国体系的古老中国，亦即梁启超所说的"世界之中国"，在与东西方国家的交往过程中，总是显得力不从心，行为被动，处境艰难。到了20世纪上半叶，一些政治、思想人物（譬如常燕生）在求索过程中发现，古老的中国已经置身于第二个战国时代或新战国时代。在新战国时代如何实现救亡图存？人们最容易想到的"路径依赖"就是先秦法家曾经走过的道路。譬如，梁启超在1904年写成的《中国法理学发达史论》一文中就认为："法治主义，为今日救时唯一之主义。"[3](p.1255)梁启超在这篇文章中所说的"法治主义"，其实就是先秦法家学说。梁启超及20世纪上半叶兴起的新法家的一个洞识，就是让我们正视"新战国"这个现实。从19世纪末到抗日战争时期，在长达半个世纪的时间段落里，"新战国"这个概念具有很强的解释力，几乎可以作为分析各种问题的一个前提。如果不考虑列国之间的竞争，如果不考虑国家富强、国家存亡，当然可以不理会法家学说，但是，能够把国家安全、国家存亡置之度外吗？

为了追求国家富强，20世纪初期开始兴起的新法家强调"法治"或"法治主义"，从而在法治与富强之间建立起某种因果关系：法治是因，富强是果。这里的"法治"，根据《管仲》一书中的表达方式，就是"威不两错，政不二门。以法治国，则举措而已"[4](p.318)。《管子》书中所说的"以法治国"与当下的依法治国，虽然在表述上略有差异，如果从字面上"较真"，当然可以找出两者之间的差异。但是，就其基本指向来看，"以法治国"与"依法治国"是一致的，两者都强调一断于法,都希望通过法律明确地告诉各类主体:可以做什么,不能做什么,必须做什么,从而为各类主体确立一套明确的、赖以遵循的行为规范。这就是法家及新法家张扬的法治,这种旨趣的法治可以支持当下的依法治国。这种风格的法治,也许可以称为形式化的法治,但同时也是最朴实、最根本、最具基础性的法治。如果依据出自近代西方的一些法治理论,法治还应当包括自由、平等、民主等方面的要素,如果要以这样的标准来衡量,先秦法家提出的"以法治国"当然不会包含自由、平等、民主等方面的要素。试想,商鞅、韩非怎么可能有自由、民主、平等的观念?

应当看到,无论是先秦法家还是新法家都不是当代学科体系、学术体系中的法学家。因此,不能以当代的专业法学家的取向来衡量、评价先秦法家(譬如商鞅、韩非)或新法家(譬如陈启天、常燕生)。先秦法家固不必论,因为他们本来就是一些政治实践者或政府管理专家;就是20世纪初期兴起的新法家,也不能等同于当下的专业化的法学家。新法家主要是一些谋求国家富强的政治实践者,因而具有强烈的实践品格和现实感。新法家的追求是国家富强。新法家对法治主义、依法治国的强调,是服务于国家富强这个根本目标的。因此,从根本上说,新法家的法治理论是政治家的法治理论,法治是他们考虑政治问题的一个方面、一个维度,他们的法治理论始终都是他们的政治理论中的一个组成部分。从这个角度来看,当下的依法治国与法家的关怀、旨趣具有很大的共通性。而且,新法家并不是一个定型的、凝固的思想流派,在依法治国不断深化的当下,法家理论,尤其是第三期的法家理论[5](p.21)还有相当大的生长空间。

虽然无论是先秦时期的法家学说,还是百年以来的新法家思潮,都不足以单独解释当下的依法治国,但是在"新战国"的背景下,法家因为其固有的旨在回应战国格局的特质,必然成为中国模式中的一个因素。

二 法家因素与儒家因素

逐渐呈现出来的中国模式包含了比较丰富、比较明显的法家因素,这并不是在多种选项中自由选择的结果,而是国际竞争格局约束下的必然选择。在古今之间稍作比较即可发现,无论是先秦时期还是现代中国,国家的主政者都必须加强和改进政治中枢的整合能力,如果不能做到这一点,国家内部无法整合,内部秩序无法建立,更遑论参与国际竞争?要整合内部秩序,就离不开规则,所以要依法治国,所以要靠法治,因为法治靠得住些。更重要的是,置身于一个国际竞争时代,如果不能有效地实现富国强兵,在先秦,则可能社稷不保;在当代,就可能被开除"球籍"。换言之,中国模式中的富强与法治,其实是国内与国际两个方面的条件严格约束下的产物。

为了应对战国格局,先秦法家追求富国强兵的一些措施能够产生实际效果。特别是在短期内,特别是在比较严酷的战国背景下,如前所述,春秋战国时期一些国家的实践也表明,先秦法家的理论及实践甚至能够产生立竿见影的效果。

但是,从另一个角度来看,先秦法家的理论及实践也存在一些固有的缺陷,那就是:在总体上偏于功利,没有让政治达到应有的高度,或者是把政治从应有的高度拉到了一个相对较低的水平。在汉代初期,贾谊的"过秦论"总结秦亡的教训,被秦国、秦朝奉为指导思想的法家思想似乎难辞其咎,特别是贾谊所讲的"仁心不施,而攻守之势异也"[5](p.7),更是引起了广泛的共鸣,人们很容易得出这样的结论:法家因为刻薄寡恩,简直就是"仁心不施"的代名词。不过,在此应当注意的是:其一,贾谊的论断不一定很公允;其二,法家的实践与法家的理论不一定很吻合;其三,法家也是多元化的,都是法家人物,李斯与韩非的政治品格就有明显的差异;其四,哪怕是同一个法家人物,他的理论也是立体的、多层次的。譬如商鞅,他与秦孝公的接触就很有戏剧性:商鞅先讲"帝道",再讲"王道",最后才讲"霸道",正如商鞅向孝公的宠臣景监所言:"吾说君以帝王之道比三代,而君曰:'久远,吾不能待。且贤君者,各及其身显名天下,安能邑邑待数十百年以成帝王乎?'故吾以强国之术说君,君大说之耳。然亦难以比德于殷周矣。"[6](p.419) 由此看来,像商鞅这样的法家人物,其理论储备也是多元化的,他既知"帝道",也知"王道"。尽管我们可以从多个方面为法家提供辩护,但是法家的理论与实践,特别是法家的实践形态,从总体上看,在精神层面上的感召力还是显得弱了一些。

随着汉代的兴起,特别是在"独尊儒术"之后,中国历代政权基本上不会把法家写在自己的旗帜上。历代政权公开宣扬的旗号都是儒家。但是,我们应当注意到,"独尊儒术"实际上也是一个策略性的表达。如果仅仅依靠单纯的儒家,特别是像孟子这样的儒家,同样很难成就一种有效的国家治理模式、政治模式。汉代的政治就不是纯粹的儒家模式,用汉宣帝的原话来说,那就是:"汉家自有制度,本以霸王道杂之,奈何纯任德教,同周政乎!"[7](p.69) 由此可见,哪怕是在秦二世而亡的现实背景下,"汉家"也不会"纯任德教",也会杂用各种制度。

儒家存在的问题,特别是后期儒家存在的问题,或许可以用一句比较极端的话来揭示:"无事袖手谈心性,临危一死报君王。"[8](p.51) 这当然是一种极端的概括,带有夸张的成分,但也可以揭示儒家的某种精神与风格。如果是这样的儒家,那显然是不够的,这样的儒家显然不足以实现治国、平天下的目标。儒家"谈"的"心性",当然很好;用于修身,也很适宜;但如果仅仅依赖"心性"治国、平天下，可能就勉为其难了，因为它把复杂的政治问题、治理问题进行了过度简单化的处理。朱熹在《答陈同甫》中有一个结论："千五百年之间，正坐如此，所以只是架漏牵补，过了时日，其间虽或不无小康，而尧、舜、三王、周公、孔子所传之道，未尝一日得行于天地之间也。"[9](p.1583)如果我们从另一个角度看朱熹在此表达的遗憾，那就是，一千五百年的历史已经表明，纯粹的、原教旨意义上的尧、舜、周、孔之道是很难付诸实践的，如果要把这样的"道"不折不扣地"行于天地之间"，几乎是不可能的。因此，哪怕是在传统中国的条件和背景下，仅仅依赖朱熹所期待的儒家之道，也不足以解决一个政权面临的内外问题。

只有把儒家与法家结合起来，才能够把实际政治问题处理好。因此，从汉到清，在两千年的政治实践中，无论是君主个人还是整个执政团队，在事实上都必须儒法结合，才能把事情办妥、办好、办成。当然，也有一些人确实偏好原初的、纯粹的、原教旨意义上的孔孟之道或儒家教义，愿意信奉、遵循孟子所说的"何必曰利？亦有仁义而已矣"[10](p.2)，这样的人可以立言，可以立德，可以作为高洁之士（譬如令人钦佩的李二曲，还有更具典范意义的海瑞），但是，这样的人很难满足日常政治的需求，很难成为有效的政治行动者，甚至不能成为合格的政治行动者。卓有成效的政治行动者，尽管有例外，但在常态情况下，往往是那些儒法兼备的人，譬如世人景仰的诸葛亮，就集中地体现了儒法兼备的特点；曾国藩也是饱受推崇的人物，然而，"曾国藩深于宦术，兼综儒法"[11](p.152)。这些人物可以表明，传统中国的模式总体上可以归属于儒法模式，正是在这个意义上，传统中国也可以称为儒法国家。在儒家与法家之间，儒家提供意识形态的支撑，提供国家政权的正当性依据，甚至还可以提供心灵、精神方面的安慰。至于法家，则满足了各种各样的现实性、功利性方面的需要。打个比方，这就仿佛一桩成功的婚姻，儒家提供的相当于形而上的爱情，法家提供的相当于形而下的油盐柴米。

按照现代的学科划分，儒家学说与人文学科具有更多的关联性，文学、历史、哲学都偏好研究儒家人物、儒家典籍。法家学说与社会科学具有更多的关联性，包括政治学、法学、经济学在内的社会科学，对法家人物、法家典籍有较多的关注。分而述之，法家追求富国强兵，其中的"富国"恰恰就是亚当·斯密的经典名著《国富论》的主题。法家讲的"术"，大致相当于政治学中的"领导科学"或"管理学"。法家讲的"以法治国""一断于法"相当于今天的依法治国，是一个可以归属于法学的核心主题。对于传统中国来说，儒法两家都是必需的，一家都不能少。儒法合流之后的儒法国家、儒法传统，就是这样形成的。

传统中国儒法合流的模式，对于当下及未来的中国模式的启示在于：不能仅仅依靠法家，也不能仅仅依靠儒家。法家的功能，儒家不具备；同样，儒家的功能，法家也不具备。但是，如果能把儒家与法家结合起来，大致就可以满足一个政治共同体的基本需要。因此，中国模式的未来，既要充分吸收儒家的思想理论资源，也要注意吸收法家的思想理论资源。

三 法家思想与专制政体

从先秦时代开始，一直到今天，法家遭遇了许许多多的批评。早期的批评，主要是说法家刻薄寡恩、功利鄙俗。在现当代，法家遭遇的批评主要是"专制"，人们习惯于把"专制"之类的负面标签贴在法家身上。

譬如，1959年萧公权曾经写过一篇《法家思想与专制政体》，他在这篇文章中写道："法家思想对中国帝制体系的发展，亦扮演一个十分重要的角色"，具体地说，"秦朝是帝制中国的第一个专制王朝，其主导思想与政治运作完全根据法家思想"，因此，如果要"对中国帝制体系作合理而正确的说明，是应将专制政体的影响力归功于法家思想"。[12](pp.48-57) 萧公权的这个看法颇具代表性，或许可以代表一个时代的观点。传统中国的很多人不喜欢法家，主要是因为法家与儒家背道而驰；近代以来的很多人不喜欢法家，主要是因为法家与专制同向同行，正如萧公权所说的：传统中国的专制政体主要是法家思想促成的，法家思想与专制政体甚至是捆绑在一起的，法家思想应当对传统中国的专制政体负责。

然而，法家思想与专制政体的关系毕竟是一个复杂的问题，也许不像萧公权说的那样简单，也许还有进一步分辨的必要。首先，什么叫作"专制政体"？按照孟德斯鸠的经典解释："专制政体是既无法律又无规章，由单独一个人按照一己的意志与反复无常的性情领导一切。"[13](p.265) 如果我们认同这样的权威界定，那么，传统中国的政体到底是不是孟德斯鸠所说的专制政体可能还是一个疑问。一方面，传统中国一直有大量的"法律与规章"。烦琐不堪的礼，从《周礼》到《朱子家礼》，所在多有。还有像《贞观律》《永徽律》那样的律，见于历朝历代。众多的礼与律都是货真价实的"法律与规章"，现代学者譬如程树德的《九朝律考》，已经对传统中国的一部分"法律与规章"进行了专门的研究与呈现。另一方面，传统中国的君主也必须遵循相当多的规范。譬如，在确立储君这样的问题上，君主就必须遵循具有宪法性质的政治惯例或"君主继承规则"。明代的万历皇帝朱翊钧，就是因为不能"按照一己的意志"选择他喜欢的皇三子常洵作为太子，以取代皇长子常洛，长时间与臣僚闹情绪，据说，"皇帝决心以顽强的意志和臣僚作持久的对抗，臣僚不让他立常洵为太子，他也不立常洛为太子，甚至不让常洛举行冠礼以便向翰林院的官员就读。像这样双方坚持达十年之久"[14](p.76)。这个颇有戏剧性的事例表明，在传统中国的政体中，君主绝不可能"由单独一人按照一己的意志与反复无常的性情领导一切"。简而言之，能否以孟德斯鸠所说的"专制"来描述、定性、解释传统中国的政体，可能还有进一步探讨的必要。

换一个角度，即使暂时不提"专制政体"这个概念，仅仅是讨论法家思想与传统中国政体的关系，也有必要做进一步的辨析。因为从法家的角度来看，始于春秋的传统中国至少可以分为两个不同的时期：一是春秋战国时期，二是从汉至清的大一统时期。法家思想是在春秋战国时期全面兴起的，以商鞅、申不害、韩非为代表的法家人物，都是春秋战国时期的人物。法家思想也只有在春秋战国时期，才成为一些诸侯国君奉行的主导思想。秦朝当然也奉行法家思想，但秦朝只不过是秦国的延伸，且仅仅延伸了十几年。自汉代以后，直至19世纪，除了个别时期的个别人物，在政治主流中，在国家意识形态层面，法家思想几乎都处于隐而不显的状态。法家思想为什么在大一统的时代隐而不显？法家思想为什么在春秋战国时代颇受青睐？一个根本的原因就在于：法家思想是应对战国格局的思想，是列国竞争时代才迫切地需要的思想。在大一统的时代，法家思想的地位相对下降。这么说来，从汉至清两千年来的中国政体，无论它是不是"专制政体"，都不能完全"归功于"法家思想。

因此，要理解法家思想，必须看到一个现实性的约束条件：它主要是应对战国格局的思想。国与国之间存在着残酷的生存竞争，稍不留意，就会出现"不得保其社稷"的严峻后果，这是理解法家思想的一把钥匙。法家人物不浪漫，法家人物不讲境界、心性，法家人物也不养浩然之气，法家人物的现实感，法家人物的焦虑感，都由此而滋生。为了解决一个国家在战国背景下的生存问题，法家思想的主要着眼点就在于：整合国家内部资源，提升国家的国际竞争能力，用梁启超的话来说，那就是"万国比邻，物竞逾剧，非于内部有整齐严肃之治，万不能壹其力以对外"[15](p.1255)。法家代表人物向君主提交了无数的决策咨询报告，说来说去，核心关切可以概括为：如何加强政治中枢的整合能力，如何提升国家治理能力，如何实现富国强兵。在法家看来，一个国家必须在有效整合内部资源的前提下，只有把一个国家的全部力量拧成一股绳，劲往一处使，才可能"壹其力以对外"，这个国家才可能在战国背景下首先维持生存，进而占据某种优势地位。这就是法家的逻辑。

从汉至清两千年，历代君主一直居于天下共主的地位——至少在理论上居于这样的地位。在这种大一统的背景下，在历代君主的视野里，虽有华夷之分，但没有平起平坐、彼此对等、在同一个层次上相互竞争的政治单元，于是，法家思想失去了针对性。这是法家思想在两千年间一直上不了台面的一个重要原因。两千年间，法家著作只能充当"子书"，儒家的一些文献却上升成为"经书"（特别是其中的《春秋》，甚至上升到宪法的地位），原因也在这里。

但是，从19世纪中叶开始，随着一个"新战国时代"的再次浮现，随着"总理各国事务衙门"在1861年的正式成立，随着"理藩"转向"外交"，随着"夷务"变成"洋务"，法家思想也随之出现了一个复兴的趋势。19世纪末20世纪初，章太炎、梁启超等人，率先为法家人物及其思想翻案正名，后来又有"大江会""醒狮派""战国策派"的先后兴起，都不是偶然的。这些此起彼伏的思想潮流，都可以归属于或隐或显的法家思潮。这些法家思潮的兴起，绝不是偶然的，更不是某些思想人物标新立异或突发奇想的产物。这些法家思潮的兴起，归根到底，都是因为源于先秦时期的法家思想，从根本上回应了中国在"新战国时代"的思想需求。

法家理论及实践的精神与风格，是改革、创新、追求实效。中国模式的成功，离不开法家的政治智慧。在当代，儒家学说的影响力在不断上升。在新儒家的一些代表人物看来，儒家是中国模式的一个选项。按照蒋庆的说法，"中国今后具有中国文化特色之政治礼法制度当由'政治儒学'重构"[16](p.13)。这种看法自有其逻辑，值得给予同情式的理解。不过，如前所述，仅仅依靠儒家学说，哪怕是"政治儒学"，也是不够的。然而，如果能把儒家与法家结合起来，如果能够同时吸取儒家和法家的智慧，中国模式就可以获得更加丰沛的历史文化资源。

如果说，在中国模式中，离不开儒家因素与法家因素，儒法传统及其蕴含的历史文化资源与当下及未来的中国模式具有紧密的联系，那么，外来的自由主义传统呢？在中国模式中，儒法传统与外来的自由主义传统的关系如何理解？

四　儒法传统与自由主义

从中国模式的角度看，外来的自由主义传统及其与儒法传统的关系，是一个复杂而庞大的主题，这里不能全面展开。在这里，我们只看外来的自由主义传统中的一个重要标志、重要基点，那就是法官独立。我们且把法官独立作为自由主义传统中的一个标志、基点或纽结，考察自由主义传统与儒法传统的关系。

自20世纪80年代以来，很多学者都注意到自由主义传统中的法官独立。其中，英国16—17世纪的柯克法官尤为著名。1612年，在柯克法官与英国国王詹姆斯一世之间发生了一场冲突。詹姆斯一世认为，他与他的代理人有权直接审理普通法法院的案件。柯克法官不能同意国王的这个要求。"他记下了一次同詹姆斯一世的谈话如下：国王接着说，他认为法律是基于理性的，他本人和其他人跟法官一样也都有理性。对此，我回答说，确实是这样，上帝恩赐陛下以丰富的知识和非凡的天资，但陛下对英王国的法律并不熟悉。对于涉及陛下臣民的生命、继承权、货物或其他财物的案件并不是按天赋的理性来决断的，而是按特定的推理和法律判决的。人们要懂得法律必须经过长时的学习并具有实践经验……对此，国王勃然大怒，并说，如此说来，他必须受到法律的约束了。他说，这种说法构成了叛国罪。对此，我说，勃莱克顿说过：'国王不应服从任何人，但应服从上帝和法律'。"[17](pp.509-510)

即使国王以叛国罪相威胁，柯克法官的回答依然掷地有声，而且这番回答激起的回响，四百多年来一直不绝如缕。流传至今的这个极其生动的历史事件，让柯克成了自由主义传统中法官独立的象征。相比之下，在中国历史上，在儒法传统中，一向没有法官独立的传统。在古代中国，地方上甚至没有专职的法官，只有"兼理司法"的知县、知府之类的行政官员，这未免让一些人感到遗憾。然而，在中国的儒法传统中，虽然没有自由主义传统中的法官独立，却有另一个古老的传统足以与之比肩，那就是史官独立。

春秋时期，在齐国当权的大臣崔杼杀害了齐庄公。据《左传·襄公二十五年》，"大史书曰：'崔杼弑其君。'崔子杀之。其弟嗣书而死者，二人。其弟又书，乃舍之。南史氏闻大史尽死，执简以往。闻既书矣，乃还。"[18](p.949) 这个事件还见于《史记·齐太公世家》："齐太史书曰'崔杼弑庄公'，崔杼杀之。其弟复书，崔杼复杀之。少弟复书，崔杼乃舍之。"[19](p.203) 由此我们看到，第一个被杀的史官，加上第二个被杀的史官，再加上第三个幸免于难的史官，以及第四个"执简以往"的史官，足以构成一个"史官群像"，他们不畏权势、前仆后继的独立精神，较之17世纪的柯克法官有过之无不及。尤其值得注意的是，齐国的史官，既在鲁周公（姬旦）开创的传统中，也在齐太公（吕尚）开创的传统中，如果说鲁周公是儒家的元圣，那么齐太公则可以视为法家的始祖。[20] 从这个角度来看，史官独立的传统处于儒家传统与法家传统的交汇点上。

对于儒法传统中的史官独立与自由主义传统中的法官独立之间的关系，梁启超在1926年至1927年之间所做的《中国历史研究法（补编）》中略有提及，他说："现在人喜欢讲司法独立，从前人喜欢讲史官独立。"在儒法传统中，史官独立的形成，"自然是国家法律尊重史官独立，或社会意识维持史官独立，所以好的政治家不愿侵犯，坏的政治家不敢侵犯，侵犯也侵犯不了。这种好制度不知从何时起，但从《春秋》以后，一般人暗中都很尊重这无形的纪律，历代史官都主张直笔，史书著成也不让皇帝看。"梁启超还说："除了这点独立精神以外，史官地位的高贵也很有关系。""史官在法律上有独立的资格，地位又极尊严，而且有很好的人才充任，这是中国史学所以发达的第二原因。"[21](pp.4868-4869)

中国史学发达的原因这里暂且不论，史官独立的制度始于何时？博雅如梁任

141

公都说"不知",我就更是不得而知了。《汉书·艺文志》有言:"古之王者世有史官,君举必书,所以慎言行,昭法式也。"[22](p.328)这里的"古之王者"到底是什么时候的"王者",班固也没有说明。不过,既然春秋时期已经出现了史官独立的经典形象,我推测,至迟在西周初年,就已经建立了这样的史官制度。因为《史记·晋世家》中已有这样的记载:"武王崩,成王立,唐有乱,周公诛灭唐。成王与叔虞戏,削桐叶为珪以与叔虞,曰:'以此封若。'史佚因请择日立叔虞。成王曰:'吾与之戏耳。'史佚曰:'天子无戏言。言则史书之,礼成之,乐歌之。'于是遂封叔虞于唐。"[23](p.240)这里的"史佚"就是记载君主言行的史官,他居然有足够的权威把周成王的一句戏言扭转成为一项正式的国家重大决策,这个"史佚"的独立与强硬,足以给人留下深刻的印象。

梁启超主要是从"中国历史研究法"的层面上,论及儒法传统中的史官独立,同时顺便提到自由主义传统中的法官独立。然而,倘若着眼于中国模式中的本土因素与外来因素,深入剖析自由主义传统中的法官独立与儒法传统中的史官独立之间的关系及异同,却是一个颇有意义的题目。简而言之,两者之异主要是形式上的:那边是审理案件的法官,这边是负责记录的史官,角色、身份都不一样。两者之同主要是实质上的,因为两者都履行了一个相同的职能:对权力的监督与制约。具体地说,在自由主义传统中,以柯克为象征的法官可以顶住君主的压力,甚至可以排斥君主对案件的管辖权,进而独立自主地对司法案件做出判决。同样,儒法传统中的史官也可以顶住君主或权臣的压力,秉笔直书,把君主或权臣的言行载之史册,传之后世。君主或权臣有了嘉言懿行,当然希望史官淋漓尽致地记录下来。但是,当君主或权臣有了不当的或错误的言行,倘若史官也如实记录,君主或权臣就会有压力。在这种情况下,儒法传统中独立的史官就像柯克那样的法官一样,充当了监督、制约君主或权臣的一种重要的制度角色。

在传统中国,哪怕是在诸侯力政、相互攻伐的春秋战国时期,哪怕是奉行法家学说的君主或权臣,依然想在历史上留下一个好名声,依然不愿意被押上历史的审判席。然而,在历史的审判席上负责裁决的人,恰恰就是史官。《史记·孔子世家》称:"《春秋》之义行,则天下乱臣贼子惧焉。"[24](p.330)《孟子·滕文公下》称:"孔子成《春秋》而乱臣贼子惧。"[25](p.166)此后,这个著名的论断以大致相似的表达方式,在《汉书》《后汉书》《旧唐书》《新唐书》《宋史》《金史》等典籍中多次出现。这个反复重复的论断可以解读为:作《春秋》的孔子,既相当于一个独立的史官,其实也相当于一个独立的法官,他的《春秋》是对乱臣贼子的最终判决,所以让乱臣贼子畏惧不已。这就是儒法传统中的史官独立,它较之于自由主义传统中的法官独立,具有更加深远的思想意涵。

五　结语

古今之间的中国，虽然从19世纪中期开始，就逐渐经历了一场根本性的变革与转型，然而，在一定程度上，在数十年间逐渐形成的中国模式依然是中国传统在"转型过程中的延伸"或"延伸过程中的转型"。传统中国毕竟是一个儒法国家，中国传统不妨视之为儒法传统。外来的文化虽然已经汇入中国模式，虽然已经在中国模式的框架下发挥了一定的甚至是较大的作用，虽然已经产生了一定的甚至是较大的影响，甚至还促成了固有的儒法传统与时俱进、升级换代，这些都是不容置疑的。但是，在可以预见的将来，中国模式始终都离不开儒家与法家这两种固有的传统因素。

在这里，儒家暂且不论，只就法家而言，它在当下及未来的中国模式中，不仅会持久地发挥作用，甚至还会发挥更大的作用，我们的理由在于，先秦时代兴起的法家理论及实践归根到底是应对战国格局的产物，然而，当下及未来的世界却是一个比先秦时代更加复杂的新战国时代，对于这个新的战国时代，蒋庆称之为"隐性的'战国时代'"[14](p.334)。实际上，无论称之为新战国时代还是"隐性的'战国时代'"，都是可以成立的。所谓新战国时代，主要是说，中国人在先秦时期经历了一个战国时代，19世纪以后，中国人又经历了第二个战国时代，因此称之为新战国时代；所谓"隐性的'战国时代'"，主要是针对以前盛行的公开的武力争夺、军事掠夺而言的。概而言之，不论是哪种说法，都指出了这个时代所具有的"战国"性质。按照历史规律，当下及未来的中国模式既然是在一个新的、隐性的战国时代逐渐形成的，那么，在中国模式中包含法家因素，几乎可以说是一个历史的必然。

参考文献

[1][3][15][21] 梁启超. 梁启超全集 [M]. 北京：北京出版社，1999.

[2][6][19][23][24][汉] 司马迁. 史记 [M]. 北京：中华书局，2006.

[4] [唐] 房玄龄注. 管子 [M].[明] 刘绩补注. 上海：上海古籍出版社，2015.

[5] 喻中. 法家三期论 [M]. 北京：法律出版社，2017.

[6] [汉] 贾谊. 新书 [M]. 方向东译注，北京：中华书局，2012.

[7] [22] [汉] 班固. 汉书 [M]. 中华书局，2007.

[8] [清] 颜元. 颜元集 [M]. 王星贤、张芥尘、郭征点校. 北京：中华书局，1987.

[9] [宋] 朱熹. 朱子全书. 第21册（晦庵先生朱文公文集二）[M]. 朱杰人、严佐

之、刘永翔主编. 上海：上海古籍出版社，合肥：安徽教育出版社，2010.
[10][25] [战国] 孟子. 杨伯峻译注. 孟子译注 [M]. 北京：中华书局，2012.
[11] 王元化. 清园夜读 [M]. 台北：台北书林出版有限公司，1996.
[12] 萧公权. 迹园文录 [M]. 北京：中国人民大学出版社，2014.
[13] [美] 孟德斯鸠. 论法的精神上册 [M]. 张雁深译. 北京：商务印书馆，1982.
[14] 黄仁宇. 万历十五年 [M]. 北京：中华书局，1982.
[16] 蒋庆. 政治儒学：当代儒学的转向、特质与发展 [M]. 福州：福建教育出版社，2014.
[17] [美] 萨拜因. 政治学说史下册 [M]. [美] 索尔森修订，刘山等译. 北京：商务印书馆，1990.
[18] [春秋] 左丘明. 左传全译 [M]. 王守谦、金秀珍、王凤春译注. 贵阳：贵州人民出版社，1990.
[20] 喻中. 论吕尚的法理学——谦及中国功利主义法学的起源 [J]. 法学杂志，2018(9).

Legalism Factors in the Chinese Model

Abstract: To fully understand the Chinese model, it is necessary to take note of the legalism. Historically, there has been a fundamental change between ancient China and contemporary China, but the Chinese model is the result of the "transformation extension" or "extension transformation" of China's inherent Confucian and Legalism traditions. In the tradition of Confucianism and Legalism, Confucianism and Legalism are complementary. As far as legalist factors are concerned, it pursues the goal of enriching the country and strengthening the army. It advocates the rule of law, which can fundamentally respond to the current and future needs of China. From the source, the theory and practice of legalism is the product of coping with the Warring States period. The present and future world is a new Warring States period which is more complex than the previous Warring States period. Therefore, Legalism will play a lasting role in the current and future Chinese model.

Keywords: Chinese Model; Legalist School; Prosperity; Rule by Law; the Warring States

【作者简介】喻中，中国政法大学教授、博士生导师，主要从事法理学研究。

法家学说：世界首个科学的政治学

何永军

【内容摘要】 春秋战国时代残酷的社会政治现实催生了残酷的理性，使法家在思考政治问题时，自觉地遵循了实证的研究方法，坚持了政治与道德分离、政治与宗教神学分离的立场，为科学的政治学奠定了理论基础。法家学说是人类历史上第一个科学意义上的政治学。富国强兵、法治和变法是法家的三块招牌，也是法家的三个标识、三张名片。我们今天要继承和发扬光大法家的政治遗产，要义就在坚持法家科学理性的精神，继承和发扬光大这三者。但是，作为科学的政治学，法家学说也存在致命的缺陷。科学只是工具理性，本身无所谓好坏。由于法家在方法上坚持价值中立的立场，在政治分析和推演时将道德和宗教神学排除在政治的逻辑之外，事实上割裂了政治与价值的关系。接受人民主权的学说，从为君主服务转变为为人民服务，注入自由、民主和人权等现代价值，重建政治与价值的关系，是新时代法家面临的重要课题。

【关键词】 法家；科学；政治；道德；宗教神学；价值

关于法家的政治思想，国内外的相关研究可谓汗牛充栋，我们这里拟讨论的不是法家的政治思想，而是法家对于政治学这个学科的理论贡献。政治学是一门既古老又年轻的学科。在西方，早在古希腊就产生了诸如柏拉图的《理想国》和亚里士多德的《政治学》等一批伟大的政治学著作。而在东方，政治基本上是中国传统学术的中心议题。司马谈说："夫阴阳、儒、墨、名、法、道德，此务为治者也，直所从言之异路，有省不省耳。"（《史记·太史公自序》）《淮南子·氾论训》云："百家殊业，而皆务于治。"梁启超也有言："我国自春秋战国以还，学术勃兴，而所谓'百家言'者，盖罔不归宿于政治。"[1](p.3) 但作为一门独立的现代社会科学，政治学诞生的历史并不久远，其在19世纪才问世，而且最初依附

于法学，直到 1945 年后才具有了完全不同的特点。[2](p.405)

政治学要成为一门科学，必须具备如下三个条件：一是使用实证的研究方法；二是将政治与道德分离开来；三是将政治与宗教神学分离开来。只有坚持价值中立的立场，摆脱道德教条和宗教神学的束缚，把政治当作一个客观的物质现象，从经验材料出发，以理性的眼光加以审视和考察，人们才能获得关于政治的可靠知识，政治学本身才有可能变成一门独立的社会科学，而不再只是哲学和神学的仆从。在本文中，笔者将试图说明法家学说事实上已经做到了这三点，法家为建构一门科学的政治学提供了三个方面的理论基础。如果世界上有科学的政治学，那么法家学说无疑就是世界上第一个科学形态的政治学。富国强兵、法治和变法是法家的三块招牌、三个标识、三张名片，只有坚守这三者才是真正的法家。而作为科学的政治学，由于其割裂了政治与价值的关系，法家学说也存在自身的局限。

一 实证方法的自觉运用

实证研究方法在自然科学上的广泛运用，使近代自然科学取得了突飞猛进的成就，实证性因此也成为科学性的代名词，成为科学本身的象征。实证方法在自然科学研究中的有效性使人们相信，如果将其运用于对社会问题的研究，同样可取得理想的效果，使人们对社会问题的认识达到科学的程度。孔德根据这一设想，在世界上创立了科学的社会学。科学的社会学要求杜绝神学和形而上学的思辨，将社会现象当作客观事物来看待，从经验事实本身出发去寻找事物的普遍规律性，即从事实归纳出观念，而不是相反。[3](p.14) 费孝通曾说"作为一门科学就必须是实证性质的"[4](p.230)，其是针对社会学而言，但这话对包括政治学在内的所有社会科学都是有效的。先秦法家虽然没有实证等近现代的方法论观念，但是他们在研究政治问题时，事实上自觉地采用了实证的研究方法。可以说法家的每一个重要的政治观点和主张都是建立在经验事实的基础之上的，都具有现实依据。对实证研究方法的自觉运用，是法家学说之所以能够成为科学的政治学的基础。

（一）人情论

任何制度设计都是建立在一定的人性假设基础之上的，人性是讨论政治问题无法回避的逻辑前提。在儒家那里，人性是一个先验的概念。孔子云："性相近也，习相远也。"（《论语·阳货》）性在孔子那里是一个关于人的先天规定性，带有几分神秘的色彩。因此，孔子谈论性的时候较少，以致子贡说"夫子之文章，可得而闻也，夫子之言性与天道，不可得而闻也"（《论语·公冶长》）。孔子只讲了人性是相近的，而没有讲人性是怎么样的。孟子和荀子在孔子人性论的基础上，分别提出了性善论和性恶论。但无论是性善论还是性恶论，其所谓人性都是一个先验的概念。

而与儒家不同的是，法家的人性论完全是实证的，他们对人性的看法完全来自经验事实。在经验的观察中，法家看到了现实中人性的不完美："夫凡人之性，见利莫能勿就，见害莫能勿避。"（《管子·禁藏》）"人莫不自为也。"（《慎子·因循》）"好爵禄而恶刑罚。"（《商君书·错法》）"好利恶害，夫人之所有也。"（《韩非子·难二》）"喜利畏罪，人莫不然。"（《韩非子·难二》）"夫民之性，恶劳而乐佚。"（《韩非子·心度》）法家不关心人在本源上是善的还是恶的，他们只关心人在现实社会生活中表现出来的情状，即人情；结果他们发现现实中的人都是自私的、趋利避害的。①

正是由于法家不关心抽象的人性，他们只关心人的客观表现，因此法家时常干脆用人情取代了人性，发展出了法家特有的人情论。《商君书·算地》："民之性，饥而求食，劳而求佚，苦则索乐，辱则求荣，此民之情也。"《韩非子·难势》："人之情性，贤者寡而不肖者众。"《韩非子·难一》："人情莫不爱其身。"《韩非子·难三》："人情皆喜贵而恶贱。"《韩非子·奸劫弑臣》："夫安利者就之，危害者去之，此人之情也。"而且法家直接将人情作为其政治主张的逻辑起点。《商君书·错法》云：

> 人生而有好恶，故民可治也。人君不可以不审好恶。好恶者，赏罚之本也。夫人情好爵禄而恶刑罚，人君设二者以御民之志，而立所欲焉。夫民力尽而爵随之；功立而赏随之。人君能使其民信于此如明日月，则兵无敌矣。

人生有好恶，故治道有赏罚，人之好恶正是赏罚的人性基础，作为治道的赏罚应基于人性进行理性计算。在继承商鞅上述思想的基础上，韩非明确提出："凡治天下，必因人情。人情者，有好恶，故赏罚可用；赏罚可用，则禁令可立而治道具矣。"（《韩非子·八经》）在韩非看来，治理天下的要义在于根据人情来建立法治、实施赏罚，而法治之所以能够建立起来，赏罚之所以行得通，皆因

---

① 有不少学者据此认为法家是主张人性恶的，例如吕思勉就评论说："人性原有善恶两面，法家则专见其恶。"参见吕思勉《先秦学术概论》，东方出版中心1985年版，第96页。但法家的人性恶实际只是事实陈述，并不包含道德评价的意味。对此，张灏说，法家对人性不作价值上的肯否，而只是在工具层面上加以利用（参见张灏《幽暗意识与民主传统》，四川教育出版社2013年版，第4页），可谓得之。

为人有好恶之情。又说："明主之道不然，设民所欲以求其功，故为爵禄以劝之；设民所恶以禁其奸，故为刑罚以威之。"（《韩非子·难一》）。在法家看来，人性是治道的根据，同时这个人性不是什么先验和抽象的东西，而完全是经验实证的。因为法家的观点来自经验事实，因此直到今天其仍然具有相当的真理性，不能完全加以推翻。

（二）利益论

人是自私的，皆有自为心，趋利避害是人之常情，那么利益就是人唯一的行动指南。对此，法家文献有入木三分的论述。《管子·形势解》："民利之则来，害之则去。民之从利也，如水之走下。"《商君书·算地》："故名辱而身危，犹不止者，利也。"《商君书·赏刑》："民之欲富贵也，共阖棺而后止。"《韩非子·内储说上》："凡人之有为也，非名之则利之也。"《韩非子·外储说左上》："利之所在，民归之；名之所彰，士死之。"基于这样的判断，法家用利益解释人类的一切行为，将利益分析运用到政治和社会生活的一切方面。

对于君臣关系，儒家根据"元后作民父母"（《尚书·泰誓上》），"天子作民父母，以为天下王"（《尚书·洪范》）的教义，认为君主是天下人的父母，"父子之亲，君臣之义"可以等同视之。但法家撕下了儒家笼罩在君臣关系之上的那层温情脉脉的面纱，直言君臣之间只存在客观的物质利益交换关系。一则法家否认君臣之间有所谓的亲情。韩非说："夫君臣非有骨肉之亲，正直之道可以得利，则臣尽力以事主；正直之道不可以得安，则臣行私以干上。明主知之，故设利害之道以示天下而已矣。""君臣之相与也，非有父子之亲也。"（《韩非子·奸劫弑臣》）又说："人臣之于其君，非有骨肉之亲也，缚于势而不得不事也。"（《韩非子·备内》）二则法家认为君臣之间的立场和利益常常是对立的，夺取君主的权位永远是人臣之大利。①商鞅说："罚严令行，则百吏皆恐；罚不严，令不行，则百吏皆喜。"（《管子·重令》）官吏与君主的立场常常是不一致的。而韩非则明确指出"君臣之利异，故人臣莫忠，故臣利立而主利灭"（《韩非子·内储说下》）。三是法家认为君臣之间只存在利益交换关系。韩非说："主卖官爵，臣卖智力。"（《韩非子·外储说右下》）君主出售爵位给臣子，臣子"学成文武艺，货与帝王家"，将自身的智力卖给君主。一言以蔽之，君臣之间无非"臣尽死力以于君市，君垂爵禄以于臣市，君臣之际，非父子之亲也，计数之所出也"（《韩非子·难

---

① 正因如此，为了防止君主被"壅蔽"，韩非提出了"防壅"的命题，参见薛小林《从韩非的防壅意识看"术"在法家思想中的地位》，《现代哲学》2021年第2期。

一》)。臣子效命于君主完全是利益使然，彼此之间充满着算计。

对于权力，法家也用利益来进行分析。尧、舜、禹之间的"禅让"，在儒家看来是政治美德的极致，然而韩非站在现实主义的立场，对其进行了解构："古之让天子者，是去监门之养而离臣虏之劳也，故传天下而不足多也。今之县令，一日身死，子孙累世絜驾，故人重之。是以人之于让也，轻辞古之天子，难去今之县令者，薄厚之实异也。"（《韩非子·五蠹》）韩非用古之天子与今之县令背后物质利益上的不同来解释人们对其态度上的差异和取舍，使人不得不信服他所谓的"轻辞天子，非高也，势薄也；重争士橐，非下也，权重也"（同上）这一完全功利主义的言论。

甚至对于父子亲情，法家也用利益进行分析，韩非观察到人们生了男孩就互相祝贺；生了女孩就将其溺死，据此其推论说："故父母之于子也，犹用计算之心以相待也。"（《韩非子·六反》）

托克维尔说："个人利益即使不是人的行动的唯一动力，至少也是现有的主要动力。"[5](p.654) 马克思也坦承："人们活动所追求的一切都同他们的利益有关。"[6](p.82) 因此法家的利益分析是相当科学的。重视利益和功利并不稀罕，真正令人拍案叫绝的是，法家将利益分析运用到了国家和社会生活的各个层面和角落，其理性达到了冷酷的地步。

（三）实力论

关于统治的合法性，儒家有一套自己的成熟理论。儒家主张民本主义，认为"天之生民非为君也，天之立君以为民也"（《荀子·大略》）。"得天下有道，得其民斯得天下矣；得其民有道，得其心斯得民矣。"（《孟子·离娄上》）在儒家看来，君主统治的合法性来自于天命，而民意即天意、民心即天心①，故得民心者得天下。为此，儒家强调以德服人，十分关心统治在价值和道义上的合法性，力图使人心服。鲁哀公问孔子："何为则民服？"孔子说："举直错诸枉，则民服；举枉错诸直，则民不服。"（《论语·为政》）又说："夫如是，故远人不服，则修文德以来之。"（《论语·季氏》）孟子说："以德服人者，中心悦而诚服也。"（《孟子·公孙丑上》）"天下不心服而王者，未之有也。"（《孟子·离娄下》）对此，荀子完全赞同孟子的主张。他说："人服而势从之，人不服而势去之，故王者已于服人矣。"（《荀子·王霸》）荀子也重视心服而非力服，因此对五霸持批判的态

---

① 对此梁启超曾说："天之意志何从见？托民意以见。此即天治主义与民本主义之所由结合也。"参见《梁启超论先秦政治思想史》，商务印书馆2012年版，第37页。

度，他说："然而仲尼之门，五尺之竖子，言羞称乎五伯，是何也？曰：然！彼非本政教也，非致隆高也，非綦文理也，非服人之心也。"（《荀子·仲尼》）荀子认为霸道的特征之一就是"非服人之心也"（《荀子·王霸》）。

　　法家也关注统治的合法性问题，不过法家否认儒家"民心—天命"这套说教。首先，法家不信天命，否定得民心。韩非认为"适民心者，恣奸之行也"（《韩非子·南面》）。在韩非看来，民众智力低下，不明事理，看不清长远利益，处理政事而希望迎合民众，是祸乱的根源，明主治国是不会考虑民众意志的。① 其次，法家反对以德服人，而强调以力服人。《商君书·开塞》："民之生，不知则学，力尽而服。"《商君书·算地》："汤武致强而征诸侯，服其力也。"《韩非子·五蠹》："上古竞于道德，中世逐于智谋，当今争于气力。"《韩非子·二柄》："夫虎之所以能服狗者，爪牙也。"《韩非子·显学》："是故力多，则人朝；力寡，则朝于人；故明君务力。"《韩非子·八奸》："大国之所索，小国必听；强兵之所加，弱兵必服。"在法家的眼中只有武力，只有力量形成的屈服。

　　而根据法家的人性论和利益论，法家认为现实中的人都是趋利避害的，满足人们利益就可获得他们的服从②，即"以利服人"。[7] 这种以利服人在现实中的表达实际就是政治绩效，掌权者凭借其政治绩效来获得民众的认同和服从。这样讲当然是没有问题的，良好的政治绩效确实是统治合法性的重要来源，其问题只是在于一个政权要长年保持良好的政治绩效是困难的。这种"以利服人"是经验层面的，而不是价值层面的。一言以蔽之，法家重视的只是经验上的合法性，即人们单纯服从的事实，而不关心这种服从是否具有价值、是否正当与合理。

（四）庸君论

　　儒家从理想主义出发，主张君主必须是圣人，平庸者不得居天子位。而法家从现实主义出发，用事实说话。他们观察到，实际上大多数君主都只是一些平庸的人。在法家看来，君主之所以为君主，仅仅是因为他处在君主的位置上，而并非因为其是什么圣贤，即"君之所以为君者，势也"（《管子·法法》）。法家没有将君主描绘成圣人或君子，也没有要求其具有超凡的本领。《商君书·画策》：

---

　　① 不过说韩非完全无视民心也不够准确，韩非十分重视对人性的研究，主张"凡治天下，必因人情"。其希望将刑罚扎根在民众心中，主张"法者，宪令著于官府，刑罚必于民心，赏存乎慎法，而罚加乎奸令者也"（《韩非子·定法》）。不过，韩非所谓的根据人情和民心来建立和实施赏罚制度，一点也没有为民众利益着想、顾及民众情感和愿望的意思，只不过是教导君主应当充分利用人情和民心来达成统治目的而已。

　　② 这一思路具有相当的科学性，对此的理论阐释可参见彼得·M.布劳《社会生活中的交换与权力》，商务印书馆2017年版。

"凡人主,德行非出人也,知非出人也,勇力非过人也。"《慎子·佚文》:"君之智未必最贤于众也,以未最贤而欲善尽被下,则下不赡矣。若君之智最贤,以一君而尽赡下则劳,劳则有倦,倦则衰,衰则复返于人不赡之道也。"《韩非子·有度》:"夫为人主而身察百官,则日不足,力不给。且上用目,则下饰观;上用耳,则下饰声;上用虑,则下繁辞。先王以三者为不足,故舍己能而因法数,审赏罚。"《韩非子·备内》:"人主之患在于信人,信人,则制于人。"《韩非子·主道》:"人主有五壅:臣闭其主曰壅,臣制财利曰壅,臣擅行令曰壅,臣得行义曰壅,臣得树人曰壅。臣闭其主,则主失位;臣制财利,则主失德;臣擅行令,则主失制;臣得行义,则主失明;臣得树人,则主失党。此人主之所以独擅也,非人臣之所以得操也。"更有甚者,韩非还用"不肖"来言说君主,他说:"人主虽不肖,臣不敢侵也。"(《韩非子·忠孝》)在法家眼中,像尧、舜、禹那样的圣人是罕见的,同样像桀、纣那样的暴君也是少见的,大多数君主都是平庸的中人。对此,韩非说:"尧、舜、桀、纣,千世而一出……世之治者不绝于中。吾所以为言势者,中也。中者,上不及尧舜,而下亦不为桀纣,抱法处势则治,背法去势则乱。今废势背法而待尧舜,尧舜至乃治,是千世乱而一世治也。"(《韩非子·难势》)法家的这些言论,当然均来自经验观察,具有事实基础。

"法家的观念是现实主义的"[8](p.142),法家不信鬼神,奉行的是唯物主义的认识路线,而之所以如此,与春秋战国时期残酷的社会现实分不开。《春秋》所记二百四十二年间,"弑君三十六,亡国五十二,诸侯奔走不得保其社稷者不可胜数"(《史记·太史公自序》),而战国期间情况更严峻,"争地以战,杀人盈野;争城以战,杀人盈城"(《孟子·离娄上》),"生存还是毁灭"是当时每个人都无法回避的现实问题,这种残酷的社会现实催生了残酷的理性。一切超验的思想和理念都被法家摒弃了,法家将一切都还原为物质主义①,其所有主张都来自现实的人性和经验事实,都经过功利主义的计算。法家事实上自觉地采取了实证的研究方法,这为开创科学的政治学奠定了方法论基础。

二 政治与道德的分离

政治学要变成科学,不但要坚持实证的方法、严守价值中立的立场,还需要将政治从道德中解放出来,因为"道德无疑是在割裂现实、否认现实"[9],道德讨论的是主观的应然世界,而科学的政治学关注的是现实世界、实然世界。只有排除掉道德的主观预设,人们才能客观和理性地谈论政治问题,才可能克服应然

---

① 法家"法治主义者,其实则物治主义也"。参见《梁启超论先秦政治思想史》,第176页。

与实然的对立，获得关于政治的客观知识。事实上，马基雅维里正是通过对"现实"的强调，将道德与政治分离开来，摆脱了传统的束缚，从而为现代政治哲学奠定了基础。对此，马克思评价道："从近代马基雅维里……以及近代的其他许多思想家谈起，权力都是作为法的基础的。由此，政治的理论观念摆脱了道德，所剩下的是独立地研究政治的主张，其他没有别的了。"[10](p.368) 现代学者通常认为："马基雅维里正是通过对政治与道德的区分使政治学从伦理学和哲学，在当时主要是宗教的领域中独立出来，获得了其自身的地位，这种以政治学的方式对人和对政治现象的研究被认为开创了西方政治学的起点。"[11](pp.207-208) 政治独立于道德，政治分析摆脱道德的干预，是政治学研究获得自主性的前提和基础，也是科学的政治学不可缺少的必要条件，而在这一点上法家走在了时代的前列。

儒家秉持的是一种道德的政治观，在儒家的话语体系中政治与道德是紧密相连的，儒家恒以道德言说政治。就政治理想而言，儒家本着仁爱之心希望在人间建立一个道德王国，"大道之行也，天下为公，选贤与能，讲信修睦。故人不独亲其亲，不独子其子，使老有所终，壮有所用，幼有所长，矜寡孤独废疾者皆有所养，男有分，女有归。货恶其弃于地也，不必藏于己；力恶其不出于身也，不必为己。是故谋闭而不兴，盗窃乱贼而不作，故外户而不闭"（《礼记·礼运》）。实现天下大同，正是儒家的政治理想。对于治国方略，儒家主张德治。孔子说："政者，正也。子帅以正，孰敢不正？"（《论语·颜渊》）要求统治者做民众的道德楷模，以身示范。又说："道之以政，齐之以刑，民免而无耻。道之以德，齐之以礼，有耻且格。"（《论语·为政》）主张用道德教化来治理民众。对于用人，儒家反对"官人以世"（《尚书·泰誓上》）的世卿世禄制度和任人唯亲，主张尚贤，使用贤才。贤能是儒家的人事路线，其要求官吏不但要具备才能，而且还要有高尚的道德品质，君主本人更应该是圣人。儒家的治世理想就是一位仁君本着仁爱之心，在世上行仁政，从而在人间打造一王道乐土。一言以蔽之，在儒家看来，所谓政治，就是统治者自己遵守仁义礼智信等伦理道德，并引导社会成员共同来遵守这些伦理道德，政治就是道德教化。①

法家对儒家的道德政治发动了一场反革命，其完全不从道德出发来考虑政治问题，时常给人反道德的面目。在政治理想和目标的确立上，法家不是从道德的立场出发来设计自己的政治理想和目标，法家不奢望在人间建立一个道德的理想国，他们的政治目标很明确，就是通过变法实现富国强兵，最终统一天下。"无

---

① "儒家恒以教育与政治并为一谈，盖以为非教育则政治无从建立，既教育则政治自行所无事也。"参见《梁启超论先秦政治思想史》，第119页。

书简之文，以法为教；无先王之语，以吏为师；无剑之捍，以斩首为勇。是境内之民，其言谈者必轨于法，动作者归之于功，为勇者尽之于军。"(《韩非子·五蠹》)这样一个现实而可操作的国家，就是法家所追求的理想国家。

在治国方略的选择上，法家主张法治，要求"一断于法"，依法治国，不看重道德教化。韩非说："有道之主，远仁义，去智能，服之以法。"(《韩非子·说疑》)

在人事路线上，针对儒家的贤能，法家明确地提出了奸能的口号。法家眼中只有法，不相信贤人，提倡"任法而不任智"(《管子·任法》)，甚至认为贤人对于治国只会起到消极作用。《商君书·修权》："不以法论知、罢、贤、不肖者，惟尧，而世不尽为尧。是故先王知自议誉私之不可任也，故立法明分，中程者赏之，毁公者诛之。"《商君书·开塞》："既立君，则上贤废，而贵贵立矣。"《商君书·弱民》："任善言多……言多兵弱。"《商君书·慎法》："凡世莫不以其所以乱者治，故小治而小乱，大治而大乱。人主莫能世治其民，世无不乱之国。奚谓以其所以乱者治？夫举贤能，世之所治也，而治之所以乱。"商鞅认为任用贤德之人与尊君、强兵的目的是相悖的，用这种方法去治国，其结果必然是越治越乱。因此，他总结道："故遗贤去智，治之数也。"(《商君书·禁使》)此外，商鞅反对任贤，还因为他认为"世之所谓贤者，善正也。所以为善正也，党也。听其言也，则以为能；问其党，以为然。"(《商君书·慎法》)

贤德之人不可用，那么应该用什么样的人呢？对此商鞅给出了明确的答案。他说："国以善民治奸民者，必乱至削；国以奸民治善民者，必治至强。"(《商君书·去强》)又说："用善，则民亲其亲；任奸，则民亲其制。合而复者，善也；别而规者，奸也。章善则过匿，任奸则罪诛。过匿，则民胜法；罪诛，则法胜民。民胜法，国乱；法胜民，兵强。故曰：以良民治，必乱至削；以奸民治，必治至强。"(《商君书·说民》)

韩非对法治同样充满信心。他说："夫治法之至明者，任数不任人。"(《韩非子·制分》)"上法而不上贤。"(《韩非子·忠孝》)人的价值被否定，人的道德当然也就被漠视。基于"儒以文乱法"(《韩非子·五蠹》)的判断，韩非说："故举士而求贤智，为政而期适民，皆乱之端，未可与为治也。"(《韩非子·显学》)对于用人，韩非只看重能力，而不重视道德操行。他认为臣民所谓的够交情、仁人、君子、品行好、讲义气、清高傲世、刚直好汉、得民心这八种私人的声誉，对于君主来说都是大祸害；与此相反，私人的恶名，对君主却是大大的利好。基于这样的判断，韩非说："是以有道之主，不求清洁之吏，而务必知之术也。"(《韩非子·八说》)韩非认为评价一个人是否能干，不应看重其虚名，而要看其能否在耕战上取得成就，"事力而衣食，则谓之能；不战功而尊，则谓之贤。贤能之行成，而兵弱而地荒矣。人主说贤能之行，而忘兵弱地荒之祸，则私行立而公利灭矣"（《韩非子·五蠹》）。

萧公权曾说"儒家混道德政治为一谈，不脱古代思想之色彩。韩非论势，乃划道德于政治领域之外，而建立含有近代意味纯政治之政治哲学"[12](p.216)，可谓得之。当然，在肯定法家将政治与道德分离的同时，不可得出韩非认为道德无用或非道德主义的结论，其只"是在政治领域对道德情感的揖别，而不是对道德价值的整体否定"[13](p.232)。实际法治与道德在法家那里只是一个先后次序的问题，而并非水火不容的关系。在法家看来，法治优先于道德。那种认为法家完全看不到贤人和德治任何好处的观点是存在偏颇的，实际在法治得到保障的情况下，法家也会对贤人和德治表现出好感，商鞅甚至还提出了"德法并举"的"重治"（治上加治）学说。[14] 法家只是试图将道德从治国和政治中清除出去，以纠正儒家夸大道德的作用、把政治道德化的错误，从而捍卫他们视若生命的法治及其的优先性。

三　政治与宗教神学的分离

要使政治学变成一门科学，不但要将政治从道德中解放出来，而且必须使政治摆脱宗教神学的束缚。如果政治学只是宗教神学的附庸和仆从，那么政治学的独立性就没有保障。如果关于政治的观点和主张均是从宗教教义和神学教条中推演出的，那么政治学就完全与实证无关了，其只是先验神学的一个组成部分而已。近代西方政治哲学的首要任务就是使政治与宗教神学相分离，无论是马基雅维里还是霍布斯，都对教会和教皇持批判态度，他们使用人的眼光，"从理性和经验中而不是从神学中引出国家的自然规律。"[15](p.128) 今天政教分离在大多数国家已经变成社会现实，政治与宗教和神学的分离正是现代政治与前现代政治的一个重要分水岭。先秦法家的代表性人物大多都是无神论者，这使法家的政治学说在根本上摆脱了宗教神学的影响，法家的主要政治主张和观点都不是建立在宗教神学的基础之上的，其具有鲜明的现代性色彩，这为法家学说成为科学的政治学奠定了又一个坚实的基础。

中国的先民相信鬼神，总是"恪谨天命"（《尚书·盘庚上》）。张荣明曾专门研究商周社会的政治与宗教，其研究表明，殷周社会政治信仰与宗教信仰、政治组织与宗教组织、政治力与宗教力、政治制度与宗教制度均是合一的，宗教与政治浑然不分是当时的基本社会状态。[16] 但随着时间的推移，人本身的力量日益增强，质疑天和天命的思想不断滋生，在中国产生了否定鬼神和天命的无神论思想，而儒家的创始人孔子正是这方面的先驱。

一方面，孔子敬畏天，相信天命。《论语》中记载了大量孔子关于天和天命的言论，例如，"获罪于天，无所祷也。"（《八佾》）"予所否者，天厌之！天厌之！"（《雍也》）"天生德于予，桓魋其如予何？"（《述而》）"唯天为大，唯尧则之。"（《泰伯》）"天之将丧斯文也，后死者不得与于斯文也；天之未丧斯文也，匡人其如予何？"（《子罕》）"噫！天丧予！天丧予！"（《先进》）"不怨天，不尤人，下学而上达，知我者其天乎！"（《宪问》）"五十而知天命。"（《为政》）"君子有三畏：畏天命，畏大人，畏圣人之言。小人不知天命而不畏也，狎大人，侮圣人之言。"（《季氏》）"不知命无以为君子也。"（《尧曰》）孔子不但相信天是主宰者，决定人事，而且相信天命。

另一方面，孔子不迷信鬼神，敬鬼神而远之。樊迟问知，孔子说："务民之义，敬鬼神而远之，可谓知矣。"（《论语·雍也》）季路问如何侍奉鬼神，孔子说："未能事人，焉能事鬼？"季路又问怎样看待死，孔子说："未知生，焉知死？"（《论语·先进》）与事鬼相比，孔子更重视事人；与死相比，孔子更重视生。子不语"怪、力、乱、神"（《论语·述而》）。孔子十分理性务实，将主要精力都放在人事和人道上，集中精力关注人们的世俗生活，对于鬼神等超验的事情从来都是敬而远之。

在孔子的影响下，儒家内部出现了个别的无神论者，公孟子就是一例。《墨子·公孟》记载："公孟子曰：无鬼神。"墨子据此嘲笑儒家"执无鬼而学祭礼，是犹无客而学客礼也，是犹无鱼而为鱼罟也"（《墨子·公孟》），并称儒家的道术足以丧失天下，其列举的第一条理由就是"儒以天为不明，以鬼为不神，天鬼不说，此足以丧天下"（《墨子·公孟》）。墨子认为天下之所以混乱，"皆以疑惑鬼神之有与无之别，不明乎鬼神之能赏贤而罚暴也"（《墨子·明鬼下》）。为了重建人们的鬼神信仰，墨子专门撰文以明鬼。

与天和鬼神地位下降相应的是人的地位的提升，春秋时人们已开始用人事而非天命来解释吉凶祸福。"吉凶由人"（《左传·僖公十六年》），"祸福无门，惟人自招"（《左传·襄公二十三年》），"天道远，人道迩，非所及也"（《左传·昭公十八年》），"国之将兴，听于民；将亡，听于神"（《左传·庄公三十二年》）。人事在社会中的地位日益受到重视，一种以人事而非天命或神意来解释政治和社会现象的人本思想日益为人们所接受，"君使民慢，乱将作矣"（《左传·庄公八年》），"其身正，不令而行；其身不正，虽令不从"（《论语·子路》），"上失其民，作则不济，求则不获"（《国语·周语下》）等以人事言政治成败得失的论断已常见于东周时期的典籍。在天道与人事的分离上，荀子及其门人则走得更远。

荀子认为"天行有常",天是没有意志的,不以人的意志为转移,具有自身的规律,天人有分,社会的治乱,人事的成败,均在人而不在天,应当"明于天人之分","制天命而用之"(《荀子·天论》)。荀子将天道放置一边,认为"道者,非天之道,非地之道,人之所以道也"(《荀子·儒效》)。提示人们不必关心天地之道,好好考量人道就行了。西周初期以来,由天和天命建构起来的那套宇宙秩序,在战国晚期已遭到了强有力的挑战。

法家继承了儒家重人事的思想,而且在无神论上更加彻底和大胆。法家是诸子百家中言治道时唯独闭口不谈天和鬼神的学派。《商君书》中没有出现过主宰意义上的天,天只出现在"天下""天子"之类的词组中。同时,《商君书》也没有论及鬼神,"鬼"字一次也没有出现,而"神"字虽然出现过几次,但都是在"神农"这个人名词组之中。而韩非则是一个露骨的无神论者,其不迷信天和天命,也不相信鬼神。在《韩非子》中,我们只见到他对鬼神迷信的批判和嘲讽,他说:"用时日,事鬼神,信卜筮,而好祭祀者,可亡也。"(《韩非子·亡征》)"龟策鬼神不足举胜,左右背乡不足以专战。然而恃之,愚莫大焉。"(《韩非子·饰邪》)"故恃鬼神者慢于法,恃诸侯者危其国"(同上)。法家的所有政治观点和主张都是依凭经验事实从逻辑中推演出来的。天和神在法家的政治思想中是没有任何位置的,在实现政治与宗教神学的分离方面,法家做得较为彻底。

四 法家的政治遗产

法家不是人文主义者,而是社会科学家,是治国理政的专门家。虽然法家只想解决他们时代面临的议题,并没有打算为后世立法,但是由于他们将政治作为一个客观的对象来研究,也由于其政治学说和主张都建立在经验事实的基础之上,具有相当的科学性,故时至今日法家的许多主张仍然是成立的,法家给我们留下了一大笔政治遗产,摘其要者有三:富国强兵、法治和变法。这三者是法家的三块招牌、三个标识、三张名片。

法家从来没有想过要在人间建立一个道德的理想国,作为现实主义者,法家很少去思考什么是理想的国家形态。面对残酷的社会政治现实,"法家的思考一切以富国强兵为宗旨"[17](p.37),法家思考的问题主要集中在如何使自己的国家强大,如何使自己的国家在与别国的竞争和战争之中处于不败之地,如何才能统一天下。富国强兵是法家所追求的直接政治目标。《管子·形势解》:"主之所以为功者,富强也。故国富兵强,则诸侯服其政,邻敌畏其威,虽不用宝币事诸侯,诸侯不敢犯也。"《商君书·更法》:"是以圣人苟可以强国,不法其故。"《韩非子·六反》:

"官治则国富，国富则兵强，而霸王之业成矣。"诚如学者所言"盖法家莫不以富国强兵为事"[18](p.80)，"如何致富强"是法家学说的"基源问题"[19](p.269)，"先秦法家最为关注如何富强的问题，也是中国政治思想史上最早提出系统的富强理论的学派"[20]，富国强兵正是法家的第一张名片。

法家的富国强兵主张和实践，在中国形成了一个强国家传统[21](p.1)，这使个人主义在中国难也落地生根，但其也使中国较早就出现了国家主义的观念，人们很早就对国家形成了高度的认同，中国可能是世界上唯一不需要凭借民族主义就能形成国家认同的国家，直到今天其仍然是我们不可多得的政治优势。中国的政治认同一定是国家认同，而不只是停留在民族认同上。在共产主义社会到来之前，人类都将生活在战国时代，法家富国强兵的主张在当下以及长远的未来都仍然具有积极意义，是我们宝贝的政治财富。在中国已经成为世界第二大经济体的今天，为了保护我们人民的财富和维护世界的和平，今后强军应当成为我们的基本国策。

法家主张"一断于法""以法治国""缘法而治"，法治是法家所主张的治国方略，是法家的第二张名片。要实现富国强兵就必须发展经济，加强国防建设，即法家所说的农战，而为此就必须国家垄断一切（"利出一孔"），依据人情对人施加赏罚，运用法律来治理国家。农战和法治正是现实富国强兵目标的手段。以现在的眼光来看，法家的法治观是一种形式意义上的法治观，其具有相当的科学性，只是在实质上存在欠缺。法家的大多数法治主张，诸如"刑无等级"（《商君书·赏刑》）、"国皆有法，而无使法必行之法"（《商君书·画策》）、"奉法者强，则国强。奉法者弱，则国弱"（《韩非子·有度》）、"法不阿贵，绳不挠曲……刑过不辟大臣，赏善不遗匹夫"（《韩非子·有度》）、"法之不行，自上犯之"（《史记·商君书列传》）等至今仍富有真理性，启人智慧，是我们今天进行法治建设的宝贵遗产。

从宏观上讲，人类政治发展的方式主要有两种，一是革命，二是改革（即变法）。其中，改革最为常见，代价也相对较小，是人们最可接受的政治发展方式。法家主张变法，《商君书·更法》："治世不一道，便国不必法古。"《商君书·开塞》："圣人不法古，不修今。"《韩非子·心度》："法与时转则治。"《韩非子·五蠹》："世异则事异，事异则备变。"法家不但是理论家，而且还是实干家。商鞅将其理论主张变成了现实的政治实践，在秦孝公的支持下在秦国开展了一场轰轰烈烈地变法运动。变法正是法家的第三张名片。法家的变法主张在今天仍然具有积极的现实意义。通常人们只是将改革（变法）理解为完成某种特定的社会转变、解决某一特定社会问题的短期行为，而不将其看作一种社会常态，实际上这是一个重大误解。商鞅变法之所以取得成功，其要义就在于其具有持续性（历 7

代君主，经130多年之久）。如果商鞅变法的成果不能持续保持，那么其结果必然招致失败，秦国也不能最后统一中国。在今天这个后革命的时代，渐进的改革已经成为社会的常态，在今后我们要立于世界的不败之林，就必须将我们的改革开放始终坚持下去。

我们今天要继承和发扬光大法家的政治遗产，主要就是要继承和发挥光大法家富国强兵、法治和变法的三大主张，高举法家的这三块招牌、三个标识、三张名片，而不是要去复兴法家权谋和君势的那些东西。

五 结语

法家运用实证主义的方法，将政治现象作为客观对象进行观察和研究，将政治与道德、宗教神学完全分离开来，使政治学获得了独立发展的空间，法家的学说是人类历史上第一个科学意义上的政治学。① 实践是检验真理的唯一标准。商鞅在秦国变法取得的事功，以及秦国最后能战胜六国统一天下，均说明法家学说是能够指导实践并取得成功的，其是禁得起实践检验的，其科学性毋庸置疑。美国学者福山认为，按照马克斯·韦伯的理性化标准，秦朝是人类历史上第一个政治意义上的现代国家[22](p.195)，这也可看作对法家学说科学性的首肯。

就其作为科学而言，法家学说是超越其所处时代的，故其既属于过去，也属于现在和未来，既属于中国也属于世界。[23] 法家的学说是科学，因此，那种认为中国古代只有技术而没有科学的说法是需要检讨的。同样，那种认为中国古代逻辑学不发达的观点也是值得商榷的。秦经二世而亡，使法家学说被钉在了历史的耻辱柱上，从此法家学说拿不上台面，由明转暗②，这使中国逐渐失去了先秦时期所开创的科学理性精神传统，实属遗憾。

不过，在肯定法家学说科学性的同时，我们也必须正视其局限。一则，科学本身只是一个理性的工具，无所谓对错与好坏，说法家学说是科学，并不等于说法家学说就是个好东西。科学的好坏，全看其掌握在谁手中、为谁服务。在帝制时代，法学的学说主要掌握在统治者手中，是为君主服务的。法家时常站在君本主义的立场，提出一些"尊主卑臣""正君臣上下之分"的建议和对

---

① 亚里士多德的《政治学》虽然在总体上讲也是经验实证的，但是其还没有完全摆脱道德和宗教神学的影响，故不能被称为科学的政治学。
② 有学者指出："在观念的层次上，秦朝的法家思想是中国文化中令人唾弃的谬种，没有哪个哲人、政治家、暴君公开赞成秦国的政策和法家学说。"参见牟复礼《中国思想之源渊》，王重阳译，北京大学出版社2016年版，第201—202页。

策，其中诸如建议将赏罚不管用的人直接杀掉[①]，以破坏法治为由拒绝拯救灾民[②]等观点在今天看来严重践踏人权、残暴之极，是我们完全无法接受的，应当彻底抛弃。因此，在新的历史时期，法家必须接受人民主权的学说，让法家学说掌握在人民的手中，从为君主服务转变为为人民服务，法律人士不能做没有灵魂的工程师。

二则，法家在方法上坚持实证主义恪守价值中立的立场，在进行政治分析和推演时，将道德和宗教神学排除在政治的逻辑之外，而道德和宗教神学都是价值的具体形式，法家这样做实际上割裂了政治与价值的关系。诚如学者所言，"政治不可能简约为政治治理技术，它始终需要且实际上得到政治伦理的内在支撑"[24]，科学只能解决政治的有效性问题，而无法解决政治的正当性和合理性问题，"尽管法律在有限的范围内是自主性的，但法律的最终价值或道义之根基，是法律自己无法给出来的"[25]。重建政治与价值的关系，以价值来约束个人理性功利与计算的疯狂，始终是法家面临的一个未竟的事业，是法家学说的一个内在需求。因此，汉以来的儒法合流其实是具有历史必然性的，儒法国家的诞生是中国历史发展的必然结果。在新的历史条件下，要让法家学说焕发出生机和活力，必须对其注入自由、民主和人权等的现代价值。

参考文献

[1] 梁启超. 梁启超论先秦政治思想史[M]. 北京：商务印书馆，2012.

[2] 贺国庆译. 欧洲大学史（第4卷）：1945年以来的大学[M]. 保定：河北大学出版社，2019.

[3] [法] 迪尔凯姆. 社会学研究方法论[M]. 胡伟译，北京：华夏出版社，1988.

[4] 费孝通文集（第15卷）：1999—2001[M]. 北京：群言出版社，2001.

[5] [法] 托克维尔. 论美国的民主（下卷）[M]. 董果良译，北京：商务印书馆，2009.

---

① 赏罚并非对所有人都管用，对于"不畏重诛，不利重赏，不可以罚禁，不可以赏使"（《韩非子·奸劫弑臣》）的人，韩非认为其均是"无益之臣"（同上）。对于"无益之臣"，韩非的建议就是直接从肉体上消灭他们，韩非说："势不足以化则除之……赏之誉之不劝，罚之毁之不畏，四者加焉不变，则其除之。"（《韩非子·外储说右上》）

② 《韩非子·外储说右下》记载，昭襄王时秦国发生了严重饥荒，范雎请求昭襄王救济灾民，昭襄王断然拒绝，认为赏赐无功的灾民与"有功而受赏"的法制精神相违背，"使民有功与无功俱赏"是乱法的行为，与其让灾民活着而破坏国家法治，不如让他们死掉而使国家安定。韩非将这件事情记载下来并加以称颂，不用说其是认同秦昭襄王的言行的。

[6] 马克思恩格斯全集（第 1 卷）[M]. 北京：人民出版社，1956.

[7] 宋洪兵. 先秦法家政治正当性的理论建构 [J]. 北京师范大学学报（社会科学版），2017(6).

[8] 冯友兰. 中国哲学简史 [M]. 北京：北京大学出版社，1996.

[9] 冯波. 马克思与马基雅维里的伦理建构与道德批判 [J]. 现代哲学，2020(5).

[10] 马克思恩格斯全集（第 3 卷）[M]. 北京：人民出版社，1960.

[11] 唐士其. 西方政治思想史 [M]. 北京：北京大学出版社，2002.

[12] 萧公权. 中国政治思想史 [M]. 沈阳：辽宁教育出版社，1998.

[13] 宋洪兵. 韩非子政治思想再研究 [M]. 北京：中国人民大学出版社，2010.

[14] 何永军.《商君书》的"重治"：一个本土传统的德法共治概念 [J]. 云南大学学报（社会科学版），2022（4）.

[15] 马克思恩格斯全集（第 1 卷）[M]. 北京：人民出版社，1956.

[16] 张荣明. 殷周政治与宗教 [M]. 五南图书出版公司，1986.

[17] 何永军. 中国古代法制的思想世界 [M]. 北京：中华书局，2020.

[18] 蒙文通. 蒙文通全集（第二卷），成都：巴蜀书社 2015.

[19] 劳思光. 新编中国哲学史（第 1 册），桂林：广西师范大学出版社，2005.

[20] 宋洪兵. 法家的富强理论及其思想遗产 [J]. 社会科学战线，2018(10).

[21] 赵鼎新. 东周战争与儒法国家的诞生 [M]. 北京：北京联合出版公司，2020.

[22][美] 弗朗西斯·福山政治秩序的起源：从前人类时代到法国大革命 [M]. 毛俊杰译，桂林：广西师范大学出版社，2014.

[23] 喻中. 法家的现代性及其理解方式 [J]. 山东大学学报（哲学社会科学版），2018(1).

[24] 万俊人. 政治如何进入哲学 [J]. 中国社会科学，2008(2).

[25] 高全喜. 法律、政治与宗教 [J]. 太平洋学报，2007(5).

Legalist Theory: The World's First Scientific Politics

Abstract: The cruel social and political reality of the Spring and Autumn Period and the Warring States Period gave birth to cruel rationality, which made Legalists consciously follow the empirical research method when thinking about political issues, and insisted on the separation of politics and morality, and separation of politics and religious theology, which laid the theoretical foundation for scientific political science.

Legalism is the first political science in the scientific sense in human history. Prosperity of the country and strong army, rule of law and reform are the three signs of Legalism, as well as the three logos and three business cards of Legalism. Today, if we want to inherit and carry forward the political legacy of Legalism, the essence is to uphold the scientific and rational spirit of Legalism, and to inherit and carry forward these three things. However, as a scientific political science, the Legalist doctrine also has fatal flaws. Science is just instrumental rationality, not good or bad in itself. Since the Legalists adhered to a value-neutral stance in terms of methods, they excluded morality and religious theology from the logic of politics in political analysis and deduction, which in fact separated the relationship between politics and value. Accepting the doctrine of popular sovereignty, changing from serving the monarch to serving the people, injecting modern values such as freedom, democracy and human rights, and rebuilding the relationship between politics and values are important issues facing legalists in the new era.

Keywords: Legalism; Science; Politics; Morality; Theology of Religion; Values

【作者简介】何永军，云南大学法学院教授。

法家学说与现实主义政治思维*

宋洪兵

【内容摘要】 法家学说是一种具有中国古典特质的政治现实主义理论体系。国家起源问题的整体视角及群体生存与安全的重大关切，在法家政治思想体系中具有基础地位，决定了法家思考政治问题的基本方式，也是法家学说之所以重视权力竞争、以法治国、富国强兵等观念的根本缘由。法家政治学说具有"非道德"特征，强调政治相对独立于道德领域。德性政治不同于政治德性，"非道德"政治亦有政治德性。法家的政治德性，实质就是在君主与群臣百官、天下百姓之间，以利益的公正交换为原则，来实现一种公的价值与治的秩序。韩非子的"中人"政治理论借重"非人格化"的制度来规范和约束领导者的行为，是一种典型的政治现实主义思维。法家现实主义政治奠基于其没有"未来"观念的历史哲学。

【关键词】 法家；国家起源；非道德政治；中人政治；历史哲学；政治现实主义

本文意在探讨先秦法家学说的政治现实主义品格。关于这点，萧公权曾敏锐地关注到韩非子论势"乃划道德于政治领域之外，而建立含有近代意味纯政治之政治哲学"，他将韩非子与马基雅维利的思想相提并论[1](p.216)。众所周知，马基雅维利的政治观念是一个政治现实主义理论的典范，萧公权的观察提示我们应该关注韩非子政治思想以及先秦法家的现实主义品格。政治现实主义在西方政治学领域具有举足轻重的理论地位。在西方学术史上，可以清晰地看到一条经由修昔底德萌芽、马基雅维利创建完整体系、马克斯·韦伯及伯纳德·威廉姆斯进一步发展的政治现实主义理论脉络，经由摩根索等学者将其充分运用于国际政治领

---

* 本文系国家社会科学基金后期资助项目（项目号：20FZXB021）的阶段性成果之一。

域，并取得了令人瞩目的理论成就。

何谓"政治现实主义"？首先，所谓"政治"，主要相对于"道德"而言，意指回到人类政治本身来思考政治问题，尤其强调将"政治"作为一个独立于道德领域的理论，以政治的眼光而非道德眼光来审视政治。其次，所谓"现实主义"，相对于"理想主义"而言，具有两方面的内涵：其一，基于理性主义的视角，意指"现实的力量""客观事实"以及不可扭转的"客观趋势"[2](pp.189-190)；其二，基于多元主义的视角，认为"现实"具有多元性、流变性以及多元生活的杂多状态不可消除性[3](p.268)。在多元主义者看来，真正的"现实主义"必须承认社会的多元性与复杂性，不可以理性的力量去规划和统一。在理性主义与多元主义之间，政治现实主义理论的内部存在区别。因此，政治现实主义是一种有别于道德理想主义的思维方式和理论形态。

所有政治现实主义思维，都在人类社会的整体视野中关注因各种冲突而形成的生存与安全诉求，并以此为基础探求一种有别于道德途径的解决之道。政治现实主义的理论主张具有高度相似性，突出体现为：第一，整体思维。人类是社会性的群居动物，这是一种必须面对的客观事实，所以政治现实主义者会将人类的集体生活作为思考的基本出发点。第二，冲突与生存诉求、安全保障。人类社会必然存在群体内部以及群体之间的利益冲突，群体与个体生存、安全诉求交织在一起，政治现实主义强调群体的生存诉求与安全保障，并主张通过群体利益的满足来维护个体利益。第三，获得并维持权力。群体的生存诉求与安全保障，必然与利益纷争、权力竞争交织在一起，故政治现实主义格外重视权力的获得与维护。第四，具有现实性的理论基础。政治现实主义以现实的人性论、认识论及历史观为学理依据，主张人类政治独立于道德领域，政治德性不同于德性政治。① 总之，政治现实主义强调：因人性追求利益或权力或理性有限而导致利益冲突或权力争夺，因利益冲突或权力争夺导致群体生存危机，因群体生存危机导致而寻求富强，因富强而寻求霸权或均势，其中涉及的不是以某种道德原则或抽象价值为基础的德性政治，而是以审慎、智慧为基础的政治德性。

当代学界也曾关注过法家的政治现实主义特征，美中不足之处在于零

---

① 参见汉斯·摩根索《国家间政治：权力斗争与和平》，徐昕等译，王缉思校，北京大学出版社2006年版，第28—37页；罗伯特·G.吉尔平：《政治现实主义的丰富传统》；罗伯特·O.基欧汉：《新现实主义及其批判》，郭树勇译，北京大学出版社2002年版，第277—278页；约翰·米尔斯海默：《大幻想：自由主义之梦与国际现实》，李泽译，刘丰校，上海人民出版社2019年版，第22—23页；本－艾米·沙尔夫斯坦：《非道德的政治：永不过时的马基雅维利主义》，韵竹译，南京大学出版社2022年版，第349—352页。

散而不成系统。周炽成曾从"实力论""中君论""现世论""法治论"四个方面考察过法家的政治现实主义品格[4]。宋洪兵则从"应时史观""通权思想""参验思想"三个方面讨论过韩非子的政治现实主义思维[5](pp.200-252)。任健峰近年也认为，人性好利是法家现实主义的政治思考方式[6]。这些研究虽然都提及了政治现实主义，但是对于"什么是政治现实主义"这样的问题，没有开展深入的理论思考。同时，上述研究最大的问题还在于，没有结合法家文献来将各种分散的零碎的观念置于一种完整的政治现实主义理论框架之中，呈现的只是某些带有政治现实主义的因素。本文意在根据法家经典文本，在前人研究的基础之上，进一步揭示先秦法家政治现实主义思维及其理论基础，以期完整呈现一种具有中国古典特质的政治现实主义理论体系。

一 国家起源的法家逻辑

在国家起源问题上，法家有两种思维方式，都体现了强烈的政治现实主义色彩。一种思维方式以《商君书》为代表，主要从人类围绕利益冲突而不断形成国家、形成政治的历史进程，最早的利益冲突源自群体内部，再逐渐扩大为群体之间的利益冲突，最终必须以国家作为稳固的秩序权威来调整各种利益关系；另一种思维方式以《韩非子》为代表，主要从人类应对外在威胁的生存困境来分析政治或国家的现实使命，两种思维方式都在整体视角之下指向群体生存与利益冲突。

《商君书》格外关注群体内部冲突，并以此来考察国家的起源。《商君书·开塞》说：

> 天地设，而民生之。当此之时也，民知其母而不知其父，其道亲亲而爱私。亲亲则别，爱私则险，民众而以别险为务，则民乱。当此时也，民务胜而力征。务胜则争，力征则讼，讼而无正，则莫得其性也。故贤者立中正，设无私，而民说仁。当此时也，亲亲废，上贤立矣。凡仁者以爱利为务，而贤者以相出为道。民众而无制，久而相出为道，则有乱。故圣人承之，作为土地货财男女之分。分定而无制，不可，故立禁。禁立而莫之司，不可，故立官。官设而莫之一，不可，故立君。既立君，则上贤废，而贵贵立矣。然则上世亲亲而爱私，中世上贤而说仁，下世贵贵而尊官。上贤者，以赢相出也；而立君者，使贤无用也。亲亲者，以私为道也，而中正者使私无行也。此三者，非事相反也，民道弊而所重易也，世事变而

行道异也。故曰："王道有绳。"

社会冲突事关个体与群体的生存，故必然受到《商君书》的重视。从亲亲而爱私这一亲情偏狭特性导致族群冲突，各有各的亲情（所谓"亲亲则别"），不同的血缘族群之间都会偏向自己的族群利益，从而导致秩序混乱（所谓"爱私则险"）。这是以家庭或血缘族群为前提来思考人类政治的现实主义思维方式。人类是群居动物，且以血缘为纽带组建成为群体，群体之间因为利益导致冲突。群体之间或群体内部产生了利益冲突，就迫切需要调整冲突的原则与措施，此时应该由谁来调整呢？仁者和贤者！贤者如何产生的？这就涉及更大范围之内的权力问题。"贤者以相出为道"，朱师辙引《释名》"出，推也，推而前也"，"相出"就是相推，当族群之间产生冲突时，就推荐大家公认的权威人士来调解，调解原则是"立公正，设无私"。换言之，"相出"就是力量对比之下寻找出来的一个折中方案，目的是使更大群体秩序能够和谐，各方利益都能得到照顾，"仁者以爱利为务"，故而"民说仁"。显然，中正无私与爱利都体现了鲜明的道德原则，依赖贤者的道德权威来调整各方的利益冲突。然而，这种形式随即产生了两个问题：其一，"民众而无制"，族群范围扩大，仅仅依靠道德权威和道德原则，无法维持秩序，迫切需要更为有效的方式来调整冲突。其二，"久而相出为道"，各族群之间一开始还可能找到公然的道德权威，可是时间一长，大家都想推举对己方有利的贤者出来调整纠纷，这样就在贤者竞争的问题上产生分歧。为什么"贤者"调整利益纠纷会出现问题？关键在于利益与权力的分配问题，大家都会争。如此，更大范围的强制措施以及固定的政治权威就成为人类政治发展所必需。于是，"故圣人承之，作为土地货财男女之分"。圣人承之，显然继承了贤者的"立公正、设无私"以及"以爱利为务"的道德原则，进一步将土地、财产物品以及男女伦理的规定细化，所谓定纷止争，为了将这些原则落实，就有了强制性的规定（"立禁"）以及执行这些规定的官员（"立官"），还有任用、监督和考核官员的统治者（"立君"）。在此，《商君书》以政治现实主义的思维方式，从历史逻辑论证了古代君主制的正当性，其典型的政治现实主义思维方式体现在：以社会整体视角而非个体视角为观察人类政治的前提；以人性的利益冲突以及围绕利益冲突的权力分配为基本原则；以强制性的规则与固定的政治权威作为调整利益纠纷的有效方式。《商君书》已经表明：人类政治之演进过程，其实就是不断出现问题并不断提出有效应对措施的历史进程。因历史局限与时代局限，《商君书》可能会将"立君"时代视为"历史终结"。但是，圣人"立君"之后又会产生怎样的问题呢？这构成了现代人类继续思考和追问的理论问题。[①]

　　韩非子同样关注人类社会的冲突问题。《韩非子·五蠹》开篇就讲了一个上古之世、中古之世、近古之世与当今之世的故事。他讲这个故事的主要目的当然是论证"世异则事异""事异则备变"的变革政治观念，但是这个故事背后事实上还蕴含着多层内涵：执政者正当性必须解决最为迫切的现实问题，并给天下百姓带去切实利益[7]；人类政治之形成过程不仅与人类群体内部、群体之间的利益冲突有关，而且还与人类的基本生存境遇密切相关。这种生存境遇既有恶劣的自然环境及生产力低下给人类带来的生存威胁，也有人类内部利益冲突导致的生存威胁（桀纣暴政），如此一来，韩非子凸显了政治人物（"圣人"）的极端重要性。"圣人"的政治能力而非政治品德是拯救百姓于水火的关键：有巢氏能够构木为巢、燧人氏能够钻燧取火，大禹能够治水，汤武能够用武力推翻桀纣暴政，他们所做的都是有利于天下百姓的事情。法家的"圣人"，首要品格是智慧和能力，而非德性。韩非子认为，构木为巢、钻燧取火、大禹治水、汤武革命等均是影响历史进程的重大政治实践，但凡解决深刻影响人类生存威胁的重大事件的人物，都会被法家视为"圣人"。韩非子还主张，正因为这些圣人以他们的智慧和能力解决了人们最迫切的现实需求，他们才真正获得了天下百姓的支持和拥护，于是他们顺理成章地"王天下"。"王天下"的根本依据，不在某种抽象的道德原则或某种普遍的形式，而在于是否以利益满足为根本原则从而赢得天下人的支持。"王天下"的政治权力，根本上来讲，来自天下百姓的拥护和支持。当然，所有这一切的前提，都表明人类过着一种群居生活。韩非子主张，人类群体面临的生存威胁，使得政治成为必要与必需。

　　法家从群体的生存威胁角度思考国家起源问题，是一种典型的整体思维。陈

[①]《商君书·君臣》也指出"圣人"创立各种政治制度来维持社会秩序："古者未有君臣上下之时，民乱而不治。是以圣人别贵贱，制爵位，立名号，以别君臣上下之义。地广，民众，万物多，故分五官而守之。民众而奸邪生，故立法制为度量以禁之。是故有君臣之义，五官之分，法制之禁，不可不慎也。"问题在于，"圣人承之"的"圣人"是指谁呢？《商君书·画策》点出了"立禁""立官""立君"的圣人并非一人，而是由历史进程中的不同圣人共同来完成的，最终系统完成"立禁""立官""立君"的"圣人"应该是黄帝："昔者昊英之世，以伐木杀兽，人民少而木兽多。黄帝（据蒋礼鸿引罗泌《路史》，'黄帝'应为'人帝'）之世，不麛不卵，官无供备之民（据蒋礼鸿，'民'应为'劳'），死不得用椁。事不同，皆王者，时异也。神农之世，男耕而食，妇织而衣，刑政不用而治，甲兵不起而王。神农既没，以强胜弱，以众暴寡。故黄帝作为君臣上下之义，父子兄弟之礼，夫妇妃匹之合；内行刀锯，外用甲兵，故时变也。由此观之，神农非高于黄帝也，然其名尊者，以适于时也。故以战去战，虽战可也；以杀去杀，虽杀可也；以刑去刑，虽重刑可也。"我们可以推断，昊英之世尚无官，而人帝之世已立官，神农之世已立禁（所谓"刑政""甲兵"），黄帝之世则完成了"立禁""立官"与"立君"的整个历史进程。这种观念可以从《商君书·更法》得到印证："伏羲神农教而不诛，黄帝尧舜诛而不怒，及至文武，各当时而立法，因事而制礼。礼法以时而定，制令各顺其宜，兵甲器备各便其用。"伏羲、神农的时代，就是"上贤而说仁"的时代，黄帝尧舜的时代，实则已经进入了"贵贵而尊官"的时代。

启天在探讨法家"霸政的实施"时，曾有一段精辟阐述，他说：

> 法家实施霸政，有一定的步骤，即是从外着眼，从内着手，也可叫由内到外。什么叫做从外着眼？即是国家要图生存和发展，必须认清国际的形势。国际是继续不断的斗争，斗争的胜负决于实力。这是国际上永远不变的实际形势。法家认清了这一点，而从内着手做起，那便是实行变法维新，富国强兵，俟有相当成效，再图向外发展。换句话说，法家实施霸政的第一步骤，在内政，不在外交。……又法家实施霸政的第一步骤，在内政，不在军事。军事本是法家所注重的，然对外用兵，却主张在整饬内政以后。……由内而外，或先内后外，是实施霸政必由的步骤。[8](pp.214-217)。

陈启天有关法家霸政实施的步骤，完全符合法家的思路。从外着眼，从内着手，这种政治思维方式，正好对应着"当今争于气力"（《韩非子·五蠹》）时代国家的生存与安全诉求。

影响群体生存与安全的关键因素来自外在威胁与内在威胁。外在威胁体现为列国纷争，各国纷纷在富国强兵，为了谋求生存，必须增强自身实力；内在威胁在于国内治理领域的价值竞争与权力斗争，在于贵族力量掣肘君权，国家事务难以得到及时有效的处理。因此，《商君书》突出体现了外在威胁进而主张以利出一孔的形式奖励耕战，快速实现秦国的富强。《韩非子》一方面继承了前期法家追求富强的思想主张；另一方面又突出强调了内在威胁的紧迫性，故而他格外主张加强君权以应对内在权力斗争。法家的很多政策措施都带有历史性，或者具有大争之世的紧迫色彩，但是法家思考政治问题的方式始终是一种政治现实主义思维方式。

法家在国家起源问题上的整体思维为何是一种现实主义的思维方式？换言之，这种思维方式为什么是现实的呢？关键原因在于，法家政治思维并未以个体视角去建构一个理想的社会整体面貌，而是实事求是地将个体视为群体中的个体，个体与群体之间实际上是一种互为目的与手段的共生关系。法家以人类群居生活为考察人类政治的前提，向来被视为前现代与现代的根本区别，但本质上是现实主义与理想主义或道德主义的区别。米尔斯海默曾对自由主义"个人先于社会"的人性论假设提出过尖锐批评，认为"个体从一开始就是社会存在。"[9](p.40) 因此，法家的政治思维方式既是前现代的，这决定了他们的思想无可避免地带有历史的印记，这是目前大多数学者都看到的，同时也是超时代的一种政治现实主义思维方式，这是目前尚未被学界充分重视的领域。

有人会说，前现代的思维都将个体视为一种关系中的个体、一种特定社会结构中的个体，难道都是政治现实主义思维方式吗？当然不是。我们以荀子思想为例来讨论道德主义、理想主义与现实主义思维方式的区别。《荀子·礼论》开篇就讲了"礼"起源人的欲望导致纷争，圣人制作礼义规范来引导和约束人类欲望，以使人类欲求与物质资源之间达到一种平衡与和谐："使欲必不穷乎物，物必不屈于欲。"荀子没有像《商君书》的作者那样从历史逻辑入手，而是单刀直入，人生而有欲，必须要依靠外在规则的节制，否则社会将陷入混乱，这当然也是一种政治现实主义的思维。再看《荀子·王制》对人类何以能过群居生活的哲学阐释：

水火有气而无生，草木有生而无知，禽兽有知而无义，人有气、有生、有知，亦且有义，故最为天下贵也。力不若牛，走不若马，而牛马为用，何也？曰：人能群，彼不能群也。人何以能群？曰：分。分何以能行？曰：义。故义以分则和，和则一，一则多力，多力则强，强则胜物；故宫室可得而居也。故序四时，裁万物，兼利天下，无它故焉，得之分义也。

人之所以要过群居生活，本质上是一种生存需求和生存智慧。"生存是人类自然而然地在比家庭更大的群体之中活动的首要原因。"[9](p.41) 人类不仅面临着内部利益冲突而导致的生存威胁，而且更重要的是来自自然界物质稀缺造成的生存威胁。为了生存，人类必须合作，必须过群居生活，这样才能驾驭生理能力远超人类的牛（力气比人类大）马（跑得比人类快），牛马之所以能够为人类所用，关键在于人类有智慧，能够合作，能群。群而无序，就会乱，故而有分、有义、有君。"君者，善群也。群道当，则万物皆得其宜，六畜皆得其长，群生皆得其命。故养长时，则六畜育；杀生时，则草木殖；政令时，则百姓一、贤良服。"如果仅仅从国家或政治起源角度看，荀子同样论证了君主制的正当性，同样是政治现实主义思维。

但是荀子又是不折不扣的儒家意义上的理想主义者。君主制度之下，会产生怎样的问题呢？荀子最大的担忧也是儒家最大的担忧，就是暴君问题。如何防止暴君的出现，是中国古代君主制最明显也是最困难的理论问题和现实问题。最明显，那是因为谁都不希望出现暴君，出现暴君会导致天下百姓遭殃；最困难，那是因为在当时的时代背景之下，解决暴君问题，几乎没有任何现实可能性。但是，儒家包括荀子特别想解决这个问题，而在当时欲解决这个问题的最可行的理论方案，就是诉诸道德主义或理想主义，以舆论或情怀来阐述君道。荀子对圣王的期盼，对"法后王"的颂扬，对君道的大力阐述，都是一种政治理想主义。这与法家在君主制度之下结合现实情况而寻求富国强兵的政治现实主义思维，存在根本区别。

可以说，法家始终以最彻底的政治现实主义思维方式来思考最为现实、最为紧迫、最为重要的政治问题。他们认为，时代提出了更为重要的问题必须加以解决，即在国家起源意义上，最重要的群体生存问题与群体安全问题。国家起源问题的整体视角及群体生存与安全的重大关切，在法家政治思想体系中具有基础地位，决定了法家思考政治问题的基本方式，也是法家学说之所以重视权力竞争、以法治国、富国强兵等观念的根本缘由。

二 法家的"非道德"政治与君主的政治德性

政治现实主义的一个显著特征，就是"非道德"政治。在政治与道德的关系问题上，政治现实主义强调政治领域不同于道德领域，政治行动具有自身的逻辑而不必以道德为指导准则，政治实践应该从基本事实出发而非从某种价值观念出发；为达某种目的可以不择手段是"非道德"政治的题中之意。所谓"非道德"政治，并非指"不道德"或完全否认道德，而是指政治实践中不完全按照道德原则来指导行动，强调的是政治相对于道德的独立性。政治现实主义的潜在对话对象是各种理想主义（包括政治乌托邦、自由主义、道德理想主义）等，杜绝道德激情，以一种审慎而客观的态度来面对人类政治现实。如何对待政治与道德关系，是政治现实主义与政治理想主义或道德主义的关键所在。

政治现实主义不以道德原则去看待政治问题，并不等于政治现实主义不讲道德、宣扬邪恶。政治现实主义强调政治德性。政治德性不同于德性政治或理想主义政治的地方在于，政治作为一个不受道德原则控制的单独领域，最终通过自身的逻辑来运转，从而呈现道德属性。摩根索曾把"审慎"视为政治现实主义的最高政治德性。[1] 这种观念让人想起马克斯·韦伯对"信念伦理"与"责任伦理"

---

[1] 摩根索认为："现实主义坚持认为，普遍的道德原则在抽象的普遍形式下是无法适用于国家行为的，道德原则必须经过具体时间和地点的环境的过滤。一个人也许可以代表他自己说：'即使毁灭世界，正义也必须伸张'，但是国家却无权以它所管辖的人民的名义这样说。个人和国家都必须依据普遍的道德原则，例如自由这一道德原则，来判断政治行为。可是个人有道德上的权利以捍卫这类道德原则而牺牲自己，国家却无权因为在道德上责难对自由的侵犯而妨碍政治行动的成功。事实上，采取成功的政治行为本身就是基于国家生存的道德原则。不谨慎，也就是说不考虑表面上道德的行为的政治后果，就谈不上政治道德。因此，现实主义认为谨慎——对不同的政治行动的后果进行权衡——是政治中至高无上的品德。"汉斯·摩根索：《国家间政治：权力斗争与和平》，第36页。

的著名区分，真正能够担当"政治使命"的政治家一定是以"责任伦理"为指导原则的："能够深深打动人心的，是一个成熟的人（无论年龄大小），他意识到了对自己行为后果的责任，真正发自内心地感受着这一责任。然后他遵照责任伦理采取行动，在做到一定的时候，他说：'这就是我的立场，我只能如此。'这才是真正符合人性的、令人感动的表现。"[11](pp.107-116)作为一个体现"责任伦理"的政治家，一定会审慎地权衡和考虑自己行为的可能后果，而不是按照某一抽象的道德原则来行事。当然，我们也可以想到柏克将"审慎"视为万德之中的第一美德的判断："审慎（prudence），在所有事物中都堪称美德，在政治领域则是首要的美德。审慎将领导我们去默许某些有限的计划（这些计划不符合抽象观念表现出来的充分的完美性），而不会引导我们去大力推行无限完美的计划（要实现这种计划就必须打碎整个社会结构）。"[12](pp.269-270)审慎对应着冷静沉着、泰然自若的品格。审慎是一种权衡利弊、深思熟虑的政治德性，它不同于抽象道德原则强调的"什么是善的"思维，而是根据实际情况及利益分析，强调"什么是对的""什么对我最有利"的长久之计。当然，这其中蕴含着一种为了最有利于自己统治而不择手段、欺骗或"表演"的可能。①换言之，政治现实主义认为，道德只是政治博弈的道具，政治人物大讲特讲的各种道德原则，背后都在权衡自己的利益和权力。

毋庸讳言，法家政治学说具有"非道德"特征。除了萧公权率先指出这点外，当代不少学者也有类似主张[13][14]。但是，法家具有"非道德"政治特征，是否意味着他们否定了道德本身以及完全不顾人道价值呢？这是需要结合法家文献再三思索的问题，并非简单根据研究者的情绪就可以定性的。②简言之，法家"非道德"政治排斥道德对政治的统摄与覆盖，但是始终秉持政治德性的原则，在价值竞争格局中强调并坚持自己认同的道德原则。③法家的"非道德"政治具

---

① 摩根索认为："政治舞台上的演员情不自禁地要'做戏'，他们戴上政治意识形态的面具，隐藏起自己政治行动的真实面目。……虽然所有政治都必然是对权力的追求，但意识形态却把参与这种权力角逐解释成演员和观众在心理上和道德上都能接受的某种东西。"汉斯·摩根索：《国家间政治：权力斗争与和平》，第124页。

② 有学者指出："将道德排除于政治之外，以极端冷静的理性主义态度来思考政治问题，强调政治必须服从现实需要的铁律，而不能服从人的一厢情愿的道德理想，这虽然可能使法家在对现实政治问题的思考中更有针对性，也使他们在当时幸运地为时代所选择，但是，法家当初的幸运也蕴含了后来全部不幸的因子。政治的确不同于道德，但是完全离开了道德的政治，也很难再称之为政治。将情感与道德因素排除于具体政治问题之外，以理性与科学的态度，认识政治关系和社会问题，当然有利于形成相对真实的政治知识，更有利于就事论事，解决具体问题。但是政治毕竟是由人的活动所构成，政治的合理运行不仅要以真实为前提，更需要真实以外的意义赋予，真实而现实的政治，需要超越性价值来引领、矫正、批判，才能逐渐贴近人性的需要。"杨阳：《韩非非道德主义政治思想述论》，《政治学研究》2015年第2期。显然，这种观点看到了法家"非道德"政治的理论特征，却没有真正意识到或者不愿意承认法家具有不同于私人道德的政治道德。

③ 参见宋洪兵《论法家政治思维的角色转换：以西方马基雅维利研究为参照》，待刊文。

有暧昧性，一方面，法家既发现了政治的"非道德"属性并强调政治实践应以政治真相为基本前提；另一方面，法家又强调了"政治德性"而非"德性政治"的重要性。关于法家学说的政治正当性、正义性、公正观念以及"立君为民"等"政治德性"问题，学界已经有系统阐述，不再赘述[15](pp.138-139)[16][17][18][19]。本文将重点探讨君主的政治德性问题，以此论证一种"非道德"政治何以可能具有"政治德性"的内在逻辑。

  法家论证了君主制在政治生活中的合理性。从中国历史发展来看，君主制事实上存在两种形式：以宗法血缘为基础的封建君主制和以权力、利益以及以官僚制为基础的中央集权的君主制。很明显，法家反对西周以来的封建君主制，倡导中央集权君主制。封建君主制最大的问题就是因权力分散而导致的各诸侯之间的混战，以及诸侯国内部的权力斗争。法家郡县制的君主制，主张加强君主集权，打击贵族势力，重建统一的政治秩序和政治权威，实现天下和平。但是，法家的中央集权君主制同样蕴含着一个难以克服的顽疾：暴君和暴政的问题。法国学者雷蒙·阿隆曾引述过欧洲批判君主政体的弊端："我们不能忘记这句名言：'一切君主政体都将像河流入海那样坠入专制政体。'君主政体一旦不尊重等级、贵族阶级和中间阶级，个人专横、独揽大权就会变得毫无节制。"[20](pp.19-20)

  法家在中央集权的君主制下，并非暴君政治的提倡者，他们对暴君与暴政同样持批判态度。《商君书·慎法》提到法治状态之下虽桀为君主，"不肯诎半辞以下其敌"，这是将桀视为昏君庸主，认为法治可以解决夏桀那样的君主在位轻易对敌人妥协的弊病。《韩非子·五蠹》《韩非子·难势》也都将桀纣视为暴君来加以批判。事实上，《商君书·开塞》"武王逆取而贵顺，争天下而上让，其取之以力，持之以义"以及"王道有绳"的观念，《韩非子·五蠹》对有巢氏、燧人氏、大禹、汤武的认可，皆表明法家并不反对"王道"，且坚持根据客观情况及时调整应对的措施的"王道"。只不过他们的"王道"并非儒家式的以个人美德为基础的王道，而是"王之道"，称王天下之道，重在最终效果体现出政治德性。《韩非子·八说》称："故仁人在位，下肆而轻犯禁法，偷幸而望于上；暴人在位，则法令妄而臣主乖，民怨而乱心生。故曰：仁暴者，皆亡国者也。"韩非子在此既反对无原则的仁慈，也反对任意乱为的暴政。显然，法家也会认为，暴君及暴政会亡国。

  不过，法家在他们那个时代，显然认为暴君、暴政不是最为现实、最为迫切的问题，弱君、弱政才是问题，所以他们才不遗余力地强调加强中央集权的重要性。非常遗憾的是，以法家学说快速富强起来的秦国在一统天下之后，却因暴君、暴政问题二世而亡。恰好这一点又被荀子所成功预言（《荀子·议兵》《荀子·强国》)。虽然后世不断有人说秦之所以二世而亡并非法家原因，而是"在政不在制"的问题（参阅《盐铁论》《抱朴子》《封建论》《秦政记》），甚至贾谊的《过秦论》也未否定法家学说在秦国一统天下过程中的积极历史意义，他将秦朝短命的教训归结为执政者不知"攻守之势异也"，未能像法家主张的那样，即使调整策略应对已经变化了现实，但是从汉儒开始，始终有一种从德性政治或道德高度来抨击法家与秦朝短祚的关系，认为法家式的暴政是导致秦朝二世而亡的根本原因。正如萧公权所论："儒家混道德政治为一谈，不脱古代思想之色彩。"[21](p.216)儒家主张人类政治的根基应该立足于君主道德，实为一种古代的德性政治理论或政治道德主义理论。自此之后，对君主制下暴君和暴政的恐惧，使得在其后两千多年的时间里，儒家有关政治问题的看法始终占据中国古代政治思想的主流，德性政治影响了中国人对政治问题的思考达两千多年之久。

在政治道德主义看来，中国古代的君主制欲克服暴君、暴政问题，在当时历史条件下，诉诸道德原则可以说是唯一出路。法家没有重点反思暴君、暴政问题，似乎构成了他们政治理论的致命缺陷。问题在于，暴君、暴政问题在法家的理论体系中得不到理论支撑，因为法家强调了君主的政治德性问题。

法家主张政治家的首要德性，不是个人操守，而是基于理智与清醒状态之下的审慎智慧，这突出体现了法家对君主政治德性的重视。法家强调独制，强调权力独占，怎么能与政治现实主义的审慎美德具有相关性？法家强调政治家的审慎，体现他们并不将抽象的道德原则置于政治生活之上，他们不仅理论上如此主张，而且还身体力行。具有法家倾向的管仲、法家代表人物商鞅，其实在个人操守层面，都存在着明显的瑕疵，但这并不影响他们成为卓越的政治家。法家重视政治人物的能力、强调政治效果以及政治运作过程中从整体利益与长远利益考虑而不受道德原则束缚的思维，体现了鲜明的政治现实主义色彩。他们会像柏克论述的"审慎"那样行动："一位优秀的政治家所面临的首要问题就是去反问自己：你所见到的社会是处于什么样的特殊情况中？你怎样去对待这些特殊情况？"[21](p.271)法家最看重政治人物是否能够切实解决现实问题并产生有利于统治的效果，有利于统治的效果一定要建立在天下人利益的满足这一坚实基础之上。因此，法家并不去纠结政治人物个人的道德操守，而是强调政治人物是否有智慧、有能力。即使个人操守再好，如伯夷叔齐那样的被儒家奉为圣人的人，没有在政治层面做出什么贡献，在法家那里，根本就是"无益之臣"（《韩非子·奸劫弑臣》）。

法家审慎品格的第二个层面，还蕴含着政治作为一个专门的需要通盘考虑、慎思明辨的领域，一个真正的有智慧的政治家还必须与社会大众的偏见保持一定距离。如此，一个审慎的政治家就需要权衡他将要做的事情的利弊，一旦认为有利，即使得不到多数人的理解和支持，他也会坚持，并希望用结果来赢得多数人的支持。柏克认为："当大多数人一致决定反对你时，做到节制就需要深沉的勇气和充分的反思。缺乏思想的公众意志往往表现为一种狂躁急切的要求，这种要求转瞬即逝不会长久，那是一种显而易见的危险的极端行动。当你的周围弥漫着一片傲慢与狂妄时，当那些拿人的生命作儿戏的人使你谨慎和冷静时，你有勇气表现出畏惧正说明你的头脑已做好准备迎接考验。在普遍的轻率与浮躁中，会发现这样的头脑存在着一种冷静沉着、泰然自若的品格，迟早会作为一个中心把所有事物都吸引过来。"[21](p.270) 商鞅也好，韩非子也罢，普遍相信圣人经过深思熟虑之后的决定，往往不能得到囿于世俗或传统观念的多数人的理解和支持，怎么办？《商君书·更法》说："有高人之行者，固见负于世；有独知之虑者，必见訾于民。"《韩非子·奸劫弑臣》也说："圣人为法国者，必逆于世，而顺于道德。知之者，同于义而异于俗；弗知者，异于义而同于俗。"他们选择了按照自己经过专业权衡之后的方式去做，而他们希望看到的结果是：百姓将从结果来认识对自己有利的事情，最终会支持和拥护他们。

法家审慎品格的第三个层面，审慎地对待国家与人民的关系。法家认为，国家与人民是一种互为目的与手段的关系，人民离不开国家，国家也离不开人民。国家需要人民为国家出钱出力，关键时候甚至需要人民为国家的长远利益和生存需求牺牲宝贵的生命。但是这并不意味着国家可以竭泽而渔、可以肆无忌惮地压榨和欺凌人民，而是要在尽可能满足人民基于时代特征的需求基础之上，才能得到人民的支持和拥护，在国家需要的关键时刻，愿意为国家利益挺身而出。法家体现了一种典型的共生政治形态①。当然，法家的这种观念符合人类政治的客观事实，也是一种冷静的审慎态度，这与古代的儒家和今天的自由主义拉开了距离。

法家审慎品格的第四个方面，体现在他们思考人性、法治的冷静与客观。人性复杂，但是有基本恒定的因素，究竟是以亲情为基础的利他因素重要，还是以自为为基础的自利因素重要？法家有过详细的理论权衡。米尔斯海默曾说："任何主义越符合人性，它在现实世界中的相关性就越大。"[23](p.8) 法家对人性的判断，与现实的政治生活最吻合。法家会认同亲情及其利他倾向，但是反对将亲情原则运用于政治领域，亲情及利他性的道德经不起权力和利益的考验。关于法治，究竟是身体力行的道德感化有效，还是强制统一的法治有效？自律的人不是没有，而是很少，道德感化不是没效果，但是没效率，唯有法治才是真正理性的

---

① 宋洪兵：《"取予之道"与法家的共生政治》，待刊文。

政治思维方式。法家"尚法而不尚德"的取向，恰恰就是经过权衡之后得出的务实结论。

如果说审慎是政治家的政治德性，那么，公的价值与治的秩序，就是政治本身应该具备的德性。这种政治德性，并非源自政治家的个人道德动机和道德品格，而是源自作为群居生活的人类政治必然是一种共生状态，唯有公的价值与治的秩序，才是最有利于统治者长期统治的根本保障。问题在于，不是出于道德动机和道德品格，如何可能产生一种具有政治德性的结果？《韩非子·外储说左上》在理论上回答了这个问题："夫卖庸而播耕者，主人费家而美食、调布而求易钱者，非爱庸客也，曰：如是，耕者且深耨者熟耘也。庸客致力而疾耘耕者，尽巧而正畦陌畦畤者，非爱主人也，曰：如是，羹且美钱布且易云也。此其养功力，有父子之泽矣，而心调于用者，皆挟自为心也。故人行事施予，以利之为心，则越人易和；以害之为心，则父子离且怨。"地主与庸客之间，皆非"爱"的情感，却能达到各得其利的效果，根源在于"自为心"。地主为了让庸客干好活计，会通过善待庸客的方式来实现；庸客为了让地主给自己好的待遇，也会通过尽心尽责的方式来实现，互相以"利"为出发点，最终达成双赢和互利的效果。法家的政治德性，实质就是在君主与群臣百官、天下百姓之间，以利益的公正交换为原则来实现一种公的价值与治的秩序。就此而论，法家学说的正义品格，既是统治者尊重公平正义的一种姿态展现，也是有效维护公共利益并实现长治久安的基本要求。大家可以设想，一个公然违背人类正义情感的政权（所谓"以害之为心"），到处怨声载道，其统治还如何可能长久治安？法家追求"无怨"的社会，所依托的正是法治的公正价值的贯彻落实。"行事施予，以利之为心"即是效果意义上的政治德性，这又根本上取决于统治者是否具有审慎的政治德性。

回到中央集权君主制的暴君、暴政问题以及秦朝二世而亡的问题，法家反对暴君、暴政，主张君尊臣卑的伦理关系不容破坏，进而主张即使不肖之君在位，臣民亦不得取而代之。同时，法家又承认，人类政治生活中暴君、暴政将导致亡国的现实。法家对暴君、暴政的暧昧态度，让人很费解。其实，回到法家当时的历史语境，不难理解，法家对当时政治现实和历史大势的判断不是暴君、暴政问题，而是弱君、弱政问题。秦始皇一统天下之后，按照法家的逻辑，以利出一孔的极端方式凝聚民力来富国强兵的思路已经告一阶段，当时最大的政治问题已经不是弱君、弱政、弱国的问题，而是如何实现与天下和解的问题，尤其秦国以强大武力征服六国的过程势必带来极大仇恨。如何与天下和解？这是政治家审慎的政治德性应该发挥作用的时候。秦朝建立之后的一系列政策举措，大兴土木，滥用民力，繁重的税赋和徭役，都给天下百姓渴望和平过安居乐业生活的愿望泼了冷水。法家以审慎为核心内涵的君主政治德性，决定了他们必然会断定秦朝灭亡在政而不在制，在统治者执政水平而不在秦国政治现实主义的制度有问题。偏离效果意义上的政治德性，势必导致政治治理的失败。

法家的"非道德"政治以及政治德性问题，有效规避了在政治领域落实高标准的道德要求的理论困难，将政治实践的基础牢牢地扎根于政治现实。这些政治现实主义特征的理论思考，其实都对应着君主世袭制下的一个更大的难题：世袭君主其实都是德性与才能均属一般的"中主"而非"圣王"。"中主"不能成为"圣王"是一个困难，法家，尤其是韩非子则直接立足于现实，意在设计一套不必依赖"圣王"，只需要"中主"就可以治理好国家的制度。

三 "中主"政治如何可能？

法家审慎的君主政治德性，突出强调审时度势、因势利导、客观冷静的政治能力，而非君主的道德素养，这是一种典型的政治现实主义思维。君主世袭制下最大的事实就是不能保证君主始终是"圣王"，依靠世袭取得君位的君主绝大多数都是普通人（"中人"）。勇敢地面对政治现实，降低儒家式君主德性要求，是法家政治现实主义的另外一个显著特征。问题在于，"中主"（"中人"君主）可能具备审慎的政治德性吗？如何才能具备呢？

先秦时期的"中人"概念具有两层内涵：其一，指天资才识一般的人。《论语·雍也》"中人以上，可以语上；中人以下，不可以语上也"的"中人"盖以此谓。其二，指道德修养不好不坏的人。此即《韩非子·难势》所说的"中者，上不及尧舜，而下亦不为桀纣"。总之，所谓"中人"，即指天资与德性均属中流的平常人。按照先秦儒家的政治设想，"中人"无论如何都无法与关乎天下苍生的国家大事联系在一起，因为儒家为了保证政治统治能够始终合乎"天下为公"这一中国传统政治思想中理所当然的正当性与正义性标准，强调唯有仁者宜在高位，主张"贤人"政治。《孟子·离娄上》说："为政不因先王之道，可谓智乎？是以惟仁者宜在高位。不仁而在高位，是播其恶于众也。"《荀子·正论》更说得清楚："天下者，至重也，非至强莫之能任；至大也，非至辨莫之能分；至众也，非至明莫之能和。此三至者，非圣人莫之能尽，故非圣人莫之能王。"应该说，儒家的"贤人"政治理论无论在过去还是现在的社会实践中都颇得中国人的认可，至今仍然影响着我们的思维方式和行为逻辑。然而，先秦法家思想集大成者的韩非子却针对儒家的"贤人"政治理论反其道而行之，首度在中国思想史上提出了著名的"中主"政治理论，主张治理国家的当政者不必一定非"贤人"不可。

应该说，儒家的"贤人"政治理论理由充分、立场正当，很有说服力。正因如此，韩非子才在《难势》明确承认儒家立场的正当性，即在政治伦理方面"势位"归属确实应该坚持"仁者宜居高位"的政治原则。然而，韩非子最关心的问题并不在于抽象地探讨政治伦理，而在于"贤人"政治理论的现实政治基础到底何在？具言之，像尧舜那样的圣君贤主哪里来呢？如何确保所有君主都能像尧舜那样呢？儒家提供了两种解决方案，一是效法尧舜之"禅让"，二是效法汤武之"革命"。单纯从理论上讲，始终让贤者居"势位"以确保政治统治的正当性与正义性，依靠"选贤与能"的"尧舜禅让"制度以及"汤武革命"的"诛一夫"气概，自然能够自圆其说；然而，从现实的眼光视之，则难免迂远而阔之嫌，因为春秋战国时期的现实政治趋势已是"由贵族政治趋于君主专制政治，由人治礼治趋于法治"[24](p.234)的君主世袭社会，同时，"汤武革命"的深刻悖论亦决定了其无法彻底解决"势位"归属始终符合正义原则的难题，如朱熹在《孟子集注》针对孟子"诛一夫"观点引述王勉的评论云："斯言也，惟在下者有汤武之仁，而在上者有桀纣之暴则可。不然，是未免于篡弑之罪也。"[25](p.212)近人钱锺书亦说："儒家既严树纲常名教，而复曲意回护'汤武革命'，说终难圆，义不免堕。"[26](p.371)因此，简单的要么汤武之仁，要么桀纣之暴两极政治思维，正义固然正义，最终却会因丢弃整个政治现实而沦为头脑中的无端空想和概念游戏。

正是基于如此考虑，韩非子主张以理性务实的态度面对君主世袭的政治现实，并以此为前提，在解决"势位"世袭与社会治乱之间的理论问题方面，提出了两个关键概念："自然之势"和"人设之势"。韩非子认为，社会治乱与君主素质固然密切相关，但如果仅仅围绕国君要么圣贤，要么邪恶的政治思维来考虑问题，社会治乱已完全属于不受人控制的"自然之势"。因为尧舜般的圣贤在位必然天下大治，桀纣般的暴君在位势必天下大乱，所谓"势治者，则不可乱；而势乱者，则不可治也"，治国与其在畸善畸恶的怪圈中陷入理想主义的泥潭，不如面对绝大多数世袭君主既不是大善亦不为大恶，而是"上不及尧舜，下亦不为桀纣"的"中人"的现实。正因君主多为"中人"，这才使得社会治乱问题不再像尧舜、桀纣得势那般确定不移而呈现可治可乱的变数，治乱变数的存在是韩非子"人设之势"发挥作用的逻辑前提。韩非子希冀通过政治制度的设计和安排，使"中主"亦能达成尧舜治理天下那样的天下大治。这样的天下大治既涵盖了君主生而为尧舜的理想可能，同时顾及"中主"治国的普遍现实。即使君主生而为桀纣导致天下大乱，因产生概率极低的缘故，也是"千世治而一乱"；相反，如果一味地等待尧舜那样的圣贤出现以确保势位归属的正当性，其结果必然是"千世乱而一治"（《韩非子·难势》）。《韩非子·难一》曰："将治天下，释庸主之所易，道尧、舜之所难，未可与为政也。"《韩非子·守道》也云："立法非所以备曾、史也，所以使庸主能止盗跖也。"《韩非子·用人》更说："使中主守法术，拙匠守规矩尺寸，则万不失矣。"所以，韩非子的"中人"政治理论，其核心问题就是探讨生而为君主的"中人"该如何治国，体现了韩非子为"万世开太平"的政治抱负。

需要指出，韩非子的"中主"政治是君主世袭制历史背景下的一种现实主义思维的结果。"中主"政治，并不意味韩非子提倡"中人"当君主，而是在无法始终确保绝大多数君主为"圣王"而事实上又都是"中人"的现实情况下，应该如何做？应当如何使"中主"亦能达成尧舜治理天下那样的天下大治？这是韩非子"中人"政治理论的总体思想背景。相对于儒家理想主义色彩浓厚的贤人政治，韩非子主张的"中主"政治理论具有鲜明的务实精神。

"中主"政治理论的问题意识在于：1."中主"政治不是一种价值主张，而是一个事实判断。在君位世袭绝大多数君主均为"中人"的历史背景下，当占据势位的人并不能始终为圣贤以确保天下太平人们生活安定时，应该如何实现天下大治？使"中主"亦能达成尧舜治理天下那样的天下大治，是韩非子"中人"政治理论的根本问题意识和最终政治目标。2."抱法处势"的政治主张，强调政治制度的公平与公正，强调公正、诚信等政治原则，表征出韩非子希冀通过客观的、理性的政治制度的设计和安排来指导政治运作的思想，其所达至的理论境界与思想深度，实非乐观自信的"贤人"政治理论所能匹敌。不难看出，"中主"政治理论已然触及人的主观能动性与制度的客观公正性之间的矛盾统一关系，其所反对的正是孟德斯鸠阐述的"由单独一个人按照一己的意志与反复无常的性情领导一切"的"专制"行为[27](p.9)。马克斯·韦伯认为，发展成熟的官僚制在某一特定意义而言是处于"无恨亦无爱"（sine ira ac studio）政治原则支配之下的理性制度[28](p.46)。韩非子"中主"政治理论无疑是人类在寻求这种理性制度的过程中璀璨绽开的一朵奇葩，其所达至的理论境界与思想深度令人赞叹。

既然"中人"政治是一种君主世袭制时代无可回避的社会现实，那么就不能简单地强调"中主"政治理论在实践过程中的不足而忽视其基本内涵的深刻用意。"中人"政治理论的基本内涵体现在以下几个方面：

（1）抱法处势，反对身治、心治

韩非子认为，"中主"应该"抱法处势"。只要中人抱法处势，就能够使天下大治，所谓"抱法处势则治，背法去势则乱"（《韩非子·难势》）。"抱法处势"，就是将权力置于法治的轨道上运行，一方面，引导中君按照法律规范来治国；另一方面，防止中君滥用权力。按照韩非子的设想，国家有了法律，就好比木匠有了墨线、裁缝有了尺度一般，是曲是直，是长是短，一目了然。国家有了法律，也就不需要国君具备圣人品格实行身治、心治。韩非子反对君主凭借主观感觉、个人好恶去治国。《韩非子·解老》强调，治国不要先物行先理动，更不要没有任何依据就妄加猜测，应该以经验、实践为标准。君主并非全知全能，其智力、精力必然有限而有所不逮。《韩非子·八经》说："力不敌众，智不尽物。"《韩非子·有度》亦云："夫为人主而身察百官，则日不足，力不给。且上用目则下饰观，上用耳则下饰听，上用虑则下繁辞。先王以三者为不足，故舍己能，而因法数，审赏罚。"最好的办法就是制定常法而舍心治，只有实行法治，不以智巧害法，才能治理好国家[29](p.71)。所以，治国不需要妄逞私智，而需要以法治国。只有按照法律的规定来治国，才能既轻松又有功。《韩非子·有度》设想："明主使法择人，不自举也；使法量功，不自度也。"如此，法治的作用就充分发挥了出来，"以法治国，举措而已"的举措，就是把法律往需要判断是非的问题面前一放，循名责实，是非立判，善恶立现。"法不阿贵，绳不挠曲，法之所加，智者弗能辞，勇者弗敢争，刑过不避大臣，赏善不遗匹夫。"（《韩非子·有度》）这样，只要有了法律，"中主"就可以按部就班地"以法治国"并最终实现天下大治。

（2）顺应"人情"，由法返德，自律自治

韩非子"以法治国"的思想必须具备两个基本前提：其一，人们都有趋利避害、好利恶害的本性，法治就是因势而利导之。故《韩非子·八经》说："凡治天下，必因人情。人情者，有好恶，故赏罚可用。赏罚可用，则禁令可立治道具矣。"《韩非子·制分》也说："民者好利禄而恶刑罚。上掌好恶以御民力，事实不宜失矣。"其二，法是公布法，推行法治，必须使人们都能对法律的规定了然于胸。《韩非子·定法》称："法者，宪令著于官府，刑罚必于民心，赏存乎慎法，而罚加乎奸令者也。"《韩非子·难三》云："法者，编著之图籍，设之于官府，而布之于百姓者也。"长此以往，法治功能全面发挥出来后，人们将形成一种遵法守法的良好习惯，自律自治，这样，君主即使没有高超的政治智慧和自律意识，天下大治的局面也能实现。如此，法治是否能够真正得到贯彻实施，直接关涉韩非子所期待的天下大治能否出现，自然成为他最关心的问题。

韩非子惊世骇俗的"中人"政治理论，历来备受责难和诘问，绝大多数研究者认为"中人"君主根本不足以胜任统治天下万民的职责，强调"中人"与"势位"结合将会贻害无穷。代表性观点诚如郭沫若说："他（韩非子）的辩论是很犀利的，然而好不折扣的是诡辩。因为关于中庸之才得到无限制的权势的使用，那是人人都可以成为桀、纣的这一点，他的脑细胞可惜是停止了作用。"[30](p.751)但是，这并不意味着韩非子对君主能力没有要求。萧公权意识到："韩子所谓中主，就其论法术诸端察之，殆亦为具有非常才智之人。身居至高之位，手握无上之权，而能明烛群奸，操纵百吏，不耽嗜好，不阿亲幸，不动声色，不挠议论，不出好恶，不昧利害。如此之君主，二千余年之中，求其近似者寥寥无多，屈指可数。其难能可贵殆不亚于尧舜。"[31](pp.235-236) 问题是，当韩非子从儒家的"贤人"或"圣人"政治转向"中人"政治时，将个人德性转变为更为容易的个人智性时，"中主"始终离不开审慎的政治德性，离不开对人类政治真相的深刻理解并灵活运用政治智慧。如此，儒家意义上的德性水准降低了，但是法家意义上的智慧水准却随之提升，难怪乎萧公权认为其难度不亚于尧舜。事实上，法家并不绝对否认"圣人"存在的合理性，只不过法家期待的"圣人"的治国理念，是法家式的而非儒家式的。在"中主"政治中，甚至蕴含着"君臣共治"的观念，法术之士试图以"王者师"的身份来教诲君主并期待参与"中主"的治国实践。此时，法术之士变成了"圣人"。① 韩非子思想中"圣人"的格位与品级，其理想性较之于儒家之"贤人"，似有过之而无不及。如此便与《韩非子·难势》"今待尧、舜之贤乃治当世之民，是犹待粱肉而救饿之说也"的批判逻辑相矛盾，从而与儒家"贤人"政治理论一道陷入了政治理想主义的泥潭而不能自拔。

法家意识到，对法治顺利实行的最大威胁来自君主。《商君书·画策》说："国皆有法，而无使法必行之法。"《史记·商君列传》亦引商鞅之语："法之不行，自上犯之。"《管子·任法》则依照君主的表现分为"上主""中主"及"危主"。韩非子在此方面似乎感触尤多，《韩非子·诡使》说："世之所以不治者，非下之罪，上失其道也。"《韩非子·有度》亦说："此其所以然者，由主之不上断于法，而信下之为也。"《韩非子·饰邪》《韩非子·说疑》等篇屡屡提及"乱主""暴君乱主""昏乱之主"，表明"中主"政治理论在"法治"的实施过程中遇到了难以逾越的理论障碍，即作为现实最高权力的君权对法律权威的漠视和损害，最终将导致"法治"理想落空，欲确保"法治"必行，唯有乞灵于对"道理""人情""时事"了然于胸的"圣人"对君主权力行使的自我约束。除此而外，"中主"政治理论家束手无策，渐显窘困之色。要之，"中主"政治理论出现理论极限的根本原因，在于法家已明显意识到现实"君权"与理想"法权"之间的对立冲突，试图从理论角度提出解决方案，但"圣人"政治的最终选择宣告了他们"中主"政治理论努力的失败。

如果从理论的最终归属来看，韩非子"中人"政治理论最终意义上"圣人情结"与儒家"贤人"政治理论一样，都因最终解决方案不现实而存在无可奈何的

---

① 关于"中主"政治的详细阐释，参见宋洪兵《韩非子政治思想再研究》，第 272—297 页。宋洪兵：《善如何可能？圣人如何可能？——韩非子人性论及内圣外王思想》，《哲学研究》2019 年第 4 期。

理论局限，这样，事实上使得韩非子提出的"中人"政治理论产生了向上一跃回复原地的思想效果，并没能真正对此问题意识做出有效的规划和设计；不过，倘若就思考政治问题的逻辑而言，"贤人"政治理论一味强调个人修养的极端重要性，而实有轻视"法治"之嫌疑，较之于之意图，实不可同日而语。因为前者是一种德性政治思维，后者是一种政治现实主义的思维。即使"中人"政治理论囿于历史条件的局限而不能得以实现，但是其致思逻辑及理论诉求，却深刻地影响着人类不断克服政治的主观性而趋于制度化的客观性的观念和实践，至今依然值得我们认真研究和思考。

四　法家政治现实主义的历史哲学

法家政治现实主义思维方式的理论基础，来源于他们在人性论、认识论及历史观的深刻洞察。鉴于学界对法家在人性论、认识论层面体现的现实主义品格都有深入研究，本文拟重点讨论法家历史哲学对其政治现实主义的重要影响。法家并非通常意义上的历史学家，他们阐述历史哲学，都是为了凸显他们的政治哲学。因此，法家的历史哲学，实则政治哲学之基础。

法家的历史哲学具有形上品格。刘家和先生指出，中西思维的根本区别在于理性结构的差异。中国是一种历史理性占主导地位，西方是一种逻辑理性占主导地位。逻辑理性追求的真理是超时空的，依赖思辨和分析的方法来推演；历史理性则依托时间，强调"变"中有"常"，在理解历史经纬脉络的基础之上寻求更为合理的解决方案。[32] 毋庸置疑，法家的历史哲学体现了一种历史理性，相对于儒家的历史哲学，其独特之处在于：法家历史哲学"以变为常"，是一种没有"未来"观念的历史哲学，永远停留在"当今"。① 这为法家的政治现实主义思维提供了形上依据。

张祥龙曾从权力的传承角度来分析法家和秦政的失败原因。他认为："权力的传承首先是一个原本的时间问题。法家和秦政的失败就在于他们只有现在时和当下生存，缺失真实意义（权力意义）上的将来时，而这种缺失又和缺少过去时（比如谥法、先王之道）内在相关，因此法家和始皇达不到、构不成权术或权力传递的时间性。"[33](p.47) 他之所以说法家缺乏过去时，是讲法家不重先王之道，同时认为韩非子过分强调了父子之间的权力斗争性而导致权力传承无法有效实现，他强调父子之间的孝道才能实现意义的传承、生存方式的传承。当然，这些

---

① 所谓没有"未来"观念，不是指没有线性的未来时间，而是指没有一个类似基督教天国理想的"未来"理想的终极方案。

观点都可以进一步讨论。比如，法家重历史理性，故而不能说法家没有过去时，只不过法家从过去时那里发现的不是先王提供的现成解决方案，而是审慎应对"当今"的智慧；又如，韩非子虽然认为亲情父子之间也有利益纠纷，尤其政治领域国君与儿子之间的权力斗争，但是韩非子一再告诫国君要早立太子，他依然是父死子继的拥护者，他也强调孝道在父子伦理关系中的重要性（《韩非子·忠孝》），所以不能简单地讲法家在权力传承角度没有将来时。不过，张祥龙所说的法家只有现在时和当下生存，对于理解法家的历史哲学很有启发。

周炽成也认为："作为现实主义者，法家人士不注重历史的承袭性，不看重过去，亦不看重将来，而专注于现世。他们认为，不同的时代，有不同的实情，切莫以古套今，以往世论今世。他们最反感儒家言必称三代，论必援过去。"[34]但是，周炽成在论证这个问题时，只从古今之别的角度论证了法家反对法古的立场，没有论证法家如何看待"未来"观念。

尤锐对于法家历史哲学"未来"观念进行了深入讨论。他认为，《商君书·靳令》"圣君独有之，故能述仁义于天下"的观念，体现了该篇作者试图以武力通向"以战止战""以刑去刑"的真正道德世界的理想主义色彩，蕴含着某种与现实状况根本区别的"未来"期待。但是，他发现，在《韩非子》那里，这种"未来"观念已经消失："关于未来，他承诺，实施他的建议将会带来有序地统治，民安、军强，甚至可以随着提高德行来实现'小人少而君子多'，但是他从来没有把未来描绘成与现在截然不同的样子。正如我们在《商君书》里看到的那样，没有战争和刑罚的世界观念与韩非是不同的。"[35](p.38)由此，尤锐进一步论证秦始皇深信秦朝建立的政权模式是一种"历史的终结"："秦始皇不仅拒绝过去，而且还牢牢抓住了未来，大胆地宣称历史已经终结。"[36](p.41)《史记·秦始皇本纪》的"二世三世以至万世，传之无穷"的记载，以及峄山刻石"乃今皇帝，壹家天下，兵不复起。灾害灭除，黔首康定，利泽长久"等宣示，皆表明秦始皇深信历史在秦朝已经终究，所以韩非子与秦始皇的历史哲学没有"未来"观念。显然，尤锐是从是否具有不同于现状的理想蓝图以及历史是否终结的视角来考虑法家历史哲学有无"未来"观念的。

尤锐对秦始皇历史终结论的分析是深刻而正确的。但是，这是否意味着法家，尤其是韩非子的历史哲学会主张历史终结呢？韩非子重视历史，他从历史中究竟发现了什么呢？他发现了历史之"变"，变中有常，常是什么？就是王天下之道必须解决现实最为紧迫的、涉及全天下百姓生存的重要事务，这种事务具有深刻的政治属性。因此，不能说韩非子不重视过去，他跟其他学派重视过去的思维方式不同，其他学派重视过去是希望借鉴过去现成有效的方案，韩非子借鉴过去只是借鉴了一个大概的途径，最终解决现实问题的方案必须依靠"新圣"的出现，根植于现实来回应时代的需求。简单说，韩非子从过去的历史中学到的是一种智慧，而不是现成的措施。

那么，韩非子有无"未来"观念呢？这需要分析"未来"指涉什么内涵。如果说"未来"指涉一种自然的时间观念，韩非子毫无疑问会有"未来"观念，否则他就不会讲"千世""万世"了（《韩非子·难势》《韩非子·用人》）。那韩非子是否认为历史终结于"新圣"呢？《韩非子·用人》曾说："道蔽天地，德极万世矣。"《韩非子·五蠹》也谋求"超五帝，侔三王"的历史伟业，但是，韩非子绝非像秦始皇那样，认为历史会终结于"新圣"。原因何在？因为在韩非子的历史哲学中，"变"是唯一不变的规则，任何"常"在时间之流中都只具有相对稳定性。即使按照他设计的"抱法处势"的中人政治，也只是"千世治"，并且他会承认会有"一乱"出现的可能性（《韩非子·难势》）。在此意义上，韩非子不会认同任何形式的历史终结论。尽管韩非子也有理想，"圣人者，审于是非之实，察于治乱之情也。故其治国也，正明法，陈严刑，将以救群生之乱，去天下之祸，使强不凌弱，众不暴寡，耆老得遂，幼孤得长，边境不侵，君臣相亲，父子相保，而无死亡系虏之患，此亦功之至厚者也"（《韩非子·奸劫弑臣》）。但这不是寄托于"未来"，而是寄托于"圣人"。真正的"未来"观念，正如尤锐所表述的，是与现在"截然不同"的社会形态，类似基督教的末日审判或西方传统中的乌托邦社会。法家的社会理想，包括《商君书》和《韩非子》的社会理想，其实都不具备截然不同形态的未来想象，他们期待着"圣人"在"当今"实现他们的理想，而不是"未来"。

韩非子没有完全与现实相反且属于更高社会形态的"未来"想象。他的历史哲学永远从过去停留在"当今"。因为"未来"尚未到来，任何在时间之流中已经到来的"未来"（实际已成"当今"）都是"变"的结果。根据韩非子的观念，"圣人不期修古，不法常可，论世之事，因为之备"（《韩非子·五蠹》），人类只能在"当今"发现问题并提出有效解决方案。当"未来"尚未到来时，"未来"之事与"未来"之备，只能交给未来之圣人去处理。这是最为彻底的历史哲学，因为从本质上讲，人类真正能够了解和把握的只有过去和现在，不会有未来。未来只能推测[①]。推测具有不确定性，所以韩非子的历史哲学及其理论品格，决定了他只停留于"当今"。

法家认为，道具有以"变"为"常"的特征，所有对象性的经验事物均是有

---

① 此处承蒋重跃教授指点。

限而短暂的，不可谓"常"。法家从道与天地万物的秩序结构中，意识到"变"与"常"的问题。道的突出特征在于变动不居，"遍流万物而不变"（《管子·心术上》），所谓"不变"即"遍流万物"之"变"，唯一不变的就是"变"。这种观念在《韩非子·解老》说得更为明确，一方面道无"常操"，没有固定的形态才能赋予万物以生以存的特性，所谓"稽万物之理，故不得不化；不得不化，故无常操"。另一方面，道才体现真正存在意义上的"常"，"常者，无攸易，无定理，无定理非在于常所，是以不可道也"，变动不居而无固定之理固定场所，才是道之"常"，"变"才是道之"常"。"变"才是唯一的"不变"。简言之，除了道之外，无所谓"常"。天地万物终有消散结束的时候，而道则是不死不衰的。法家这种形上思维，落到人类历史的时间之流就是人类历史是一个不断演变的过程。《商君书·开塞》提到的"王道有绳"以及《韩非子·五蠹》提到的上古之世、中古之世、近古之世与当今之世，都是在不同时代通过不同的方式体现"王道"，这个王道是基于政治现实主义思维而提出的"称王之道"。欲称王天下，就需按照共生政治的思路先予后取，解决最重要的现实需求并得到天下百姓支持才有可能，这也算是法家从历史之变中悟出来的"常"。但是此"常"又仅仅是一种方法，此前的"王道"只能提供一种基于审慎的政治原则，并不提供任何可行的模式。"王天下"的道理摆在那里，但是如何王天下却与"当今"的现实密切相关，还得靠"当今"之人自己去实践。由此，法家没有"未来"观念的历史哲学为其政治现实主义理论提供了坚实的理论基础。

结语

法家学说是一种具有中国古典特质的政治现实主义理论体系。之所以说具有中国古典特质，根本原因在于，法家在先秦时期具有一种以道为核心的政治形上学体系来支撑他们的思想，同时他们的历史哲学表现出来的没有"未来"观念的彻底性，也是西方政治现实主义学说所没有的，故而体现了鲜明的中国特质。

以色列学者沙尔夫斯坦写过一部书，名为"非道德的政治：永不过时的马基雅维利主义"，其中有一章内容将中国的法家视为"古代中国的马基雅维利主义"。他从人类政治的实际状态出发，断言马基雅维利主义永不过时[37]。我觉得他颠倒了关系，不是两千多年前的法家是马基雅维利主义，而是文艺复兴时期的马基雅维利具有中国法家的思想特质。但是他说对了一件事情，人类政治的复杂性决定了法家观察和认识政治生活的现实主义视角永不过时。一个诚实的思想家或尊重事实的学者，只要还认为人类历史尚未终结，只要还认为人类未来的政治生活充满了多种可能而具有一种开放性，政治现实主义思维方式就永远不会过时。而这恰好是我们今天重新审视和评价法家学说的思想意义和理论价值。人们可以不断地批判和否定法家，正如西方学者不断地批判和否定马基雅维利主义一样，但是人类政治过去的和现在的经验事实一再提示人们，法家并未真正远去，马基雅维利也未真正远去，他们的政治现实主义思维依然在深刻影响着人类政治。他们的思考，直到今天，依然值得我们认真对待，并且有可能帮助我们更好地认清现实并以此现实为起点，审慎地走向一种符合自己文化特质的未来。

参考文献

[1][21][31] 萧公权. 中国政治思想史（一）[M]. 沈阳：辽宁教育出版社，1998.

[2] 杨吉平. 政治现实主义的逻辑 [M]. 北京：国社会科学出版社，2019.

[3] 陈德中. 政治现实主义的逻辑：自主性与封闭性的缘与由 [M]. 北京：中国社会科学出版社，2015.

[4] 周炽成. 法家政治思想中的现实主义与个人主义倾向 [J]. 学术研究，2006（4）.

[5][15] 宋洪兵. 韩非子政治思想再研究 [M]. 北京：中国人民大学出版社，2010.

[6] 任健峰. 何谓法家？——先秦法家的政治观探析 [J]. 理论导刊，2018（12）.

[7] 宋洪兵. 先秦法家政治正当性的理论建构 [J]. 北京师范大学学报，2017（6）.

[8] 陈启天. 中国法家概论 [M]. 北京：中华书局，1970.

[9][10][23] [美] 约翰·米尔斯海默. 大幻想：自由主义之梦与国际现实 [M]. 李泽、刘丰译. 上海：上海人民出版社，2019.

[11][德] 马克斯·韦伯. 学术与政治 [M]. 冯克利译. 北京：生活·读书·新知三联书店，1998.

[12][21][22] [英] 埃德蒙·柏克. 自由与传统 [M]. 蒋庆等译. 南京：译林出版社，2012.

[13] 朱贻庭、赵修义. 评韩非的非道德主义思想 [J]. 中国社会科学，1982（4）.

[14] 杨阳. 韩非非道德主义政治思想述论 [J]. 政治学研究. 2015（2）.

[16] 宋洪兵. 先秦法家政治正当性的理论建构 [J]. 北京师范大学学报，2017（6）.

[17] 宋洪兵. 法家正义论初探 [J]. 管子学刊，2022（1）.

[18] 胡发贵. 试论先秦法家"法"的公正意蕴 [J]. 浙江学刊，1990（1）.

[19] 徐克谦. 韩非子法治公正思想浅析 [J]. 管子学刊，2020（1）.

[20] [法] 雷蒙·阿隆. 社会学主要思潮 [M]. 葛智强译. 北京：华夏出版社，

2000.

[24] 冯友兰. 中国哲学史 [M]. 上海：华东师范大学出版社，2000.

[25]（宋）朱熹. 四书章句集注 [M]. 北京：中华书局，1983.

[26] 钱钟书. 管锥篇（一）[M]. 北京：中华书局，1986.

[27] [法] 孟德斯鸠. 论法的精神 [M]. 北京：商务印书馆，1959.

[28] [德] 马克斯·韦伯. 支配社会学 [M]. 简惠美译. 桂林：广西师范大学出版社，2004.

[29] 陈奇猷. 韩非子新校注（上）[M]. 上海：上海古籍出版社，2000.

[30] 郭沫若. 十批判书. 中国古代史研究（外二种）. 石家庄：河北教育出版社，2004.

[32] 刘家和. 理性结构：中西思维的根本异同 [J]. 北京师范大学学报，2020（3）.

[33] 张祥龙. 拒秦兴汉和应对佛教的儒家哲学 [M]. 桂林：广西师范大学出版社，2012.

[34] 周炽成. 法家政治思想中的现实主义与个人主义倾向 [M]. 学术研究，2006（4）.

[35][36] 尤锐. 从历史的演变到历史的终结. [美] 金鹏程编.《韩非哲学》[M]. 冯艳艳译，北京：法律出版社，2020.

[37] [以] 本-艾米-莎尔夫斯坦. 非道德的政治：马基雅维利主义永不过时 [M]. 南京：南京大学出版社，2022.

Legalism and the Realistic Political Thinking

Abstract: Legalism (Fa-tradition) is a theoretical system of Political Realism with classical Chinese characteristics. The holistic perspective on the origin of the state and major concerns of group survival and security have a foundation status in the political-ideological system of Legalism, determining the basic way in which Legalism thinks about political issues and the fundamental reason why Legalism attaches importance to such concepts as power competition, the rule of law, the enrichment of the state and the strengthening of the army. The Legalism Political Theory is "amoral" in character, emphasizing the relative independence of politics from the realm of morality. Virtue-Politics is different from political virtue, and "amoral" politics also has political virtue. The essence of the political virtue of Legalism is to realize a public value and governance order by the principle of a just exchange of interests between the monarch, the ministers, and the people under heaven. Han Feizi's political theory of the "Zhongren"(rulers of medium intelligence) relies on an "impersonalized" system to regulate and constrain leaders' behaviors, which is a typical form of Political Realism. The Legalism Realistic Politics is based on a philosophy of history that has no concept of "future".

Keywords: Legalism; Origin of the State; Amoral Politics; Zhongren Politics; Philosophy of History; Political Realism

【作者简介】宋洪兵，中国人民大学国学院教授，研究领域：中国思想史、中国子学史、韩非子研究。代表作：《韩非子政治思想再研究》，《循法成德：韩非子真精神的当代诠释》，《韩学源流》，《法家学说及其历史影响》（主编），《韩非子解读》（第一作者）。

论先秦法家暴力化法律观

赵 明

【内容摘要】本文基于《易经》"天道"观而划分生命规范与社会规范，思考和处理这两种规范之关系的不同导致了先秦诸子的"百家争鸣"。法家屏蔽生命规范而成就了暴力化法律观，其所创立的目的与手段双重暴力化的法律体系，乃是实现绝对君权和"耕战"国策的工具。法家暴力化法律观长久存活于中华帝国"泛军事化"的法律秩序之中，成为"走向法治"的现代中国必须认真对待和清理的一份历史文化遗产。

【关键词】法家；生命规范；社会规范；暴力化法律观；法律秩序

一 源于"易理"的"暴力化"界定

自汉武帝"罢黜百家独尊儒术"以降，法家之"身"虽逐渐从政治历史舞台上隐退，人们甚至"耻与商韩为伍"，但其"灵"却深深地扎根于传统中国法律秩序之中，从未消散，即便在法制现代化的进程中，也仍以诸多形态而"显灵"。

春秋战国时代，礼崩乐坏，且愈演愈烈。司马谈《论六家之要指》开篇即曰："《易大传》：'天下一致而百虑，同归而殊途。'夫阴阳、儒、墨、名、法、道德，此务为治者也，直所从言之异路，有省不省耳。"（《史记·太史公自序》）就是说，重建政治社会生活秩序乃是先秦诸子百家共同的思想主题；所谓"殊涂"，或史称"百家争鸣"，则源于如何思考和处理生命规范与社会规范之关系。

"生命规范"是对《易经》"天道"观之精神内核的法哲学表达。司马谈引证《易大传》正是基于这一事实："道"是先秦诸子百家共享的核心概念。换言之，诸子百家的思想渊源都可追溯到《易经》，他们关于社会规范的法哲学建构，无不直接或间接地关联于"易理"。而"易理"的实质在于"神者生之本也，形者生之具也"，如何对待生命规范成了史家评判"六家要旨"的尺度，所谓"不先定其神，而曰'我有以治天下'，何由哉?"(《史记·太史公自序》)

形神兼具的人之生存苦难，包括自然灾害和人为的各种灾难。正是苦难经历催生了人类的规范意识：苦难就是规范缺失或者破坏规范所招致的惩罚。人如果希望继续生存下去，就必须"师法自然"而遵循生命规范；与此同时，以习俗、惯例和制定法诸形式而早已存在的社会规范也不断得以反思和重塑，指导人们做出选择和采取行动的价值规范，就是"易理"。

在用卦辞和爻辞描述并阐明的这种"易理"中，"吉"与"凶""祸"与"福"是远比"善"与"恶"为早的价值概念。它们不是形而上之玄想，而是对生存的现实条件与实际境遇的经验判断。即便兼具直观性和抽象性特征的"阴""阳"概念，与其说是对关涉吉、凶、祸、福之生命规范的形而上理由的揭示，毋宁说是对经验性观察之自然事实与社会事实的结构性描述，是对偶然命运之神秘主义的突破和降解。

这意味着基于生命欲望的实践理智的判断和抉择。天地间，只有人这种生命体才具有理智判断和抉择的能力；而且，人最基本的理智判断和抉择就是生或者死，意即继续存在下去还是终止存在的生命欲求和意志决断。无生命的物质存在是无条件的，而生命存在却是有条件的，生命呈现为特定的生存过程，无论是基于本能、直觉、欲望还是理性，都将直面不断的抉择，生命就是基于判断和抉择的实践活动，判断和抉择的终止意味着死亡的来临。自生、自立、自主皆根源于人之生命的自然本性，人可以自杀，但绝不愿意被杀。只有生命的概念才使得价值的概念成为可能，只有人生才将价值的抉择转化为历史性的社会现实，生命价值的必然性和高贵性为一切规范存在奠定基础。

人必死，死亡乃是生命的内在规定性。无死的永生是神，它无所谓判断和抉择，无所谓遵循价值目标的规范创立；有死的生命体才可能和需要创立价值和规范目标。有死的生命体的第一个基本目标就是维持生命的存在，它依赖于两个要素：一是自然的资源和环境；二是利用这些资源和适应环境的生命行动。行动就需要规范，其首要目的是生命的维持，因此最基础的规范就是生命规范，即所谓"天道"，所谓"易理"，所谓"生生之谓道"。

正是基于生命规范与社会规范相互关联的视角，司马谈盛赞道家"使人精神专一，动合无形，赡足万物"(《史记·太史公自序》)。道家的确将"道"最基本的含义把握为"生"："道生一，一生二，二生三，三生万物。"(《老子·四十二章》)历史地看，制度先行，思想跟进；老庄的生命主义和自然主义的法哲学源于对周礼的批判性审查。周礼作为社会规范，在政治秩序上是分封建制、以藩屏周,在社会生活秩序上是亲亲尊尊,严格而烦琐的身份等级制,在老庄看来是反生命主义和自然主义的。

老庄的法哲学主张,包括生命规范和社会规范在内的一切规范都源于"道",也承载着"道"。然而,周礼在一定程度上替代甚至剥夺了生命规范:"大道废,有仁义";(《老子·十八章》)"夫礼者,忠信之薄,而乱之首"。(《老子·三十八章》)老子削弱社会规范,而寄望历史地拯救生命规范,其所主张的"小国寡民",确乎是对殷商王权与部落自治之历史记忆的抽象表达;庄子则超越社会规范而艺术化生命规范,超越不是否定,而是以生命规范涵摄社会规范。

孔子、孟子、荀子同样高度意识到了精神与欲望的冲突,以及人性之高贵与卑俗的对抗,肯定"克己复礼"之于秩序重建的意义,试图平衡、弥合生命规范与社会规范,而致力于阐释"道""圣人"和"君子"的规范性价值。儒家尤其是孔孟坚持个体人格的修为,为成就社会规范甚至可"杀身成仁",与老庄甚是隔膜;至于荀子所倡导的"隆礼重法",则离法家仅一步之遥了。

法家一样源于"天道",其审视政治社会生活秩序的眼睛是雪亮的,也是冷酷的,生命规范被无情地屏蔽了,社会规范的"物性"极大地得以凸显,司马谈因此论其曰"严而少恩"(《史记·太史公自序》)。法家重视"力",万古岁月因"力"而消长;社会规范将"力"凝聚起来,展现为"法""术""势"的基本架构;君臣、夫妇、父子"三纲",是凝聚"力"的三根绳线,而凝结于君权的绝对权威。法家视集中表达社会规范的法律为君主集权的工具,从商鞅到韩非,法家不断发展和完善起来的法律话语,自觉地清除了基于个体生存欲求的生命规范的存在空间,个体生命因此而必定走上暴力化政治和法律的祭坛。

如果说,生命规范不是神秘的幻想,而是生命过程中经验的积累和理性的选择;那么,个体生命必须通过选择而成为人,必须通过选择让自己的生命具有价值,必须通过选择学会维持生命,并发现生命所需的价值以实践其美德。法家则通过严酷的法律剥夺了个体生命成长过程中自我选择的权利,绝对君权和"耕战"国策的实现成为唯一的法律目的,个体的自然目的被完全转化为法律目的实现的手段,个体生命的价值被转化为在列国争战中获胜的有效工具。

二 目的与手段双重"暴力化"的法律

翻开先秦法家诸子的著作,与"暴力"相关的词语随处可见。比如,力、争、暴、怨、怒、恶、害、治、乱、夺、去、削、武、兵、战、攻、杀、诛、戮、辱、死、止、禁、刑、罪、罚、废、威等。"暴力"性词语的频繁使用表明,法家既明确意识到了暴力在个体与个体、家族与家族、国与国之间因生存竞争而自然存在的事实，更充分意识到了暴力在人类文明演进过程中所发挥的重大历史功用和意义，乃至将暴力问题上升到历史哲学和实践哲学的理性高度予以认知、理解和把握。

当法家直面列国争战的现实而表达其法律观时，历史哲学显然已作为其法律理论的预设前提而存在，强调的不再是生存竞争中存在暴力因素的自然事实，而是视暴力为历史演进中替代自然和道德神话的最实在、最根本的秩序生成力量，即"以杀刑之反于德，而义合于暴也"（《商君书·开塞》）。就历史规律而言，法家崇尚的"力"具有本体论意涵，但就其相对于"德"的替代性而言，其基本含义突出的正是暴力，"今有美尧、舜、汤、武、禹之道于当今之世者，必为新圣笑矣"，因为"上古竞于道德，中世逐于智谋，当今争于气力"。（《韩非子·五蠹》）

法家正是基于暴力功能的充分发挥而制定法律，其围绕"耕战"国策之贯彻与落实的立法原则，在宣示暴力的人性依据和历史起源之必然性的同时，也认可了法律目的之"暴力化"价值取向的正当性，而使得法律成为政治暴力之规范化的体系性表达："凡治天下，必因人情。人情者有好恶，故赏罚可用，赏罚可用则禁令可立，而治道具矣。"（《韩非子·八经》）换言之，暴力问题在整体性法制架构中，绝非作为策略性和补充性的技术性或工具性因素予以考量，而是被视为基础性和目的性的秩序生成的结构性力量，从而鲜明地呈现出法家"战争——法制"的暴力化思想本质。

基于生命欲望的激发、追求和满足，而必定引发人类生存竞争甚至相互残杀的暴力性占取的历史事实，法家在注重"定纷止争"（《商君书·定分》）的同时，更强调通过法律而实现君主对于暴力的垄断，所谓"一赏""一刑""一教"既是君主的根本职责，也是君主权威的标志："圣君知物之要，故其治民有至要。故执赏罚以壹辅仁者，心之续也。圣君之治人也，必得其心，故能用力。力生强，强生威，威生德，德生于力。圣君独有之，故能述仁义于天下。"（《商君书·勒令》）在法家看来，为了赢得战争环境中生存与壮大的机会，法律制度的整体性设置与有效运行必须摆脱传统礼乐秩序所蕴含的基于生命规范的"道"的约束；战争作为一种暴力的生死较量，其成败取决于君主的理智判断和意志决断，必须通过推行严刑峻法以"弱民""去强"而"废私立公"，将臣民的生存欲望汇聚于君主的集权意志，臣民只有绝对服从君主权威才有生存的希望；儒家所谓"仁义"不过是披着"道德"面纱的谎言而"以文乱法"，"刑赏二柄"才是君主治国的要害所在。（《韩非子·五蠹》）

事实上，战国时代各个诸侯国都是军政一体化的，而且只能如此，否则不可能高效率地调配资源、整合力量以赢得战争的胜利；它在制度上必须打破贵族等级秩序，而有效地调动人口主体部分的农民的积极性，保证农战一体，法家的法制因此而呈现出前所未有的"平等"特色，所谓"王子犯法与庶民同罪"是也。然而，这种"平等"不过是高度军事化的君主集权意志下的法律的平等适用，儒家"正名"所强调的"君君、臣臣、父父、子子"的等级性秩序不仅不为法家所反对，反倒特别地加以强调，而且极力消除儒家所保留的相互尊重、对等互惠、彼此约束的"五常"（仁、义、礼、智、信）伦理原则，并为了赋役而通过编户制度的设置极大地减弱了家庭的"孝弟"意识，将君主的权威推至无以复加的地步；其合理性论证的依据则是极端功利性的，就连君臣关系的建立也不过是基于彼此之间的功用原则而已，其底色都是暴力化的君主权威，即"明主之道，臣不得以行义成荣，不得以家利为功，功名所生，必出于官法。法之所外，虽有难行，不以显焉，故民无以私名。设法度以齐民，信赏罚以尽能，明诽誉以劝沮。名号、赏罚、法令三隅，故大臣有行则尊君，百姓有功则利上，此之谓有道之国也"（《韩非子·八经》）。

  法家暴力化的法律观，在理智地把握法律之暴力性特征的同时，视法律为纯粹暴力性的规范体系，屏蔽了私人间非暴力的契约关系与合作共赢的法律空间。作为表征并落实君主权威的"刑赏二柄"，法律自身并无自足自立的权威性，"今申不害言术，而公孙鞅为法。术者，因任而授官，循名而责实，操杀生之柄，课群臣之能者也。此人主之所执也。法者，宪令著于官府，刑罚必于民心，赏存乎慎法，而罚加乎奸令者也。此臣之所师也。君无术则弊于上，臣无法则乱于下，此不可一无，皆帝王之具也"（《韩非子·定法》）；君主之"势"借助"术"而发挥暴力化法律之功效，"明主之道……设民所欲以求其功，故为爵禄以劝之；设民所恶以禁其奸，故为刑罚以威之。庆赏信而刑罚必，故君举功于臣而奸不用于上……且臣尽死力以与君市，君垂爵禄以与臣市。君臣之际，非父子之亲也，计数之所出也。君有道，则臣尽力而奸不生；无道，则臣上塞主明而下成私"（《韩非子·难一》）；因此，"圣人之为国也，观俗立法则治，察国事本则宜"（《商君书·算地》）。暴力化法律彻底否定了传统等级制身份秩序得以维持的基本"信任"与"合作"，而"人主之大物，非法则术也……术者，藏之于胸中以偶众端，而潜御群臣者也"（《韩非子·难三》），人们对自己行为的后果难以预判，实际上被君主之"术"置于无可期待的"恐惧之中"；即便赏罚的依据有法律的明确规定，人们在社会生活中必不可少的"信任"，也随之从个体之间的道德领域转移到体制和规范结构之中，成为君主权衡的"信赏必罚"。

  因此，法家基于人性的趋利避害而试图将"刑""赏"统一起来，以体现君主的绝对权威,其最终结果只能是毁灭性暴力的滥用。刑与赏其实是具有内在关联性的,奖赏不过是惩罚的延缓,惩罚则是奖赏的诱惑。因为,法家在对人们生存的物质资源和生活方式予以严酷剥夺和严加管制的前提下,主张"重罚轻赏",甚至提出"刑九赏一"(《商君书·去强》),致使人们万难获赏却动辄获刑。尤其是,奖赏可以被收回和剥夺,而惩罚所导致的伤害则不可能复原。以暴力为目的基点的法律本身,只能依靠暴力性手段予以维持,而目的和手段双重暴力化的法律自身必定丧失为人信服的权威——"信赏必罚"导致的是人们对暴力化法律的恐惧与疏远,这又必定加剧暴力滥用的趋势。

三 反"法治"的法律秩序

法家暴力化法律观全然无视生命规范,将人生存的自然欲望集中于君主的专断意志。不仅普通臣民不能参与法律规范的创立,不能参与政治变革的抉择过程,即便高层政治集团表达政治意见、参与政治决策的范围,也是有严格界限的;因为他们被判定为无智无能之辈,而只能等待君主"决断于庙堂":"吾闻穷巷多怪,曲学多辨。愚者之笑,智者哀焉;狂夫之乐,贤者忧焉。拘世以议,寡人之不疑矣。"(《商君书·更法》)在生存竞争中,君主的"独知之虑"才是关键之所在,臣民们基于感恩原则而奉职守法,以获得生存的机会和安全的基本保障。

对于战时特别法而言,法家的理论和实践当然有其合理性,问题在于"战争—法制"乃是法家常态化法律思维的神经中枢,其所尊奉的绝对君权,与其说代表公共政治,毋宁说是取消公共政治存在的空间,而成为"家天下"的纯粹暴力化秩序;它排斥任何意义的个体生存之自然目的的追求,取消自卫,禁止私斗,打击游侠,在将人们生活世界中一切暴力性行为非法化的同时,却对绝对君权垄断的暴力恭敬有加,"凡上所以治者刑罚也……立法令者以废私也,法令行而私道废矣"(《韩非子·诡使》)。

这种"刑治"秩序无疑是反"法治"的法律秩序,其本身只能是一种纯粹暴力化的强制、规训与管控。法家之所以强调君主之"势",是因为君权唯有借助公开而有效的严密的刑罚体系,才能维持社会秩序及其稳定运行,一旦君主失"势",社会秩序便会陷入动荡甚至瞬间崩塌。

孔子儒家寄望于"历史王道"的复兴,致力于发掘和阐释传统"礼制"秩序所蕴含的精神意义和价值理念,试图通过倡导"明德""慎罚""新民"等所谓"为政之德",以平衡生命规范和社会规范,承认血缘亲属一定范围内的容隐与复仇行为的正当性。法家从历史中聆听到的则是"力"的强音,信奉的是撕裂传统的物质性的"力",对精神性的"历史王道"持坚决批判和否定的立场,却又对现实经验生活中的君主给予厚望,围绕绝对君权而构筑的"刑制"体系,在绝对君权垄断暴力的前提下,推行二十等爵制和军功爵制、什伍的军事性户籍制,鼓励告奸,实行连坐,在消灭传统"礼制"之贵族精神的同时,制度性地营造出冷漠的人际关系和恐惧的社会氛围,催生流氓文化,使得个体生命的自信和人与人之间信任关系无由培育;这与其说是基于人性恶而建构的暴力化法律秩序,毋宁说是暴力化法律规定和实施所导致的人性恶之结果:在削弱人性之反思能力的同时,屏蔽了羞耻、自责、悔恨的心理文化记忆,最终放逐了个体基于良知和正义感的道义担当和社会批判精神。

法哲学乃是关于规范之真理的探究,规范之区分为生命规范与社会规范,源于真理之内在与外在的区分,生命规范与社会规范分属于内在真理与外在真理系统。现代生命哲学强调:生命是唯一以自身为目的的现象,它是一种价值,只有通过连续的活动过程才能获得并保存;价值的概念通常依赖于并且来自生命这一前提概念,只有生命的概念才使得价值的概念成为可能。这与《易经》之"天道"观若合符契。如果说暴力是内在于生命系统的一种自然存在,那么非暴力则是实践理性的价值创造。当法律确认君主为了群体利益而使用暴力的正当性时,制约君权的根本力量则在于同样肯定个体实施其所拥有的生存手段的合法性,取消这一对等原则就必定意味着对君主暴力的放纵。

问题的关键还在于,自然暴力催生法律秩序的持久动力,只蕴藏在法律价值的非暴力化追求之中。而法家的暴力化法律观,不可能发展出基于个体自由选择的权利意识和法律精神,它没有给予私人生活交往之自治性规范自由生长和发展的空间,结果只可能导致法律秩序朝着毁灭性暴力扩张的方向演进。

就历史事实而言,在列国争战时局中大显身手的法家,虽创立了作为绝对君权之"刑赏二柄"的法律规范体系,却并未发展出规范和抑制战争暴力的战争法与和平法秩序,反而导致了战争暴力的不断加剧和升级,极大地阻止了暴力向非暴力转化的法律秩序之生成机制的开启。譬如,在商鞅看来,"辩慧,乱之赞也;礼乐,淫佚之徵也;慈仁,过之母也;任誉,奸之鼠也。乱有赞则行,淫佚有徵则用,过有母则生,奸有鼠则不止。八者有群,民胜其政;国无八者,政胜其民。民胜其政,国弱;政胜其民,兵强。故国有八者,上无以使守战,必削至亡。国无八者,上有以使守战,必兴至王"(《商君书·说民》);韩非亦明确指出,所谓"学者""言谈者""带剑者""患御者"以及"商工之民","此五者,邦之蠹也。人主不除此五蠹之民,不养耿介之士,则海内虽有破亡之国,削灭之朝,亦勿怪矣"。(《韩非子·五蠹》)很明显,一切自治性生存手段和生活方式,都被法家视为实现绝对君权和战争暴力这一法律目的之威胁,而必须严加管控和禁止。因此,法家所谓"以刑去刑""以战止战""以暴止暴",要么是理论上的自我陶醉,要么是崇尚暴力的自我美化。

四 一份沉重的历史文化遗产

法家暴力化法律观孕育于列国征战的惨烈环境之中。有如吉登斯所说:"不管大多数非现代国家是否起源于战争,总不会有人怀疑,无论在哪里,战争均是统治阶级的首要事务……大量的考古学和人类学证据却证明:战争,即群体间的武装冲突——其中,某个共同体或代表某个共同体对另一共同体实施体罚——在各种各样的人类社会中均占主导地位……战争是各传统国家的一项如此普遍的特征,以至于我们可能轻易地就认为,凡是传统社会就都呈现出相同的军事特征";而"中国是那种军队的作用既在于击退入侵者或扩充国家的领土、又在于维持内部治安的少数大型传统国家之一。"[1](pp.64-65, 67) 历史地看,代替三代礼乐文明秩序而兴的中华帝国政制,的确是战争和变法的结果;先秦法家则是"战争与变法"二重奏的担纲者,其法律观和法律规范体系的创立,不仅使秦国赢得了兼并战争的胜利,而且深重地影响着其后帝国文明的演进。

对此,司马谈早有预判:"法家不别亲疏,不殊贵贱,一断于法,则亲亲尊尊之恩绝矣。可以行一时之计,而不可长用也,故曰'严而少恩'。若尊主卑臣,明分职不得相逾越,虽百家弗能改也。"(《史记·太史公自序》)秦二世而亡,法家在政治历史舞台上大显身手的时代虽随之而结束,但其暴力化法律观却在中华帝国长久延续的"泛军事化"法律秩序中存活了下来。

就思想传统对法律秩序的影响而言,中华帝国"礼刑合一"的法制架构确乎是儒法合流的结果。不过,历朝历代制定颁行的法典主要是刑律,"帝国立法的这种'刑罚性'精神意向源自法家的变法改制传统,商鞅改'法'为'律',以明确的规范形式直接表达其军事目的和军事化惩罚特征。而在帝国时代,战争是为了帝国疆域的守护,即使是对外扩张,也是传布以绝对自我中心和高级文化意识为基点的精神文化和生活方式的手段,没有所谓'国际法'的调控与评价,中华帝国历来将威胁其存在的所有边缘文明统统称之为'蛮夷',对其进行的防御性战争不过是一种严厉的惩罚手段,正所谓'大刑用甲兵',因为对帝国边疆及其疆域内秩序带来危机和破坏无疑是对帝国的最大犯罪。就成文法典体系及其具体内容的设置而论,皇权至上原则必须加以制度化的规定和落实,而军队问题又必定关涉帝国财政、赋税、劳役、兵役等一系列制度与运行机制的设置和保障,这也使得帝国立法及其法制体系必定呈现出强烈的刑罚性特征,其精神文化性质则是'军事化'的。这一切最终导致了帝国法制架构的泛刑罚化现象,也即'刑制'体系的发达和长久延续"[2]。

众所周知,中华帝国"超稳定"的法律秩序遭遇颠覆性的冲击,又恰恰开始于战争环境之中,其"礼刑合一"的法制构架,再也无法与"列国并立"的现代国际法秩序相融合。国际法乃是对现代世界观的理性表达,它甚至比"国内法"更为强劲地呼唤人类实践理性精神,因为它的有效实现从根本上无法依靠具有强制性的暴力仲裁机构,其所凸显的各国生存与发展的法权原则,极大地促进了世界各主权国家的法治化进程。如果说,先秦法家为了赢得兼并战争的胜利,强调君主的绝对权威,其暴力化法律观因有利于帝国实现相对于周边"蛮夷"的"超稳定"秩序,而必然长久地得以贯彻;那么,直面"三千年未有之大变局"的中华民族,为获取进入现代世界历史舞台的身份认同和法权资格,并在世界民族之林中赢得主体地位和尊严,就必须完成对传统"礼刑合一"法制构架的现代革命,确立起以公民权利和自由为灵魂的现代法律权威。

现代法治秩序尽管仍要直面包括战争在内的各种暴力之潜在的和现实的威胁,但其法律规范体系的创设是以阻止和批判暴力为出发点的,它既不以暴力化自身为目的,也不以暴力化手段为维护自身权威的主要力量;其权威源于共同体成员基于生命的正义感所做出的理性选择和判断,法律实践成为人们尊重、服从公共规则的事业,旨在寻求和实现生命规范与社会规范的动态平衡,进而展现人类在正义目标引领之下的生活世界的价值和意义。因此,诸如"民权""立宪""民主""人权"等关涉现代法治秩序的基本概念、范畴、命题和理论,与法家暴力化话语形成鲜明对照,一切试图勾连并贯通二者的理论诠释都难免"文字游戏"之嫌。

法家暴力化法律观,就绵延两千余年的中华帝国皇权专制制度而言,的确可谓功勋卓著,但就现代中国"走向法治"的百年艰辛而论,则是一份沉重的历史文化遗产。我们认真对待这份遗产,意味着克服自恋式自我表白的认知冲动,意味着对家长式法律思维方式的自我检讨与批判,意味着现代法律生活主体之历史意识的彻底觉悟和深刻变革。法家之"灵"也该寿终正寝了。

参考文献

[1] [英]安东尼·吉登斯. 民族-国家与暴力[M]. 胡宗泽、赵力涛译. 北京:生活·读书·新知三联书店出版社,1998.

[2] 赵明. 重评礼刑合一的法制架构[J]. 法学研究,2013(4).

On the Pre-Qin Brutal Ideology of the Legalists

Abstract: this paper distinguishes between the norms of life and the norms of society according to I Ching (*The Book of Changes*)'s "Tian Dao" and examines how the differences and relations between these two types of norms had led to "the Contention of a Hundred Schools of Thought" among pre-Qin scholars. The Legalists adopted a brutal legal approach by shielding the norms of life, and the legal system that they created which manifested brutality of both purpose and means was a tool to realize absolute monarchy and the national policy of advancing agriculture to support military activities. Elements of brutality of the Legalist tradition had long existed within the militarised legal order of the Chinese Empire, and has become a historical and cultural baggage that ought to be taken seriously and eliminated in modern China's efforts towards realisation of the rule of law.

Key words: the Legalists; Norms of Life; Norms of Society; Brutal Legal Ideology; Legal Order

【作者简介】赵明（1966－　），男，四川省营山县人，法学博士，哲学博士后，西南大学法学院教授，目前主要从事国家社科基金项目"《史记》正义观"研究。

传统与当代

过程哲学专题之一：
怀特海：20世纪哲学中一个被忽视的人 *

[比利时] 米歇尔·韦伯　[美] 卫安得　文

曲跃厚　译，王治河　校

【内容摘要】20世纪上半叶，怀特海哲学由于倡导物理学与常识的充分调和、主张形而上学的合法性而不受知识主流的待见，这种被边缘化的历史自20世纪80年代以来有了质的改观。怀特海认为，形而上学是一个产生重要知识的合法学科，其诉求并非完全没有意义，必须把它置于更大的历史背景中来考察。哲学的任务就在于整合不同种类的经验，构建一个足够一般、能涵盖所有学科，且足够复杂、能把它们结合起来的一以贯之的世界模型。

【关键词】怀特海；过程哲学；整合的形而上学；跨学科

哲学界都知道怀特海（A.N.Whitehead）是一位卓越但古怪的人，在知识主流之外，他的观念往往不被待见。对怀特海的理智贡献的任何有价评估，都必须就此说些什么。但我们首先应注意的是，这一概括（characterization）已经不完全正确了。

一　怀特海对形而上学的态度

物理理论中的意外发展开启了20世纪，因为它们对我们"默认的"形而上

---

* 本文译自 Michel Weber & Anderson Weekes (eds.), *Process Approaches to Consciousness in Psychology, Neuroscience, and Philosophy of Mind*, Albany: State University of New York Press，2010, pp. 57-72。小标题为译者所加，个别地方有删节。

学提出了诸多挑战，从一开始就要求哲学的探究，即使结论常常受到怀疑。和德布罗意（de Broglie）、玻尔（Bohr）或海森堡（Heisenberg）的哲学观念——而且和泡利（Pauli）、维格纳（Wigner）等人更大胆的观念——一样，怀特海的观念也出现在了这种怀疑论的早期阶段。但和他的大多数同代人不同的是，怀特海倡导的是物理学与常识的一种充分调和（reconciliation）。① 撇开他深厚的数学、物理学知识不谈，这种差异立刻使他在现代物理学占支配地位的知识界中变成了一个局外人（outsider）。但是，这一场景已经变了。这些硬科学（the hard sciences）中的知名人物现在正在积极推进与各种人文观点的和解（rapprochement），早先的一代人则被嘲笑为非科学的。这部分地是因为一种正在增强的紧迫感，部分地是因为人们日益确信物理学中的各种理论模型接近于突破心灵壁垒所需要的思辨程度并与朴素的常识相调和。试图从 20 世纪物理学的显著发展中获得对诸如自由意志或身—心问题等传统哲学问题的洞见仍是极有争议的，但自 20 世纪 80 年代初以来，怀特海在受人尊敬方面显然取得了质的飞跃。由于同样的原因，他自己在这种和解的努力中对科学细节的理智好奇心也日益成为一个公认的有价值的学术领域。

不过，怀特海被边缘化的历史原因也很重要，因为它们很快就把我们引向了他那些最独特的观念。认为怀特海是 20 世纪的一个另类（anomaly）主要在于他对形而上学的态度，但也在于他对哲学史的态度——因为对形而上学的不同态度反映并被反映在了对哲学史的不同态度上。20 世纪初，大陆哲学和英美哲学的先锋都宣告了形而上学的破产。许多人对形而上学的敌意来自这样一种感觉，即形而上学是一种在原则上未经检验的、不服从任何严格约束或经验控制的思辨形式。有人声称哲学史证明了形而上学思辨的贫乏（sterility），而怀特海则在一个许多人似乎抹黑形而上学的时代开始构建一种宏大的形而上学体系。承认形而上学的破产，往往被视为 20 世纪哲学家对一种屈服于先验思辨和构建他种"知识"体系（"armchair" system）的传统的理智优越性的主要标志。

无疑，怀特海认为形而上学是一个产生重要知识的合法学科，虽然它部分地基于那种绝不可能是"明晰的和独特的"证据，却能够满足完备定义了的说服力标准和方法论控制。因此，虽然他对哲学传统采取了一种高度批判的立场，但他并不认为其形而上学诉求是无意义的。这就解释了他何以没有全盘否定传统，

---

① 康德在此做了一个明显的比较。和康德一样，怀特海也想为人类与世界联系的不同方式腾出空间：这不是一个领域吞并其他领域的问题。但和康德不同的是，怀特海并没有在严格区分的学科中看到一种解决办法，以便通过建立相互排斥的管辖范围而一劳永逸地解决它们的冲突。

而总是寻求通过严密的、系统的说明方式来学习传统的原因。特别是，怀特海承认了传统哲学聚焦的那些问题——如身—心问题、自由意志和决定论、"外部世界"的实在性、知识诉求的客观性、价值的源泉、归纳的证明——的有效性，并把他自己的有机哲学当作和这些永恒问题相关的一种悠久传统的产物。

把哲学——尤其是形而上学——置于一种宏大的历史背景中来考察的这种倾向是怀特海思想的特点，而且它告诉了我们关于他的哲学观的某些事情。除了下面将要讨论的对哲学理论的更为严格的限制以外，怀特海还把哲学史当作了思辨思想中一种服从于集体的人类学经验——社会、文明和文化传统的经验——之独特控制的经验。他的《观念的冒险》(Adventures of Ideas) 论证到，随着时间的推移，这些不同的力量相互碰撞，某些观念得以强化，其他观念消失了，这就有了一定的价值。这种宽泛的证实观使得怀特海以一种对历史学家——特别是当他们怀有黑格尔式的甚或荣格式的 (Hegelian or even Jungian) 同情的时候——来说可能并不完全奇怪的方式把形而上学当作了经验的，但又不可能在怀特海的时代与当前的实证主义相调和。

然而，怀特海也认为，对哲学理论还有其他更为严格的约束，而且形而上学的存在理由比人类学更有说服力 (*raison d'être*)。我们可以理解这一点，如果我们把和意识相关的学科多义性 (disciplinary polyvalence) 观念当作一个研究对象的话。学科间的协调问题对意识研究来说并不是唯一的，而且在专业化的约束下产生了一个负责怀特海指定给形而上学的这项任务的二级学科 (second-order discipline)。

所有知识都开始于对一种包括抽象、简化和消除了背景或细节的经验的研究。随着知识的不断细化和专业化，不同科学恢复了复杂性和细微的差别，而且方式倾向于更加不同。结果，虽然世界的多样性和总体复杂性可以被理解，但其连贯性 (coherence) 却不被理解了。至多，人们是从不同的单一科学的视角——还原的多样性而非多样性的还原——来看待其统一性。进而，关于世界的科学模型和前科学的经验之间的关系问题便产生了，这种前科学的经验有其自身的多重维度——历史的、社会的、宗教的、伦理的、美学的。科学以一种明显的方式预设了这种日常的、前反映的经验，但这一事实的哲学意义却远非显而易见的。

在怀特海看来，使不同领域的经验知识回归融合 (convergence)，无论是彼此的融合还是和它们开始并寻求阐明的前科学经验的融合，对任何一种文明来说都是一项至关重要的任务，舍此就会冒一种文化精神分裂症 (cultural schizophrenia) 的风险。这种精神分裂症没有比在对意识和人类个体的现代 (和后现代) 理解中更为明显了，其中同一个行为例证处于多重冲突的解释之下，从一种自由或良心的表达到多种方式（它们本身并不总是相互兼容的）中的一种决定。以后者为例，同样的行为，基于我们自己的旨趣，将被描述为开始于性格，或开始于习惯，或开始于一种不可控制的情感，或开始于控制；但那种情感的无意识升华，或开始于本能，或开始于信仰（它们既可以是真的，也可以不是真的），或开始于一种居高临下的宗教经验，或开始于一个"简单的"物理学定律，比如熵，它们约束着大脑中所发生的事情。这些解释有些是相互一致的，有些则不然。人们很难或者不可能把它们中的任何一个与自由、责任或良心的经典概念调和起来。而且如果有人认为"自由意志对决定论"这个古老问题已经死了或不相干的话，那他必须考察一下精神病学中那些支持心理疾病的生物学模型的人和那些支持心理动力学模型的人之间正在进行的争论。

二 哲学的任务

怀特海提出了这样一种不足为奇且明显过时（但还没有被淘汰）的观点，即协调与调和不同种类的经验的任务属于哲学，而且他自己的哲学就是由这一任务激发的。其主要目标是精致阐述他所谓的那些概念的"思辨图式"，这些概念允许把来自不同视角的证据整合进一个连贯的世界图景之中。一种熟悉的哲学观点认为，它处理的是一种不同于经验科学的主体问题。另一观点则认为，它处理的是经验科学还不能回答的问题。在怀特海看来，哲学将其自身和经验科学区分开来的不是有一个特殊的（前经验的或可能非经验的）主体问题，而只是由于其更大的包容性和跨学科的方法。的确，通过拥抱一种比那种狭窄地聚焦于专业化的自然科学更为彻底的经验论，怀特海的方法难免成为跨学科的，这就把它和那些寻求调和的科学区分开来了。

这真的不是一种可能引起科学经验论的拥护者的敌意的观点。大体说来，它和实证主义的使徒奥古斯特·孔德（Auguste Comte，1798-1857）提出的是同样的哲学观点：哲学只是正在拓宽的科学视野的最终阶段。事实上，在其漫长的职业生涯中，怀特海正是这样通过一种不断拓宽的视角——这一视角通过不同于孔德的那些科学的发展等级的阶段（即数学、物理、化学、生物学、生理学、哲学）得到了发展——走向哲学的。怀特海受过纯数学的训练并讲授过应用数学，他是第一个聚焦于逻辑和投影几何学的人。后来，他对物理学产生了兴趣，并寻求把应用于形式系统的系统方法应用于物理世界。接着，他将这一纲领扩展到了自然哲学，并最终扩展到了一种拖着一条神学尾巴（a theological coda）的形而上学宇宙论中。从纯数学转向物理理论——无论多么正式——都意味着适应各种经验约束。转向一种自然哲学意味着适应物理世界的那些最初被忽视了的非正式的方面，转向形而上学则意味着适应那些他的自然哲学已经明确排除了的东西。我们注意到，这种发展模式反映了怀特海对理智狭隘主义（intellectual parochialism）的厌恶。毫无疑问，从他的学生时代到他职业生涯的结束，不断拓展的猜测是由他一生中广泛的课外阅读和兴趣推进的。怀特海总是很在意其不断拓展的职业焦点中还遗漏了什么。

当然，在孔德看来，作为知识最高阶段的哲学实际上不过是对科学概念的一种概括和比较分类（taxonomy）。出于同样的原因，孔德的哲学也很难被认为是对科学正统的一种挑战，而怀特海的哲学最终做到了。这一重要差异的原因和怀特海强加于哲学的形式限制有关。怀特海确立了四个原则，两个是"理性的"（一致性和连贯性），两个是"经验的"（可应用性和恰当性）。对怀特海来说，连贯性和恰当性（adequacy）都具有特殊的意义，它们在使他所谓的形而上学合法化方面起着决定作用。恰当性意味着普遍的可应用性，即应用的全包性（all-inclusiveness），连贯性则意味着理论的所有部分都必须是互为条件的（biconditional）。就意识而言，以相关例证来说，研究必须吸取所有视角（包括科学的和"前科学的"）作为证据的源泉，它必须寻求一种不仅内在一致，而且与每一个可能的经验视角提供的证据相一致的理论。此外，所产生的"统一的"理论必须使不同的视角在概念上相互依赖。①

必须强调的是，怀特海在谈到一种理论对经验的可应用性和恰当性时，他在意的不仅仅是关于文明的模糊定义的经验，而且是关于特殊科学的完备定义的经验。因而，形而上学经验控制中的一个批判要素便是源于经验研究的不断增长的知识体系（body）。哲学理论必须（至少）与科学知识相一致，而且在观念

---

① 在此，我们省略了必要性，这与其说是第五个标准，不如说是澄清其他四个标准的意义的一种方式。怀特海的推理似乎如下：恰当的手段不仅适用于已知的事实，而且适用于所有可能的事实；换言之，恰当性就是先验的适用性。怎样才能先验地适用任何东西呢？一个办法就是康德式的办法。但是，怀特海对经验论的承诺阻止了他在康德式的超验意义上使用先验意义（在经验能力中建立的一种可能经验的条件）。怀特海也不感兴趣的一种选择的可能性也许是这样一种情况，其中所有仍然未知的事实都只是已经披露的事实的逻辑后果。奇怪的是，对先验的这种认知只会消解对任何一种进一步的经验的需要：任何尚未经历过的东西都可以在没有经验的情况下被简单地推出。这是一种胡塞尔（Husserl）在《逻辑研究》（*Logical Investigations*）中讨论流形理论时似乎把玩过的奇怪的可能性。怀特海看到了第三种选择：一种理论可能是先验适用的，如果人们知道它在经验上适用于某些事实且所有事实都在怀特海定义的狭义上相互连贯的。因此，至少在原则上，对任何一个陈述事实的语义分析都可能导致包括了所有事实的普遍结构。换言之，如果在怀特海的意义上宇宙是连贯的话，那么对任何事实的分析都可能是不恰当的，除非它（已经）适用于所有事实。只要它适用于仍未发现的事实，这种知识就可能是必要的，因为它在传统的经院的——亚里士多德式的知识的意义上可能是先验的。宇宙存在这样一种本质乃是思辨哲学的假定。必要性描述了本质上先验的和后验的那些东西的适用性。无论知识的本质的最终地位是否在亚里士多德那里，在怀特海看来，它总是关于探究的一种假设的和规定的理想。怀特海和亚里士多德分享了这样一种观念，即在探究的顺序中，找到这样一种本质乃是一个目标，而且总是出现在最后。

上应该把它纳入一种"连贯的"世界观。这就解释了怀特海哲学中的那种强烈的"科学主义"倾向（strain），它使得具有人文主义倾向的思想家们对他提防有加（wary of him）。然而，经验限制中的另一个批判要素是日常生活中作为其语境（context）和出发点的科学预设之无处不在的背景经验。这又解释了怀特海哲学中强烈的现象学倾向——一种使得科学经验论者对他提防有加的近似于存在主义的关切。无论直接与否，怀特海思想的这一方面都深受柏格森（Bergson）的心理学——他的直觉理论和他对直接经验的现象学描述——以及詹姆斯（James）的彻底经验论的哲学的影响。[①]

现代科学是经验的，因为它寻求感知材料来控制并确证其理论。但是它把自身局限于感官外感知（sensory exteroception）的内容，以注意意识（attentional consciousness）的焦点为对象，因而忽视了那些并不亚于"经验的"信息来源。这些来源包括内感知（interoception）、本体感知（proprioception）和情感影响，被编码在（encoded in）社会能力、语言学能力和运动能力中的多种形式的隐性知识或不可言说的语用知识，以及所有那些只是在追溯性分析中占据了意识的边缘或跨越了意识的门槛的短暂的或模糊的经验，认为这些经验（因为它们是"边缘的"）并没有对经验做出一种不可或缺的贡献并可以被哲学所忽略，是绝对错误的。

三　整合的形而上学

尊重即承认科学证据和现象学证据这些完全不同的倾向同时有效，是怀特海的恰当性要求的主要推力。由于前科学的经验之未经训练的现象学在人文学科和社会科学中有其学科对应，恰当性可以根据一种跨学科的要求来定义，包括自然

[①] 1884年，詹姆斯发表了题为"论内省心理学中的某些疏漏"一文；1890年，该文收入他的《心理学原理》（*Principles of Psychology*）一书，作为"思想之流"一章。1889年，柏格森的博士论文《论意识的直接材料》（"An Essay on the Immediate Data of Consciousness"）震动了心理学界，这门科学已经演进为一门令人敬畏的科学，它是以研究离散的心理内容（观念、表象）和支配它们的内在联系的规律为基础的。詹姆斯和柏格森引起世界注意的东西是惊人的，但它们一旦得以展现就很明显：除了作为抽象的人工产品，这些离散的内容并不存在于心当中。具体的东西乃是在其丰富的纹理中展开的经验的整体，詹姆斯称之为意识流，柏格森称之为延绵（duration）。正如人们最初设想的那样，胡塞尔的现象学乃是一种以科学上严谨的方式讨论这种令人不安的实现（unsettling realization）的尝试。我们承认，著名怀特海专家洛（Lowe）否认了柏格森或詹姆斯对怀特海的明显影响，但这是难以置信的。怀特海受惠于他们的发现几乎是无法否认的，这种影响在某种程度上可能不是直接的，但在他运作具体和抽象，特别是机体概念的方式上却是很明显的。怀特海的机体概念不是当代生物学的概念，而是康德的《判断力批判》（*Critique of Judgment*）的概念，他非常熟悉他所珍视的浪漫传统：一个所有部分在其中都相互预设的体系。在这样一种体系中，只有整体才是具体的。柏格森的洞见可以被概括为：在这个意义上，经验是有机统一的。詹姆斯的根本洞见在方法论上可以被表达为：彻底经验的（因而在方法论上主要的）东西不可能是离散的材料；它只能是经验的整体，其中的各个部分尚未从它们的相互联系中被抽象出来。把浪漫的机体概念的这种现象学应用于经验及其哲学方法论的第一性（primacy），和布拉德雷（Bradley）一样，怀特海很显然受到了柏格森和詹姆斯的影响。

科学和人文（主义的）学科。把证据的这些倾向整合进一种单一的而非二元的世界观（即将其共同的有效性理解为互依的），是怀特海的连贯性要求的要旨。这样一种整合对哲学史以及所谓的"形而上学"提出了一种人们再熟悉不过的令人烦恼的挑战。因此，对怀特海来说，它乃是恰当性（它被理解为经验约束）和连贯性（它被理解为理性约束）的结合，这种结合使得作为一个学科的、聚焦于完备的问题并服从于完备的控制的形而上学合法化了。其任务是构建一个与不同学科的专门知识相一致的世界模型，它足够一般、能涵盖所有学科，而且足够复杂、能以一种连贯的和相互兼容的方式把它们结合起来。怀特海并不惧怕称这一项目为形而上学，因为它旨在理解事物的本质——它们的复杂性和连贯性——无论是个体的还是作为一个有序的整体。怀特海很清楚，这不是一个可以完全得到满足的目标。他的约束乃是评估候选理论更好或更坏，并指导假说形成的规范标准。和科学一样，形而上学绝不是完美的，但它总是能改进的。对怀特海的形而上学最尖锐的异议一直是认为它是形而上学，但他强调的不是一种为了挑战经验科学而建立的形而上学。使怀特海的形而上学成为对科学正统的挑战的不是对经验论的一种蔑视，而是他的这样一种坚持，即经验证据是以一种满足恰当性和连贯性的专门约束的方式被容纳的（be accommodated）。

由于这两个要求，我们已经明确指出了那些对怀特海严重偏离20世纪主流思想最负责任的承诺。要求一致性并没有什么不寻常的，但要求它跨越所有学科边界正是怀特海通过恰当性所要表达的，而且他通过连贯性所表达的要求导致了一种典型的怀特海式的哲学理论。这是很明显的，如果我们要考察下面的问题的话：所有意识理论都产生于不同学科的观点吗（假定它们的每一个观点从其自身的视角看都是和证据一致的即自动地相互一致的）？若果真如此，那么在逻辑上，就会有一种毫不费力的方法达到一致性的目标。我们可以提出一种一般的意识理论，其理论构架是通过把它们全都简单地连接起来而形成的。但这不能通过怀特海的连贯性检验。对这种由几个独立的理论（它们同时为真）构成的统一理论来说，它是不够的。它们必须彼此互为条件地预设为一种单一理论的互依的各个方面。显然，怀特海的连贯性要求创造了一种只有哲学才能提供的高阶综合（higher-order synthesis）的任务，并在很大程度上解释了他用形而上学所指的东西。但是，即使撇开连贯性要求，如果一开始就缺乏一阶视角（first-order perspectives）的相互一致性，我们就会有一个有趣的问题。那时，概念的精练（refinement）和协调就成了必要的，而且怀特海的哲学概念作为一种跨学科的解释学即使没有求助于他的连贯性要求也能得到证明。

当然，我们可以简单地通过取消各种令人烦恼的视角的资格（disqualification）来保证整个构架的一致性。例如，我们可以通过作为"民间心理学"（它错误地接受了自主性、自由意志等各种主观幻想的表面价值）的人文和社会科学来取消普通意识及其解释的解救（deliverances）的资格，或者我们可以取消那些将科学客观化为"历史建构"（它们是受意识形态和社会实践而非旨趣中立的事实约束的）的发现的资格。这种取消资格乃是"统一科学"的原初项目（original project）的策略，它是在经典物理学的庇护下（under the aegis）成为统一科学的，并把那些来自社会科学和人文科学的材料忽视为附带现象（epiphenomena）。不用说，那些鼓吹这种取消资格的视角的人总是会投桃报李（return the favor），从而制造了一场无法裁决的争端。在20世纪初，我们看到了统一科学的纲领及其报应（生命哲学、现象学、存在主义）之间的这种对峙。这可能解释了关于意识的各种争论尽管在经验研究中取得了非凡进展，但并未超越17世纪就已确立了的各种哲学选择或它们之间的僵局的原因。近代早期的唯物论学说在那种有时被称为科学主义的哲学取向中发现了其20世纪的继承者，这种取向寻求自然科学或至少是模仿自然科学的方法以产生关于物（包括心或意识）的唯一可能的知识。行为主义和认知科学就是研究意识的这种方法的范例。

近代早期的唯心论学说则在社会建构论或语言学建构论中发现了其20世纪的继承者，其中传统的现代哲学的创世主体被创世的语言或社会实践取代了。这种在现象学中隐性的研究方法成了显性的，甚至在后结构主义或其美国式的对应物，即知识社会学中的"强纲领"（strong program）中引起了争议，但它也是维特根斯坦反对私人语言的可能性的结果。[1]我们不应忘记，作为一种社会现象的语言的自主性，加上知识对语言的依赖性，曾是一种启发了整整一代英美哲学家把语言分析当作获得关于世界的哲学基础知识的唯一途径的根本洞见。

四　结语

怀特海通过形而上学所指的是一门包含而非偏袒（takes sides）这场古老争论中任何一边的统一科学。这正是他的经验论哲学致力于解决一个实证主义难以想象的问题，以及那些最终在形而上学建议中挑战科学正统的问题的原因。这个

---

[1] 见伯纳德·威廉姆斯（Bernard Williams）的文章《维特根斯坦的唯心论》（1974）。分析哲学家对于威廉姆斯对维特根斯坦的解释的异议——如马尔康姆（Malcom, 1982）和博尔顿（Bolton, 1982）——在这样一种程度上是错误的，即那种定义了分析哲学后期阶段的批判方法——对日常用法的语言分析——预设了威廉姆斯正在谈论的那种"唯心论"。关于语言（或其正确用法的"语法"）在某种意义上是"超验的观念"，以及语言分析可能是一种把先验知识和超验把握（purchase）综合起来的手段的各种建议，见文德勒（Vendler, 1967）和卡维尔（Cavell, 1976）的相关著作。我们很想说，后期维特根斯坦和威廉姆斯坚持批评的"唯心论"之间的区别是口头上的，但只要他们同意，就是一种完全有效的观点。

分裂的问题是：日常意识、实践理性和"民间心理学"被包括在了和一种"恰当的"意识理论相关的视角中了吗？怀特海对这个问题的回答绝对是肯定的，但又和20世纪肯定地回答了这一问题的其他声音不同，他并没有通过单方面排除自然科学的视角来包括这些视角。这种双重承诺创造了冲突的原则，它激发了怀特海作为跨学科协调项目的哲学概念。① 如果这就是那些使他的声音在20世纪如此独特的东西的话，那它也是他被人们当作一种灵感的原因。他们同样不愿把经验科学拒斥为维护人文主义态度的一种方式；反之亦然。

虽然这种双重承诺可能使怀特海反对他那个时代的科学建制，但它也把他完全置入了哲学传统。在这一方面，怀特海是很传统的。他的声音与众不同，因为他在一个传统受到谴责的时代尊崇传统。自巴门尼德（Parmenides）以来的哲学家们已经认识到经验是一个根本矛盾的焦点，哲学正是从这一矛盾中得出其使命的。最初，它采取的是一种意见和真理或表象和存在（seeming and being）之间的矛盾的形式。当它采取现代形态时，它就成了用第一人称和用第三人称对世界的各种描述之间的张力。既然意识本身似乎是世界上的事物之一，我们很快就发现，被解释为认知对象的意识和被理解为经验与行动主体的意识是很难协调的视角。我们知道在这个问题下面有很多名字：康德的自由与因果、自由意志与决定论的二律背反，叔本华（Schopenhauer）的世界—网结（world-knot）、心—身问题，查默尔（Chalmer）的"难题"，莱布尼茨（Leibniz）或亚里士多德（Aristotle）的终极解释与有效解释之间的张力，等等。形而上学只是怀特海赋予我们的责任，我们仍需认真对待这个问题。

【作者简介】米歇尔·韦伯（Michel Weber）为比利时过程哲学家，国际知名怀特海学者，比利时哲学实践中心主任；卫安得（Anderson Weekes）为美国美田大学教师，美国纽约州立大学石溪分校哲学博士。

【译者简介】曲跃厚为解放军原后勤学院教授；校者王治河为美国中美后现代发展研究院研究员。

---

① 怀特海的思想发展清楚地反映了他的观点的双重承诺，因为他在不同阶段首先讨论的就是这个问题。他把他的第一探究（first inquiries）理解为一种形式本体论（而非一种形式逻辑），这种探究为自然科学提供了一种方法论基础。当他转向形而上学时，他早先的方法所关注的问题并没有被抹杀，而是被吸收到了一个更广泛的、现在包括了一种存在本体论的系统语境中。自然科学（特别是确立物理测量的客观性）的认识论基础仍保持不变，并作为"广延理论"出现在了《过程与实在》（Process and Reality）中。它不同于怀特海早期的形式本体论，因为它现在是通过"摄入理论"来补充并系统地修正的，这一理论为能动的主体性提供了基础和背景。挑战在于以这样一种方式使广延理论和摄入理论连贯起来，即它们构成了一种具有两个相互依赖的部分的理论。

过程哲学专题之二：
"站在山顶上观察事物"的哲学家

——怀特海的"自然"概念探析*

杨富斌

【内容摘要】 本文通过研究怀特海在《自然的概念》等著作中关于"自然"概念的论述，揭示建立在相对论和量子力学基础上的以过程—关系为特征的自然概念对建立在牛顿力学基础上的实体自然概念的超越。在怀特海看来，科学哲学就是要努力清晰地阐述普遍地存在于思想复合体之中的统一特征，从而使全部科学呈现为一门完整的科学，或者——在失败的情况下——反证其不可能性。科学哲学的首要任务应当是对通过感官—知觉而揭示给我们的存在做出一般的分类。《自然的概念》及其姊妹篇是为自然哲学奠基，而自然哲学则是重构思辨物理学的必要前提。在每个自然哲学家的生命中，引导其前进的座右铭应当是：寻求简单性，但不要相信它。科学哲学主要地应当以自然科学为例进行研究，而对自然存在的分类应当是科学本身的首要任务，自然哲学则主要地应当侧重于研究自然存在及其关系。所谓自然是我们通过感官而在知觉中所观察到的东西，它是由各种存在及其关系所构成的复合统一体。自然是一个系统、一个过程；构成自然的终极要素是事件。他还以事件关系说批判了自然二分说，以广延抽象法诠释现实的时间—空间。这些观点对我们丰富和发展马克思主义自然观具有重要理论价值。

【关键词】 自然；科学哲学；自然哲学；系统；过程；关系

---

* 本文是国家社科基金后期资助项目"怀特海过程哲学研究"（项目号：14FZX044）的后续研究成果。

随着自然科学领域内每一次重大发现，人类的自然观必然要发生相应的变革。爱因斯坦相对论和普朗克量子力学的出现，促使人类对自然本质的认识发生了革命性的变革，表现在从以牛顿力学为代表的实体自然观发展到了以相对论和量子力学为代表的过程——关系自然观。而怀特海在《自然的概念》等著作中所阐述的自然观，可谓是这一理论进展的主要代表之一。

一　怀特海自然观在西方自然观念史中的重要地位

根据柯林伍德（Robin George Collengwood, 1889-1943）在《自然的观念》一书中的考察，在欧洲思想史上，宇宙论思想有三个建设性时期。在这三个时期中，自然的观念或者说自然观成为思想的焦点，成为西方自然哲学中热烈而持久的被反思课题，从而获得了新的特征。

这三个时期的自然观念分别是古希腊的自然观、文艺复兴的自然观和现代自然观。而在现代自然观中，自黑格尔时代起，进化的概念经历了两个主要阶段：一个是生物学阶段，再一个是宇宙论阶段。一般认为，把进化观念作为生物学的基本观念，这个思想阶段在法国生命哲学家柏格森的研究中达到顶点。但柏格森的思想作为宇宙论哲学出现了问题，这主要不是因为他重视生命的概念，而是因为他除此以外对其他东西一概不重视，尤其是物理学所关注的无生命世界，或者说僵死的物质概念，是压在柏格森思想体系上的重负，也是其生命哲学的"短板"，他的生命过程之"胃"难以消化近现代西方实体哲学中那个僵死的物质概念。

可喜的是，新的物理学尤其是电磁学、相对论和量子力学的发展表明，自然界中的物质在根本上不是惰性的实体，而是能动的活动过程，或者某种非常像生命一样的东西。在这种新的物质理论启发下，怀特海根据他对这些最新物理科学成果的反思和概括，宣称整个实在是有机体，并通过他对自然界和自然知识之本质的研究，最终明确地提出了他的"有机哲学"（the philosophy of organism，亦译"有机体哲学"或"机体哲学"）学说。在柯林伍德看来，怀特海不像柏格森那样，"把物理学与生物学融为一体"，而是"在迎接一种新的物理学观点，他在现代史上第一次揭示了物质世界与生命世界之间的相似之处"。[1](p.164) 换言之，他把自然界看作在本质上是有生命的机体，认为西方传统自然哲学中所谓有生命的自然与无生命的自然之间并无截然分明的界限。我认为，这就是怀特海在《自然的概念》等著作中所实现的西方现代自然观的根本性变革。

柯林伍德高度评价了怀特海及其同时代人萨缪尔·亚历山大（Samuel Alexander）的自然观。他明确地指出："他俩是伟大的哲学天才，他们的著作标志着哲学著述向那宏伟风格的回归，我们最后一次见到这种风格是在休谟的《人性论》中。这种宏伟的风格不是一个阶段的标志，而是适当地掌握并消化了哲学材料的一种思想标志。它基于对研究课题面貌的广泛而可靠的了解，它在根本上是客观的，不关心别人对它的看法是褒或是贬，只注重事物本身的性质。它的特征是态度平静，观点坦率，不隐瞒任何难点，不因好恶而取舍。所有伟大的哲学家都具有这种冷静的头脑，狂热随着他们眼光的逐渐明晰而消逝，他们著述的态度好像他们是站在山顶上观察事物。"[2](p.175)

那么，怀特海从自己的"自然哲学山顶"上所观察到的自然是什么呢？

二 对科学哲学、自然哲学和自然概念的新诠释

怀特海对自然本质的探究，是从界定和阐释他所理解的科学哲学和自然哲学概念开始的。怀特海指出，塔纳讲座的主题被设立者限定为"科学哲学和不同知识部门之间的关系或不存在关系"[3](p.6)，这个设立意图也许是恰当的，并且对他来说可谓正中下怀，所以，他很乐意主持这个讲座，也想借此机会表达他自己对科学哲学的基本看法和观点。他认为，把科学哲学与"不同知识部门之间的关系"并列进行讨论，这暗含着科学哲学就是对不同知识部门之间的关系的研究，他认为这个想法很不错。同时在"关系"这一限定词后面插入一个短评"或不存在关系"，他认为更值得赞许，因为这一方面意味着各门科学知识之间的每一种关系并非都要纳入科学哲学的考察之中。例如，他说生物学中使用显微镜进行专业研究会涉及生物学与物理学的关系，然而这样一种关系显然并非科学哲学所应当研究的问题。而科学知识与哲学知识的关系，则一定要包含于其中，否则，科学哲学的研究就会失去其本来的价值和意义。另一方面，把各门科学统一为一门科学，这种理想也许能实现，也许不能实现。爱因斯坦曾试图用"大统一场论"把当时已发现的各种物理力统一起来，但最后并未成功。因此，怀特海认为，反证这种把各门科学统一起来是不可能的，也应当是科学哲学研究的基本内容。

从这个意义上说，科学哲学是一种源于科学和基于科学，并使得科学真正成为统一体的哲学思考。尽管现代自然科学已然成为一种统一体，成为科学家共同体一致承认和坚持的对自然存在的研究，但是，关于自然存在中哪些事物属于科学研究的对象，人们通过对自然的感官—觉察而观察到的哪些客体可以成为科学研究的客体，而哪些客体不能成为科学研究的对象，甚至诸如时间和空间是否是自然界中的存在，时—空与物质运动到底是一种什么关系，自然规律是否存在于自然界之中，诸如此类的事物的实在性问题，不仅自然科学有资格和权力进行专门的研究，哲学同样也有资格和权力进行研究。尤其是科学哲学不仅有资格和权

力，而且有责任和义务对这些问题进行专门研究。因此，那些认为哲学包括科学哲学已没有资格和权力染指自然及其实在性问题的科学主义霸道观点，或者那种并未详加论证便武断地宣称在自然科学对自然的研究大获全胜面前"哲学已死"的断言，显然是违背科学家所应具备的真正理性主义和科学精神的错误观点，也是自牛顿以来西方科学家轻视甚至否定科学的形而上学研究所必然导致的恶果。

所以，怀特海宣称，在自然科学已成为某种统一体的大背景下："**科学哲学就是要努力清晰地阐述普遍地存在于这种思想复合体之中的统一特征，从而使之成为科学。科学哲学——被看作一门学科——乃是要努力地把全部科学呈现为一门完整的科学，或者——在失败的情况下——反证其不可能性。**"[4](p.6) 在这里，怀特海明确地把科学哲学本身也看作一门科学，认为其宗旨就是要把全部科学呈现为一门完整的科学，或者在其不能完成这一证明时，反证其不可能性。对科学哲学研究的宗旨作这一明确界定，乃是怀特海对科学哲学的重要贡献，这与现代西方哲学中对"科学哲学"的通常理解和界定具有明显的不同。

怀特海在这部著作及其另两部自然哲学著作中，对科学哲学的阐述是从认识论层面进行的，较少涉及形而上学的内容。因为在这个思想发展阶段上，他对传统形而上学在总体上持否定态度。科学哲学的研究领域和范围非常宽泛，迄今至少已有自然科学哲学和社会科学哲学之分，其研究范围的精确边界很难确定。但他清醒地认识到，他在《自然的概念》中所进行的科学哲学探讨，属于科学哲学中比较简单的任务。这就是集中于探讨自然科学研究中，尤其是物理科学研究中的思想复合体的统一特征，以便把全部自然科学努力地呈现为一门完整的科学。从反面来说，是要排除掉那些不应当属于自然科学尤其是物理学研究的对象和内容。例如，感官—觉察中所揭示的自然存在与人的心灵和思想的关系，怀特海认为，这就不属于科学哲学研究的内容，也不是自然科学尤其是物理学应当研究的内容。

在怀特海看来，科学是包括所有科学门类在内的知识，例如数学和科学哲学，都属于广义的科学范畴。但是，为了论述和论证方便，他在这里只是以自然科学为例来说明和讨论科学哲学问题。根据怀特海的观点，所谓自然科学就是关于"自然"的科学。在后来的著作中，他甚至认为"科学的形而上学"也是科学知识的一部分，这是我们理解怀特海的自然概念及其科学哲学思想时要特别加以注意的。因为他在《过程与实在》中就明确地说过，就连所谓思辨哲学或者形而上学也是人类获得关于这个世界的知识的一种重要方法。[5](p.3)

在经过论证之后，怀特海对科学哲学的任务做出一个一般性的结论："**科学哲学的首要任务应当是对通过感官—知觉而揭示给我们的存在做出一般的分**

类。"[6](p.17) 他认为，"在科学哲学中，我们寻求适用于自然的一般概念，即适用于我们在知觉中所觉察之物的一般概念"[7](p.19)。

在《自然的概念》中，怀特海还专门阐述了他所理解的"自然哲学"概念，并进而探讨了自然哲学和科学哲学及其同传统形而上学的关系。

综观《自然的概念》全书，正如怀特海所说："**本书及其姊妹篇的目的是为自然哲学奠基，而自然哲学则是重构思辨物理学的必要前提。**"[8](p.3) 这里的"自然哲学"不是一般意义上的自然哲学，而是怀特海所理解的适应于20世纪初西方最新科学发展的自然哲学，并认为这种新的自然哲学乃是重构思辨物理学或者"泛物理学"[4](p.1) 的必要前提。须注意，怀特海在这里所使用的"泛物理学"① 并不等于现代西方科学哲学中的"物理主义"。所谓物理主义，就是认为所有的东西都是物理现象的一种学说。怀特海的泛物理学则是意在强调在哲学意义上讨论物理学，把对物理学的研究对象和内容完全局限在哲学范围内，即"完全从事于确定最一般的概念，这些概念只适用于由感官所观察到的事物。它不同于对世界本原问题进行哲学思辨的形而上学，而是把自然当作自己共同主题的统一科学。在这里，他对自然哲学的理解与科学哲学的理解有相同和交叉之处，即要致力于把所有的科学都展示为一门统一的科学"[9](p.6)。只不过，科学哲学侧重于从科学知识部门之间的关系上进行探讨，而自然哲学则侧重于从感官—觉察所提供的材料的内在关系中进行探讨。

在《自然的概念》中，怀特海明确地表示他不赞同传统哲学中以实体和属性的二分，或者基质和属性的区分为前提来对自然界进行研究，而赞成对自然界进行严格的自然哲学研究，即仅仅把自然当作客观对象来研究。因此，他明确地否定传统形而上学研究在探究自然本质上的作用，并形象地说，在自然事物的研究方面"求助于形而上学就像是把火柴扔进了火药库，这会把整个场地都炸毁"[10](p.28)。然而遗憾的是，"当科学哲学家们被逼得走投无路，被指责缺乏连贯性时，他们所做的正是如此。他们立刻把心灵拉进来，谈论心灵之内或心灵之外的存在，好像实际情形就是如此"[11](p.28)。而自然事实并非如此。从怀特海所理解的"自然哲学"视角来看，"被感知的一切都在自然之中。我们不可挑选。对我们来说，红色的晚霞如同科学家用来解释这种现象的分子和电波一样，都应该是自然的一部分。自然哲学就是要分析自然之中的这些众多因素是如何联系起来的"[12](p.28)。这就是说，在怀特海看来，真正的自然哲学应当坚持一切从自然界

---

① 详见 Alfred North Whitehead, *The Principle of Relativity with Applications to Physical Science*, Published by Leopold Classic Library, 2017, p.4。

中的事实出发，我们通过感官所能观察到的一切事物，都客观地存在于自然界之中，对此我们别无选择，只能承认它们的客观存在，并通过感官—觉察去观察它们，发现它们的存在及其相互之间的关系。因此，诸如美丽的晚霞之类的颜色和气味、声音等所谓"第二性质"，实际上如同分子、电子和电波一样，都是自然界的有机组成部分。真正的自然哲学的任务不是要确定它们是否存在、它们同心灵是什么关系，而是要确定这些因素在自然界中是如何相互联系的。

依据这一基本立场，怀特海明确地说："我的论点是，这种把心灵拉进来，将其自身作为感官—觉察为知识所设定的事物的补充，只不过是逃避自然哲学难题的方式而已。这个难题是要讨论所认识之物的相互关系，是从它们被认识到这种单纯事实中抽象出来的。自然哲学绝不应该追问，心灵中有什么，自然中有什么。这样做就是承认，它并没有表达通过知觉所认识的事物之间的关系，即没有表达那些其表达就是自然哲学的自然关系。这个任务对我们来说也许是太难了，也许这些关系太过于复杂、太过于多种多样了，因而我们不能理解，或者这些关系太微不足道了，不值得我们麻烦地去阐述。的确如此，要恰当地形成这些关系，我们所走的路只能是一条非常狭窄的路。但是，这至少不会让我们努力地根据正在知觉的心灵的附属行为理论去掩饰失败。"[13](p.29) 也就是说，传统西方自然哲学家们一直面临着一个难题：我们如何去认识感官—觉察中所观察到的事物之间的相互关系。但他们不是致力于从观察事实中去寻找这种关系，而是把人的心灵拉进来，去探讨心灵中有什么，人能认识自然中的什么。这样一来，他们便不能表达自然哲学应当研究的自然关系，而把这一问题变成了人的心灵同自然的关系了。而这一关系是非常复杂的，必须通过心理学等研究才能解决，而以自然为对象的自然哲学对此显然无能为力。

那么，自然哲学对自然的研究首先应当研究什么问题呢？怀特海对此有明确的回答："对自然存在做出分类是自然哲学的开端。"[14](p.46) 为此，在《自然的概念》第三章怀特海说，他打算在这一章着手审视感官—觉察中为认识所设定的各种存在。他的目的是要研究这些不同类型的存在之间所具有的关系的种类，这些研究便是怀特海认为自然哲学首先应当做的事情。他是从考察时间问题而开始其自然哲学探究的。

在仔细地考察了自然哲学的各种基础之后，怀特海说他"在这些演讲中所坚持的自然观并非简单易懂"，但他反问道："这不正是其真相吗？"[15](p.142) 然而，由于传统自然哲学的不成熟，"每个时代都骄傲地自认为它终于碰巧发现了那些可用来阐述所发生的一切的终极概念，对于这种自满的确信，我们难道不应当怀疑吗？科学的目的乃在于寻求对复杂事实做出最简单的说明。因为简单性是我们追求的目标，所以我们很容易陷入这样的错误认识，即：误认为这些事实本身就是简单的"。因此，怀特海强调："在每个自然哲学家的生命中，引导其前进的座右铭应当是：寻求简单性，但不要相信它。"[16](p.142)科学应当坚持以尽量少的概念和范畴来把握自然和表述自然界，这既符合"奥卡姆剃刀"所追求的思维经济原则，也符合科学美学的基本原则。但是，千万不要误以为自然事实本身就是如此简单，不要迷信简单性原则。

因此，怀特海批评西方18—19世纪的自然哲学，认为它未加批判地接受的是与中世纪哲学一样僵化和确定的某些概念，他称之为"科学唯物主义"，即马克思主义哲学通常批判的机械唯物主义或形而上学唯物主义。他说："不仅持有科学唯物主义的人们是这样，而且所有哲学流派的追随者也都是这样。唯心主义者只与哲学的唯物主义者在自然与心灵的结盟或关系问题上有所不同。但是，没有任何人会怀疑自然哲学就其本身来思考就是我所说的这种类型的唯物主义。"[17](p.64)这种自然哲学认为自然是物质的聚合体，并且这种物质在某种意义上存在于没有广延的时间瞬间的一维序列的每个连续成员中，并且处在每个瞬间的物质存在的相互关系使这些存在构成了无界空间中的某种空间构型。自从科学在亚历山大大帝时期繁荣起来以来，它一直在主导着语言和科学的想象力，其结果是我们似乎不去假定它的直接明显性，我们现在几乎就不可能说话。因为我们现在使用的"主语—谓语"结构的语言学，就是这种自然哲学的直接体现。所以，怀特海哲学第三代传人小约翰·柯布曾指出，这种主—谓结构的语言学强调的是名词的重要性，而实际上这种名词所描述的事物在自然界中并不存在；相反，自然事物都是动词性的存在，因为一切都处在生成和消逝的过程之中。

既然对自然存在的分类应当是自然科学的首要任务，而自然哲学则主要应当研究自然存在及其关系，那么，在怀特海看来，究竟什么是自然呢？在《自然的概念》中，怀特海给"自然"下了一个言简意赅的定义："自然是我们通过感官而在知觉中所观察到的东西。"[18](p.6)虽然如恩格斯所说"在科学上，一切定义都只有微小的价值"[19](p.459)。怀特海则通过对这一概念所蕴含的丰富内涵的界说，给我们阐述了一个不同于在现代西方哲学和科学中占主导地位的新的自然概念。

首先，自然是我们通过感官—觉察所认识到的某种不同于心灵和思想的东西。从这个意义上说，自然是某种外在于我们的心灵和思想的东西，或者某种不同于我们的心灵和思想的东西。但是，我们对自然的认识则不能脱离人类的感官经验，否则，我们便无法把握自然。从这个角度看，怀特海的自然观所坚持的是列宁所说的"从物到感觉和思想的认识路线"。所以，怀特海明确地指出："被我们当作根据的是：感官—觉察乃是对某物的觉察。那么，我们所觉察到的某物的一般特征是什么？"[20](p.28) 他说："它是在我们的直接观察中所理解的全部自然。"[2`](p.161) 换言之"自然界不过是感官—觉察所传递的东西"[21](p.160)，"自然界是在感官—知觉中所呈现的各种存在的复合体"[22](p.161)。

虽然在人的感官—觉察背后一定会有心灵和思想起作用，感觉本身也负载着理论和思想，但怀特海认为，"在一定意义上，自然界是不依赖于思想的"[23](p.6)。作为数学物理学家，他认为自然科学对自然的研究只研究通过感官—觉察所观察到的东西，而不研究在感官—觉察背后起作用的思想，或者不研究所观察之物与心灵和思想的关系。这便意味着自然科学所研究的自然界可以被设想为一个对心灵来说的封闭系统。这个封闭系统作为感官—觉察之物就是他所理解的自然界，并且他认为科学哲学所寻求的也就是适用于这种自然的一般观念。

怀特海提出上述观点是有针对性的。他认为，我们对自然界的认识并非一定要联系心灵或思想来考察。我们进行自然哲学或自然科学思考时，应当撇开主体如何思考自然界而单纯地研究自然界本身，而不应考虑我们研究自然界时所需要的感觉和思想，他称这种研究为"同质地思考自然界"，并认为"这是自然科学思考自然的方式"。而如果我们同时考虑着感觉和思想而去思考自然界，他称这种研究为"异质地思考自然界"，并认为这是一种"形而上学的思考"。在自然哲学研究的范围内，我们不需要这种形而上学的思考。他坚持认为感官—知觉事实中含有某种不是思想的因素，他把这个因素称为"感官—觉察"（sense-awareness）。[24](p.7) 了解怀特海在这里所使用的"感官—觉察"一词的确切含义，对我们正确理解怀特海的自然概念具有重要意义。如马克思所说，旧唯物主义对"对象、现实、感性，只是从客体的或者直观的形式去理解，而不是把它们当作人的感性活动，当作实践去理解，不是从主体方面去理解"[25](p.137)。而唯心主义自然观，如贝克莱等人认为"存在就是被感知""物是感觉的复合"，完全否定了外在世界的客观实在性。怀特海既坚持从人的感官—觉察方面来把握自然，又坚持感官—觉察中有不同于思想和心灵的东西，这种自然观同马克思主义自然观完全一致，同量子力学的主—客体相关论也是一致的。

怀特海说，自然中的"存在"（entity）一词，"不过是拉丁语中'事物'（thing）的对应词，只是出于技术目的，人们才对这两个词做了任意的区分。所有的思想一定都是关于事物的思想"[26](p.3)。所谓思想不过是关于事物的必然性的观念而已。在这里怀特海明显地坚持了唯物主义反映论的基本观点——思想是对事物的观念反映。在后面他还通过具体的例证表明，"思想把纯然的目标摆在了自己面前，我们称之为存在"[27](p.7)。思维通过表达这些存在的相互关系而把它们包含于自身之中。感官—觉察就是通过这些存在因素来揭示事实的，没有思想对存在的把握，感官—觉察就不可能揭示自然界中的客观事实，但我们不能因此就把思想所把握的存在直接地等同于客观事实本身。思想中所把握的存在是从无限的现实自然因素中所选取的有限存在，这是思想把握现实世界必不可少的处理方法，没有这种方法，就不可能把无限的不相干因素排除，从而把握有限。但如果认为这些存在不在自然之中，而只是在思想之中，这就陷入了唯心主义泥淖。而如果把思想中抽象出来的存在当作自然中的现实存在，那就会犯怀特海后来所说的"误置具体性之谬误"。

其次，自然是由各种存在及其关系所构成的复合统一体。怀特海指出："思想的目标是存在，这些存在首先具有纯然的个体性，其次具有……它们的诸种属性和关系；感官—觉察的目标是自然事实中的因素，它们首先是关系者，其次它们才被区分为不同的个体。"[28](p.7) 这表明，人类通过感官—觉察而直接观察到的东西虽然被思想区分为纯粹的个体性，由此它们才可以相互区分开来，但它们在现实中并非相互孤立的存在，而是具有各种属性和关系的存在；它们首先是作为关系者而存在的，其次才被思想区分为不同的个体，以便对它们获得确定的认识。

所以，怀特海强调指出："这些自然存在之间具有的关系本身就是自然存在，也就是说，在这里对感官—觉察而言，它们也是事实因素。"[29](p.16) 怀特海在这里强调，不仅那些"自然存在"是"自然事实"，而且这些"自然存在"之间的"关系本身就是自然存在"，亦即它们也是"自然事实"，这对我们正确理解怀特海以关系实在论为基础的自然观具有重要作用。怀特海后来在《过程与实在》中进一步在形而上学层面强调关系的重要性，明确地概括出宇宙中普遍存在的"关系决定本质"的原理。

从这个意义上说，怀特海所理解的自然实际上是由可观察的存在及其关系所构成的。虽然在感官—觉察中我们只能直接观察到各种自然的存在，但这些自然存在首先因为是作为关系者，才被思想区分为不同的个体。在这里，实际上自然中的诸种关系先于和优于自然存在，关系决定着自然存在的本质。这样一来，怀特海所理解的自然实在实际上是一种关系实在，这便同各种旧唯物主义物质实体自然观明确地区分开来。

再次，自然是一个系统。在怀特海看来，在最广泛的意义上，自然界中的一般事物作为统一的整体"一定是自然的完整的关系系统"[30](p.127)，其中包含其自身最一般的关系，这些最一般的关系能把所有的部分和关系统一为一个整体。除了特殊的事物及其所包含的不可穷尽的关系系统以外，自然乃是一种整体事实，这种整体事实是存在于自然科学之基础中的最一般关系所自我包含的。为了理解自然是什么，我们必须理解这种可使自然成为一个存在、一个统一整体的最一般的关系。实际上，通常所说的自然规律就是各种自然存在之间的这种一般关系或普遍联系。

如此看来，自然作为系统是异常复杂的，其本身并不容易理解。他说："我承认，我在这些演讲中所坚持的自然观并非简单易懂。自然界表现为一个复杂系统，它的诸多因素是被我们模糊地识别出来的。"[31](p.142) 这里，怀特海所揭示的自然真相——一个复杂系统，后来被系统哲学创始人拉兹洛予以高度评价，并明确说他的系统哲学思想的提出正是受到了怀特海系统思想的影响。

复次，"自然是一个过程"[32](p.50)。他说："觉察的直接事实是自然界的全部显现。正是自然界作为事件呈现给感官—觉察，并且其在本质上是流变的。世界上根本不存在静止不动并可让人驻足观看的自然界。"[33](p.17) 自然的持续性是一个明确的自然存在事实。尽管使用"持续性"这一词或许是不准确的，因为它会暗示一段抽象的时间广延性，但持续性确实是感官—觉察中所呈现的基本成分。他称这种自然的持续性为"自然的流逝"。正是由于自然的流逝，自然界才总是永不停息地向前进展。这就是客观的时间。[34](p.50)

怀特海说，自然的流逝不仅是自然的基本特征，而且也是感官—觉察的基本特征。正是这一真相使得时间似乎超越了自然，广延到人的心灵中去了，否则，我们就不知道什么是时间。"但是，超越自然的并不是连续的和可测量的时间，这种超越不过是表现了自然中的流逝特征而已，然而这种流逝本身的性质则是无法测量的，除非它能在自然中获得。……持续性中的流逝性质乃是一种可广延到自然之外的性质在自然界之中的具体展示。例如，流逝不仅是自然的性质，这是我们已知的，而且也是感官—觉察的性质，这就是认识的过程。"[35](p.51)

在这里，怀特海提出区分"同时性"和"瞬时性"概念是至关重要的。他认为，"同时性"是自然要素的属性，在某种意义上，同时性是持续性的组成部分。"持续性可以是整个自然，呈现为由感官—觉察所设定的直接事实。持续性在其自身之内就保持着自然的流逝。……换句话说，持续性保持着时间的厚度。……因此，同时性是自然界中的终极因素，对感官—觉察而言它是直接的。"而"瞬时性"则是思想中关于自然过程或自然的流逝的一个复杂的抽象逻辑概念，"由其所构造的逻辑存在是为了在思想中简单地表达自然属性而产生的。瞬时性概念表达的是处在瞬间的全部自然"。这里的瞬间没有时间上的绵延，现代哲学和科学中把"物质"就设想为一瞬间分布在空间中的质料。"这个概念在科学中特别是在应用数学中是非常有用的"，但是，如果真的认为这就是物质在现实自然界中的存在，这就犯了"误置具体性之谬误"。怀特海在这里明确地指出，"处在一瞬间的自然"本身并不是自然的存在,而是对自然的理论描述,因此"必须根据真正的自然存在来界定它。除非我们这样做,否则,我们使用瞬间自然概念的科学就必须放弃所有基于观察的主张"。[36](p.52) 而科学基于观察是不可放弃的,所以我们只能放弃"瞬时性"概念。

怀特海认为,对自然的这种过程特性,就像感官—觉察中直接展示出来的所有东西一样,我们不可能对之有任何说明。我们所能做的一切就是使用可以思辨地阐明它的语言来描述它们,并且同时表达自然中的这一因素与其他因素的关系。在怀特海看来,哲学的主要功能之一就是描述世界。"每一个持续性都在发生和流逝着,此乃是自然过程的展示。自然的这一过程也可被称为自然的流逝。"[37](p.50) 科学和文明生活中可测量的时间,通常只是展示了更为基本的自然流逝事实的某些方面。他说:"我相信在这种学说方面,我与柏格森的观点是完全一致的。"[38](p.50) 正是由于自然的流逝,自然才总是永不停息地向前进展。不过,他与柏格森不同的是,他并不认为这种自然的流逝是主观的,而是认为它们是实在的,是不以人的主观意志为转移的。后来,在其代表作《过程与实在》中,他对自然的这种"过程"特性做了系统的形而上学描述。

在《自然的概念》第五章末尾怀特海说:"我感到遗憾的是,在这个演讲中我不得不处理这么多的四维几何问题。但我并不用为此而道歉,因为自然界就其最基本的方面来看是四维的,对这个事实我实际上负不了责任。事物是其所是;并且隐瞒如下事实是无用的:'事物的本来面目'常常是非常难以为我们的理智所跟上的。试图逃避这一类障碍,那不过是对终极问题的回避而已。"[39](p.105)

最后,构成自然的终极要素是事件。怀特海说:"就感官—觉察而言,终极事实就是事件。"[40](p.17) 在"总结"一章中,他指出"在我们看来,自然界在我们的经验中是由流变的事件所组成的复合体。在这个复合体中,我们可识别出作为其构成成分的诸事件之间所具有的确定的相互关系,我们可称之为它们的相关位置,并且我们部分地是通过空间和部分地是通过时间来表达这些位置的。此外,除了它同其他事件之间单纯的相关位置以外,每一个特殊事件都有其自身的独特特征。换言之,自然界是事件的结构,并且每一事件在这个结构中都有其自身的位置及其自身的独特特征或属性。"[41](p.145) 怀特海认为,所谓自然科学对自然的研究,实际上就是要揭示自然界中这些相对稳定不变的结构和秩序,自然规律不过是各种自然存在之间的内在关系而已。

从自然知识角度看,他分析说,自然知识是包括事实、因素和存在三个成分的知识。[42](p.15) 这里的"事实"是指感官—觉察直接感知自然时未加区分的目标;"因素"是指感官—觉察中已被区分为事实元素的目标,也就是把直接感知到的"客观事实"进一步区分为各种元素;"存在"则是以其自身功能作为思想之目标的因素,也就是在感官—觉察所区分的元素基础上形成的思想对象。怀特海强调说,"如此谈论的存在就是自然存在"。然而,"思想对自然更加宽广,因而有一些思想中的存在并非自然存在"[43](p.15)。也就是说,思想本身具有主观能动性,能够生成感官—觉察中所没有提供的、自然界并不现实具有的"存在",如"魔鬼""仙女"等。

三 以事件关系说批判自然二分说

在阐述上述自然观的基础上,怀特海明确地以其事件关系学说批判了当时在西方自然观上占主导地位的所谓自然二分学说。

在怀特海看来,科学上关于光的"传递理论的确立标志着科学和哲学之间关系的转折点",因为这一理论"完全地摧毁了关于'实体和属性'的知觉理论的简单性"。[44](p.26) 洛克曾试图根据第一性质和第二性质的学说来解决光的传递理论在哲学上所导致的困难,认为我们能感知到事物本身具有的第一性质,也能感知到事物本身所不具有的第二性质,如颜色、声音、味道等。但是,洛克的这一解决方法,在哲学和科学上造成了混乱和难题:我们竟然能感知到自然界中不存在的东西。

为了解释这一难题,西方现代哲学和科学默认了这样的结论:必须从自然与心灵的关系着手,才能融贯地说明自然向感官—觉察呈现的现象。本来,从这一关系着手来说明自然并没有错,然而在解释自然与心灵的关系时,人们却把这一关系与自然对心灵的作用混为一谈了,所以怀特海指出,"关于自然的现代说明,并非如同其竟然所是的那样,只是说明心灵对自然所知道的东西"[45](p.27)。亦即关于自然的探究,并不只是说明心灵把握到了自然界中的什么东西,而是把这个问题与自然对心灵有什么作用的说明混为一谈了。"其结果对科学和哲学都是灾难性的,但主要对哲学是灾难性的。它使自然和心灵之间的关系这个大问题,变成了人体和心灵之间的相互作用这样一种微不足道的形式。"[46](p.27)

也就是说,在怀特海看来,自然与心灵的关系是自然哲学中的大问题,也是科学哲学应当研究的重要问题。恩格斯也明确地说过:"全部哲学,特别是近代哲学的重大的基本问题,是思维和存在的关系问题。"[47](p.458) 通过对这一关系的研究,可以揭示心灵或思维通过感官—觉察究竟获得了自然的哪些属性和规律,但是遗憾的是,由于西方现代哲学和科学家们无意识地把这个关系混同于自然对心灵的作用问题,最后又变成了人体和心灵之间的相互作用问题,结果便把自然科学和自然哲学所必须弄清楚的"什么是自然"的问题搞糊涂了。怀特海在《自然的概念》中致力于澄清的工作任务，就是要弄清什么是自然。如前所述，怀特海是从感官—觉察到外部世界中有什么东西为出发点来说明自然的，即使感官—觉察背后有心灵和思想，也暂时悬置起来，存而不论，只考察进入感官—觉察之中的存在，并认为科学家尤其是物理学家正是这样认识自然的，科学的起源也在此。至于感官—觉察是否包含思想，身体和心灵是什么关系，外部自然如何作用于心灵，探讨这些诸如此类的问题的任务乃是形而上学的任务，不是科学哲学和自然科学的任务。

基于此，怀特海认为，贝克莱主张抛弃西方哲学中当时占主导地位的物质学说，这一观点"是正确的"。因为当时的物质学说实际上是把抽象的"实体"当作物质，这种作为基质的"物质"并非可以感知的存在，而是西方传统形而上学的抽象，它实际上相当于"无"。所以，贝克莱曾嘲讽当时的唯物主义者把物质当作"无"，并在括号里加上"哈哈"二字予以嘲笑。然而，正如怀特海所说，"除了有限的心灵与神圣的心灵之间的关系理论之外，他并没有提出什么新东西可替代原有的理论。"[48](p.28) 而且贝克莱在批判唯物主义物质观基础上所提出的"存在就是被感知"和"物是感觉的复合"等观点，不仅没有推进物质学说，还在物质观上陷入唯心主义泥潭，把人们如何感知外部自然当作存在本身，从而否定了外部自然的客观实在性，同时也把客观实在的物质等同于人的主观感觉了。所以，人们称之为主观唯心主义者，完全名从其实，他自己也坦率承认了这一点。怀特海则既否定近现代唯物主义物质观的局限性，同时也以彻底的经验论为基础，依据他所理解的感官—觉察论来说明客观存在的自然现象。用他的话说："我们将努力地把我们自身限定于自然本身，不会超越感官—觉察之中所呈现的存在。"[49](p.27) 这同恩格斯所说的"人们决心在理解现实世界（自然界和历史）时按照它本身在每一个不以先入为主的唯心主义怪想来对待它的人面前所呈现的那样来理解"[50](p.249) 的唯物主义主张是完全一致的。

根据感官—觉察所呈现的存在，怀特海明确地反对把自然二分为两个实在系统的观点，坚持自然界只有一个，那就是自然界是一个动态的、复杂的和统一的有机整体。就其实在性而言，所谓自然二分论所说的两类性质"在不同意义上都是实在的"[51](p.29)。一类实在是诸如电子之类的存在，它们是思辨物理学研究的对象；另一类实在是能被感知的其他类型的存在。怀特海认为这两类实在都是自然界中客观实在的存在。而在自然二分学说看来，它们一类是推测的自然，一类是梦想的自然。或者还有一种表述：一类是在觉察中把握的自然；另一类是作为觉察之原因的自然。简言之，一类是现象自然；另一类是原因自然。怀特海认为，所有这些把自然一分为二的二分学说在根本上都是错误的。怀特海明确地说:"作为原因的自然乃是形而上学的虚构。尽管需要有一种其范围超越了自然界限的形而上学。这样一种形而上学的科学,其目标不是要去说明知识,而是要以其最大的完整性来展示我们的实在概念。"[52](p.31) 这里,怀特海使用了"形而上学的科学"这一概念,表明他既反对西方传统哲学中以探讨事物的基质为宗旨的形而上学思辨,也承认形而上学可以作为科学的一员,其功能就是以最大的完整性来呈现我们的实在概念。康德当年曾设想"未来的科学的形而上学是否可能"的问题,怀特海在这里似乎试图要给出他对这一问题的回答。他虽然反对以追求万物之始基为宗旨的旧的形而上学,但并不排斥创建一种科学的形而上学,他后来在《过程与实在》中就是建构了这样一种科学的过程形而上学体系。

怀特海对自然二分说的解决办法是,以他的事件关系说为基础,说明事件在某种意义上就是自然的唯一的最终实体,以此来代替传统西方哲学中的自然二分学说。

首先,怀特海认为,在自然界中存在的是事件,而不是物质实体,这是怀特海自然观的重要前提。他指出:"自然界的具体事实是一些可展示其相互关系之中的某种结构及其自身某些特性的事件。"[53](p.147) 他认为西方哲学传统中的物质实体学说在根本上是不符合自然事实的,而且如果我们要在自然中的什么地方寻找实体,那我们就要在"事件"中去寻找。"因为事件在某种意义上就是自然的终极实体。"[54](p.17)

怀特海分析说,物质实体学说的错误思想倾向从古希腊时期就已开始了。柏拉图和亚里士多德就已发现,希腊思想一直在全神贯注于追求简单的实体,并认为根据这些实体就可以表达事件的进程。他们的心灵状态就是在努力地追求"自然是由什么构成的?"在柏拉图的《蒂迈欧篇》里,对一般的自然生成和可测量时间的区别已有某种预设,并断定自然界是由火和土构成的,火和土之间则是由气和水为中介的。根据这个假设,所有的事物都依赖于原子的形状。怀特海对此予以高度评价,认为柏拉图的观念中所包含的主要观点堪与现代科学观点媲美。而亚里士多德追问的问题则是:"我们所说的'实体'的含义是什么?"他强调"实体"的意义就是"终极基质",其他事物都以此为基础。后来,人们对亚里士多德逻辑和哲学思想不加怀疑地接受导致一种根深蒂固的倾向,这就是为感官—觉察中所揭示的任何东西假设一种基质,亦即在所观察之物下面寻找"具体事物"意义上的实体。怀特海明确指出:"这就是现代科学上的物质和以太概念的起源"。[55](p.10) 迈克尔逊—莫雷的科学实验已证明"以太"不存在[56](p.56),而量子力学已表明现代科学所说的物质实体实际上根本不存在,波粒二象性原理已清楚地表明这种存在既是粒子也是波,同时也可说既不是粒子也不是波。

其次，他认为，只有以"事件"作为认识自然的终极实体，才能把握流变的自然。而亚里士多德的物质实体学说，以及与此相应的主词—谓词逻辑，只能静态地说明自然，把自然界归结为静态的存在。因为如果像亚里士多德那样，把实体当作支撑任何属性的基质，那就会得出物质处在空间和时间之中的假设，并会认为自然过程不过是物质本身在空间和时间中的探险而已。这样，必然会导致空间和时间是自然存在的外部条件的绝对时空观。

怀特海分析道，绝对时空观的错误根源就在于，首先非法地把思想所抽象出来的物质实体（概念）转化为自然界中所有事物和属性的基质，然后第二步，再以这种基质作为预设前提，把它看作处于时间和空间中的存在。这样一来，"实体的全部存在就是作为属性的基质。因此，时间和空间应当是这种实体的属性"[57](p.21)。

怀特海批评说："这一学说简直混乱不堪。"[58](p.21) 而根据事件学说来看，自然界的实际情形并非如此。"即使物质是自然界中的实体，若是不求助于包含与物质碎片不同的关系项之关系，那就不可能表达关于时—空的真理。"[59](p.22) 因为处在空间之中的并不是这种实体，而是它们的属性。"空间并不是实体之间的关系，而是属性之间的关系。"[60](p.22) 就表面而言，空间与实体无关，而只是与它们的属性有关。"因此，即使你承认对实体的坚持可以允许把实体看作物质，那以空间表达了实体之间的关系为借口而把实体塞入空间，则可谓是欺诈。"[61](p.22)

退一步讲，即使按传统实体哲学观点，把我们关于自然的经验当作对实体之属性的考察，那么，根据这种理论，我们也不可能在我们的经验揭示的实体之间发现任何类似的直接关系。"我们所能发现的是这些实体的属性之间的关系。因此，即使物质可被看作空间中的实体，那么其本身所存在于其中的空间也与我们的经验的空间几乎没有任何关系。"[62](p.22) 实际上，经典物理学和以此为基础的现代西方哲学所讲的空间同其时间一样，都是与我们的经验和物质运动无关的抽象空间和抽象时间。用爱因斯坦的话说："在相对论出现之前，物理学一直存在一个既定的假定命题——时间的陈述具有绝对意义，也就是说，时间的陈述与参照物的运动状态无关。"[63](p.28)

怀特海的上述论证是根据空间关系理论来表达的，但他认为，即使空间是绝对的，也就是说，即使空间可以独立于其中的事物而存在，这个论证的过程也难以改变。因为空间中的事物一定与空间具有特定的基本关系，怀特海称之为"占有"。因此，属性只有在与空间有关系时才能被观察到。

怀特海认为，上述关于事件与空间关系的论证同样适用于事件与时间的关系。在他看来，空间乃是事件的广延性，而时间乃是事件的持续性。借用柏格森的语言来说，时间是事件的绵延。这里，其核心要义是要坚持自然界中的事件关系说。怀特海明确地说："我自己的观点是，要相信空间和时间之间的关系理论，但不要相信把一块块物质展示为空间关系之关系者的现行形式的空间理论。这种真正的关系者是事件。"[2](p.24)

值得注意的是，他还以事件关系说为基础说明了什么是意义。他指出，当我们说我们所看见的某物是有意义的时候，这是因为它呈现了它与其他存在的空间关系，而这些其他存在并非必然地进入意识之中。因此，"意义是关系性，然而这个关系性强调的只是这种关系的一端"[64](p.48)。这是从空间关系上进行说明的；同样的考虑也适用于时间关系。

综上，怀特海提出的事件关系说的重要贡献在于：（1）以事件代替物质实体来说明自然存在，更加符合生生不息的动态自然事实。（2）以事件为依据揭示了空间不是物质实体之间的关系，而是属性之间的关系，实际上是事件的广延关系；时间则是事件的绵延性或持续性。（3）以事件学说揭示了传统实体物质观陷入错误的认识根源，亦即未从关系入手来分析实体，未看到真正的关系者是事件，在思维方式上属于孤立的、静止的和片面的思维方式。（4）以事件关系说为基础，说明了通常所说的意义就是存在的关系性；脱离关系性，就无法说明一个存在的意义。

随后，怀特海以事件学说为基础，进一步阐述了他的客体说，提出客体与事件是一种浸入关系的理论。

首先，科学研究的终极材料是自然事件中的存在或相同性。他称这种存在或相同性为"客体"。他明确指出："自然界中不具流变性的因素可被称为客体。"[65](p.110) "凡是流变的事物就是事件。但是，我们在自然界中发现的存在并不流变；也就是说，我们在自然界中识别出的是相同性。识别主要地不是进行比较的理智行为；它在其本质上只是能断定我们面前的自然界中不流变的那些因素的感官—觉察。例如，绿色被知觉为位于当下持续性内部某个确定的事件之中。这个绿色自始至终保持着其自身的自我同一，而事件则会流变。"[66](p.110) 具有流变性的事件无法识别，只有不具流变性的客体，才能被我们的感官—觉察识别。这些观点同经典物理学中把时间、空间和物质当作科学研究的终极材料的观点大相径庭，对我们正确认识客体极有启发。

其次，自然存在中只有客体才能加以比较。具有流变性的事件不能比较，因为每一事件都是独一无二的，不可重复，它们只是在不停地生成和消逝。我们平常对事件作比较，实际上是对其中不变的客体进行比较。用怀特海的语言来说，就是比较我们在事件中所识别出来的"同一性"，或者具有相同特征的某些客体。

所以他说，我们并不是对这些事件进行比较。"所比较的东西是客体和位于事件之中的客体关系。"[67](p.110) 例如，我们并不能对现实发生的"一战"和"二战"作比较，而只能对观察和记录"材料"或"证据"作比较，因为两次世界大战的梦魇不可能再完全复现了。

再次，客体虽然是由感官—觉察所识别的，但感官—觉察尚未直接感知的客体之间的关系，以及这些关系之间的关系，也属于客体的范畴。虽然它们是在感官—觉察的基础上由逻辑推论断定的东西，然而仍可接受经验的检验。从这个意义上说，他认为，客体对我们的知识来说可能只是逻辑的抽象。完整的事件从来没有揭示在感官—觉察之中，因此客体作为位于事件之中因而相互联系的全部客体之总和，不过是个抽象概念而已。怀特海举例说，例如直角是被知觉到的客体，它可位于许多事件之中；但是，虽然成直角是由感官—觉察所断定的，但大多数几何关系却不是如此假定的，而且成直角在其能被证明存在于那里可被知觉时，事实上它经常并没有被知觉到。因此，客体通常被认为只是感官—觉察中所直接断定的一种抽象关系，虽然它确实存在于自然界中。[68](p.111)

最后，我们只能认知客体，而不能认知事件。他说，在感官—觉察中人们很容易看到客体而看不到事件。因为"事件通常是根据位于其中的显著的客体来命名的，因此在语言和思想中，事件沉没在这类客体的背后，成为其关系的纯粹表现。因此，空间理论被转变为客体的关系理论，而不是事件的关系理论"[69](p.118)。所以，人们很容易看到客体，而看不到作为其背景的事件。

所谓认知，在怀特海这里有明确的界定。他说："把客体觉察为某种不具有自然界之流变的因素，我称之为'认知'。要认知一个事件，那是不可能的，因为一个事件在本质上不同于每一个其他事件。认知是对相同性的觉察。"[70](p.125) 而世界上的每一个事件都不完全一样，且瞬息万变，因而是不可认知的。我们所认知的实际上只是事件之中的某些确定的客体而已，而"客体是某个事件之特性中的成分"。事实上，事件的这个特性只不过是作为其自身中之成分的客体，和这些客体用来使它们自身浸入该事件之中的方式而已。因此，客体理论乃是对事件加以比较的理论。事件只是由于它们象征着恒久才是可比较的，每当我们能说"它在那里又出现了"时，我们就是在比较事件中的客体。客体乃是自然界中可以"又出现了"的元素。"事件的划分、自然界被分为各个部分，这都是由我们把其认知为其成分的客体所造成的。自然界的区分乃是认知到了正在流逝的事件中所存在的客体，它是由客体浸入它们中的模式所导致的对自然流变、随之而来的对自然的区分和对自然某些部分的定义所构成的混合物。"[71](p.126)

因此，客体与事件的一般关系是"浸入"关系。客体浸入事件乃是该事件根据该客体的存在而形成自身特性的方式。也就是说，事件是其所是，乃是因为客体是其所是；并且当我们思考事件由客体来修饰时，我们就称两者之间的关系为"客体浸入事件之中"。同样真实的是，客体是它们之所是，乃是因为事件是它们之所是。自然界就是这样一种没有客体浸入事件就不可能有事件和客体的东西。虽然这里存在着事件，但作为其构成成分的客体则逃避我们的认知。对这类事件我们只能通过科学的理智探究来分析。浸入乃是一种具有不同方式的关系。显然，存在着非常不同且各种各样的客体；并且任何一种客体与事件之间的关系都不可能与另一种客体具有的关系相同。我们将不得不根据不同种类的客体浸入事件的某些不同浸入方式来做出分析。但是，即使我们坚持分析同一种客体，这种客体也有浸入不同事件的不同方式。科学和哲学长期以来一直容易使自己陷入一种头脑简单的理论，亦即客体在任何确定的时间都处在一个地方，在任何意义上都不会处在任何其他地方。这实际上是一种常识思维态度，尽管不是朴素地表达经验事件的态度。文学著作中的每个句子，由于是在真正致力于解释经验事实，因而都表达着周围事件由于某一客体的在场而造成的差异。客体是全部相邻区域中的成分，并且其相邻事物是无限的。此外，由浸入所导致的对事件的修正也容许有数量方面的差异。所以，最终事实会迫使我们承认，每一客体在某种意义上是整个自然界中的成分，尽管它的浸入可能在数量上与我们的个体经验表达是没有关联的。

所以怀特海说，无论在哲学还是科学中，承认这一点都不是新鲜的。显然，这对那些坚持实在是系统的哲学家来说乃是必然的公理。在这些演讲中，我们一直对"实在"是什么这一深刻而又令人烦恼的问题保持距离。我一直在坚持"自然界是个系统"这一较为谦卑的论题，但我坚持认为，在这种情况下，较小事物跟随较大事物，并且我可以要求哲学家们给予支持。与此相同的学说本质上在所有现代物理思辨中是交织在一起的。早在1847年，法拉第在《哲学杂志》上一篇论文中就评论说，他的力线管理论意味着在一定意义上电荷无处不在。由每个电子的过去史造成的电磁场在每一瞬间和每个空间点上的修正，是陈述这种相同事实的另一种方式。然而，我们可通过更为熟悉的生活事实来阐明这个学说，不必诉诸理论物理学深奥难懂的思辨。[72](p.127)

因此，怀特海区分了四种不同类型的客体——感觉客体、知觉客体、物理客体和科学客体，并认为只有科学客体才是自然科学真正的研究对象。关于自然界，我们所知道的一切都在同一条船上。科学的建构就是要说明自然界中那些被感知事物的特性。

所谓感觉客体是指由感官—觉察所断定的自然因素，例如，颜色、声音、味道等。这一类客体并不具有自然的流变性，而是隐含在其他自然因素之中的关系者，但它本身并不是关系。感觉客体所在的场所关系只是事件中诸多关系的一种。

所谓知觉客体是指在感觉客体的基础上所形成的整体对象，这是由经验习惯所造成的结果。他分析说，知觉客体有两类：一类是虚幻知觉客体；另一类是物理客体。虚幻知觉客体进入自然界以物理客体的进入为条件。例如，我们看到一团蓝色物体，就可能把它知觉为蓝色外套或者蓝色魔鬼，后者就是虚幻客体。

所谓物理客体是指我们的感官未受到欺骗时所知觉到的日常客体，如柜子、桌子和椅子等。物理客体比感觉客体具有更为一致的知觉力。注意到物理客体可在自然界中出现，这个事实是复杂生命有机体生存的首要条件。与感觉客体相比，物理客体的作用有巨大差异。物理客体的场所是以唯一性和连续性为条件的，感觉客体则并非如此。物理客体是感觉客体出现的条件，而不是其构成成分出现的条件。科学知识源于根据物理客体来表达作为感觉客体浸入自然的能动条件的诸事件所具有的相互作用。

科学客体则是指物理客体之场所特性的具体化。他说："正是在这种探究的进步过程中，科学客体出现了。"[73](p.137) "它们把物理客体的这些场所特性具体化了，这些特性是最恒久的，并可无须参照包括有感知能力的事件在内的多重关系而得以表达。它们的相互关系也是以某种简单性和一致性为特征的。归根结底，这些被观察到的物理客体和感觉客体的特性都可根据这些科学客体来表达。事实上，寻找科学客体的全部要义就在于努力获得对事件特性的这种简单表达。这些科学客体本身不只是计算公式；因为公式必须参照自然界中的事物，而且科学客体就是这些公式所要参照的自然事物。"[74](p.138)

例如，电子是科学客体。"科学客体，诸如确定的电子，是贯穿于全部自然界中所有事件的特性之中的系统关联。它是自然界的系统特性的一个位相。电子并非只是其电荷所在的地方。电荷是由于电子浸入自然而造成的特定事件的数量特性。电子是其自身的整个力的场所。也就是说，电子是用来把所有的事件修正为表达其自身之浸入的系统方法。电子在任何小的持续性中的场所都可被界定为该事件，这一事件具有作为该电荷的量的特性。如果我们愿意，我们也可只把电荷叫作电子。但是，这样一来科学客体就需要另一个名称，因为这是事关科学的充分存在，我称之为电子。"[75](p.138)

在怀特海看来，以量子力学为代表的最新物理科学，通常正是以科学客体为研究对象的。他批评说，传统的自然哲学之所以会出现重大混乱，乃是因为忽略了不同类型的客体、不同类型的场所、不同类型的地点以及地点和场所之间的区别所造成的。而他所区分的不同类型的客体、场所、地点以及它们之间的关系学说,对我们正确理解当代科学的研究对象及相关哲学问题具有极其重要的理论启示。

四 以广延抽象法诠释现实的时间—空间

怀特海通过广延抽象方法对时—空性质的深入讨论,进一步阐释了其过程—关系的自然观。

怀特海认为,首先,我们必须要在自然中去发现时间,而不是相反。怀特海明确地指出:"我们首先必须在我们的头脑中确定,我们究竟是要在自然中去发现时间,还是要在时间中去发现自然。"[76](p.60) 他认为,如果我们坚持后一种选择,也就是说,使时间先于自然,那么我们所面临的困难在于,"时间因而就成为一个形而上学之谜。什么样的存在是时间的瞬间或时间的周期?时间与事件的分离向我们的直接检视表明,试图将时间设定为独立的认识目标,那就仿佛努力地要在阴影中发现实体一样。因为有事情发生才会有时间,而脱离了发生,就什么也没有"[77](p.60)。在他看来,"就感官—觉察而言,心灵的流逝不同于自然的流逝。尽管心灵的流逝与自然的流逝密切相连。如果我们愿意的话,我们可以推测,心灵的流逝与自然的流逝二者之间的这种相连,源于它们二者共同拥有某种支配着所有存在的那种终极的流逝特性"[78](p.63)。因此,只有坚持自然界本身具有流逝性的过程思想,才能真正理解自然的时间特性,并有可能一以贯之地对这种特性予以说明。对于自然的空间特性的认识也是如此,只有承认自然存在物在事件中占有一定位置、地点,即具有一定广延性,经验的空间才有现实的基础。

其次,我们要以感官—觉察中能觉察到什么为指引去发现现实的时—空。他说,关于自然知识的第一原理就是要追问:我们在关于自然界的感官—觉察中究竟觉察到了什么;并且要进一步考察自然界中的这些因素如何引导我们把自然界知觉为占有空间和在时间中持续存在。"这一方法引导着我们去探究时间和空间的特性。"[79](p.118) 也就是说,我们只有通过现实的感官—觉察,才能在自然界中发现具体的时间和空间。除此之外,我们别无选择。否则,我们的时—空观就可能会陷入先验唯心主义时—空观泥淖之中,或者会陷入时间、空间与物质相互分离且独立存在的绝对时空观泥淖之中。就连爱因斯坦都认识到,对现实空间的定义非常困难,指出:"必须认识到的是,我们没有办法对这个词语形成丝毫的概念,因此我们要用'相对于一个实际参照刚体的运动'来代替它。"[80](p.9) 爱因斯坦的解决办法是引入"坐标系"概念,以便以数学方程式来描述它;而怀特海则是以他的广延抽象法来描述时间—空间的。

在怀特海看来，自然是由事件构成的，而任何事件都是可分析的。按照现代科学的观点，人们习惯于把事件分析为三个因素：时间、空间和物质。而怀特海认为，这种分析对于表达重要的自然规律是有效的，牛顿经典力学对自然规律的表述就是这样进行的，但我们不能假定这些因素中的任何一个因素是具体的独立存在物，因为在现实的自然事实中，这些因素都具体地统一在不断生成和消亡的事件之中。诚如恩格斯所说："除了生成和灭亡的不断过程、无止境地由低级上升到高级的不断过程，什么都不存在。"[81](p.223)

在怀特海看来，如果从大时间尺度看，即使像剑桥大学附近的石砌方尖碑，实际上也是一个事件：它有其建立的时间、地点和材料，并会持续地存在于一定的时间之内，位于特定的情境之中，还会在一定时—空范围内消亡。而所有的事件都是一个双项关系，也就是一种广延关系，而不是一个没有部分且没有大小的"质点"。任何事件都是一个复杂的事实，而两个事件之间的关系就会形成几乎无法破解的谜团。为了理解这种复杂的事件，我们在科学上不得不采用程度不断减少而收敛到简单性的定律。[82](p.72) 系统地使用这一方法的结果，便可以提出抽象的时间和空间概念，即假定它们不占有实际的绵延和广延，其数值为 0。这种抽象方法只是为了满足科学描述和计算的需要而已。怀特海把一般地使用这种系统方法称作"广延抽象法"。他认为，通过这种广延抽象法，我们就可以从事件的持续性中抽象出时间，从事件的广延性中抽象出空间。而构成空间的"最小的理想单位，他称之为"事件—粒子"。他说："我给事件的理想的最小极限命名为'事件—粒子'。因此，事件—粒子是个抽象元素，并且因而是一组抽象集合；点，即永恒空间中的点则是事件—粒子的类。"[83](p.78) 这与牛顿经典力学中把空间当作与物质无关的绝对空间观念是完全不同的，而与爱因斯坦相对论关于空间与物质运动不可分的学说则是一致的。

怀特海认为，以"事件—粒子"来代替传统几何学中的"点"，即"没有部分且没有大小"的概念，对正确地认识自然界中存在的时—空特性有重要意义。因为"事件—粒子"体现着事件的持续性和广延性，不会使我们真正地认为现实的自然就是静态的世界。所以，"广延抽象法是根据直接的经验事实来说明时间序列之起源的，同时又允许存在着可替代的时间序列，这是现代电磁相对论所要求的"[84](p.77)。根据这种方法，我们就可对现实的时间和空间进行科学的说明。

最后，根据广延抽象法可说明，虽然在科学上我们能合理地概括出抽象的时间和空间，即不占时间的瞬间和空间，但在自然事实中却并非如此。在自然存在中，时—空是不可分的，时—空与事件也是不可分的。因为"不可能有脱离空间的时间，也不可能有脱离时间的空间；并且也没有脱离自然界的事件之流变的空间和时间"[85](p.124)。同时，也没有所谓"永恒空间，因为客体之间的关系在变化"[86](p.118)。

这里，与爱因斯坦不同，怀特海不仅承认时间的相对性，同时还坚持时间具有客观性和绝对性，且是不可逆的。在他看来，在自然哲学上若是仅仅承认时间的相对性，不承认时间的客观性和绝对性，就有可能陷入相对主义时间观，并会导致否定当下的实在性，以致认为时间是幻想，区分过去、现在和未来没有意义。怀特海认为，首先，时—空是自然事实中的客观存在。宇宙中任何事件的发生都有一定的时间、地点和特征，这就是客观的时间、空间和客体。时间是事件的持续性，空间是事件的广延性，客体是事件中的可辨识物，即事件的特征。因此，时—空在自然界中是真实存在的，而不是梦幻泡影。我们对作为自然成分的空间和时间事实不应当给予任何怀疑。[87](p.21)"持续性具有自然界所拥有的全部实在性。"[88](p.51) 这是时—空观上的辩证唯物主义立场；否定这一点，必然会导致先验唯心主义时空观。

在怀特海看来，爱因斯坦相对论对时间相对性的论述作为物理科学学说无疑是正确的，他由此从物理科学上确定了时—空不可分和时—空与物质运动不可分，物质的运动速度和广延性决定着客观的时间和空间，这在科学上是完全正确的。但是，由物理学上测定的时间相对性并不能否定时间本身的客观性，因为"时间的可测量性是从持续性的属性中所派生的"[89](p.51)。这里所说的客观性，是指时间客观地存在于自然事件之中，这就是自然存在的流逝性。不管科学上如何测量时间，它都是客观存在的，且这种客观性正是测量时间的前提，否则科学就不是在测量时间，而是在创造时间了。爱因斯坦以相对论物理学所说的"钟表时间"否定柏格森所说的"正在发生的事件"即作为绵延的时间，亦即在"时钟以外的"时间[90](p.46)，从自然哲学上看是站不住脚的。怀特海在时间的本质问题上显然是站在柏格森一边的。

其次，由于时间在自然事实中是客观存在的，因而也就具有绝对性。这里所说的绝对性不是牛顿物理学所理解的绝对性，而是指它在自然事件中的存在是不容置疑的，不以人的意志为转移的。根据爱因斯坦的解释，在相对论以前的物理学中，"时间的陈述具有绝对意义，也就是说，时间的陈述与参照物的运动状态无关"[91](p.28)。从这个意义上说，时间在自然整体中的存在是绝对的，只要自然界中有事件发生，其在总体上是不断演化的，它就会占有时间。至于在不同时空区域，由于物质分布及其运动状态不同，从不同参照系中测出的时间不同，这正是以时间在自然界中的客观存在和绝对性为前提的。无论是牛顿的经典力学还是宇宙大爆炸学说，都并不否定我们这个宇宙的时间和空间的客观性和绝对性。牛顿经典力学时空观的错误，在于否定了时间和空间的内在联系及其与物质运动的不可分性。爱因斯坦相对论时—空观的重大科学和哲学价值在于，它揭示了时—空不可分及其与物质运动的不可分性。遗憾的是，他由不同时空区域中同时性的相对性，在否定牛顿绝对时空观的同时，把自然界中客观存在的时—空特性也一并否定了，认为"哲学家所说的时间不存在"[92](p.22)，从自然哲学上说，这是时—空观上的相对主义和主观主义时—空观，它与物理学上的相对论时空观并非一个概念。

最后，时间序列是客观存在的，时间的连续性是从持续性中所派生的[93](p.51)，时间之矢只能从过去经过现在走向未来。从这个意义上说，自然界中客观存在的时间是不可逆的。他说："在时间里所发生的事件会占有时间。这种事件与所占时间的关系，即这种占有关系，是自然与时间的基本关系。"[94](p.22) "真正的要义在于，自然状态的真正重现似乎纯粹是不可能的，而时间瞬间的重现则违背了我们整个的时间顺序概念。时间的瞬间一旦流逝了就流逝了，再也不可能重复出现了。"[95](p.34) 这便意味着自然事件一旦发生，就不可重复；时间之矢只能从过去经过现在指向未来。

怀特海说："我们必须消除的虚假观念是把自然界当作各种独立存在的纯粹集合，其中每一个都能孤立存在。根据这个概念，这些存在的特性尽管能够被孤立地予以定义，这些存在却能一起出现，并且通过它们的偶然关系还可以构成自然系统。这个系统因而是完全偶然的；并且即使它容易遭受机械的命运，它也只是偶然遭受之。"同时，他进一步分析和评论道："由于这个理论，空间可能是没有时间的，而时间也可能是没有空间的。当我们获得了物质与空间的关系时，这种理论就被公认为破产了。空间的关系理论就是要承认我们不可能知道没有物质的空间或者没有空间的物质。"[96](p.241) 而"我所追求的替代这种偶然的自然观的理想是，对自然的说明就是要使自然界中没有任何事物不是是其所是，任何东西都只能是自然界本来样子中的成分。……自然规律是由我们在自然界中发现的那些存在的特性所产生的。这些存在由于是其所是，这些规律一定也是其所是；反过来说，这些存在遵循这些规律。我们要获得这种理想还有很长的路要走；但是这仍然是理论科学始终不渝的目标"[97](p.124)。当然，这也是马克思主义的辩证自然观所要坚持和努力的方向。

五 简短评论

首先，正如恩格斯所说，"甚至随着自然科学领域中每一个划时代的发现，唯物主义也必然要改变自己的形式"[98](p.234)。怀特海以相对论和量子力学这些划时代的科学发现为基础，深入而系统地阐述了新的自然概念，可以说极大地丰富了当代唯物主义自然观，对我们推进马克思主义自然观研究具有极大启发。

其次，恩格斯曾明确指出："要确立辩证的同时又是唯物主义的自然观，需要具备数学和自然科学的知识。"[99](p.385) 而怀特海作为数学家和理论物理学家恰巧具有这些素养，所以他所阐述的在本质上既是辩证的又是唯物主义的自然观，非常值得我们信赖。

再次，恩格斯认为："事情不在于把辩证法规律硬塞进自然界，而在于从自然界中找出这些规律并从自然界出发加以阐发。不过，要从相互联系上，而且在每个单独的领域中这样做，却是一项艰巨的工作。"[100](p.387) 黑格尔虽然第一个把整个自然的、历史的和精神的世界描写为一个过程，但他是在绝对观念的自我发展和运动的客观唯心主义基础上阐述的。而怀特海则是从应用数学和理论物理学的交叉领域，通过深入探讨自然的过程性、系统性和有机整体性，揭示了自然界生生不息的创造性进展过程及其内在关系和普遍规律，确实从事了"一项艰巨的工作"，值得我们敬佩、研究和借鉴。

最后，借用恩格斯的话："正是由于自然科学正在学会掌握2500年来哲学发展的成果，它才一方面可以摆脱任何单独的、处在它之外和凌驾于它之上的自然哲学，另一方面也可以摆脱它本身的、从英国经验主义沿袭下来的、狭隘的思维方法。"[101](p.389) 这一评价似乎特别适合于对怀特海自然哲学的评价——它既是对古希腊以来西方自然哲学发展的积极成果的继承，也是对谢林和黑格尔自然哲学的超越，还是对英国经验主义自然哲学的批判，从而在相对论和量子力学等最新科学基础上进一步推进了辩证自然观的发展，对我们丰富和发展马克思主义的辩证自然观具有极其重要的借鉴和启发价值。

参考文献

[1][2][英]罗宾·柯林伍德. 自然的观念[M]. 吴国盛、柯映红译. 北京：华夏出版社，1999.

[3][4][6][7][8][9][10][11][12][13][14][15][16][17][18][20][21][22][23][24][26][27][28][29][30][31][32][33][34][35][36][37][38][39][40][41][42][43][44][45][46][48][49][51][52][53][54][55][57][58][59][60][61][62][64][65][66][67][68][69][70][71][72][73][74][75][76][77][78][79][82][83][84][85][86][87][88][89][93][94][95][96][97] Alfred North Whitehead, *The Concept of Nature, The Tarner Lecctures Deliverd in Trinity College*, November 1919, 2015 by Neo Editions (NEOEDITORIALBOOKS@GMAIL.COM), Made in the USA, Middletown, De.

[5] Alfred North Whitehead, *Process and Reality*, New York: Free Press, 1978.

[19][50][56][80][81][98] 马克思恩格斯选集[M]. 第4卷. 北京：人民出版社，2012.

[25] 马克思恩格斯选集[M]. 第1卷. 北京：人民出版社，2012.

[47][99][100][101] 马克思恩格斯选集[M]. 第3卷. 北京：人民出版社，2012.

[63][90][92][美]吉梅纳卡纳莱丝. 爱因斯坦与柏格森之辩：改变我们时间观念的跨学科交锋[M]. 孙增霖译. 桂林：漓江出版社有限公司，2019.

[91][美]爱因斯坦. 相对论[M]. 张倩绮译. 北京：北京理工大学出版社，2017.

The Philosopher Who "Looks at Things from The Top of A Mountain"
——Analysis of Whitehead's Concept of "Nature"

Abstract: By studying Whitehead's discussion on the concept of nature in his works such as The Concept of Nature, this paper reveals the transcendence of the concept of nature based on relativity theory and quantum mechanics, which is characterized by process-relation, over the concept of solid nature based on Newtonian mechanics. For Whitehead, the philosophy of science is an effort to articulate the unifying character universally present in the complex of thoughts, so as to make all science appear as a complete science, or -- in failure -- to disprove its impossibility. The first task of the philosophy of science should be to make a general classification of entities revealed to us through sensory-perception. The purpose of The Concept of Nature and its companion book is to lay the foundation for natural philosophy, which is an essential prerequisite for the reconstruction of speculative physics. In the life of every natural philosopher, the motto to guide him should be: Seek simplicity, but do not trust it. Philosophy of science should mainly take natural science as an example to study, and the classification of natural entities should be the primary task of science itself, while natural philosophy should mainly focus on the study of natural entities and its relations. Nature is what we observe in perception through our senses, and it is a composite unity composed of various entities and their relations. Nature is a system and a process. The ultimate element of nature is events. He also criticized the dichotomous theory of nature with the theory of event-relation, and interpreted the time-space of reality with the extension abstract method. These views have important theoretical value for us to enrich and develop the Marxist view of nature.

Key words: Nature; Philosophy of Science; Natural Philosophy; System; Process;Relation

【作者简介】杨富斌，中国人民大学哲学博士，美国克莱蒙特研究生大学高级访问学者，北京第二外国语学院原法政学院院长、教授，现任北京理工大学珠海学院特聘教授、荣誉学院执行院长、马克思主义学院教授，兼任中国历史唯物主义学会常务理事和人的发展研究会执行会长。研究专长为马克思主义哲学、现代西方哲学、怀特海过程哲学。代表性著作主要有：《怀特海过程哲学研究》《信息化认识系统研究》《现代西方哲学方法论》等。主要译著有：(怀特海)《过程与实在：宇宙论研究》、(维克多·洛)《怀特海传》、(爱丁顿)《物理科学的哲学》等。在国内外报刊发表学术论文多篇。

过程哲学专题之三：
地球、生命和过程思维：中国与西方

[荷兰] 简·B.F.N.恩格伯茨 文 郭海鹏 译

【内容摘要】对现代人类生活和人类语言产生巨大影响的现代语言学是根植于西方启蒙哲学土壤中的一种"实体语言学"。它不仅将语言做了去场景化的理解，而且将语言看作独立自主的、自我包含并自我参照地凌驾于人之上的超验的封闭系统，体现浓郁的机械世界观、人类中心主义和科学主义倾向，严重地妨碍了我们对世界实相的理解，扭曲了人与自然的关系。对于今日弥漫全球的生态危机、社会危机、道德危机和信仰危机，实体语言学负有不可推卸的责任。从过程哲学出发，对这种实体语言学三大内在局限，即对语言独立自主性神话的迷信、对语言确定性的迷恋以及对过程视角的漠视予以解构性的反思性分析，在此基础上提出探索性建构一种服务生态文明服务的有机语言学构想。

【关键词】过程哲学；有机语言学；体认语言学；生态语言学；第二次启蒙 生态文明

　　未来，如果真的存在的话，就在于东方和西方联手，共同繁荣彼此的文化。

——R.L.格林伍德

一 引言：机械唯物主义或过程思维？

很少有人会怀疑，我们生活在一个受到迅速发展的科学技术的强烈影响、复杂得令人困惑的世界。出现了许多以前从未预料到的新的可能性和应用，包括新的高效药物和医疗技术、通过电子邮件和互联网高度改进的通信技术和对几乎所有科学问题的更深入了解，包括微观现象、宏观现象以及生命过程本身。然而，许多进展的益处要小得多。有人说目前在欧洲和美国大部分地区占主导地位的文化可以被称为机械唯物主义，它强调（军事）权力和金钱对政治和经济的影响。在这样的文化中，竞争和冲突往往演变为不幸的副作用，导致对正义、人类自由、宽容、同情和慈善的威胁。更糟糕的是，尽管人类渴望一个和平的世界，生态破坏、过度捕捞、气候变化、恐怖主义和核战争等重大挑战正在威胁着人类的生存。

虽然覆盖全球三分之二的辽阔海洋满足了所有不受干扰的生命过程序列的要求，但我们的整个地球似乎相当疲惫并呈现病态，这主要是由于世界人口的持续强劲增长以及由此产生的压力和人类活动的干扰。一般来说，我们对于处理源于技术的飞速发展带来的诱惑有很大问题，并导致物质主义而非精神优先。

这些发展的后果是什么？最近在意大利的一个暑期学习班里，陶氏化学公司（Dow Chemical Company）的让·纪尧姆（Jean Guillaume）博士总结了当今生活中的一些重要问题[1]：

> 假设全世界仅有100个人……将有60名亚洲人、13名欧洲人、13名非洲人和14名西半球人，32名年龄在15岁以下，全世界收入的一半将由12人创造，22人每天生活费不足1美元，44人无法获得适当的卫生设施，20人营养不良，23名15岁以上的文盲，2个能接受大学教育，50个人没有机会使用手机。

这些数据戏剧性地说明了富人和穷人之间的差异，以及所谓的技术发展带来的利益的分配是多么不均衡。专家们预测了未来50年生活条件的重大变化：

	1950	1972	1997	2050
1. 人口	2.5	3.8	5.8	10.7
2. 特大城市	2	9	25	200
3. 食物	1980	2450	2770	2200
4. 渔业	19	58	91	35
5. 用水	1300	2600	4200	7500
6. 雨林	100	85	70	45
7. 二氧化碳排放	1.6	4.9	7.0	14.0

续表

	1950	1972	1997	2050
8. 臭氧层	—	1.4	3.0	7.0

说明：(1) 单位 10 亿人；(2) 人口 800 万以上的城市；(3) 平均每日食品产量（人均卡路里）；(4) 年渔获量（百万吨）；(5) 年用水量（立方千米）；(6) 森林覆盖指数，1950 年为 100；(7) 年二氧化碳排放量（十亿吨碳）；(8) 大气中氟氯化烃（CFCs）的浓度，单位：十亿分之几。

我们看到 1950—1997 年的巨大变化和 2050 年令人震惊的预测。另一个非常严重的问题是，作为主要能源的石油生产预计将不可避免地面临短缺。许多未来主义者预测，油价将在 2030 年左右涨至无法接受的水平。最后，人们严重担心环境污染将威胁到空气、水和土地的质量。人们严重关切的是，在我们的世界中某些正在起作用的邪恶过程实际上是自我增强的，它会导致一个临界点的到来，从那以后，倒退的衰变将不可逆转。

1996 年出现了一个有趣的参数，即生态脚印（EF: Ecological Footprint）[2]。它是一个人满足各种生物和经济代谢功能所需要的地球（陆地和海洋）面积的公顷数，包括生产食物和饲养动物的土地、吸收二氧化碳的木材、回收废物的空间等等。人们可以合理地估计每个人、每个家庭、每个国家和地球总人口的生态脚印。据估计，就目前的世界人口而言，个人的生态脚印应为 1.7 公顷左右，才能确保人类消费和垃圾生产处于一个真正可持续的水平。下面是一些国家的生态脚印大小：肯尼亚（0.8）、印度（0.8）、中国（1.6）、意大利（4.2）、日本（4.4）、德国（4.5）、荷兰（4.8）、英国（5.6）、美国（9.6）（2006 年《活星球报告》）。很明显，关键参数有很大的超调，世界各国的平均生态脚印现在已经超过地球生物容量的 25% 以上，而且国与国之间的差异巨大。如果这种情况再持续几十年，人类文明就会陷入自我毁灭的旋涡。人们需要反思。

二 对一个新形而上学的需要

现在越来越多的人相信，地球母亲面临的主要问题无法仅仅通过技术发展和立法来解决。我认为，我们首先需要的是思想上的重大改变，以及随之而来的我们看待世界的方式的重大改变。我们必须将兴趣和梦想重新聚焦到保持这个星球的健康上来，聚焦于为文明人类的幸福、安全、正义与和平提供持久的可能性。人们必须更加重视精神性，而不是继续进行盲目和不可持续的经济增长。这种增长主要以先进技术作为满足愿望的手段，会不可避免地导致以纯粹的物质主义和贪婪的消费模式为特征的那种发达国家生活方式。这种新文明从宗教、形而上学、科学、艺术、社会交往和体育运动中得到强烈的鼓舞和满足，并强烈强调人的价值、同情心和尊重，认为这对人民的普遍福祉是至关重要的。

我们需要的是一种基础性的、在自然界、人际关系和行为中提供幸福和快乐的形而上学和世界观。这里的形而上学应该被定义为一种寻求关于存在的普遍理论的思想体系。我们所意识到的一切——所享受的、所感知的、所决意的或所想的都应是具有普遍思维模式的一个特定实例的特征[3]。这种形而上学不应该与由健康的好奇心引发的持续不断的科学冒险相抵触。思想的生命力在于冒险，它应该在对世界及其生命的充分理解中，而不是在以其他处于不幸地位的人为代价的不断增加的经济利益中找到美和满足。

三　东西方的过程哲学

纵观中国历史，尤其是约瑟夫·李约瑟（Joseph Needham）的不朽作品表明，古代中国的技术创造力是其他古代文明无法超越的（李约瑟，1954-2004）。但大约在公元 15 世纪，几乎所有的创造性技术进步停滞不前，给这个幅员辽阔的国家的经济形势带来了不可避免的后果。这个问题的原因还没有完全澄清（"李约瑟之问"）。但在今天的中国，又发生了深刻的变化，科学和技术的进步是巨大的，问题是，这是否也会导致一种占主导地位的商业主义。然而，我个人的观点是，中国人的思想仍然深深地植根于儒家和道家的人性和智慧之中，人们只能希望这一点在未来几十年不会发生重大变化。开放的东西方对话可能有助于建立一个健康、现代、科学的形而上学，并激发一种混合的文明世界观。

我认为过程哲学和中国古典哲学是发展这种形而上学的候选者，也许更重要的是，这些思维模式之间的幸福婚姻和对话似乎是可能和可取的。这两种思想都假设，真实现实的本质不是实体（substance），而是过程。[4][5][6] 关于这两种世界观的相似性，已经有大量的文献，正在不断展开的非教条式对话也是很有益的。例如，《中国哲学杂志》（2005 年 6 月）的一期专刊完全专注于过程思维和中国哲学。其基本思想是，自然存在是由过程而非事物、由变化的模式而非固定不变的稳定性组成的，并且最好从过程而非事物的角度来理解自然存在。各种各样的变化——物理的、有机的、心理的，都是真实存在的普遍的和主要的特征[7]。阿尔弗雷德·诺斯·怀特海（Alfred North Whitehead，1861-1947）认为创造性（creativity）是终极的形而上学原则。正是由于宇宙这永恒的一面，才有了现实实有（actual entities）①的不断生成，它们是经验的点滴，复杂而相互依

---

① 在怀特海过程哲学中，"现实实有"（actual entities）又称为"现实际遇"（actual occasion），是最根本、最真实的存在，它们是经验的点滴，相互依存，不断生成。——译者注

存。创造性、无处不在的创造动力，渗透于存在之中，产生了时间内的转变，在构成现实的各种事件中产生了延绵广阔的时空关系。这种创造性表现在所有"现实实有"的生成中，这些"现实实有"是生命的"原子"事实。正是通过创造性这一终极原则，分离的宇宙中的"多"生成了一个联合的宇宙"一"，即"现实际遇"（actual occasion）。这个终极概念不能以更高的普遍性来解释[8]。此外，正是这种终极现实（a）赋予了创造力有序的特征，从而使现实实有的生成不再是纯粹的混乱，（b）在选择可重复的模式["永恒客体"（eternal objects）①，宇宙的纯粹潜在]方面发挥作用，这些模式在世界上发生作用，并以新颖性和价值为目标。应该强调的是，过程思想对进一步的发展是开放的，有人提议用"过程哲学化"来取代"过程哲学"这一术语。用怀特海的话说："的确，在对过程的提及变得明显之前，任何东西最终都不会被理解。"[9]

在本章的篇幅范围内，我想简要讨论三个问题：

（1）对物质结构的现代洞察提供了令人信服的证据，证明所有现实都是由能量事件的复杂组合组成的。事实上，正如怀特海所定义的，所有"现实际遇"都是能量事件，都具有身心两极。前者指向因果关系，由过去决定；后者提供一种源于宇宙的纯粹潜能的主观性和创造性元素。

（2）正如顾林玉[10]所论，中国古典文本《易经》[11]强调了宇宙和人类世界应该在一个原初的统一性中被理解的立场，即太极，它也代表了宇宙过程的终极创造力。它被视为是一种创造性的、动态的和谐，在普遍的道的驱动下变化，而道即阴阳两种力量之间不断变化和转化的相互作用。②《易经》提倡一种行动哲学。个人在特定环境中的道德决定直接有助于更大环境中阴阳的交流，因此，它可以带来事态的变化[12]。这部古籍对中国古典哲学的宇宙学基础产生了巨大的影响，虽然古代中国人没有今天的现代科学知识，但他们通过粗糙的观察和卓越的直觉看到了宇宙的全面和谐。[13]

（3）前面两点中所述的中国和西方过程哲学产生的见解和直觉的意义和美导向一个概念性的洞察，即心灵的流变与自然的流变的结盟产生于它们共享和整合流变的某些注入了所有存在的终极特征。这种形而上学的观念伴随着美丽与和谐的精神体验，使生活幸福、奇妙和有价值。

---

① 在怀特海过程哲学中，"永恒客体"（eternal objects）与"现实实有"（actual entities）相对，是可以重复出现的纯粹抽象，如颜色的"红"、抽象的数学公式等。——译者注

② 《易经·系辞上》："一阴一阳之谓道。"——译者注

四 科学过程思想

我的出发点是，寻求一个全面的哲学或形而上学的框架，与寻求一个充分的可通过经验数据进行检验的科学理论，处在平等的基础上。[14] 现代科学过程思维的证据是什么？让我从物质的结构开始，不管是死的还是活的，它是如此强烈地让我们以为它作为坚实的和密集地填充着我们周围空间的部分。但是，正如容格曼所说，这只是我们感官的局限[15]。物质几乎完全是空的，这种情况在我们思考世界时很少考虑。原子核中99.9%的原子质量被认为是由称为夸克的粒子组成的，其半径为10—17厘米或更小。由于原子直径为10—8厘米，夸克直径与原子直径之比最多为109分之一。因此，原子质量所在的原子体积分数小于10—9的立方，或小于原子体积本身的10—27。这个惊人的结果表明，物质几乎完全是一片空白。然而，容格曼也强调，这个空白的空间是一个充满活力和创造性的过程的所在地。[16] 所有基本粒子都有虚拟对，光子和胶子载体也在不断地诞生和消亡，这被称为真空的极化。因此，物理学将自然场景视为一个能量场所（包括电子、质子、光子、波动、速度、物质、空白），所有这些都完全由能量流构成。[17] 它们对应于对所讨论的事件从过去事件中继承能量的方式以及它们将能量传递给未来事件的方式。用怀特海的话来说："我们关注的唯一结论是，能量在时间和空间中有可识别的路径。能量从一个特定的场合传递到另一个特定的场合。在每一点上都有一个能量流，有一个定量的流量和一个明确的方向。"[18]

这是我们对物质最基本层次的现代观点。实际上，看似坚硬固体的物质几乎完全是一片空白，充满了复杂的能量事件，这是一个不断活动的场域。罗恩·菲普斯（Ron Phipps）认为，在怀特海的形而上学中，就像在中国古代哲学中一样，特征、能量和因果影响贯穿于整个时空流体。[19] 因果潜能既反映了过去的特征影响未来的特征的规律性，也源于这种规律性。因此，这里没有混乱。Rescher 将过程定义为"现实中的一组协调变化，一个有组织的事件家族，它们在因果或功能上系统地相互联系"[20]。这是怀特海过程思维的基本思想之一，正如他在《思维方式》中所说，对于现代观点来说，过程、活动和变化是事实：

> 仅仅是空间相互联系的载体单虚空空间的概念，已经从最近的科学中消除了。整个空间宇宙是一个力场，或者换句话说，是一个不断活动的场。[21]

表面上看起来是虚空的空间，是"活动的相互关联的剧场"，并且在他的终

237

极范畴中,"所有的实现都涉及创造性的发展"。用容格曼的话来说:"世界在其最基本的层面上实际上是事件的领域,而不是实体的领域。"[22]

自然科学是我们文明的宝贵组成部分,其深刻的见解暗示了现实的基础[24]。正如目前设想的那样,氢原子每秒被数量惊人的互相交换的虚拟光子连接在一起。为了使构成原子核的夸克保持在一起,每秒都会发生大量胶子的诞生和消亡。胶子是构成强作用力的夸克之间交换的虚拟粒子。它们与夸克和它自身相互作用。基于这一理论,过程思维可以进一步扩展到更复杂的物质组织单元。但我想强调的是,从最低层次到最高层次的能量事件的巨大复杂性最终导致了一个有序的宇宙,这是宇宙的奇迹之一。

我引用科学家、哲学家和诗人菲普斯的话:"怀特海认为因果有序性和自发性都是现实的固有方面。有序性是构成宇宙的一系列事件中表现出来的更主要、更基本但非排他性的方面。"[25] 怀特海在讨论心灵和自然时断言:"物理能量的概念,作为物理学的基础,必须被认为是从复杂的能量中抽象出来的概念。这些复杂能量有情感、有目的,这些是在每个现实际遇完成自我的最终综合中的主观形式(subject form)① 中所固有的。"[26]

现在让我们简单地把注意力转向水,它可能是我们星球上最重要的化学物质,也是地球生物不可或缺的需要。所有生命过程都严重依赖于液态水的存在[27]。虽然单个水分子(H_2O)除了非常小之外并没有什么特别之处,但作为液体的水即使不是唯一的,也具有非常不寻常的性质。十八克水(即一克分子)含有 6.022×10^{23} 个分子,这个数字大约是世界上所有海滩(10 万公里,100 米宽,1 米深)中估计的沙粒总数的 1000 倍!所有这些分子通过所谓的氢键相互作用,氢键主要是一个分子的氢原子(H)之间的静电相互作用(带部分正电荷)和相邻分子(带部分负电荷)的氧原子(O)。每个水分子可以参与四个氢键,两次作为氢键供体(通过两个 H 原子)和两次作为氢键受体(通过 O 原子),这使得水分子能够形成一个高度动态的三维氢键网络,氢键在其中极为迅速地被破坏和重组。水的这种广泛的三维聚集在很大程度上决定了水的独特性质[28]。很明显,在任何时刻,即使是最微小的一滴水,也可以更现实地视为一个过程,而不是一个刚性和静态的单个水分子的集合。在现实中,动态变化的过程压倒了任何不变的平静。

人脑可以被看作一个极其复杂但有序的宏观系统,不断变化的最令人印象深刻的例子。已经证实,人脑包含约 10^{10} 个神经细胞体(神经元)。神经冲动沿着

---

① 在怀特海过程哲学中主观形式(subject form)是八大存在范畴之一,是私有的事实。主观形式有很多种,如情绪、评价、目的、反对、厌恶、意识等。——译者注

神经纤维（轴突）传导，树突（比神经元短）接收这些冲动。大脑中的神经可以看作轴突和树突的有序排列。突触是轴突的末端，轴突和其他神经元形成连接，神经元中有103—104个突触。参与传递化学信号的蛋白质数量在很大程度上决定了大脑工作的复杂程度。在任何时候，1%—10%的大脑细胞以大约100赫兹的频率放电，这表明大脑中没有稳定的状态。在人的一生中，持续刺激大脑活动对于维持最佳功能活动至关重要。最近的研究表明，睡眠在标记和储存记忆以及识别不可见的微妙联结方面起着至关重要的作用，或者说，这些微妙的联结在清醒时只能在无意识或潜意识地被感知到。过程思维的基本概念能够充分体现我们大脑的动态功能。

众所周知，生命本身很难定义。戴维斯认为有三个特性非常突出：（1）生命过程是复制进化原理的产物，包括变异和选择。（2）它们具有自主性。生物有自己的生命，能够执行一项议程。（3）它们拥有处理有用信息的特殊方式。基因组或大脑为实施一个项目提供了蓝图或算法，例如制造蛋白质或复制特定分子。[29]但是，引用诺贝尔的一句话，生活肯定不是一个事物。这是一个复杂的、连贯的综合过程，只有通过观察正在发生的事情和正在做的事情来欣赏[30]。

由于对过程及其相互依赖性的强调，系统生物学和系统化学，以及总体上而言，系统思维现在受到越来越多的关注。生命系统需要与环境进行持续的相互作用，这种相互作用过程中的非自然干扰即使不是致命的，也可能是灾难性的。这导致了对生态学的关注，生态学被定义为理解社会的动态与自然其他部分之间关系的学科。[31]它的目的是试图在有机体的纲或物种和其他纲和物种之间，以及有机体及其非有机环境之间，建立和保持一个和谐的平衡。这种对个体及其环境或有机物与无机物之间的有机相互依存关系的认识，是中国传统美学哲学的基础。[32]

现代世界的精神性应该依赖于一种与最近对我们周围事物的结构和行为的科学见解完全一致的形而上学。过程哲学似乎能够满足这一标准，我认为它可以为现代世界中精神的复兴做出不平凡的贡献。

五　中国古典哲学

现在我们来谈谈中国传统哲学的一些基本概念问题，尤其是以朱熹（1130-1200）为最有影响力代表的新儒学哲学家的观点。正如刘述先所指出的，这位著名的思想家、诗人和书法家为儒学增添了重要的新维度。[33]事实上，自元朝早期（1277-1368）以来，他的哲学在六百多年的时间里成为儒家思想中无可匹敌的正统学说。怀特海把他的思想主要集中在自然世界上，儒家传统中的朱熹则对人的生活和行为最感兴趣。尽管他们的语言差异很大,但他们对自然界有着共同的兴趣。而且,更重要的是,他们保持着一个基本的观念,即心灵的流变和自然的流变共同拥有一个在所有存在固有的流变的最终特征。朱熹认为,与《易经》一致,宇宙过程反映在人类心理中,在这种支配的思想中可以找到人类文明行为的坚实基础。他说:"如果一个人假设共同的原则支配着自然世界和人类的思想,那么伦理价值观可以通过参考自然原则来讨论。"大多数中国哲学家特别喜欢这种比喻,这种比喻常常用诗歌来表达。周敦颐(1017-1073)是朱子的一位哲人和诗人,他写过一首短诗[34]:

> 有风还自掩,无事昼常关。
> 开阖从方便,乾坤在此间。

《易经》和朱子哲学著作的形而上学基础主要是以隐喻和诗意表达的唤起式语言来表述的,这意味着理解和体验人类行为是在理解和体验生命和自然世界的真实结构的基础上形成的。心被视为人的智力和道德取向的源泉。儒家传统一直非常强调为自我发展而学习,特别是从过去学习。一个文明的人是通过学习来了解的,并为实践所检验,为反思所引导。有两个基本概念,一个是"学",即通过听、看和阅读经典文本收集信息和知识,尤其是关于人类品行的信息和知识。另一个是"思",即对自我修养的反思,要求一个人远离所收到的信息。学与思互相促进。[35]朱子做了如下评论:"在阅读中,我们不能仅仅从文本中寻求道德原则。我们还没有发现圣人以前在他们的文本中解释什么,只有通过他们的话,我们才能在自己身上找到它。"[36]

朱熹的思想具有类似怀特海过程哲学的形而上学特征[37]。但是,正如 Julia Ching 所指出的,他的变革观念似乎没有强调创造性的进步,具有循环性而非线性的特征。创造性活动等同于"天地的巨大普遍力量",而非怀特海形而上学中的新颖性原则。[38]重要的形而上学范畴是"理",原理、"理想极"、"上形"与"气","真正的极点","形状之内"。气是一种动态的原理,它赋予理以形态和现实。有人说"太虚充满了气",这与前面讨论的"空虚空间"非常相似。在朱子的宇宙论中,理和气存在与万物的核心,理参与了阴阳二气这两种模式的变化。[39]然后阴阳二气化生了五行(水、火、木、土、金),五行最终可以被视为特定存在模式变化的隐喻,并与维持世界动态中的秩序相关。需要强调的是,"万物"起源于一个动态的过程。Julia Ching 认为,气的阴模式可能与现实实有的物理涵摄(physical prehension)有关,而气的阳模式可能被视为永恒客体的概念涵摄(conceptual prehension)。[40]①

怀特海和朱子的形而上学体系之间的这些惊人的相似之处为创造性的努力提供了一个共同的基础，在未来几年里，人们可以将更多的注意力放在科学和精神性更好的平衡与协同上。

在科学发展中，思想的活力植根于好奇和冒险之中。在中国和西方世界，进一步的科学发展已经并将沿着共同和融合的道路发生，由此产生的知识已经通过国际科学期刊和互联网被有效共享。如果两个世界的人们都有一种共同的形而上学和生活方式，这种形而上学和生活方式的根源在于对自然规律的热爱和欣赏。这里自然包括微观系统及所有生物，也包括最复杂的生物：人类。当然，只有为数不多的人是科学家或哲学家，但一个未来的文明，无论是在东方还是西方，这些坚定的基本理念都很可能为大多数人所珍视。实现这一目标的一个重要步骤是位于美国东海岸的"过程哲学、科学和教育国际中心"的建立。该中心的目标是促进民主对话、公开沟通、协商和同意，发展和鼓励对我们的宇宙有更深刻的理解，并在世界大家庭内建立更和平、合作与和谐的关系。

在中国，中国古典哲学与怀特海过程思想之间的强烈相似性一直是方东美开创性和基础性研究的主题。随着时间的推移，这种兴趣只会越来越强烈。方东美的弟子程石泉关于《易经》的研究也强调，事实宇宙是一个有价值的宇宙。在这方面，《易经》的作者和怀特海持有相同的观点[41]。中国的许多哲学家和教育家正在觉醒于中国哲学传统与怀特海过程哲学之间的密切关系和共鸣。经过这一对话的修改和丰富，过程哲学可以为科学和形而上学、经济学、政治、教育和社会政策提出前进的方向。[42]

对于将过程思维中固有的基本思想融入世界大多数宗教，似乎没有不可逾越的障碍。就小乘佛教、大乘佛教、密宗佛教等中国佛教而言，自然存在最好是从过程而不是事物的角度来理解是佛教传统的一部分，可以追溯到佛陀时代[43]。对于印度教来说，这种情况几乎没有被调查过。对于基督教，已经存在着一个蓬勃发展的基督教过程神学，有许多先驱思想家（包括 J.B.Cobb Jr. 和 D.R.Griffin）在美国克莱蒙特大学任教和写作。犹太复兴运动已经表达了对过程形而上学的兴趣，并预计会有进一步的发展。姚[44]最近阐明了儒家智慧和古代以色列传统之间的相似性。预计伊斯兰传统将面临更大的问题，但这种文化的代

---

① 在怀特海过程哲学中，"涵摄"（prehension）也是八大存在范畴之一，是现实实有相互关联的具体事实。物理涵摄是对具体的现实实有（actual entities）的涵摄，概念涵摄是对抽象的永恒客体（eternal objects）的涵摄。——译者注

表仍然参加了 2006 年和 2009 年分别在奥地利萨尔茨堡和印度班加罗尔举行的第六届和第七届国际怀特海大会的讨论。这是一个积极的迹象。

六 结论：人类福祉和满意度

这种东西方思维模式和价值观大融合的愿景能够成为现实吗？或者只不过是浪漫的乌托邦？在一项基础广泛的研究中，心理学家迪纳和塞利格曼分析了哪些因素主要影响幸福感、人们对生活的评价和感受[45]。在一国经济发展的早期阶段，经济指标，即仅仅是更高的收入，自然非常重要。然而，随着社会越来越富裕，实验证据表明，生活的意义和满意度、愉快的情绪和参与以及低水平的压力和抑郁在很大程度上取决于不同的因素。在一个稳定的民主社会中，物质充裕并有一个宗教或哲学提供指导，生活的目的和意义就成为主要的关切。我认为，西方和东方的过程思想相互影响、相互丰富，有可能满足人们对幸福和生活满意度的需求。

值得注意的是，中国传统和西方的过程形而上学都包含着文明人际关系的精髓的"温柔元素"。朱熹的"气"范畴既包含创造性，也包含慈爱的天意。"仁"是中国哲学中一个古老而核心的学说，是对人类爱的情感的阐述。它植根于人心深处："当两个人相遇时，也就是说，在说出任何话或做出任何肢体动作之前的最初眼神交流中，会自发产生一种仁的感觉，人不是孤独或独立的，而是一种独特的、纯粹的人与人之间的感觉。"[46]个人与外部世界之间的相互理解与和谐是新儒学的基本教义。朱子以最高的标准对人类行为给予如此多的关注并不奇怪。

西方呢？在一篇有趣的文章中，Oord 指出"越来越多的社会学家和心理学家现在对人类不可避免地总是自私自利的说法持怀疑态度"，并且"他们现在看到远离人类天生自私自利的假设的范式转变"。[47]他引用了巴特森的观点，即利他主义动机是由对需要帮助的人的移情、同情或温柔的情感反应引起的[48]。他驳斥了助人为乐者的最终动机总是为了获得社会和/或自我回报的说法。在地球上的这段旅程中，对我们同伴的爱与"关爱"密切相关，甚至与我们体验到的对整个宇宙更深远的关爱密切相关。与过程思维完全一致的是，我们生活在一个相互关联的宇宙中，我们的行动应该促进共同利益，并对所有生物产生相应的影响。

正如在中国古典哲学中一样，怀特海的过程思想为人类个体所经历的个人现实留下了很大的空间。怀特海在《过程与现实》中讲述了当个人利益为全人类和动物的共同利益所吸收而消失时，个人利益是如何最深刻地被实现的。怀特海的过程思维在克服西方科学和哲学片面的智力基调方面在西方相当独特。Palmyre

Oomen 正确地提醒人们注意，怀特海为"感觉""欲望""美丽""情感""温柔"与"和平"等提供了重要的位置[49]。重要的是，我们不仅要珍惜充分的形而上学所带来的智力满足感。它还应该包含一些范畴，从中演化出人类的心性，并最终演化出心灵的和谐与安宁，用怀特海高贵的语辞来说，"平息破坏性的动荡，完成文明"[50]。另一本书的引文可以作为一个例子："夕阳的彩霞也应该是自然界的一部分，与科学家解释这种现象所用的分子和电波一样。"[51]

七 后记

中国风景画艺术在东方和西方都很受欢迎，也许在其中可以找到过程思维最美的例证之一。它的名称在英语中的字面意思是"山水"，这是一个隐喻，这些画不仅仅是中国山区风景优美的图画，受《易经》的基本概念启发，高山和流水被视为宇宙中的一对，高山代表持久性和永恒性，流水代表短暂性和流动性。它也象征着我们的生命，永远在永恒和变化之间摇摆。怀特海在《过程与现实》的一些最具启发性的书页中强调了这一点：一方面"万物皆流"；另一方面则是关于事物的永恒性——坚实的大地、高山、石头、埃及金字塔、人的精神、上帝。[52]

高山耸立齐天，流水低吟入地。在这些隐喻性的山水画中，通常仅能依稀能看到有几个人，在广阔的宇宙中，在永远决定我们生命的永恒与变化的太极中运动。

参考文献

[1] Guillaume J., Summer School "Green Chemistry," San Servolo, Venice, Italy, September 4-10, 2005.（编者注：原文难以找到）

[2] Wackernagel, M and Rees, W., *Our Ecologoical Footprint*. Gabriola Island: New Society Press, 1996.

[3][4][8] Whitehead, A.N., *Process and Reality (Corrected Edition)*, New York: The Free Press, 1929/1978.

[5][9][17][18][26][50] Whitehead, A.N., *Adventure of Ideas*, New York: The Free Press, 1933/1961.

[6][21] Whitehead, A.N., *Modes of Thought*, New York: The Free Press, 1938/1968.

[7][20] Rescher, N., *Process Metaphysics*, New York: SUNY Press, 1996.

[10][39] Linyu, Gu., "Whitehead and the Yi Jing", Journal of Chinese Philosophy. 1998, 25(2). pp.209-236.

[11] Wilhelm, R., *THE I Ching or Books of Changes*, Princeton: Princeton University Press.1967.

[12] Liu, J.L., *An Introduction to Chinese Philosophy*, Oxford: Wiley-Blackwell Press, 2006.

[13][41] Shih-chuan, Chen., "Whitehead and the Books of changes", Zhouyi Studies (English Version), 2006, 4(1).

[14] Griffin D.R. . *Lecture,* 2006.（编者注：原文难以找到）

[15] Jungerman, J.A., "Evidence for Process in the Physical World", Physics and Whitehead. Quantum, Process and Experience. Eastman T. E. and Keeton H. Eds. New York: SUNY Press, 2004.

[16][22] Jungerman, J.A., *World in Process*, Albany: SUNY Press, 2000.

[19][20][25] Phipps, R.P., "A Whiteheadian Theory of Creative, Synthetic Learning and its Relevance to Educational Reform in China", Lecture at Maynooth, Ireland, 2005.

[24] Weinberg, S., *Dreams of a Final Theory*, New York: Vintage Books, 1994.

[27] Daniel, R.M., Finney J.L., Stoneham M., Eds."The Molecular Basis of Life: Is Life Possible without Water?"Phil. Trans. R. Soc. Lond. B 359: 1141-1328, 2004.

[28] Blokzijl, W. and Engberts, J.B.F.N., "Hydrophobic Effects. Opinions and Facts", Angew. Chem. Int. Ed. Engl. 32: 1545-1579, 1993.

[29] Davies, P., *Cosmic Jackpot*. Boston: Houghton Mifflin Comp, 2007.

[30] Noble, D., *The Music of Life*. Oxford: Oxford University Press, 2006.

[31] McLaren, G., "Unifying Process Philosophy." In *Applied Process Thought I*. Chapter 2. Dibben M. and Kelly T. Eds. Frankfurt: Ontos Verlag, 2008.

[32] Fan, M. and Phipps, R., "Process Thought in Chinese Traditional Arts", In *Whitehead and China. Chapter 4*. Xie W., Wang Z. and Derfer, G.E. Eds. Frankfurt: Ontos Verlag, 2005.

[33] Shu-Hsien Liu, "The Problem of Orthodoxy in Chu Hsi's Philosophy." In *Chu Hsi and Neo-Confucianism. Chapter 24*. Wing-tsit Chan, Ed. Honolulu: University of Hawaii Press, 1986.

[34][38][40] Ching J., *The Religious Thought of Chu Hsi*, Oxford: Oxford University Press, 2000.

[35] Lai K.L., "Learning from the Confucians: Learning from the Past", Journal of Chinese Philosophy, 2008, 35(1). pp.97-119.

[36] Gardner D.K., *Chu Hsi. Learning to Be a Sage*, Berkeley: University of California Press, Griffin D.R. . Lecture, 2006.

[37] Engberts J.B.F.N., "Water as a Metaphoric Model in Process Thought", In *Applied Process Thought I. Chapter 8*. Dibben M. and Kelly T. Eds. Frankfurt: Ontos Verlag, 2008.

[42] Cobb Jr, J.B., "Is Whitehead Relevant in China Today?" In *Whitehead and China. Relevance and Relationships*, Chapter 1. Xie, W., Wang, Z. and Derfer, G.E., Eds. Frankfurt: Ontos Verlag, 2005.

[43] McFarlane, T.J., "Process and Emptiness: A Comparison of Whitehead's Process Philosophy and Mahayana Buddhist Philosophy", http://www.integralscience.org/whiteheadbuddhism.html, 2000.

[44] Yao, X., "Knowledge and Interpretation: A Hermeneutical Study of Wisdom in Early Confucian and Israelite Traditions", Journal of Chinese Philosophy, 2005, 32(2). pp.297-311.

[45] Diener, E., and Seligman, M.E.P., "Beyond Money. Toward an Economy of Well-Being" *Psychological Science in the Public Interest* 5, pp.1-31, 2004.

[46] Inada, K.K., "The Cosmological Basis of Chinese Ethical Discourse", Journal of Chinese Philosophy, 2005, 32(1), pp.35-46.

[47] Oord, T.J., "Social Science Contributions to the Love-And-Science Symbiosis" In *Applied Process Thought. I. Chapter 12*. Dibben M. and Kelly T., Eds. Frankfurt: Ontos Verlag, 2008.

[48] Batson, C.D., *The Altruism Question: Toward a Social-Psychological Answer*, Hillsdale: Lawrence Erlbaum Associates, 1991.

[49] Oomen, P.M.F., "The Most Valuable and the Most Problematic Features of Process Thought for (European) Theology"Unpublished lecture, 1997.

[51] Whitehead, A.N., *The Concept of Nature*, Cambridge: Cambridge University Press, 1920/1955.

[52] Whitehead, A.N., *Process and Reality*, Corrected Edition. New York: The Free Press, 1929/1978.

【作者简介】简·恩格伯茨（Jan B.F.N. Engberts, 1939– ），荷兰格罗宁根大学有机化学家，长期致力于怀特海过程哲学与中国哲学的比较研究。本文是《应用过程哲学II》一书中的第八章（Dibben, Mark and Newton, Rebecca, *Applied Process Thought II: Following a Trail Ablaze*, Berlin, Boston: De Gruyter, 2013）。

【译者简介】郭海鹏，北京师范大学香港浸会大学联合国际学院（hpguo@uic.edu.cn）。

荀子哲学的批判性发微

——以数术批判为中心的考察

姚海涛

【内容摘要】 荀子作为先秦百家争鸣的集大成者，其哲学具有批判性与熔铸性之两面。其中，批判具有思维与价值上的优先性，是其哲学的逻辑前提与理论底色，构成了荀子哲学的重要标识。在一定意义上，荀子哲学是在对"他者"的批判基础上建立起来的。所谓他者，既包括儒家外部的数术思潮、诸子百家学术，甚至还包括儒门内部的思孟学派等。荀子哲学的批判性是其经验主义与理性主义的朗显与发用。围绕以数术批判为中心的考察，可窥其批判性具体表现为占卜批判、相术批判、巫术鬼妖批判等方面。荀子哲学的批判性透显出鲜亮的人文理性特色，背后潜藏着儒家特有的深层价值理性底蕴。这正是荀子之为儒家，荀子之为荀子的根本所在。

【关键词】 荀子；批判性；数术批判；人文理性

一 批判性是荀子哲学的标识[①]

一种较为普遍的观点认为，西方哲学以批判见长，而中国哲学则以继承见长。此观点正是学界长久以来将批判与继承对立起来，并积非成是的典型性思维结果。批判是哲学产生的先导，而继承是哲学慧命相续的天然方式与方便法门。任何哲学均有批判、继承、熔铸等理性功能，只是其分量与表现有所差异而

---

① 荀子哲学的批判性之最显明者，莫过于对百家学术批判，非一篇小文所能涵盖，故仅围绕数术批判一端，以窥荀子批判性之全豹于一斑。

已。批判性思维及其衍生的思想成果正是哲学之源头活水。继承则是通过批判式审视而留存、延续文化的一种样式。批判与继承的中国式话语表达是"作"与"述"。一定意义上,"述而不作"是中国哲学的运思与表达范式。"述而不作,信而好古"(《论语·述而》)由孔子提出,并加以实践。其时,思想界的理论交锋远未形成战国时代的争鸣局面,批判性也远未显示出巨大的理论威力。切不可抓住一点而不计其余,将"不作"与"好古"视为儒家哲学,乃至中国哲学的主要特点。批判创新不为西方哲学所独有,述而不作并非中国哲学的专利。批判与继承,或曰述与作,二者间的互融相通乃至互鉴相长才是思想自身发展的逻辑。

战国中期之后,百家诸子莫不被裹挟进了"予岂好辩哉?予不得已也"[1](p.167)的辩难之中。彼时的思想碰撞与交锋是何等频繁、何等犀利,场面又是何等壮阔!所谓不破不立。批判、辩论才是百家争鸣的常态,也构成诸子百家主流的思想特质与学术方法。诸子争鸣成就了中华文化最富原创力与生发力的时期。随着秦朝一统的来临,这一过程戛然而止,百家诸子仿佛一夜之间消逝隐遁了。透过荀子哲学之批判,可以通向百家学术融合之路,可以透辟地了解荀子之为儒家与荀子之为荀子的根由。

冯友兰先生认为:"中国哲学家中荀子善于批评哲学。"[2](p.9) 此处的"善于批评"四字点出了荀子哲学涵具的深邃意蕴:批判性。侯外庐认为,荀子是"中国古代思想的综合者",其哲学正是在建立在对古代学说中的批判中发展而出者。"荀子的思想,亦不是'俄而'的'变故',而是战国以来思想史汇流于他一身的发展,我们在《非十二子》与《解蔽》二篇,固然看到他的批判主义的严格态度,即在其他诸篇如《正名》《富国》与《儒效》,亦看到他与各派的论难。没有批判,即没有发展,荀子对于战国各学派的严密批判,同时便是他自己学说之发展基础。"[3](p.229) 一方面,批判构成了荀子哲学形成的根由与基础;另一方面,正是对百家学派客观而审慎的理论批判,成就了荀子之所以为荀子的内在特质。

荀子批判诸子而超越诸子,熔铸百家而凌驾百家,终成先秦学术的集大成者。他生于赵,学于齐稷下学宫,接受了诸子百家的洗礼,对战国学术思潮进行了全面的批判、熔铸、整合,终于历练成为齐鲁文化乃至先秦诸子的集大成者。荀子不是书斋里的思想家,而是周游列国,脚步遍及战国诸雄,曾居于齐、西入秦、南仕楚、北至燕,与时代脉搏一起跳动。稷下的游学经历开阔了荀子的学术视野,使其全方位见证并参与了时代思想之变迁。在稷下学宫中"三为祭酒""最为老师"的学术经历与对中华大地民风、习俗的实地接触造就了荀子经验主义、理智主义的学术理路,养成了荀子深厚典实的学术品格,锤炼了荀子直面现实问题的学术风格。荀子哲学的批判性即在这一学思历程中凸显出来。

荀子哲学的批判性从今本《荀子》篇题中可见一斑。如《非相》《非十二子》二篇之"非"字，便鲜明地标识出其批判意蕴。王恩洋曾指出："荀子一书，多破斥当代学说之文，其不破斥他人者，惟《劝学》、《修身》、《不苟》、《荣辱》数篇而已。"① 与过分强调价值立场的后儒相比，荀子比较重视理性逻辑的推衍与思辨语境的批判，正所谓"以仁心说，以学心听，以公心辨"（《正名》）②。韦政通先生在总结荀子思想的特征时，专门列出"批判精神"以指示其显著的思想特点。③ 他认为，先秦时期对诸子之学作系统性批判者，仅《庄子·天下》与荀子而已，其他如孟子对各家的批评"多出之于价值判断，充分表现出个人的好恶，在学术上却缺乏客观的意义"[4](p.211)。为了批判而批判，则会因主观性而增加其随意性，而顿失批判的原初义。批判只有建立在系统性与客观性的基础上，方有思想意义。由是，批判性构成荀子哲学之特殊标识。

二 荀子哲学批判的逻辑起点：天人与数术之间的关联

荀子哲学的批判性饱含强烈的问题意识，是回应时代之问、现实之问，熔铸诸家理论的思想武器。作为古已有之的神秘主义，数术在先秦获得极大发展，已然进入了荀子的学术视野。如他独具慧眼地提出，相术"古之人无有也，学者不道也"（《非相》），由此展开系统地批判，以开辟儒家理论的光明大道。天人与数术之间的内在关联，正是荀子哲学批判的逻辑起点。

天人关系是诸子百家的核心议题之一。而数术无疑建基于其上。天人观所涵摄的宇宙秩序与人生规律分属天与人两个领域，正构成超验与经验，自发与自觉，形上与形下对反的系列范畴。明显地，荀子对天、天道的神秘性进行了消解，而着紧用力于人道。正所谓："道者，非天之道，非地之道，人之所以道也，君子之所道也。"（《儒效》）学界关于先秦天人关系中的天人合一、天人相分及其诠解理路的相关争论一直保持着较高热度。以数术批判的理论视域，搜求荀子被遮蔽之思想，对于重新认识战国学术思潮及其流变，对于进一步开显荀子在数术思想史脉络中的独特思想价值，对于重新认识荀子哲学均具有重要意义。

---

① 王恩洋所作《荀子学案·斥外第十二》将荀子对诸子之破斥表露无遗。具体参见王恩洋《王恩洋先生论著集·荀子学案》（第八卷），四川人民出版社2001年版，第816—831页。
② 所引《荀子》版本信息为王先谦《荀子集解》，中华书局2012年版。下引《荀子》，仅随文标注篇名。
③ 韦先生在《中国思想史》第九章荀子中，总结荀子思想的特征有四：一、理智主义；二、礼义之统；三、天生人成；四、批判精神。参见韦政通《中国思想史》（上册），上海书店出版社2003年版，第207—215页。另，韦先生在《荀学在思想史上的地位及其影响——兼论荀学在近代的复兴》一文中，将荀学的价值概括为：经验主义思路的开拓与理智主义的天道观。参见韦政通《传统与现代之间》，中华书局2011年版，第37—58页。

"数"与"术"二字在先秦典籍中已出现，但一般以单字形式出现。"数术"一词在《墨子》中首次出现。《墨子·节用上》云："此不令（当为今）为政者所以寡人之道数术而起与？圣人为政特无此，不圣人为政，其所以众人之道亦数术而起与？"[5](pp.160-161)结合此文语境，为政者寡（减少）人之道有居处不安、饮食不时、作疾病死、攻城野战死等。在此，"数术"不过是"数"与"术"二字的简单叠加，是数种方法、政策之义，尚未具有后来的复杂含义。直到汉代，经过刘向的总结，"数术"方进入思想史，获得学术性的意义。①

由于历史的久远性与发展分支的多样化，学界对数术的研究，往往言必称秦汉。即使追溯到先秦，也由于资料匮乏而语焉未详。方术、数术、方技之间的关系因《汉书·艺文志》中《数术略》《方技略》可以获得恰当的理解。方术包括数术（或曰术数）和方技。按《艺文志》的划分，可将数术分为天文、历谱、五行、蓍龟、杂占、形法六大类。数术一般与天道相关，讲究天人相类、相与、相应、相感，大致包括天文、星象、卜筮、祈禳妖祥之术等，其主要通过窥探自然之天道，实现天人感通以事先预判，达到趋吉避凶之目的。方技则一般与个体生命有关，讲究通过中医药调理及各种养生技术，达到长生久视、益寿延年之目的。显见，方术内在的思想根基实关涉了天人关系、力命关系。

数术②在荀子所处的战国末期虽尚未获得秦汉之后博大丰赡的体系化意义，但业已如火如荼地进入百姓生活，保有大量信众，具有较为广泛的群众基础，成为一种民俗性质的信仰。③被誉为"中国二千年前之经验哲学大师"④的荀子，无疑对这一民间信仰保持了足够的警惕性，将其审慎对待，以批判目光扫视并剖析之。批判成为荀子思想中理智主义与经验主义的必然思想表达。透过思想史可以看到，当神秘主义遭遇理智的检验之时，往往会被文化精英所勘破。

观中国古代思想史，几乎所有的知识系统如果追溯其始源，都与混沌未分之巫、史系统存在或多或少的关联。春秋战国时代的诸子之学亦然，神仙方术亦莫能外。诸子之学大致可以分为两类：一类是以诗书礼乐等贵族教育为背景

---

① 数术一词，随史而变。可以说，先秦并无后来学术意义上的"数术"一词，但不妨碍有"数术"内容的存在，当然也不妨碍荀子对其展开批判。由于《墨子·节用》《汉志·数术略》中均以"数术"名之，故在行文中以此名称之。

② 需要说明的是，由于古代数术思想的浑融性，不可径直以科学或迷信简单二分，其与学术的关系也不是单一的互斥关系。具体详见晁福林《从"数术"到"学术"——上古精神文明演进的一个线索》，《古代文明》2010年第4期。

③ 战国数术发展的情况，参见邵鸿、耿雪敏《战国数术发展初探》，《山西大学学报》（哲学社会科学版）2013年第2期。

④ 王恩洋《荀子学案》云："荀子之学说思想，一言以蔽之曰经验论是也。"王恩洋：《王恩洋先生论著集·荀子学案》（第八卷），四川人民出版社2001年版，第565页。

或围绕这一背景争论的儒、墨两家；另一类是数术方技等为背景的阴阳家等派别。[6](p.11)具体到先秦诸子，一为儒家学派所代表的"文化"路线，二为阴阳家、墨家、道家甚至法家代表的"技术"路线。这两条路线如草蛇灰线般在历史时空中若隐若现。及至后世，或在庙堂之上，或在江湖草野，或倡群体修齐治平大道，或倡个体养欲、益寿延年，或交互为用，一体不分。

与原始巫术一脉相承，发端于原始思维的数术体系异常庞杂。《荀子·尧问》云："方术不用，为人所疑。"[7](p.536)"方术"是治国理政方略，不是通常意义之方术。《史记·孟子荀卿列传》云："荀卿嫉浊世之政，亡国乱君相属，不遂大道而营于巫祝，信禨祥……"[8](pp.2852-2853)此处明确表达了"荀子最恶禨祥小道"[9](p.48)。荀子虽未在《非十二子》中专门立论批评数术①，但检视《荀子》一书，透过隐秘的思想可寻绎得见，完全可以抽绎建构出其对数术的系统性批判。李零曾将数术系统分为占卜、相术、厌劾祠禳三大部类。[10](pp.3-4)依其分类及建立的架构，荀子哲学对数术的批判按占卜、相术、巫术鬼妖次第展开。

三 荀子哲学的批判性之一：占卜批判

卜筮与易之关系大矣。对"易乃卜筮之书"之论，易学史上有若干不同诠解②。卜筮虽曰多方，但《周易》衍生的筮术对民间数术影响甚大，不可不辨。在上古时代承担预测功能的《周易》是上至天子诸侯下至黎民百姓决疑路上的最大权威，在整个数术系统中居于理论基础的地位。占卜始终与《周易》相伴随，但正所谓，成也占卜，败也占卜。自孔子开始意识到，若不对其进行全新的理路诠释，促成易的人文典实化、实践理性化转变，《周易》作为经典的价值必将大打折扣，甚至存在被知识界边缘化的巨大风险。

荀子对占卜的批判，一言以蔽之，即"善为易者不占"。这一话语对后世拒斥占卜发挥了不可估量的巨大作用，成为观念史中对抗占卜的经典语录与精神武器。

其一，"善为易者不占"的提出，高扬了自孔子以来人文理性的大势。作为儒家传经之儒，荀子在《周易》传承谱系中占有一席之地，如汪中《荀卿子通

---

① 《非十二子》篇是先秦学术的总结批判之作，具有重要的学术思想价值。其中批判的思想家是十位还是十二位等问题，王应麟《困学纪闻》有辨正："荀卿非子思、孟子，盖其门人如韩非、李斯之流，托其师说以毁圣贤。"参见（宋）王应麟《困学纪闻》，辽宁教育出版社1998年版，第211页。另见韦政通《荀子与古代哲学》第七章《荀子〈非十二子〉疏解》有详细考证。具体参见韦政通《荀子与古代哲学》，台湾商务印书馆1992年版，第244—279页。其中荀子批判所涉及的思想家依次可以归结为道家、墨家、名家、法家、儒家思孟学派。

② 卜筮与易之间复杂互用关系，参见张克宾《朱熹易学思想研究》，人民出版社2015年版，第39—47页。

论》中云："刘向又称荀卿善为易,其义亦见《非相》《大略》二篇。"[11](p.88) 荀子在《非十二子》中屡将子弓与孔子并称。有学者认为,荀子当为子弓一脉之嫡传,而将子弓视为传易之馯臂子弓,似可见荀子懂易。① 若不从师传角度,仅据《荀子》文本,亦可见荀子善易。如荀子云:"善为诗者不说,善为易者不占,善为礼者不相,其心同也。"(《大略》)很难想象,一个不懂诗、易、礼的学者,能够如此自信而精当地说出此等妙评。荀子懂诗、礼,传诗、礼,自不待言。其懂易、传易,亦无甚可怀疑之根据。传易、善易之荀子继承了儒家自孔子以来对占筮的消解理路,提出了"善为易者不占"(《大略》)这一前无古人、振聋发聩的伟大论断。与这一论断相联系的还有"以贤易不肖,不待卜而后知吉"(《大略》)。荀子之所以提出"善为易者不占",既是针对时人过于强调易的卜筮之用而发,又体现出其对易与卜筮关系的新诠解。

其二,"善为易者不占"的提出,明显针对的是当时"不善"为易者动辄以占卜预测吉凶的社会数术风气。荀子认为,要通透而完整地领会《周易》精神实质,不能仅仅停留在热衷于占卜的初级阶段,而要走出一条扬弃、超越之路。荀子深刻认识到仁德与智慧才是事情成败的决定性因素。精研深解《周易》者必具有仁智合一之大觉解,必对宇宙变化之规律、社会人生动变态势了然于胸,无须通过占卜臆测而获得关于现实而不是未来的知解。"善为易者不占"的理论威力巨大,理论批判与现实指斥性极强。占卜本与原始巫术一脉相承,荀子此论断明显是对巫史传统的拒斥与批判,是深具人文经典取向与实践理性路向的诠释与解读。

其三,因为"善为易者不占",所以荀子著述喜援引《易传》而不是《周易古经》。此彰显了荀子对《周易》解读倾向性,即不重占筮性之《周易古经》,而重义理性之《易传》。刘大钧先生在考证《易传》著作年代时,曾对荀子与《周易》的关系进行了考镜与析论,指出荀子熟读《彖》,引用《彖·咸》,且受到《系辞》的影响并发挥了其中的某些思想。同时,刘先生还指出了《文言》对荀子的直接影响,从而证明《易传》的主要篇章在荀子时代已经非常流行。[12](pp.10-11) 如果说《周易古经》更侧重占筮之用,那么《易传》则较侧重义理之诠。荀子明显地在这一思维向度影响下,进行理论拓展。荀子在引用《周易》时并不从其原本意义角度使用,而是从哲理角度进行发挥式解读,体现了荀子在《易传》经典化、权威化、理论化,以及在拓展易之诠释空间与向度的学术努力。

其四,"善为易者不占"背后的学术诠解理路是引易解礼、以礼解易与礼易

---

① 子弓是馯臂子弓,还是仲弓,学界看法不一。迄今为止,尚未形成统一意见。

互诠。众所周知,"礼"是荀子思想体系的枢机与关键。所谓荀子是礼,礼是荀子。《大略》中援引《咸》卦云:"易之咸,见夫妇。夫妇之道,不可不正也,君臣父子之本也。咸,感也,以高下下,以男下女,柔上而刚下。"结合此段具体语言情境,其上文讲到丧祭礼服,下文则提到聘士、亲迎,可以看出荀子援引之目的是以《咸》卦解夫妇之礼,对《咸》卦进行义理向度的阐发。在此可以明显看到,荀子以男女(阴阳)、刚柔、上下来解易,解夫妇之道、之礼。结合《荀子》"相阴阳""阴阳大化,风雨博施""志于阴阳者""阴阳之化,物之罕至者也""天地合而万物生,阴阳接而变化起"等关于"阴阳"的论述,可以体味出荀子对阴阳理论观照、批判与文化熔铸。如果将"刚柔""上下"看作"阴阳"同类型表达的话,那么荀子以阴阳解易之说呼之欲出。乃至秦始皇焚书坑儒,但不焚《周易》之原因可能也就不仅仅因其为卜筮之书,而且可能因《周易》属诸子百家通读之经典,而不专属于儒家。[13](p.44) 汉代五经博士设置之中将《周易》专属于儒家,这自然是后话了。

荀子修正《周易》词句以为"礼"之注脚。甚至《荀子》一书中便有与《周易》高度类似的词句。如《礼论》"天地以合,日月以明,四时以序,星辰以行,江河以流,万物以昌,好恶以节,喜怒以当,以为下则顺,以为上则明,万物变而不乱,贰之则丧也。礼岂不至矣哉!"这与《易·文言》"夫'大人'者与天地合其德,与日月合其明,与四时合其序,与鬼神合其吉凶,先天而天弗违,后天而奉天时。天且弗违,而况于人乎,况于鬼神乎"[14](p.56) 相似度极高。在这里,荀子对《文言》进行了部分修正、化用、扩充,将"礼之至"与"大人之德"进行了互换、互诠,既体现了荀子对《易》的礼义化诠解,又体现了他对礼文制度的重视远超对人内在德性的信任。

此外,荀子对《周易》的化用及诠释,尚可析论如下。

1. 物各从其类。荀子非常重视逻辑,发展出了"知通统类"的思想。其统类思想表现于各个层面,如言类、物类、儒分、推类等。其中在讲到物类之时,他两次讲到物各从其类:一是"物类之起,必有所始。……施薪若一,火就燥也;平地若一,水就湿也。草木畴生,禽兽群焉,物各从其类也"(《劝学》)。二是"均薪施火,火就燥;平地注水,水流湿。夫类之相从也"(《大略》)。此种表达当本于《文言·乾》:"同声相应,同气相求。水流湿,火就燥。云从龙,风从虎。圣人作而万物睹。本乎天者亲上,本乎地者亲下。则各从其类也。"[15](p.51)

2. 谨言慎行。儒家重视言行一致与知行合一。孔子有"敏于事而慎于言"[16](p.54) "先行其言而后从之"[17](p.58) "听其言而观其行"[18](p.77) 之说。荀子继承了这一思想传统。他指出:"庸言必信之,庸行必慎之。"(《不苟》)君子对待平常的话、平常的事也一定会小心谨慎，此语本自《文言·乾》"庸言之信，庸行之谨"[19](p.49)。

3. 安危、存亡、治乱的忧患意识。忧患意识本自《周易》，后成为儒家重要思想传统。荀子说："知者之举事也，满则虑嗛，平则虑险，安则虑危，曲重其豫，犹恐及其旤，是以百举而不陷也。"(《仲尼》) 明智之人办事，圆满之时想到不足，顺利时想到艰难，安全时想到危险，周到地从多方面加以防范，仍然怕遭到祸害，所以办了上百件事也不会失误。这与《易·系辞下》"是故君子安而不忘危，存而不忘亡，治而不忘乱，是以身安而国家可保也"[20](p.430)一语在思想层面高度一致。

4. "积"的思想。荀子高度重视"积"这一概念。"'积'之一字在《荀子》书中俯拾即是，约有87见。"[21](p.5)《周易》中有"积善之家""积小以高大""积中不败"等论述。荀子懂易、善易、传易、诠易、化用易之水平之高，可见一斑。

荀子对"占卜"的理性批判态度，既体现了占卜文化内在紧张而导致的"筮"与"德""智"之间何为先的问题，更包含荀子特别的理论观照。他特别重视"分"义，认为每种理论都具有一定范围的适应性，具有不可超越的畛域。换言之，当将理性交给理性，德性交给德性，占卜的交给占卜。荀子说："雩而雨，何也？曰：无何也，犹不雩而雨也。日月食而救之，天旱而雩，卜筮然后决大事，非以为得求也，以文之也。故君子以为文，而百姓以为神。以为文则吉，以为神则凶也。"(《天论》) 占卜已经完全没有"决大事"之用，仅处于虚位，成为在上位君子"文之"的工具，是神道设教式的教化工具而已。

四 荀子哲学的批判性之二：相术批判

相术是我国古代命理方术的一个分支，其主要以眼观目验为基本手段，以被观测对象的某些外在特征为理据，进行未来推测的方术。相术涵摄范围较广，概言之，大体包括相人与相物两大类。相物又包括相地形、相宅墓、相六畜、相物件等等。相人之术主要通过辨识人的面部五官、骨骼特征、体形特点等生理形态及神态、声气、举止等来推断寿夭、贵贱、祸福、吉凶的一种数术形态。后来相术与命理合流，成为品鉴人物的神秘主义标准。

相术据说源于三皇五帝时代。春秋战国时期的民众由于理性思维的匮乏以及对不可知之未来的浓厚兴趣，将命运的不确定性诉诸人之面相而形成了一股崇尚相术的风潮。相术理论在荀子时代可能尚未如后世之发达，但他已经敏锐地看到相术之危害。依荀子，相术属于应"非"之列，是"邪说""奸言""怪说""琦辞"，虽"持之有故""言之成理"，但足以"枭乱天下"。如孔繁《荀子评传》一书中专撰《批判骨相论》一节，指出荀子在骨相论问题上，摆脱了宿命论束缚，较东汉王充要先进、科学得多，已达到相当深刻的理论高度。[22](p.137) 诚哉斯言！

既然人之面相不可作为吉凶、妖祥的标准，那什么可以作为标准呢？荀子提出，"相形不如论心，论心不如择术"（《非相》）。相貌论人与思想行为论人哪一个更可靠呢？无疑，"形不胜心，心不胜术"（《非相》）。"论心""择术"意味着思想与行为才是评价人的客观标准。言论、思想、行为要"合先王""顺礼义"方可。高矮、大小、美丑只是自然外在的形体相貌，与人的"心"（思想）"术"（立身处世方法）并无直接关联性，必然与吉凶无涉。真正相关的是人本身：吉凶由人。人的相貌与礼义、德性无关，与是否为君子、小人无关。形体相貌丑陋而思想和立身处世方法若良善，绝不会妨碍他成为君子；形体相貌姣好而思想与立身处世方法若丑恶，亦不能掩饰他为小人。

何谓不祥？违反礼法才是真正的大不祥。故荀子《非相》篇①，批驳完相术，马上指出了"幼而不肯事长，贱而不肯事贵，不肖而不肯事贤，是人之三不祥也"（《非相》）。同时，他指出"人之三必穷"。荀子认为，君子、小人之别不在容貌，而在心、术。故荀子大谈术，提出"养心之术""谈说之术""恃宠、处位、终身不厌之术""兼术"等等。在某种意义上，这都是论心择术之术。后人不解，以为谈"术"与非相是不相干之两事，遂误认为《非相》篇后面几节内容是其他篇章窜乱所致。批判绝非目的，目的是提出化解之道。荀子对相术的批判不仅仅是解构，也有重构的理论努力。荀子提出要以论心、择术取代、化解之，只有思想层面的心与思想见之于行为方式的"术"，才与人的前途命运正相关。

人是社会性动物，礼义化生存是人之为人的宿命。荀子提出："虽王公士大夫之子孙，不能属于礼义，则归之庶人。虽庶人之子孙也，积文学，正身行，能属于礼义，则归之卿相士大夫。"（《王制》）依荀子，礼义成为区分社会层级地位的唯一根据。他提出"凡论者，贵其有辨合，有符验"（《性恶》），重视"辨合""符验"的客观标准。他提出"程以立数，礼以定伦，德以叙位，能以授官"（《致士》）的人才鉴别及任用的标准，即要根据"程""礼""德""能"来鉴别人才，"谪德而定次，量能而授官"（《正论》）。要按照德能兼观的标准，也就今人德才兼备标准来取舍人才。具体方法是，先按人的品德高低定品级、别地位，

---

① 《非相》是针对当时相人之术的专论。值得注意的是，除了相人，《儒效》篇还提到了相鸡狗。在对奸事、奸道进行批判时，荀子评价道："夫是之谓上愚，曾不如相鸡狗之可以为名也。"杨倞注曰："有惠施、邓析之名，尚不如相鸡狗之名。"参见王先谦《荀子集解》，中华书局2012年版，第124页。

再根据人的才能大小授予相应官职。

五 荀子哲学的批判性之三：巫术、鬼妖批判

（一）巫术批判

先秦文字史料已出现大量的"巫"。甲骨卜辞便是巫的占卜记录，自然有"巫"的身影出现。商代出现了名气很大的巫咸、巫彭。卜辞反映的是殷人观念系统中崇拜神秘力量与祖灵崇拜的混合思想。彼时于大旱时节，甚至要"焚巫觋"取悦神灵以祈雨，如焚尪求雨之事，在商代称为"烄"。[23](p.288) 甲骨文中的舞、权、烄是殷人求雨祭神的三种主要仪式。《左传·僖公二十一年》中载有鲁国君臣关于焚巫求雨的争论："夏，大旱。公欲焚巫、尪。臧文仲曰：'非旱备也。修城郭、贬食、省用、务穑、劝分，此其务也。巫、尪何为？天欲杀之，则如勿生；若能为旱，焚之滋甚。'"[24](pp.390-391) 最终，鲁僖公听从臧文仲的建议，放弃了焚巫行为。在先秦，焚巫与雩祭之礼均为求雨之法。如《礼记·祭法》云："雩宗（当为禜），祭水旱也。"[25](p.670)《论语·先进》"风乎舞雩"中所称之"舞雩"即是求雨之高台。

《墨子·非乐上》提到商汤时期《官刑》对"恒舞于宫"的"巫风"已有所打压。凡违反者，要受到相应刑罚处罚——"其刑，君子出丝二卫，小人否，似二伯黄径。"[26](pp.258-259) 另，《墨子·迎敌祠》有："灵巫或祷焉，给祷牲。"[27](p.574) 这是关于巫师通过"望气"参与迎敌战争的记载。《庄子·应帝王》提到了"郑有神巫曰季咸，知人之死生、存亡、祸福、寿夭，期以岁月旬日若神"[28](p.113)。可见，在战国古籍中，巫实为一常见的职事。古人对于神秘力量的畏惧和对超能力的崇拜，使得他们以积极的法术去争取，以消极的禁忌去规避。于是，巫术成为神秘力量的源泉。平心而论，巫术之所以"灵验"的原因不外是出于巫蓄意作伪、心理暗示、模糊解释等。

荀子对巫与巫术的批判，未专辟主题，未设立专门"战场"，而是渗透在《荀子》文本字里行间之中与言辞内外之际。

其一，荀子对巫群体，在言辞上的贬斥与不屑，体现其鲜明的取舍态度。荀子之前巫风较盛。如在论述官吏职责分类时，荀子提到"相阴阳，占祲兆，钻龟陈卦，主攘择五卜，知其吉凶妖祥，伛巫跛击之事也"（《王制》）。意思是，观察阴阳变化，窥探云气吉凶，钻龟占卜，用蓍草算卦，主管攘除不祥，择取吉事，预知吉凶灾祥，这是驼背的巫婆和瘸腿男觋的职责。其中的"跛击"之"击"杨倞读为"觋"，认为"古者以废疾之人主卜筮巫祝之事"[29](p.167)。伛巫、跛匡

形成对文，可知巫、匡为一类人。"跛匡"之"匡"杨倞读为"尪"，意为"废疾之人"。[30](p.317) 据陈来考证："文献记载夏代已有与巫相关的行为，《法目·重黎》：'姒氏治水土，而巫步多禹。'李轨注：'禹治水土，涉山川，病足，故行跛也，……而俗巫多效禹步。'"[31](pp.31-32) "禹步"之由来，可能是因为大禹治水劳累而致足跛，而夏代之巫多效法禹之步趋以自抬身价。后世之巫，多腿部有疾，多能行禹步。

其二，荀子对世俗之说的驳论中，从"智"的角度，对巫的所谓"才能"，进行了理论廓清。在驳斥"世俗之为说者曰：'桀、纣有天下，汤、武篡而夺之'"时，荀子认为，汤、武取得天下，桀、纣丧失天下，这一权力转移具有革命性与正当性。而不识时务的世俗之人却斤斤计较于名位，"譬之，是犹伛巫跛匡大自以为有知也"（《正论》）。之所以选择"伛巫"与"跛匡"为喻，因在荀子视域之中，这些人所言并非客观有效见解，只能归于被鄙视、抛弃的行列。

其三，荀子对俗儒的批判，捎带着对其从事巫与巫术的批判。有些俗儒因为有重新回到巫与巫术的倾向与行为，而让智性的荀子觉得此类儒者纯属开历史倒车，不得不起而驳斥之。如荀子评价子张一派儒者时云："弟佗其冠，衶禫其辞，禹行而舜趋，是子张氏之贱儒也。"（《非十二子》）"衶禫"向来难解，杨倞释为："冲淡，谓其言淡薄也。"[32](p.103) 傅山则认为："'禫字为除丧之祭之禫所专。凡从示者，皆有神意。'神'字亦恐为'神'字少讹。"[33](p.199) 而联系到前所述及"禹步"之意，"禹行而舜趋"之"禹行"不仅有圣人威仪意义，当亦有巫术方面的意义。

其四，荀子以天人相分的视角，以人的能动与天的被动来批判以求雨为代表的巫术活动。在荀子看来，巫术求雨行为实为可笑。水旱之灾本属自然现象，如禹时曾遇到九年之水，汤时遇到七年之旱。这种将水旱之事与政治联系的诠解，虽然可能还是给迷信让渡了些许空间，但也体现出荀子对人的主动性、能动性的彰显。正如学者指出的那样，"荀子学说可称为实用的理智的人为主义"[34](p.8)。荀子向来重视人的主动性与能动性，认为其可变化人之气质，化性起伪，改过迁善，使"涂之人可以为禹"（《性恶》）。荀子此卓识体现出，其对人的主观能动性的自信，对天人之职分的深刻体察，对古代天人关系认知的重大进展。

（二）鬼妖批判

鬼妖与巫术密切相连。自古及今，鬼是国人比较忌讳之物。鬼妖观念影响后世异常深远，如商代盛行鬼灵崇拜，治国理念可名之为鬼治主义。自周公制礼作乐以来，鬼神治国观念退居其次，礼乐教化成为治国圭臬。春秋时期曾出现过一股无神论思潮，然而思想解放是一个漫长而曲折的过程，故于先秦诸子典籍中可以看到信奉鬼神之事从未消歇。

诸子百家论鬼，皆不同。道家以道为先，以自然态度看待鬼神。如老子认为："以道莅天下，其鬼不神。"[35](p.298)庄子论鬼最是出神入化。他认为，鬼不是作为人的对立面而存在，反而成为人破除"魔障"的假借之物，所以《庄子》中有人与骷髅之间的精彩对话。子不语怪力乱神，当子路以鬼神之事问时，孔子自然采取存而不论的态度。悬置的处理方式在古代科学尚不昌明的时代不失为明智之举。孟子以浩然正气著称，其思想中虽潜存"神秘主义成分"[36](p.71)，但未谈及鬼神之事。《墨子·明鬼下》中讲到春秋战国之时民众普遍信奉鬼灵之事。如其提到载于周人史书的杜伯死后为鬼，报复周宣王之事，提到郑穆公白天见到人面鸟身的句芒神，提到庄子仪死后报复燕简公之事，提到载于宋人史书的祝史打死射姑之事，提到载于齐人史书的死羊复活，指出有罪之人等"鬼事"。[37](pp.222-232)当然此等事固然与墨子"明鬼"思想有关，但亦是当时信鬼社会风气的思想折射。

到了荀子所处的战国末期，鬼神莫测之事，信奉者有之。人神关系错位倒置之事，一仍其旧。荀子将鬼、妖之事脱去其神秘外衣，以客观态度去分析鬼、妖出现的真正原因，并从理论上对鬼神进行批驳，力图将其驱逐出人类思想观照视域，以图恢复正常的人神关系，凸显人的本真地位。

其一，荀子对鬼的批判，主要通过解蔽祛魅的方式来进行。解蔽的立意、指向与批判性同其途辙。某种意义上，鬼可能是人类主观臆想之蔽，可能是感觉错乱之蔽。荀子曾讲道，夏首南面一个名叫涓蜀梁的人，愚蠢而胆小，看到了自己影子以为是鬼，活活将自己吓死。这实在是一个可悲的故事。涓蜀梁之所以遇鬼，并不是鬼之实存，而在于此人"愚而善畏"，在于"凡人之有鬼也，必以其感忽之间，疑玄之时定之。此人之所以无有而有无之时也，而己以正事"（《解蔽》）。鬼的出现完全可以解蔽祛魅：要么因感觉、知觉的暂时性失灵，要么是间歇性遮蔽，导致对某客观事物的移位、错位，而使事物扭曲变形或失真的认知结果。正因为"鬼"在人心中的可恶性，荀子将"鬼"视为一贬义字以喻乱世君主。荀子云："污漫突盗以先之，权谋倾覆以示之，俳优、侏儒、妇女之请谒以悖之，使愚诏知，使不肖临贤，生民则致贫隘，使民则极劳苦"，所以"百姓贱之如佢，恶之如鬼。"（《王霸》）

其二，荀子对妖的批判，主要通过逻辑分析来进行。他将袄分为自然之袄与人事之袄。相对应地，分属于"可怪不可畏者"与"可怪亦可畏者"两个不同的层次。

荀子时代，祆（妖）尚未获得后世之人形，甚至在《说文解字》时代，亦未获人形。《说文解字》在解释"蠥"时提道："衣服歌谣草木之怪谓之祆（妖）。"[38](p.284)将打扮穿着怪异，所唱歌谣中有故意显示的那些隐喻之辞以及草木长势奇特等，统称为妖异之象。直到王充《论衡·订鬼》中，祆（妖）怪才开始有了后世之人形："性能变化，象人之形。"[39](p.817)先秦之祆（妖），多为反常现象的集合。

荀子将自然之祆定义为反常现象，物类反常的现象就是"祆"。此类现象必然有其现实原因，完全可以通过逻辑分析来得到合理化解释。自然之祆并不神秘，亦不可怕。类似星队、木鸣、牛马相生、万物之怪，皆是偶然的自然现象，属于"可怪不可畏者"。

人祆之事，非自然之事，是政令不明、举措不时、本事不理导致，完全能够避免者，属于"可怪亦可畏者"。荀子曰："其在君子，以为人道也；其在百姓，以为鬼事也。"（《礼论》）又云："礼义不修，内外无别，男女淫乱，则父子相疑，上下乖离，寇难并至，夫是之谓人祆。"（《天论》）此类祆（妖）事，与人有关，与天无涉，可以通过政治层面的合理施政避免之，从而减灭其存在空间。

另外，值得一提的是，荀子将对巫术、鬼妖批判与人类祭祀活动严格区割开来。所谓"祭者，志意思慕之情也"（《礼论》），所谓"君子以为文，而百姓以为神"，为了表达对逝去亲者的怀念，为了传统礼节习惯的需要，为了安抚百姓的情绪等，君子会举行类巫术的祭祀活动，甚至会举行巫术活动，但这并不是为了真的要求得鬼神庇佑，而是为了传达、文饰其重礼义的态度，或者神道设教需要。

结语

从荀子对数术的批判来看，其哲学内在的经验主义与理智主义品格表露无遗。荀子"怀将圣之心，蒙伴狂之色"（《尧问》），这位"满怀愤慨的哲学家，的确是单枪匹马，向整个混乱的思想界挑战。当他写下了几万言充满批评性的著作后，便默默无闻的老死于兰陵"[40](p.107)。荀子之死，标志着先秦思想黄金时代的结束。学术的批判才能导致批判的学术，而这正是构成先秦学术之所以成为中国学术史上一座不可逾越高峰的最重要原因。时至今日，对于荀子哲学的认知固然重要，对于荀子哲学内在真精神的"批判性"标识的认知及其学术精神的当代贯彻更为切要。

参考文献

[1] 杨伯峻.孟子译注[M].北京：中华书局，2019.

[2] 冯友兰.中国哲学史[M].上.上海：华东师范大学出版社，2000.

[3] 侯外庐.中国古代思想学说史[M].沈阳：辽宁教育出版社，1998.

[4] 韦政通.中国思想史[M].上.上海：上海书店出版社，2003.

[5][26][27][37] 孙诒让撰.孙启治点校.墨子间诂[M].北京：中华书局，2017.

[6] 李零.中国方术正考[M].北京：中华书局，2006.

[7][29][30][32] 王先谦.沈啸寰、王星贤点校.荀子集解[M].北京：中华书局，2012.

[8] 司马迁撰.裴骃集解.司马贞索隐.张守节正义.史记[M].北京：中华书局，2014.

[9] 劳舒编.雪克校.刘师培学术论著[M].杭州：浙江人民出版社，1998.

[10] 李零.中国方术续考[M].北京：中华书局，2006.

[11] 汪中.述学[M].北京：中华书局，1991.

[12] 刘大钧.周易概论（增补本）[M].成都：巴蜀书社，2010.

[13] 朱伯崑.易学哲学史（第一卷）[M].北京：昆仑出版社，2005.

[14][15][19][20] 高亨.周易大传今注[M].济南：齐鲁书社，1998.

[16][17][18] 朱熹.四书章句集注[M].北京：中华书局，2011.

[21] 姚海涛.荀子"积"的思想视界[J].江南大学学报（人文社会科学版）.2018,(1).

[22] 孔繁.荀子评传[M].南京：南京大学出版社，1997.

[23] 胡新生.中国古代巫术[M].北京：人民出版社，2010.

[24] 杨伯峻.春秋左传注（修订本）[M].北京：中华书局，2009.

[25] 王文锦.礼记译解[M].下.北京：中华书局，2001.

[28] 曹础基.庄子浅注[M].北京：中华书局，2000.

[31] 陈来.古代宗教与伦理：儒家思想的根源（增订本）[M].北京：北京大学出版社，2017.

[33] 董治安、郑杰文.荀子汇校汇注[M].济南：齐鲁书社，1997.

[34] 陈大齐.荀子学说[M].台北：中国文化大学出版部，1989.

[35] 陈鼓应.老子注译及评介[M].北京：中华书局，1984.

[36] 冯友兰.中国哲学简史[M] 天津：天津社会科学院出版社，2007.

[38] 许慎.说文解字[M].北京：中华书局，2013.

[39] 黄晖. 论衡校释 [M]. 下. 北京：中华书局，2018.
[40] 张起钧、吴怡. 中国哲学史话 [M]. 台北：三民书局，2018.

The critical characteristics of Xunzi's philosophy
An investigation centered on the critique of Art calculation

Abstract：Xunzi, as a master of the contention of a hundred schools of thought in pre-Qin Dynasty, has two sides of philosophy: criticality and casting. Among them, criticism has the priority of thinking and value, is the logical premise and theoretical background of his philosophy, and constitutes the important mark of Xunzi's philosophy. In a certain sense, Xunzi's philosophy is established on the basis of the criticism of "the others". The others include not only the Art calculation thoughts outside Confucianism, all classes of authors, but also the Confucian school of zisi-mencius. The criticism of Xunzi's philosophy is the manifestation and application of his empiricism and rationalism. Centering on the criticism of Art calculation, it can be seen that its criticism is embodied in divination, physiognomy, witchcraft, ghosts and demons and so on. The criticism of Xunzi's philosophy shows the bright characteristics of humanistic rationality, and the deep value rationality of Confucianism is hidden behind it. This is the essence of Xunzi as Confucianism and Xunzi as Xun Zi.

Keywords：Xun Zi; Critical; the Critique of Art Calculation; Humanistic Rational

【作者简介】姚海涛（1981-　），青岛城市学院马克思主义学院教授，主要从事中国哲学方面的研究，发表学术论文40余篇。

从宗教精神的证会到宗教
动力学的完成

——论孔子、子思与孟子的慎独之学 *

张晓林

【内容摘要】儒家的慎独之学，通过孔子、子思与孟子三个阶段的发展，彻底完成了其宗教形态。孔子证会了慎独之学之宗教内涵；子思开显了慎独之学之宗教境界；孟子为慎独之学宗教境界进行了形上奠基，从而最后完成了宗教动力学。由此，慎独之学作为一种理性宗教彻底证成。慎独并不只是道德的反省与自觉，必至于宗教的圣证与禅悦。

【关键词】慎独；宗教；动力学

一 前孔子时代的慎独精神

我们知道，《中庸》盛言慎独，但其实，中国传统中的慎独绝不是从子思开始的。中国文化是一种内省型文化，可以说，慎独是其基本精神价值特征。在作为中国文化源头的《周易》与《尚书》中都可发现慎独的影子。《周易》之"自强不息""厚德载物"与《尚书》之"与人不求备，检身若不及"（《伊训》），"天作孽，犹可违；自作孽，不可逭"（《太甲》中），都是让人慎独而使自己站立起来。而《尚书·大禹谟》"人心惟危，道心惟微，惟精惟一，允执厥中"之十六

---

* 本文为2022年度湖南省教育厅重点项目"先秦思想中的形而上学问题研究"及湘潭大学"儒家文明与现代化研究中心"的阶段性成果。

字心法，对于中国传统的慎独之学的义理开发尤大。朱子尝释之曰：

> 心之虚灵知觉，一而已矣。而以为有人心、道心之异者，则以其或生于形气之私，或原于性命之正，而所以为知觉者不同；是以或危殆而不安，或微妙而难见耳。然人莫不有是形，故虽上智不能无人心；亦莫不有是性，故虽下愚不能无道心。二者杂于方寸之间，而不知所以治之，则危者愈危，微者愈微，而天理之公卒无以胜夫人欲之私矣。精则察夫二者之间而不杂也，一则守其本心之正而不离也。从事于斯，无少间断，必使道心常为一身之主，而人心每听命焉，则危者安、微者著，而动静云为自无过不及之差矣。(《中庸章句序》)

朱子此处的解释，当然是依孔孟慎独之学的义理。这里明确告诉我们：无论是上智还是下愚之人，莫不固有人心（作为"感觉流"的我）与道心（作为超越的自我），只要作"精一"之存养工夫，二者就贯通如一；且道心是主宰者，人心是倾听与服从者。若果能如此，不但行为德性稳固无差，且人作为人实质地站立了起来。但十六字心法毕竟是工夫践履之指点语与体会语，圆融浑沦，若无上上根器或践行不力，往往不能得其义理之实而流于空泛。

至孔子、子思、孟子进一步向内开掘，内圣之义全开，则慎独之学始显豁而全尽矣。而三人之于慎独之学的开发亦各不同，孔子证会了慎独之学之宗教内涵，所谓"君子终日乾乾，对越上帝"者是；子思开显了慎独之学之宗教境界，所谓"赞天地之化育，与天地参"者是；孟子为慎独之学宗教境界进行了形上奠基，最后完成了宗教动力学，所谓"四端之心"固有、"尽心、知性而知天"者是。至此，先秦儒者的慎独之学作为一种理性宗教彻底证成。

二 孔子：证会慎独之学的宗教内涵

我们首要须指出的是，孔孟所开发的慎独之学绝不只是一种纯粹的道德哲学，乃是贯通天地人的宗教之学。黑格尔曾认为孔子及其传统只不过是"一些善良的、老练的、道德的教训，从里面我们不能获得什么特殊的东西"[1](p.119)。这当然是黑格尔极大的误解与傲慢。孔子及其传统中的慎独之学绝不只是世俗的道德劝诫，它有极高明的超越性而弥纶于天地人之间，成为一天人合一的文化基型。真正有觉悟与智慧者，一定能知其大义。是以马里坦说："无论他们的缺点和错误是什么，我们都没有在孔子的著作中发现纯自然的伦理学。"[2](p.149)"纯自然的伦理学"就是黑格尔所说的"一些善良的、老练的、道德的教训"，在马里坦那里并非好的意思，因为不能见其超越性与绝对性，故纯自然的道德并不能真正稳固地建立起来，因其总是处在相对性的论争之中。

我们先来诠释《论语》中的相关语句，看看孔子慎独之学的基本特征。孔子明言他"五十而知天命"（《论语·为政》），说明"知天命"是他作为人站立起来的根本因素，即人作为人而站立起来需要贯通一个超越的本体——天命，否则，人便不能站立起来。一个人如果在天命处站立了起来，他必然是自信的，因为他与世界协调了，即便外在的恶也不能消除他的这种自信。故孔子曰："天生德于予，桓魋其如予何？"（《论语·述而》）人站立起来而要与天相贯通，但天并非与人渺然无涉的外在存在，与天贯通首先意味着人与人自己协调。

> 子贡曰："夫子之文章，可得而闻也；夫子之言性与天道，不可得而闻也。"（《论语·公冶长》）

孔子之所以不言"天道"就是告诫我们要存养自己的性灵与超越的自我，不要徒劳地外在寻觅与探问。宋人刘敞有诗云：

> 天道与性命，圣人罕其言。七十岂常士，游夏终不闻。鞠躬慕仁义，或不免饥寒。奸雄何为者，往往为世贤。倘复有真宰，无用预其间。（《公是集》卷五《遣怀》其一）

仁义受饥寒，奸雄为世贤，这是世间常有的事。可见，人与世界协调一致是很难的。但只有人能存养真宰（超越的自我），而与之贯通一致，则不必计较世间事之不协调，所谓"无用预其间"也。刘敞这首《遣怀》诗无非告诉我们一个苏格拉底式的道理："我与整个世界相矛盾比我作为一而与我自己相矛盾要好。"[①]

存养真宰，以预天地，使人站立起来，这是孔子"知天命"向我们开示的道理，也是慎独之根本所在。下面这段话即明显地表达了这种意思：

> 子曰："予欲无言。"子贡曰："子如不言，则小子何述焉？"子曰："天何言哉？四时行焉，百物生焉，天何言哉？"（《论语·阳货》）

[①] 这是阿伦特对苏格拉底意思的概括。参见汉娜·阿伦特《反抗"平庸之恶"》，陈连营译，上海人民出版社2014年版，第149页。

若一个人能与超越的自我一致，则是知天，而天亦知他，二者互通而不必再言，人作为人便站立了起来。是以孔子曰："知我者，其天乎！"（《论语·宪问》）我们不妨再来看下面一段话：

> 子见南子，子路不说。夫子矢之曰："予所否者，天厌之！天厌之！"（《论语·雍也》）

南子乃淫荡之人，本应遭世界之唾弃，故孔子也不应该见她，这样，才与世界是协调的。但在孔子那里，是否与世界协调不是他首要关心的，是否与超越的自我贯通才是他关心的，而一旦能做到此，则一定会得到天的理解。于是，孔子才自信地说："予所否者，天厌之！天厌之！"

由此，我们可知，在孔子那里有且必有一个超越的实体在，祂不仅是道德之为道德的形上本体，且是人之为人的根本依归。只不过，这一切端赖慎独之存养工夫，外此，皆虚而不实。孔子告诫我们要"修己以敬"（《论语·宪问》），存养且敬畏那个超越的自我。可惜一般人难以知此大义，"由！知德者鲜矣"（《论语·卫灵公》）。若不能存养且敬畏那个超越的自我，徒依据外在的戒律与教诲，不过是道听途说，故孔子曰："道听而涂说，德之弃也。"（《论语·阳货》）这恰恰背离且毁弃了道德。在这里，我们可进一步说明，孔子绝不是一个无神论者。世人常以"子不语怪，力，乱，神"（《论语·述而》）一句来证明孔子不信神灵，乃至超越者对于儒学来说是不重要的。其实，这是极大的误解。我们且来看宋儒陆象山对此语的诠释：

> "子不语怪力乱神。"夫子只是不语，非谓无也。若力与乱，分明是有，神怪岂独无之？（《陆九渊集》语录上）

若我们承认"力"与"乱"有，然孔子不语，何以必谓"神"无而孔子不信耶？孔子之所以"不语"神，乃因为神不可对象化而以言语说之，唯在慎独的工夫中领悟与感通。若慎独之工夫亡有徒言语以资诵说，不过空华外道也。由此，孔子复告诫我们曰："敬鬼神而远之，可谓知矣。"（《论语·雍也》）此一"远"字亦常被世人解读为孔子不信神之标志。然明明有"敬鬼神"三字，若根本不信鬼神，焉用敬？既如此，说明鬼神之实有，且须敬畏。然"远"字何意耶？"远"字意谓：神非外在于自家生命之存在，我们可在慎独工夫中以超越的自我与之贯通，此即为"敬"也；外此之匍匐膜拜，皆是对神的伪事奉而不敬，智者不为也。

正因为孔子强调慎独,故其学生多能内省而慎独。曾子曰:"吾日三省吾身:为人谋而不忠乎?与朋友交而不信乎?传不习乎?"(《论语·学而》)依据朱子的解释,"尽己之谓忠","有诸己之谓信"。这里的"己"是指超越的自我。故"忠"与"信"并不是与"人"或"朋友"一致,乃是我与超越的自我一致。这样,"习"也不是依据外在的经典所传去做,而是我与超越的自我一致。子夏曰:"博学而笃志,切问而近思,仁在其中矣。"(《论语·子张》)这里的问题是:"问"什么呢?"思"什么呢?我们必须明白,这里有一个"切"字与一个"近"字。这意味着,"问"与"思"不是去探问与思考一些玄远的问题,而是切近自己,看自己是否与超越的自我一致;"切近"并不是指距离的近,而是当身参悟。这正是慎独之精神与确义。

至此,我们可以归结曰:慎独是孔子内圣之学的根本,但孔子之讲慎独并不只是为了讲道德,更是为了讲宗教,因为孔子之慎独中开启了超越域。若超越域之不能见,则不但不能讲宗教,甚至连道德也不能稳定住而落空。故慎独不但成就了道德,亦成就了宗教。此二者成为孔子之后儒家慎独之学的根本大义与内涵。

三　子思:开显慎独之学的宗教境界

迨及子思,则盛言慎独大义,而演成《中庸》一文,由此文,我们即可概见子思对慎独的宗教内涵之阐发。其经文首章云:

> 天命之谓性,率性之谓道,修道之谓教。道也者,不可须臾离也,可离非道也。是故君子戒慎乎其所不睹,恐惧乎其所不闻。莫见乎隐,莫显乎微,故君子慎其独也。喜怒哀乐之未发,谓之中;发而皆中节,谓之和。中也者,天下之大本也;和也者,天下之达道也。致中和,天地位焉,万物育焉。

"天命"下降而为人之性,故人性有其固有的超越性或神性,此为先天而必然的。依此性而为就是道;教人依此性而为就是修道,这也是真正的教。故修道与教是一个意思,且具有宗教性。质言之,修道是自修,教亦是自教。是以《白虎通义·辟雍》云:"学之为言觉也。"自修与自教即是慎独之学。子思之所以如此论人性,乃希望把肉体的人与超越的实体接通,且这种接通有其人性的根基,于是,为人作为一种宗教性存在,找到了动力源。只是,子思并没有着重去开发这个动力源,而是绍述"中""庸"与"诚"这种宗教性的精神内涵。开发动力源的工作,则留给孟子来完成。

慎独并非指一种独处的时间性,慎独意味着人无时无刻不在戒备恐惧之中,警醒自己不能离开那个超越的自我（即"天命之谓性"的那个"性"），人须安居于此。故云："道也者，不可须臾离也，可离非道也。"也就是孔子所说的"君子无终食之间违仁，造次必于是，颠沛必于是"（《论语·里仁》）。一旦人与超越的自我一致，必有五柳先生之境界，其诗云："结庐在人境，而无车马喧。问君何能尔？心远地自偏。"（陶渊明：《饮酒》其五）慎独者必至于此境，而与人声之鼎沸、车马之喧闹何干耶？然而，超越的自我常常是"隐"而"微"，常难以觉知，是以子贡感叹"性与天道不可得而闻也"。这样，常人一般以外在的见闻为务，而不能见、亦不能闻这个超越的自我，故子思告诫我们要"戒慎乎其所不睹，恐惧乎其所不闻"，即在"隐"处与"微"处多用心。这也就是《大学》所说的"诚意"。何谓"意"？刘蕺山曰："动之微而有主者，意也，心官之真宅也。"（《刘子全书》卷七《原旨·原心》）故"诚意"意味着人始终保持在"隐微"之时与超越的自我一致而不放失。人一旦于"隐微"处用心而不放失，必能发明那个超越的自我而与之一致，慎独之功成矣。"喜怒哀乐之未发"就是处在慎独之时，此即是"中"，故"中"即慎独也，并非"未发"之时为"中"。慎独即是"中"，无所谓"未发""已发"也。"未发"固可为"中"，"已发"亦可为"中"也。

于是，在这里有必要诠释一下"中庸"二字的意思。我们一般取程子的意思："不偏之谓中，不易之谓庸。"（《二程遗书》卷七）"不易"就是说"中"这个道理是不可变易的。所以，朱子直接以"平常"（《朱子语类》卷六十二）来解释"庸"。基于此，北溪先生曰："文公解'庸'为平常，非于'中'之外复有所谓庸，只是这'中'底发出于外，无过不及。"（陈淳：《北溪字义》卷下"中庸"）可见，"庸"并没有特别的意义，只是为了说明"中"之大义的永恒且简易。那么，"中"何意耶？"不偏之谓中"，我们常把此理解为"事为"上的恰到好处。若如此，则"中"乃"已发"也，与经文"喜怒哀乐之未发，谓之中"之大旨相违背。但程子又有"中也者，言寂然不动者也"（《二程遗书》卷二十五）之说，既言"寂然不动"，则"中"一定不是在"事为"上说。故"不偏"乃是指人安居于本体之中而无所他务。是以朱子曰："存养是静工夫，静时是中，以其无过不及、无所偏倚也。"（《朱子语类》卷六十三）显然，朱子以为"无过不及、无所偏倚"乃是指人存养而定驻于本体言。简言之，"中"即"无过不及、无所偏倚"乃指慎独而言，即人与超越的自我一致而言，非人与外在的人事和世界而言。但"不偏不倚"亦可在"事为"上言，这就是《中庸》所说的"时中"。"君子之中庸也，君子而时中。"故定宇先生曰："不偏不倚，未发之中，以心论者也，中之体也。无过不及，时中之中，以事论者也，心之用也。"（见丘濬：《大学衍义补》卷七十七）可见，"中"可由本体之存养工夫上言，亦可以在"事为"上言。朱子曰：

然所以能时中者，盖有那未发之中在，所以先开说未发之中，然后又说君子之时中。(《朱子语类》卷六十二)

尽管"中"可两说，但本体之"中"乃是事为之"中"的精神根基，不然，事为之"中"即不可能。《中庸》谓"小人之中庸也，小人而无忌惮也"。若仅从事为上讲，小人也可以达到中庸，但因为他们没有本体上之"中"，即便事为上暂时达到了"中"，亦"无忌惮"也。但小人之"无忌惮"并非指事为上，乃指"小人不知天命而不畏也，狎大人，侮圣人之言"(《论语·卫灵公》)，即本体上的无敬畏也。从事为上讲，小人必依据策略有所忌惮而希冀其为恶而不受惩罚，所谓"小人行险以侥幸"(《中庸》)也。

结言之，《中庸》一书盛发"中"之大义，要在强调本体上的慎独工夫也。只有一个能慎独的人，才能做到"发而皆中节"，此即是"时中"，亦即是"和"。"和"并不只是事为上的恰到好处，更意味着与世界及万物和谐与感通，但只有一个能慎独的人才能做到此点。所以，"中"即慎独是本，而"和"是其效用。但"和"有两点大义，其一，事为上合乎道德规则；其二，必贯通天地，而至于"天地位，万物育"的宗教境界。

先看第一点。只有能作笃实存养工夫的人，在道德上才是坚定如一，无有他务的，且能做到"时中"。《中庸》引孔子之言曰："回之为人也，择乎中庸，得一善则拳拳服膺而弗失之矣。"又，《论语·雍也》谓："回也，其心三月不违仁，其余则日月至焉而已矣。"颜回之所以在道德上如此坚定，没有动摇，当然与其慎独之工夫有关。子曰："贤哉，回也！一箪食，一瓢饮，在陋巷。人不堪其忧，回也不改其乐。贤哉，回也！"(《论语·雍也》)一个没有慎独工夫的人是很难安贫乐道而忍受生活之贫穷的。"君子依乎中庸，遁世不见知而不悔，唯圣者能之。""遁世不见知而不悔"岂非言慎独而处陋巷中之颜回乎？孔门弟子，唯颜子一人耳。故慎独确乎其难也。然其难非难在外在的物欲引力太大，乃在超越的自我不能显现，徒留一个空虚的个体，当然就只依靠外在的什物来填补。简言之，没有慎独工夫而让质的个人[①]站立起来，则必不能如颜子般安贫乐道。

[①] "质的个人"是与"量的个人"相对的概念，由笔者所提出。质的个人，一方面成就了个人的德性；另一方面，涵容了真正的社群；而更重要的是，质的个人还呼应超越实体而养成人的宗教性存在，从而在人生的终极意义与目的上给予指引。而量的个人，一方面可极端的自由、自我；另一方面这种自由与自我又不能站立起来，而须走向群体，不然，个人即走向孤僻、空虚与无聊。由量的个人走向群体虽然具有一定的容融性，可暂时克服个人的孤僻、空虚与无聊，但因这种群体纯粹由外在的个人在数量上的捆绑而成，而非质的涵养而得，故这种群体之于社会有相当的危险性。现代社会诸多的公共安全事件，即由这样的量的个人所造成。

"君子素其位而行，不愿乎其外。素富贵，行乎富贵；素贫贱，行乎贫贱；素夷狄，行乎夷狄；素患难，行乎患难：君子无入而不自得焉。"所谓素者，安其位而行其当为而乐之谓也。但若无笃实的慎独工夫，安能至此。"君子居易以俟命"，此即谓慎独乃人之当为，至于结果如何，我们当"不怨天，不尤人"，而安之若命。既然道德就是与超越的自我一致，那么，道德其实是很简单的，"不勉而中，不思而得，从容中道"而已。这是每个人都可证会且实有所得的。这种证会一旦发用出来，就能做到"时中"。"舜其大知也与！舜好问而好察迩言，隐恶而扬善，执其两端，用其中于民，其斯以为舜乎！"此即谓舜"时中"之德也。

但人在道德上坚定如一，始终与超越的自我贯通一致，这还只是道德之当身，即人道，《中庸》名之曰"诚"。《中庸》二十章以后，即盛言"诚"。"诚"即是慎独。只不过，慎独乃名词地静态地言之，"诚"乃工夫地动态地言之。人一旦能"诚"，即确然地与超越的自我一致，那么，其境界绝不只限于道德之当身，一定贯通天道而至于宗教境界。故《中庸》云：

> 诚者，天之道也。诚之者，人之道也。

"诚"，即与超越之本体一致，此即是天之道，即天道的内在要求，故曰"诚者，天之道也"。但这种要求靠什么来体现印证呢？唯人能之。故曰"诚之者，人之道也"。人何以能体现印证呼应天道呢？因为人自身有贯通印证之性与能。故又曰："自诚明，谓之性。自明诚，谓之教。"前者，由本体说工夫，即人既有此性（超越的自我）必有此"明"；后者，由工夫说本体，即人既有此"明"，必能贯通印证本体。理论地言之，本体在前，工夫在后；实践地言之，本体即是工夫，工夫亦是本体，并无先后也。故曰："诚则明矣，明则诚矣。"一旦工夫与本体尽其极，则必至于宗教境界。《中庸》云：

> 诚者，非自成己而已也，所以成物也。成己，仁也；成物，知也。性之德也，合外内之道也。

人与超越的自我贯通一致，并不只是为了成就自己，更是为了成就世界万物。这个超越的自我一定是合内外而言之的。下面一段话即生动地描述了由此而成的宗教境界：

> 唯天下至诚，为能尽其性；能尽其性；则能尽人之性；能尽人之性，则能尽物之性；能尽物之性，则可以赞天地之化育；可以赞天地之化育，则可以与天地参矣。

"至诚"即与超越的自我一致，方能"尽其性"。所谓"尽其性"就是展现人之为人之确义，就是让质的个人站立起来。若人能展现人之为人的确义，那么，物之为物之确义，世界之为世界之确义一齐朗现。即物之为物站立了起来，世界之为世界亦随之站立了起来。此即"赞天地之化育"也。这不是科学意义上的物与世界，而是宗教意义上的物与世界。在宗教意义上的物与世界没有朗现之前，不但物与世界没有来到本质，人亦根本没有来到本质。故宗教境界或宗教精神根本不是宗教信仰之事，而是教育之分内事，因为若教育不能至于此，则人不能安居于本质而回家，教育实无所成，甚至可能是有害的。正是在这个意义上，才能臻于美国哲学家兼教育学家怀德海的教育理念——"教育的本质在于：它是宗教性的。"[3](p.23) 儒学在教化之存养工夫中承担了信仰之事，故看起来儒学似乎不是宗教，实则乃最根本的宗教。

至《中庸》，儒家慎独之学之理境（工夫践履境界）基本已全部透显出来。第二十九章云：

> 故君子之道，本诸身，征诸庶民，考诸三王而不缪，建诸天地而不悖，质诸鬼神而无疑，百世以俟圣人而不惑。质诸鬼神而无疑，知天也；百世以俟圣人而不惑，知人也。

"君子之道，本诸身"，即指慎独虽是人与超越的自我一致，但其道决不限于此，必至于天、地、人、神威临之共域。程子曰："《中庸》之言，放之则弥六合，卷之则退藏于密。"（《二程遗书》卷十一）"退藏于密"乃针对慎独言，"弥六合"乃就天、地、人、神言。这是慎独之圆成境界。刘宗周曰：

> 慎独是学问第一义。言慎独而身、心、意、知、家、国、天下，一齐俱到。故在《大学》为格物下手处，在《中庸》为上达天德，统宗彻上彻下之道也。（《刘子遗书》卷四）

所谓"彻上彻下"即天、地、人、神之圆成。这种圆成境界在色彩上言，乃平淡简远的。《中庸》第三十三章云：

《诗》曰:"衣锦尚䌹,恶其文之著也。故君子之道,暗然而日章;小人之道,的然而日亡。君子之道:淡而不厌,简而文,温而理。"

君子内着锦衣而外在却朴素,以喻人有繁复艰苦的慎独工夫于其内,但其外表却温和平淡,此正与小人之"巧言令色"迥异也。

这种圆成境界在声臭上言,乃无声无臭的。《中庸》第三十三章云:

《诗》曰:"予怀明德,不大声以色。"子曰:"声色之于以化民,末也。"《诗》曰:"德辅如毛,毛犹有伦";"上天之载,无声无臭",至矣!

此正是"各正性命"之自然,物各付物,决无人私意的造作与穿凿。亦应证了孔子"天何言哉?四时行焉,百物生焉"之境界。

再进一步说,此种圆成境界亦是《大学》中的"止于至善"之"至善"境界,然其始于"明明德"之慎独,乃不可疑者。《大学》言"毋自欺也""自谦",皆为慎独义,不能慎独犹如康德所说的自己对自己撒谎,是以又言"人之视己,如见其肺肝然,则何益矣!此谓诚于中,形于外,故君子必慎其独也"。

慎独之理境虽可如上而说之,但慎独之工夫却没有穷尽。故曰:"君子之道费而隐。夫妇之愚,可以与知焉;及其至也,虽圣人亦有所不知焉。夫妇之不肖,可以能行焉;及其至也,虽圣人亦有所不能焉。天地之大也,人犹有所憾。""费而隐"即是指慎独工夫之广大而精微,愚夫愚妇皆能有所潜存,但若就最高境界而言,即便是圣人亦不能尽之。所以,现实上人于此总是有所遗憾的。《大学》言"苟日新,日日新,又日新",即意味着慎独之工夫无有穷尽也。

四 孟子:为慎独之学的宗教境界奠基,完成宗教动力学

儒家慎独之学的工夫践履理境虽至《中庸》已全尽透显出来,但作为一种"学"却还没有完成,还需进一步的探索,以奠定其形上根基,使其成为真正的理性宗教。至孟子,慎独之学作为"学"(理性哲学)才告完成,其作为宗教之"教"亦臻于圆满。《中庸》的这种工夫践履境界依朱子的理解,乃"工夫密,规模大"(《朱子语类》卷十四),以至于朱子感叹"初学者未当理会"(《朱子语类》卷六十二)。何也?因践履不足,生命无灵觉而动转,不但不能证会那主观之境界,于客观之义理亦多茫然。孟子在此基础上做"十字打开"的工作,则慎

独之学之义理"更无隐遁"矣(《象山语录》卷一)。故由子思到孟子,渐由实践的"行"之形态转化为了哲学的"知"的形态,然对于慎独之学的义理开发而言,此为一步必要之坎陷也。

慎独虽然是中国哲学中的概念,但在西方哲学上,哲学家常雅言人须通达"超越的自我""看不见的主体",这亦是慎独的义理表达。但"超越的自我""看不见的主体"到底是什么?即"超越的自我"或"看不见的主体"是否为人之生命中的一种质实存在,通过涵养工夫即可证会之,朗现之?这在西方哲学传统中都是不得决定的,人们往往以为这些不过是一种哲学上的假设。① 在中国传统中,孔子、子思虽然对慎独之学做了实践的证会,至矣尽矣,蔑以加矣。但这种实践的根基何在?在哲学上并未作分解的展示,以奠定其形上基础。既如此,人们多以为慎独乃个人实践之事,而不具有作为"学"的普遍性。孟子出,不但要奠定慎独的形上基础,证成慎独之学的普遍性,而且要在此基础上说明慎独之实践人人可能。

孟子与其门徒公都子有一段对话:

> 公都子问曰:"钧是人也,或为大人,或为小人,何也?"孟子曰:"从其大体为大人,从其小体为小人。"曰:"钧是人也,或从其大体,或从其小体,何也?"曰:"耳目之官不思,而蔽于物。物交物,则引之而已矣。心之官则思;思则得之,不思则不得也。此天之所与我者,先立乎其大者,则其小者不能夺也。此为大人而已矣。"(《孟子·告子上》)

人为什么有大人与小人的区分呢?依孟子的解释,若人能顺从生命中之大体,就是大人;若人只能顺从生命中之小体,那自然就是小人。可见,大体与小体皆为人之生命所固有。那么,什么是大体呢?就是四端之心。什么是小体呢?就是耳目之官。耳目之官只是一系列的感觉,它们只能被动地接受外在之物,既而随之而走。故曰"蔽于物","物交物,则引之而已矣"。若人对于"我"的认知只停留于此,则"我"亦不过是休谟所说的感觉流。这种人只寄居在感觉与经验的世界里,而不能作超越的开辟,故曰"小人"。"小"者,限于感觉经验世界之谓也。而感觉经验世界总是一变化流,由此,不但道德不能稳固,"我"亦随之流变而不能贞定,故是"寄居"而不能"安居"也。但作为四端之心的大体则不同,其基本作用不是被动地接受感性材料,而是主动的"思"。"思"不只是思

---

① "看不见的主体"出自马里坦《存在与存在者》;"超越的自我"出自阿伦特《反抗"平庸之恶"》。

考之意，更有觉解、感通之意。祂是一主动的大能，有力量超越小体的限制而开辟生命自身的超越领域，以使人成为大人。孟子告诉我们，这个大体是"天之所与我者"，即人人先天所固有的，非经验习得的。故孟子曰："无恻隐之心，非人也；无羞恶之心，非人也；无辞让之心，非人也；无是非之心，非人也。"（《孟子·公孙丑上》）若无恻隐、羞恶、辞让、是非这四端之心，则根本不可能是人。这意味着，只要是人，必有四端之心，此为先天地固有。所谓"非由外铄我也，我固有之也，弗思耳矣"（《孟子·告子上》）。这里的"思"是慎独存养工夫之谓。孟子又曰：

《诗》曰："天生烝民，有物有则。民之秉彝，好是懿德。"孔子曰："为此诗者，其知道乎！故有物必有则，民之秉彝也，故好是懿德。"（《孟子·告子上》）

万物皆有一个使其站立起来而标识其身份的规则。那么，使人使其站立起来而标识其身份的规则是什么呢？就是四端之心。正因为人先天秉有四端之心（秉彝），所以才喜好且稳定住了道德。若不然，道德根本不可能。可见，四端之心乃道德可能的先天根据。然而，四端之心作为人生命固有之大体，绝不只是道德可能之先天根据，更是感通万有与神灵的形上根基。故孟子曰："尽其心者，知其性也。知其性，则知天矣。""万物皆备于我矣，反身而诚，乐莫大焉。"（《孟子·尽心上》）王阳明在此基础上亦曰："人人自有定盘针，万化根源总在心。"（《王阳明全集》卷二十《咏良知》）"定盘针"是说道德问题，"万化根源"是说宇宙论问题。这意味着，四端之心作为人之大体，不但是道德可能之根基，更是宇宙论的根基。由此，我们可以结之曰：四端之心就是那"超越的自我"，人若能觉悟而与之一致，就是一"二而一"的存在，且使道德得以可能，质的个人由此而站立起来；同时，四端之心又是绝对的大主，感通万有与神灵，从而使世界站立了起来。所以，在中国传统中，四端之心绝不只是限于道德的意义，必上升至于宗教的意义。中国传统中固雅言"天"与"神"，但却不外在地虚悬地讲，而是内在的感通地讲，其依据就在四端之心。由此，开启了天道与性命相贯通的文化基型，天人合一的宗教范式。

四端之心作为人之大体，自身即具道德与宇宙之根基的潜能与大德。王阳明曰：

大人者，以天地万物为一体者也。其视天下犹一家，中国犹一人焉。

若夫间形骸而分尔我者，小人矣。大人之能以天地万物为一体也，非意之也，其心之仁本若是，其与天地万物而为一也。岂惟大人，虽小人之心亦莫不然。彼顾自小耳。……是乃根于天命之性，而自然灵昭不昧者也。（《王阳明全集·大学问》）

我们若能尽四端之心的性德，不但能与自己协调，亦可与人协调，复可与万物及世界协调。亦即是，尽己而至于尽人、尽物，最后赞天地之化育。四端之心人人固有，若人自认其为人，则必有此"自然灵昭不昧者"在焉。若能尽其性德，则自然至于"中国犹一人，天下犹一家，万物为一体"之境界，非有意求之，乃性分之自然所成也。所谓"君子所性，虽大行不加焉，虽穷居不损焉，分定故也"（《孟子·尽心上》）。小人"间形骸而分尔我"，不能到此境界，何以故？非无四端之心之大体也，不能慎独存养而尽其性德也。这样，存养而尽大体之性德，乃慎独之学的根本所在。孟子谓其"四十不动心"，"善养浩然之气"，且其气"塞于天地之间"（《孟子·公孙丑上》），皆是就大体之存养与性德而言。若果能存养而尽其性德，则必如孟子所言："君子深造之以道，欲其自得之也。自得之则居之安，居之安则资之深，资之深则取之左右逢其原。故君子欲其自得之也。"（《孟子·离娄下》）"自得"就是存养大体，由此，则人自然安居于世界。何谓安居？人与世界俱来到本质而回家，此即是"左右逢其原"之意也。子贡谓孔子"立之斯立，道之斯行，绥之斯来，动之斯和"（《论语·子张》），孔子若不是存养大体而使人与世界来到本质，焉能如此之"左右逢其原"耶？

孟子指出四端之心作为大体人人固有，奠定了慎独之学的普遍可能性，从而也为慎独之存养实践进行了形上奠基。同时，四端之心作为人固有的能力，亦是接通超越实体的根本保证，是开显人的宗教性的动力源。慎独之学的理论架构至此而完成，也意味着慎独之学乃是一种宗教动力学。至此，慎独之学作为一种理性宗教最终证成，而与历史性的宗教区以别。历史性的宗教多在外在的祈祷仪式中事奉绝对，以便邀恩，免不了妄想与狂热参入其间，而理性宗教因有心性之根基，其动力由内而发，故简易而有力，且免除了宗教的妄想与狂热。正是在这个意义上，我们说儒学貌似不像宗教，实则是最根本的宗教。

五　秦汉之后的儒者对慎独之教的探索

慎独，不但是道德的根基，而且成为贯通天地人之根基，即它不但成就了道德，而且成就了宗教。这样，慎独就成了中国传统学问与教育的中心，以至于梁漱溟先生曰："儒家之学只是一个慎独。"[4](p.130) "古之学者为己，今之学者为人。"

(《论语·宪问》)"学问之道无他,求其放心而已矣。"(《孟子·告子上》)都是对慎独的强调与表达。所谓"为己"就是慎独而使质的个人站立起来;所谓"求放心"就是回到慎独之根基——四端之心——那里去,但人要站立起来,必须贯通天地,不徒"求放心"即可也。不然,人即成为孤悬之人,不能站立。量的个人就是这种孤悬之人。老子曰:"道大,天大,地大,人亦大。域中有四大,而人居其一焉。"(《老子》第二十五章)这意味着,人要站立起来,必须在四域(道、天、地、人)之共处之中始为可能。"求放心"必须至此境界,若尽其极,亦必能至此境界,这是慎独之学的大义所在。"下学而上达"(《论语·宪问》),正是要标明此学之义理关怀也。若我们认可康德所说的"拥有宗教是人对自己的义务"[5](p.455),而康德之所以如此说,乃因为所谓宗教就是把道德法则作为神的诫命来执行,以奠定道德的纯粹性与持久性。故若道德不至于宗教,则我们不知道道德究竟是什么,同时,在道德上也不会有持久的坚持。那么,慎独不但是一种存养工夫,且根本上是人的一种义务,因唯有慎独才可上达宗教,进而使人成为圆满的质的存在。

但先秦慎独之学在秦汉以后的传播过程中亦有一个发展过程,即慎独之教有一个逐步完善的历程。在汉唐经学家那里,慎独不过是独处时的谨防,尚是一种纯粹的个人道德完善。郑玄在注解"君子慎其独"时云:"慎独者,慎其闲居之所为。小人于隐者,动作言语自以为不见睹不见闻,则肆尽其情也。"(《礼记注疏》卷五十二)这是提醒我们,独处时人们容易放肆纵情,故一个真正修德的君子即使此时也不应该放纵而妄为。对慎独的这种理解一直到唐代未有改变。孔颖达解"君子慎其独"时云:"以其隐微之处,恐其罪恶彰显,故君子之人恒慎其独居,虽曰独居,能谨守其道也。"(《礼记注疏》卷五十二)显然,慎独在此依然是独处时的防微杜渐。应该说,汉唐经学家对于慎独的解释,在道德修行上是非常重要的,但仅限于此,则不能尽慎独之教的大义,因为质的个人不能站立起来,以致这种道德上的谨防可能最终难以坚持贯彻。迨及宋代,在理学家那里,慎独之教的这种缺陷才得以克服。朱子在解《大学·诚意》章时曰:"独者,人所不知而己所独知之地。"(《四书章句集注》)显然,慎独已不只是独处时的谨防,而是指作为质的个人可领悟之地,是以"这'独'也不是恁地独时"(《四书章句集注·中庸(首章)》)。总的来说,到宋明儒那里,慎独是人上达于天的必然通道与路径,也是人得以站立起来的必然通道与路径。是以刘宗周曰:"不慎独,如何识得天命之性?"(《刘子遗书》卷二)慎独之教至此方尽其大义而完成。简言之,慎独之教若是人的教育,则必应至于超越的"天"处方能尽其道,不然,即不能达成其目标,人亦站立不起来。明儒章本清曰:

> 天人一道也。天道固人道所自来，而尽人正以全其天也。苟天道不明，徒欲致其迈往之力，譬之幼离乡井，长欲返之，使不知父母居止所在，遑遑然日奔走长途，无益也。（《图书编》卷十五《性道教》）

这足以说明，宋明儒已深刻地体会到了天是人作为人而站立起来的根本依据与保障，而要体悟其中的大义，只能在慎独之教中。

慎独本是一种修行工夫，故须教人向内用力，若此之不足，一切皆虚。这是儒家慎独之教的根本关怀所在。故程明道曰："只心便是天。尽之便知性，知性便知天，当处便认取，更不可外求。"（《二程遗书》卷二上）正因为儒家慎独之教的根本用力处在心，一般人却误以为可拉掉超越的天。然明道既言"知"天，则表示天别有所在，非直接等同于心也。明道此语只是告诫我们不能不尽心慎独而外在模拟地知天耳。须知，慎独之教的根本虽在尽心存性，然万不可拉掉天之超越性，不然，即可能使慎独没入狂荡之深渊。泰州学派即有此病，以情识为尽心，纵欲为存性。此正慎独之学之反动也。故天为慎独之学不可少者。然若慎独工夫无有，仅外在模拟地言天，亦是虚拟之天，非天之实义也，故儒家慎言天。但对于初学者而言，不知天之大义而天人上下贯通，亦很难深入慎独之学的境界。是以对于慎独之教来说，天之大义乃首先须申述者；不然，慎独之学即不成其为慎独之学，因不能开宗教之维度也。这意味着，慎独并不只是道德的反省与自觉，必至于宗教的圣证与禅悦。

参考文献

[1] 黑格尔.哲学史讲演录：第一卷［M］.贺麟、王太庆译.北京：商务印书馆.1996.

[2] 马里坦.道德哲学论（选录）［M］.载陈麟书、田海华《重读马里坦》.成都：四川人民出版社.1997.

[3] Whitehead, Alfred North, *The Aims of Education and Other Essays*, New York: The Macmillan Company, 1959.

[4] 梁漱溟.人心与人生［M］.上海：上海人民出版社.2005年版.

[5] 康德.道德形而上学［M］.张荣、李秋零译.载李秋零主编.康德著作全集：第6卷.北京：中国人民大学出版社.2007.

From the Realization of Religious Spirit to the Completion of Religious Dynamics
——On Confucius, Zi Si and Mencius' Doctrine of Shendu（慎独）

Abstract: Through the development of Confucius, Zisi and Mencius, the Confucian doctrine of Shendu completed its religious form thoroughly. Confucius experienced the religious connotation of the Doctrine of Shendu. Zisi opened the religious realm of the Doctrine of Shendu; Mencius laid a metaphysical foundation for the Doctrine of the religious realm of Shendu, and finally completed the religious dynamics. Thus, the Doctrine of Shendu as a rational religion has been thoroughly proved. Shendu is not only moral reflection and self-consciousness, but also religious meditation and joy.

Key words: *Shendu*; Religion; Dynamics

【作者简介】张晓林（1968- ），湖北大冶人，哲学博士，现为湘潭大学碧泉书院哲学系教授，博士生导师，主要研究方向为中国哲学。

全球伦理：论中国道德教育的出路*

俞懿娴

【内容摘要】 21世纪的世界文明，在科技持续进步、国际经贸体系为骨干的全球化运动、社会多元化，以及大众思维与行动后现代化的主导下，给当前道德教育带来严重的挑战。科技以控制自然、征服自然为目的，以"功效"为成败标准，导致历史人文思维凋零，自然生态环境受到剥削与破坏。其次以传播消费文化为主轴的全球化运动，造成各民族固有文化的式微。个人主义、拜金主义、享乐主义泛滥，衍生出各种个人和群体的心理病态。最后，现代社会强调多元、容忍，造成价值中立和道德混淆；而"解构的后现代"思潮正是否定一切观念、理想、价值、意义的虚无主义。受到世界文明的负面影响，中国道德教育究竟如何突破困境？本文试图从全球伦理的观点，思考可能的出路。

【关键词】 全球伦理；全球责任；道德教育；教育哲学；机体哲学；怀特海；格里芬

> 故圣人耐以天下为一家，以中国为一人者，非意之也。必知其情，辟于其义，明于其利，达于其患，然后能为之。（《礼记·礼运篇》）

一 当代文化与中国道德教育的困境

中国是拥有五千年历史、世界上最多人口的文明古国。经近三十年来急速发展，于2010年成为世界第二大经济体，且有望于未来成为世界第一大经济体。在全球局势中，可谓佔有举足轻重的地位。基于这个前提，中国道德教育的成

---

* 本文改写自2016年山东曲阜师范大学举办的"当代道德教育的困境与出路"高峰论坛所发表之论文。

败,不仅直接影响到中华民族的兴衰荣辱,且间接决定了世界文明的前景。

随着科学持续进步,在全球化(globalization)① 运动、多元社会以及解构后现代主义(deconstructive postmodernism)等趋势的主导下,中国传统道德教育的理念与实务,均遭到极大的挑战。首先科学的目的原在认识自然真理,但是以科学为基础而发展的科技却以控制自然、征服自然为目的。科学真理的规准是"事实"(matters of fact),科技成败的标准是"功效"(efficiency),历史人文、道德价值全然不在科技的考量之内,导致历史人文思维的凋零式微,而自然环境与生态也遭到严重剥削和破坏。反映在道德教育上,无论是对传统人道思想的尊重,还是对自然生态的敬畏,在当代文化的氛围中都显得十分薄弱。

其次以跨国企业、国际贸易、传播消费文化为主轴的全球化运动,表面上宣扬的是无国界的现代经济生活,实质上是西方文明借着资本主义制度对世界其他文化的深层入侵。稍微夸大地说,经济的全球化运动是以资本主义的"消费文化殖民",取代19世纪西方对非西方世界的"武力殖民",其结果造成各民族固有文化的式微,转而认同西方世俗的流行文化。这世俗文化充满个人主义(individualism)、拜金主义(fetishism)、享乐主义(hedonism)、消费主义(consumerism)的色彩,从而衍生出各种个人与群体的心理病态。诚如古语云"饱暖思淫欲",在社会经济繁荣的情况下,人心径自趋向暴力与色情。加上资讯革命,使得过去许多实质的劳动工作,都被虚拟的资讯产业所取代,而电脑资讯深入每个人的生活;举凡学习、工作、沟通、娱乐无不透过虚拟的资讯世界进行,致使芸芸学子几不知"电脑空间"(cyberspace)之外,另有真实的世界。在真实世界中的人际关系疏离,在虚拟世界的人际关系则混乱不稳定。这些情境,皆令当前道德教育的负担更为沉重,其收效则甚微。

三者,现代社会强调多元,唯法是尚,主张价值中立,不免将道德化约到法治的层次,连带造成价值混淆的后果。而"解构的"后现代思潮,原出于对现代

---

① "全球化"意指某地、某社会的思想、信仰、艺能、生活方式、社会风习、经济政治制度等,超越国界地传播到其他各地。历史上主要的全球化运动可说有四:一是在古代,中国四大发明罗盘、火药、造纸、印刷术曾普及世界;另佛教、基督教、回教等信仰的传播,也是一种"全球化"。二是17世纪欧洲科学兴起以来,带动非西方国家在知识文化、社会政治、经济生产和宗教信仰上竞作追求全盘西化的运动,也就是韦伯(Max Weber)所说的"现代化"(modernization):以工业化、科技化、资本主义化和民主化为主要特色。三是20世纪反资本主义、马克思(Karl Marx)的共产主义世界革命,造成第二次世界大战后许多国家的共产化。四是在现代科技(尤其是通信、交通、资讯、传播方面的科技)和跨国企业经营的影响下,全球各地几乎形成了一个高度同质性生活文化的"全球社会"(global society)——地球村。这一波的"全球化"成为现代生活的普及法则(universal logic),可以将之视为与历史传统切割、使日常生活意义空洞化的后现代文明。

化（modernization/modernity）思潮的反动①，但过分地强调人性之中非理性和潜意识的部分，否定传统的自然理性，质疑科技的工具理性，终而使它沦为否定一切观念、理想、价值、意义的虚无主义（nihilism）。在这种风潮的引领下，无论中西，对传统道德教育造成的冲击都是最大的。道德教育的本质原在引导学习者正确地认识什么是善？什么是价值的标准（the standard of value）？何者是人所当为？在各种情境下，如何做出正确合理的道德判断？可说道德教育必然预设了"善的价值"。一旦善的价值动摇了、模糊了，道德教育也就岌岌可危。

二 全球伦理与中华传统天下思想

面对上述道德教育的困境，我们可以采取"微观的"（microscopic）和"巨观的"（macroscopic）两种观点。就微观角度，道德上的善与恶，从有人类以来，就一直和人性交织着。不可否认的，人性之中本有自私、愚昧、贪婪、残忍、腐化、嫉妒、仇恨等趋向邪恶的弱点。②因此无论在哪种环境，邪恶和愚昧的行为，总是不可避免的。如此针对人性的弱点实施道德教育，不期全无，但求减至最少，是所有理性文明最重要的传统。就巨观的角度，人类文明史上，从未如当代一般，透过资讯科技、媒体传播、交通运输等工具，以教育、经济、贸易、金融、政治、军事、外交、医疗、卫生、宗教、艺术、知识分享等方式彼此交流，将世界快速地联结在一起，形成一个关系紧密的"地球村"（global village）。这极其复杂的全球互动，使"地球村"上的所有个体与群体，均涉及前所未有的伦理与道德问题，包括全球贫富差距（global apartheid）、金融风暴、气候异常（climate change）、环境污染、食品风险、全球疾病、生态破坏、资源垄断、人力剥削、军事冲突、恐怖主义、国际犯罪、超强霸道（hegemony）、宗

---

① 有关"现代化"和"现代性"（modernity）的概念，可参见德国社会学家马克斯·韦伯（Max Weber）的著作。韦伯原本从事经济历史的研究，却因对西方"现代化"经济、社会与宗教分析，成为当代极具影响力的社会学家。他认为建立在科学与技术基础之上的现代西方工业化资本主义(industrial capitalism)，是人类文明全面"理性化"的过程。现代文明的全面理性化可见于理性的、系统化的专门知识、由受过训练的专家担任官僚体制的职务、由法律程序成立的政府组织根据理性立法施政、理性化的经济活动，包括对票券市场的理性评估、自由劳力的理性组织、由市场力量决定获利机会、中产阶级兴起、理性化的经济行政与立法、乃至于社会福利的法理制度等。韦伯所描述的"理性"，将"理性"视为算计的工具，故可称之为"工具理性"（Zweckrationalitat）。Max Weber, "The Origins of Industrial Capitalism in Europe", W. G. Runciman ed., *Weber Selection in Translation*, translated by Eric Matthews , London: Cambridge University Press, 1978, pp.331-340; Max Weber, *The Protestant Ethic and the Spirit of Capitalism*, translated by Talcott Parsons, New York: Charles Scribner's Sons, 1958, pp.23-26.

② 在中国，荀子有"人性本恶，其善者伪也"的说法，见《荀子·性恶篇》。在西方，自从达尔文（Charles Darwin 1809-1882）提出演化论（Evolution Theory）之后，人类便被视为由基因创造出来的动物机器（animal machine）。这基因的本质便是自私；成功的基因必须有无情的自私，在演化上才能胜出。参见 Richard Dawkins, *The Selfish Gene*, Oxford: Oxford University Press, 1989。

教迫害、区域战争、难民问题、太空竞赛、核武禁限（nuclear disarmament）、资讯滥用等。近年来西方有识之士有鉴于问题日趋严峻，因而提出"全球伦理"（Global Ethics）的概念。[1] 以今日中国所处的世界形势，微观的道德教育实务，必须作为巨观道德教育策略的支柱基石；但巨观的道德教育策略，也必须作为微观的道德教育实务的指导原理。如此相互为用，道德教育才有突破当前困境的可能性。这里讨论的"全球伦理"，可说是一巨观的策略。

在西方"全球伦理"的概念，最早由瑞士罗马天主教的神学家、德国明斯特大学（the University of Münster, 1959–1960）、图宾根大学（the University of Tübingen, 1960–1996）汉斯孔格教授（Professor Hans Küng）1990年于《全球责任感》（Global Responsibility:In Search of a New World Ethics）中所提出。[1] (p.11) 他主张如果世界宗教能反省其中的共同伦理元素：对于重要价值、不变的标准和人格态度的基本共识，将可为人类和平作贡献。据此，他提出"全球伦理"的基本信念包括：一、民族之间的和平，必须建立在宗教之间的和平上；二、宗教之间的和平，必须建立在宗教之间的对话上；三、宗教之间的对话，必须建立在宗教基础的研究上。基于孔格在宗教之间基础的研究，1993年由芝加哥世界宗教会议（Parliament of the World's Religions in Chicago）通过了《朝向全球伦理宣言》（"Declaration towards a Global Ethic"），提出四项承诺。世界宗教将致力于追求：一是非暴力和尊重生命的文化——和平与自然；二是团结和具有经济正义秩序的文化——爱与正义；三是宽容的文化和追求生命的真实性——宽容与求真；四是人人权利平等和男女合作的文化——平等与平权。[2]

历经二千余年来宗教冲突的惨痛经验，西方宗教和伦理学家终于在二十余年前确定了爱、和平、正义、宽容、责任是普世价值。可说在追求世界宗教和平的脉络下，才产生了"全球伦理"的概念。但在中国，相同的理念可谓古已有之。古诗有云："普天之下，莫非王土。率土之滨，莫非王臣。"（《左传·昭公七年》）当然这里的"天下"无宁有王权至上的意味，加上当时的环境，并未涉及中国以外的世界，和"全球"的概念不可谓相当。不过孔子于《礼记·礼运篇》曾说："故圣人耐以天下为一家，以中国为一人者，非意之也。必知其情，辟于其义，

---

[1] Kimberly Hutchings, *Global Ethics An Introduction*, Cambridge: Polity Press, 2010, p.1. "全球伦理"一般是指因全球相关互赖而导致世界性问题的理论研究，如同"医疗伦理"（Medical Ethics）、"专业伦理"（Professional Ethics）、"环境伦理"（Environmental Ethics），是应用伦理学（Applied Ethics）的一支。但在本文，"全球伦理"不仅是理论研究的领域，且是规范全球个体与社群、追求共同之善（the common good）的原理法则。

[2] 参见 http://www.religioustolerance.org/parliame.htm。该宣言已经过全球143位宗教领袖（含道教）共同签字同意。

明于其利，达于其患，然后能为之。"意谓圣人所以能将普天之下视为一个家庭，将中国视为这大家庭的一分子，并非出于无端想象，或者一厢情愿，乃是出于圣人的同情理解。对于他人或者另一国家，知道其所处之情况、所面临的问题，且能洞悉其所作所为之利弊得失，而思有以救助之，使其成为国际社会中一健全之分子。这可说是世界上最早具备"全球意识"的宣言。①

当代中国哲学家程石泉据以论陈，国际社会健全发展的必要条件为：一至少具备最低生活水准，衣食不虞匮乏；二居处卫生，医药保健，公共交通工具，必须充足供应；三人人接受义务教育，教育之内容除听说读写算外，应提高其道德情操及推理论事之能力；四经由教育及社会组织，鼓励人爱家、爱乡、爱国、爱人类、爱护环境，明其为人之责任之所在，防止其作奸犯科，愚昧迷信，破坏环境。[2](p.20) 由是可见，孔子的"天下"不仅可以和西方的"全球"概念相当，其中强调人与人、国与国之间的相处之道，重在真情实意、互信互助，则犹有过之。

事实上，孔子最著名的"天下"概念，还是见于《礼运·大同篇》"世界大同"的理想。孔子有言："大道之行也，天下为公。选贤与能，讲信修睦。故人不独亲其亲，不独子其子。使老有所终，壮有所用，幼有所长。鳏、寡、孤、独、废疾者皆有所养。男有分，女有归。货恶其弃于地也，不必藏于己。力恶其不出于身也，不必为己。是故谋闭而不兴，盗窃乱贼而不作，故外户而不闭，是谓大同。"这大同之世描绘一至公无私、尚贤、仁爱、正义、福利、互助、和谐的社会，较之孔格倡议的《朝向全球伦理宣言》，不遑多让。

除了孔子的天下概念，中国古代对于国际之间相处的原则，还有"王道"的理念。这可见于《尚书·洪范》第五"建用皇极"：箕子的"洪范九畴"，即在推行王道政治。其中言："无偏无陂，遵王之义，无有作好，遵王之道；无有作恶，遵王之路。无偏无党，王道荡荡。无党无偏，王道平平。无反无侧，王道正直。"所谓"王道荡荡"，即指政府对内对外要能宽宏大量，包容异己。"王道平平"，即指推行王道的国家必须看待人人一律平等，不许有特权阶级的存在。"王道正直"，指公正不枉，合乎公共福祉的裁判与措施，即社会正义。其余如《尚书·尧典》言尧"协和万邦"，《舜典》言"远柔能迩，蛮夷率服"，《大禹谟》言"诞敷文德，舞干羽于两阶，七旬有苗格"，周穆王时祭公谋父则倡"耀德不观

---

① 大约与孔子同时，古希腊哲学家柏拉图（Plato, 428-348B.C.）曾提出"理想国"（The Republic）的蓝图。柏拉图心目中的"理想国"，是以雅典城邦的社会阶级（领导阶级、军人阶级和百工阶级）为范型，所规划出不同阶级各安其分、各守其职、正义和谐的社会，其规模要较孔子的天下观为小。古希腊人要到了斯多噶学派（the Stoics），才有世界公民（world-citizenship）的主张。

兵"(《国语·周语》),孔子言:"故远人不服,则修文德以来之。"(《论语·季氏》)孟子言"仁者无敌",又曰:"以力假仁者霸,霸必有大国。以德行仁者王,王不待大。以力服人者非心服也,力不赡也。以德服人者,中心悦而诚服也。"(《孟子·公孙丑上》)上述皆在强调以和平仁德感召他国,避免凡事诉诸武力,才能使人心悦诚服。由此可见,早在两千余年之前,中国人便已建立非暴力、仁爱、宽容、公平、正义的国际伦理。

三 落实"全球伦理"的可能性——格里芬的建议:

"全球伦理"如果只是作为应用伦理学研究的领域,或者一套道德劝说的口号,那又如何落实？美国历程哲学家和神学家,也是《建构的后现代主义奠基者》(Founders of Constructive Postmodern Philosophy)一书编著者大卫·格里芬(David Griffin)在2007年发表的"创化、神与全球伦理"("Creativity, God and Global Ethics")一文[3],提出要想解决全球问题,必须建立具全球性公权力的全球政府(Global Government)的主张。格里芬指出目前全球政治结构里,没有任何强权可以得到授权处理整个地球的问题,致使全球问题无法得到解决。例如:有关生态危机的警告已有四十多年的历史了,但这期间事态只有恶化,并未获得改善。尤其是全球暖化(global warming)的问题,气候变化国际顾问小组(International Panel on Climate Change)在1988年成立,但截至目前,各国政府几乎没有采取任何行动来因应这严重的警告①。在过去三百年,国际曾一再组织消弭战争的机构,化解国与国之间的纷争。然而全球军事化的趋势,却是前所未有地严重。霸权主义、全球贫富差距、恐怖主义和核子威胁等问题日益严重,也没有获得真正的改善,如同一个国家的问题如果没有中央政府便无法解决,全球的问题如果没有一个全球政府也无法解决。格里芬因而主张成立行政、立法、司法三权分立的全球政府,接受严格的管控,以避免金钱腐化民主,且有强力法律保护的独立媒体,独立于任何组织和政府。其基本功能在强化全球人权,以保障在地球上的每个人都能享有基本人权,如得到食物和饮水的权利,以及不受虐待的权利。[4](pp.27-28)

格里芬所提出有公权力的全球政府,其基本构想仍是西方三权分立的民主体制,且不论此一体制是否有其绝对普适性,即便这样的体制要比其他形式的全球

---

① 在此文发表后,全球195个国家曾于2015年11月30日至12月14日,在法国举行巴黎全球气候高峰会(The 21st session of the Conference of the Parties Climate Change Summit in Paris),并且签订不含中止使用石化燃料的减碳排放协议书。

政府，能更有效地解决全球问题，在实务上也有其不可能性——全球政府的公权力难以取得自全球公民、全球政府的设置难以超越特定强权的控制、严格的全球三权制度难有效能、全球政府的干预难与各国政府的主权相容等。原则上，成立全球政府的主张，乃是相信强大政治力是解决问题的唯一途径。然西方已成立过国际联盟和联合国等组织，迄今皆未见成效，如何叠床架屋，成立全球政府，便可奏效？由此可见仅靠政治力，实不足以解决全球问题。

四 格里芬"全球伦理"可能性的哲学分析

格里芬成立全球政府之议虽未必可取，但他对于"全球伦理"可能性的哲学分析，仍值得参酌。他认为建立全球政府必须以"全球伦理"作为后盾，如果"全球伦理"是不可能的，那么全球政府就更不可能。"全球伦理"作为应用伦理学的一支，究竟有何哲学可以作为它的支撑？根据格里芬的分析，传统西方道德实在论（moral realism）主张道德价值规范存在于事物的性质之中，即所谓本有价值（intrinsic value）①。古希腊哲学家柏拉图便持该主张，肯定理想形式（eidos, idea/form）——理型（价值标准）的存在。不过如果真有超越现行世界的"理型"存在，那它存在于何处？又如何作用于现行世界？柏拉图主张理型自存于理型界，亚里士多德（Aristotle, 384-322 B.C.）则主张抽象的"理型"仅能存在于具体的、现实的事物之中，不能脱离现行世界。中世纪基督教的柏拉图主义者（Medieval Christian Platonists）则主张"理型"存在于"神的心中"；"理型"本身不能直接作用于现行世界，但在神的心中，便能透过神产生作用。中世纪思想家以此解释数学原理何以能普遍应用于自然世界，而道德规范当如同数学一般，在人心上产生烙印。[5](pp.31-32)。然而"道德实在论"为了追求价值标准的客观存在，将价值实体化或转存于神的心中，此说与人的自然经验不符，是以无法作为"全球伦理"的支撑。

其次，格里芬接着评论，现代科学观以自然由物质（matter）构成，是一唯物论（materialism）；其运动变化受到机械物理法则的支配，是一机械决定论（mechanical determinism）。根据这两种理论，自然本身只是个事实，没有目的、意义和价值。这以"物质—能量"作为宇宙终极真际的世界观，也是一种虚无主义。它否认道德规范是宇宙构成的一部分，同时也斩断了传统文化道德生活"应

---

① 另根据布林克（David O. Brink）的定义，道德实在论即在主张有客观的道德事实和道德宣称，独立于有关对错的个别信念之外。David O. Brink, *Moral Realism and the Foundations of Ethics*, Cambridge, Cambridge University Press, 1989, p.7.

然"（what ought to be）和"实然"（what is）之间的强大联系。基于对"神圣真际"（divine reality）的信念，传统人们肯定"实然"之中自有"应然"（如古人相信"天行健，君子以自强不息"；"举头三尺有神明"等）。但自从苏格兰怀疑论者休谟（David Hume, 1711-1776），基于科学世界观，否认"应然"可由"实然"导出时，伦理学便和"神圣真际"的信念脱钩，再也不能为道德生活提供动机和理由。[6](pp.31-32)① 如此，科学自然主义和唯物论也无法作为"全球伦理"的哲学支撑。

同理，格里芬指出，由此延伸，剑桥大学道德哲学教授威廉斯（Bernard Williams）事实上是一位分析哲学家——在其《伦理学与哲学的限制》（*Ethics and the Limits of Philosophy*）一书中说道德"[不]能被哲学证实"（morality "can[not] be justified by philosophy"）。他认为只要有无道德主义者（the amoralist）、相对论者（the relativist）提出"有什么理由我们应当有道德？"这样的问题时，即使我们提得出哲学的证明，也无法说服他们[7](pp.32-34)。② 这类思潮不仅排斥有神论，而且排斥目的论，因而得出"道德规范不是构成宇宙的一部分"的结论。他们认为不能说从宇宙的观点看来，有道德是重要的。因为"对宇宙而言，……什么都不重要"。如此[分析]哲学家也无法主张人们应当有道德，不要自私自利。

格里芬同样看出，除了科学唯物论，主张批判理论（critical theory）的德国哲学家哈贝马斯（Jürgen Habermas, 1929-　）同样无法接受有神论或者"神圣真际"的信念。哈贝马斯认为现代化导致"世界除魅化"（disenchantment of the world），我们所需要的是"后形而上的"（post-metaphysical）道德———一种"脱离宗教和形而上脉络的道德"。不过这样的哲学可以解释怎样是有道德的，却不能提供"为什么我们应当有道德、这有关动机问题的答案"。"如果没有上帝，我们不能保住无条件的意义（unconditional meaning）"，"所以哲学不能说在我们的道德生活中，有着无可比拟的重要性"。[8](p.34)[9](p.39) 哈贝马斯因而主张，基于人类的文明已从传统转换到现代，原来作为道德枢纽理性自律的个人，实际上与社会政治结构有着更密切地交互作用。因此道德，与其说立基于具有反省力的理性主体，毋宁说是具有批判力的"对话个体"（dialogical individual），透过沟通言

---

① 休谟《人性论》一书提出"实然"和"应然"，David Hume, *A Treatise of Human Nature, Part I. Book III. Of Morals*, ed., L. A. Selby-Bigge, Oxford: Clarendon Press, 1978, pp. 464-470。
② 威廉斯站在分析哲学的立场，认为哲学不足以回答道德所要求的何者为善？人当如何为？这样重大的问题。他的立场可说承续了英国休谟传统（the Humean tradition）的怀疑论（skepticism）。David Hume, *A Treatise of Human Nature, Part I. Book III. Of Morals*, ed., L. A. Selby-Bigge, Oxford: Clarendon Press, 1978, pp.1-3.

说的公共论理（public discourse）所成就的实践行动。①

如此无论是科学的自然主义，还是社会的批判理论，皆无法作为"全球伦理"的基础。格里芬于是建议以怀特海（Alfred North Whitehead, 1861-1947）的历程哲学（process philosophy）或机体哲学（the philosophy of organism），作为"全球伦理"的哲学依据。历程哲学不同于传统有神论，它否定有"从无中生有"、创造宇宙的超越上帝。[10](pp.36-37) "上帝"和"世界"同生共死，并没有"一个超卓实在、全能地支配一个全然衍生而出的世界"。因此上帝不能片面地决定世界上的事；构成世界有限实在（the finite actualities）的，事实上是一"创化"（creativity）的具体化，而非超自然神行的奇迹。在将"创化"界定为终极的理念时，怀特海说："在所有的哲学理论里，有一终极（the ultimate）因其偶性（accident）而实现。在机体哲学里，这终极被名为'创化'。"[11](p. 21) 于是"创化"作为具体化于所有实现事物的终极真际，从神到人的刹那经验，到最基本的次原子事件，一切都是主动的，均同具"创化"的特征。同时，这里也有目的论，怀特海说："我们有理想的经验；对于理想（ideals）的感受，以理想为目的，达成理想，以及理想的毁损（ideals defaced）等等经验"，并说："这便是宇宙神祇的经验（the experience of the deity of the universe）。"[12](p.39)[13](p.103) 如此他一面放弃了超自然的有神论，肯定宇宙创化生生；一面将人的理想经验视为神圣经验，可说与中国人本主义和自然之道的宇宙观颇为相契。因此我们可以同意格里芬的看法：怀特海的学说既不违背人的自然经验，也维护了目的论和"神圣真际"的信念，足以作为"全球伦理"的哲学基础。我们也可以将这建立在机体哲学的伦理学，称为"机体伦理学"（Organic Ethics）。

---

① Jürgen Habermas, *Justification and Application: Remarks on Discourse Ethics*, trans., Ciaran Cronin, pp. 1-16. 哈贝马斯在该书也提出"论理伦理学"（Discourse Ethics）的概念。当代西方规范伦理学（Normative Ethics）——与后设伦理学（Meta-Ethics）和德行伦理学（Virtue Ethics）相对，包含"功利论伦理学"（Utilitarian Ethics）、"契约论伦理学"（Contractualist Ethics），以及"义务论伦理学"（Deontological Ethics）。而哈贝马斯提出"论理伦理学"，正是为了批判前三者个人主义和工具理性的预设。各种伦理学（除后设伦理学外，以分析善的概念和伦理语句为主），皆寻求如何建立道德伦理之善的规准：功利论伦理学以趋乐避苦为原则，将"善"建立在个人或集体的行动是否产生"最大多数人得到最大快乐"和"利益"（utility）的基础上，故也称为"后果论"（Consequentialism）；"契约论伦理学"将最重要的社会道德"正义"建立在具有平等权利个体的同意（consensus）——"社会契约"（social contract）上；"义务论伦理学"将道德义务和对错建立在绝对定言的规约（absolute and categorical prescriptions）上，根据这学说，人是能自为律法（self-legislating）、自律的（autonomous）道德主体，只要是出于遵守道德律则动机的行动，便是对的。"论理伦理学"则将道德上的"对"建立在沟通行动和理性（communicative action and reason）的基础上，并主张将一切与世界有关的（经验的、逻辑的或形而上的）宣称，建立在沟通的程序——论理上。参见 Kimberly Hutchings, *Global Ethics An Introduction*, pp. 28-47。

五 落实"全球伦理"的道德教育

由上可知,当代西方人已确切感受到落实"全球伦理"的迫切性。不过究竟如何落实?又有何种哲学可予支撑?都成了重大的问题。在缺乏中国人本主义和有机宇宙观的情况下,他们很难提出不受到宗教影响的哲学支撑。虽然怀特海已提出了最接近中国思想的机体哲学,但其中仍然不免宗教神学的成分。如果西方人能更清楚的认识中国哲学的传统,当可轻易地发现中国人本主义和宇宙观(如《易·系辞传》所说的"三才之道"),最宜作为"全球伦理"的哲学支撑。

"全球伦理"作为巨观的道德教育策略,可指导微观的道德教育实务,而微观的实务,也一定是落实巨观策略的方法。这在中国古代最明显可见于《礼记·大学篇》所说:"大学之道,在明明德,在亲民,在止于至善。……古之欲明明德于天下者,先治其国。欲治其国者,先齐其家。欲齐其家者,先修其身。欲修其身者,先正其心。欲正其心者,先诚其意。欲诚其意者,先致其知。致知在格物,物格而后知至。……所谓平天下在治其国者,上老老而民兴孝,上长长而民兴弟,上恤孤而民不倍,是以君子有絜矩之道也。所恶于上毋以使下,所恶于下毋以事上,所恶于前毋以先后,所恶于后毋以从前,所恶于右毋以交于左,所恶于左毋以交于右,此之谓絜矩之道。""亲民""止于至善""平天下"皆是巨观的教育策略,而"明德""格致诚正修齐治"可说便是这巨观策略下的微观实务。文中首先肯定道德的起点,正落实在具有反省力、有品德、理性自律的主体上。[①]这主体不只顾到自己,且扩而充之,顾及社会人群。而这一切,都建立在至善的价值基础上。如此由个体而家庭,由家庭而社会,由社会而国家,由国家而达到平天下的最终鹄的。

《大学》所言,由己及人,由近及远。在个人重视修身之道,在天下采取絜矩之道,可谓是以微观实务落实巨观策略、亘古不变的原则。将之置于"全球伦理"的脉络中,道德教育的实务首重培养个人道德意识与责任感,使其具备仁、诚、信、勇、智、义、廉、俭、勤、朴、理性、正直、善良等人格品质。

---

① 这里所谓"有反省力、有品德、理性自律的主体",和当代德行伦理学以及德国哲学家康德(Immanuel Kant, 1724-1804)所主张的观点最为接近。德行伦理学主张德行(virtue)是具备"实践智慧"(phronesis)的美善人格,康德则以人是理性自律的道德行动者(moral agent)。所不同者,德行伦理学的"实践智慧"通常被视是"理智德行"(intellectual virtue)的一支,偏向心灵的认知功能,不如中国有品德的主体,情理兼具。至于康德站在先验哲学(transcendental philosophy)的立场,主张任何道德实践全然出于纯粹形式律则的规范,与经验无涉。这与中国的道德自律的概念,建立在自然经验——也就是对于自然律则的认识上(如老子所说"人法地、地法天、天法道、道法自然",《道德经》第二十五章),是经验与理性的综合,也颇为不同。

其二，重视"家庭伦理"，基于夫妻父母子女之间的亲情伦常，培养具备慈孝、友爱、忠贞、节俭、互敬、互助、具责任感等品德的家庭一分子，以期享有家庭幸福。其三，重视学校、职业、社会伦理，养成具备友善、正义、公平、正直、尊重、宽容、合作、诚信、负责任、守纪律等品德的社会善良分子，以积极参与建构和谐的社会。其四，重视国家伦理，以自由、平等、法治、民主、人权、福利为基础，养成忠勇爱国、守法重纪、爱物惜物的善良国民，以期国家富强康乐。如此基于个人品德、家庭伦理、社会伦理、国家伦理，方可论及"全球伦理"。

这由近及远，推己及人的原则，却是西方讨论"全球伦理"学者感到陌生的，他们或许认为"修齐治平"未必能导出"平天下"的结果来。复杂的"全球伦理"问题，也无法逐层化约到"明明德"的基础上。这是因为西方学者虽然明确知道，全球问题渊源于全世界的个体与群体彼此相互关联、相互依赖和相互作用的事实，却仍然缺乏配合这项事实、有机整体的思维模式。因此他们倾向于认为"全球伦理"是一种专属的应用伦理学，有其专属议题，因而和伦理的其他领域有所区隔。然而审诸西方社会其基本道德观念薄弱（好侵略、好掠夺）、家庭伦理崩溃（离婚率偏高、多重性别与性泛滥）、学校枪击与社会暴力层出不穷，以及核心价值混乱，从而引发许多全球问题。这正是因为他们考虑的伦理问题是孤立的，缺乏个人品德、家庭、社会、国际应有关联的整体考量，也缺乏"己所不欲、勿施于人"的絜矩之道。

落实"全球伦理"的道德教育，首重培养全球意识与全球责任感，除了前述所有品德价值外，忠恕、中和、和平（非暴力）、人道与博爱（泛爱，含爱人、爱自然、爱环境）是身为一个地球村村民所必备的人格素质。能尊重真、善、美、圣、生命、自然等本有价值，维护对于有机整体、创化之道和神圣真际的信念，抱持积极正面的态度，善意地处理全球关系与问题，世界各民族国家始有共进大同的可能。"全球伦理"规范了世界成员应遵守的道德原则，落实"全球伦理"，负起"全球责任"是"地球村"每一分子应尽的义务。如前所述，中华文化传统既有"天下""王道""大同之世"的理念，其中充满了"全球伦理"的元素，若能扩而充之，必可为世界文明做出重大贡献。此外，"全球伦理"是因横向的"全球关系"所需而发展出来的概念。目前西方学者还提出一纵向的"世代伦理"（Generation Ethics）概念，也值得重视。此一概念符合中华传统"先人庇荫"的思想，期待人们节制欲望，保护地球，节能减碳，勤俭储蓄，为子孙后代着想。基于两者架构，发展21世纪的道德教育，是中国人应尽的使命。

参考文献

[1] Hans Küng, *Global Responsibility: In Search of a New World Ethics*, Crossroad Publishing Company, 1991.

[2] 程石泉. 民族文化与教育. 载教育哲学十论 [M] 台北：文景书局，1994.

[3][4][10][12] David Ray Griffin，俞懿娴译. 创化、神与全球论理（"Creativity, the Divine and a Global Ethics"）. 哲学与文化.「创化与历程专题」[J].397 期. 2007(6).

[5] David O. Brink, *Moral Realism and the Foundations of Ethics,* Cambridge, Cambridge University Press, 1989.

[6] David Hume, *A Treatise of Human Nature, Part I. Book III. Of Morals*, ed., L. A. Selby-Bigge, Oxford: Clarendon Press, 1978.

[7][8] Bernard Williams, *Ethics and the Limits of Philosophy*, Cambridge: Harvard University Press, 1985.

[9] Jürgen Habermas, *Justification and Application: Remarks on Discourse Ethics*, trans., Ciaran Cronin, Cambridge: Polity, 1993.

[11] A. N. Whitehead, *Process and Reality*, corrected edition, ed., David Ray Griffin and Donald W. Sherburne, New York: Free Press, 1978.

[13] A. N. Whitehead, *Modes of Thought,* New York: Free Press, 1968.

On the Way-Out of the Predicament of Moral Education in China From the Standpoint of Global Ethics

Abstract: The continuation of the modern civilization in the 21th century under the sway by science and technology, the movement of globalization backing by the capitalistic economic system, and the postmodern vogue among the general populace, leads to the human predicament threatening the practice of moral education in China. First of all, science and technology which define the modern worldhave set their goals to control, to conquer and eventually to exploit nature. Pursuing after power and efficiency the discourse of science and technology scarcely leaves any room for humanistic or ethical considerations. Secondly, the movement of globalization taking on the forms of international commerce and multi-national business has been trading a superficial and popular consumers' culture. Along with it, individualism, fetishism, hedonism, and consumerism prevail which contribute greatly to the collapse of ethical traditions all over the world. Thirdly, social pluralismand deconstructive postmodernismthat promotemoral relativism and skepticismby an overall negation ofvalue of all kinds veneer nihilism. Under those negative impacts of modern civilization on China, how can moral education in China find its own way out? Thepresent paper is an attempt to address the issue from the standpoints of global ethics and responsibilitythat might helpmoral educatorsto develop new teaching strategies.

Keywords: Global Ethics; Global Responsibility; Moral Education; Philosophy of Education; Human Predicament.

【作者简介】俞懿娴（1958—　　），汉族，美国纽约哥伦比亚大学哲学博士，台湾东海大学哲学系，专任教授，学术专长：形上学、历程哲学、中西哲学比较、希腊哲学、教育哲学。著有《怀特海自然哲学——机体哲学初探》（2012，北京大学出版社），《道德教育与哲学》（2007，台北文景书局），及中英论文 80 余篇；并编有程石泉著《中国哲学综论》《中国哲学综论》（2007，上海古籍出版社）二书。

批评与对话

中国形而上学作为一个富有成果的研究课题：定义，问题和英文学界新成果 *

李晨阳　方岚生　文　李璐瑶　译

【内容摘要】 英文学界对中国哲学的研究主要集中在伦理和政治理论。相对而言，中国的形而上学——这里主要被理解为关于存在的本质、组成和运行法则的理论——却很少被研究和认识。在本文中，我们考察了"形而上学"被用来表示一个哲学分支的各种含义，并论证了形而上学是中国哲学的重要组成部分。我们主张有必要将中国的形而上学作为一个严肃的学术领域来研究。我们还介绍了中国哲学研究的重要学者在英文学界发表的中国形而上学的最新研究。本文旨在表明，中国形而上学不仅是学术研究适当和合法的主题，而且也可以成为中国哲学研究的一个富有成果的子领域。

【关键词】 形而上学；道；气；太极

随着中国在世界舞台上的崛起，人们对中国哲学的兴趣迅速增长。然而，这种兴趣一般集中在伦理和政治理论，从美德伦理与儒家思想的联系，到道家思想在环境伦理中的应用，再到关于儒家政治思想对民主的影响的辩论。相对而言，中国的形而上学——这里主要被理解为关于存在的本质、组成和运行法则的理论——却很少被研究和认识。在本文中，我们考察了"形而上学"被用来表示一个哲学分支的各种含义，并论证了形而上学是中国哲学的重要组成部分。我们

---

* 原文发表于 "Chinese Metaphysics as a Fruitful Subject of Study", *Journal of East-West Thought*, 2014, Vol 4.4: 71-86。

主张有必要将中国的形而上学作为一个严肃的学术领域来研究。在本文的后半部分，我们将介绍中国哲学研究的重要学者在英文学界发表的对中国形而上学的最新研究。本文旨在表明，中国形而上学不仅是学术研究适当和合法的主题，而且也可以成为中国哲学研究的一个富有成果的子领域。

一

提出研究中国的形而上学问题，意味着中国有形而上学。这样的主张本身会引发许多问题。中国真的有形而上学吗？如果是这样，它是什么？中国形而上学与西方形而上学有本质区别吗？如果存在本质的差异，这些差异是什么？它们对形而上学的研究有何影响？诸如此类的问题已经争论了几十年，但几乎很少达成共识。当然，这些辩论的大部分都取决于一个众所周知的难题：什么是形而上学？尽管识别一个特定问题是否是形而上学并不困难，但几乎不可能给出与我们对该术语的实际使用相对应的精确定义。事实上，彼得·范·因瓦根（Peter van Inwagen）曾表示，在 17 世纪，形而上学的范畴扩展为"一个无法以其他方式分类的哲学问题的宝库"，导致该范畴本身缺乏统一性。[1] 因此，一个精确和最终的定义不太可能实现，我们必须从一组松散连接的问题或一个普遍关注的领域中获取我们的方向。

如果我们从历史上看，"形而上学"这个词最初与亚里士多德哲学的一个分支有关。它源自亚里士多德的学生为他的十四卷书起的总标题，我们目前认为这些书构成了他的《形而上学》。[2] 这个词的字面意思是"在物理学（physics）之后（meta）"，可能表明这些书中所涵盖的主题在亚里士多德的哲学体系中的位置。它表明人们应该在学习了解决自然问题的《物理学》之后再学习这一部分。因为"meta"也意味着"超越"，"形而上学"（metaphysics）也可以解释为"超越物理（physics）的科学"，但它本身有多种解释的可能。形而上学可以是对超出自然科学范围的研究，或是研究"超自然"，或是研究超越整个变化世界的现象和感知。然而，亚里士多德本人并没有使用"形而上学"这个概念。他用"第一哲学"来定义这部分哲学，即研究"事物的第一原因和法则"或"作为存在"的科学。[3](p.1584) 后者被称为本体论，即关于存在（onto）本身的科学（logos）。在《形而上学》的十四卷书中，亚里士多德涵盖了广泛的主题，包括普遍存在（"存在"）、存在的构成（"物质""形式""普遍性"）、个体（"实体"）、同一性（"本质""定义"）和变化（"现实""潜力""质料因""形式因""动力因""目的因"）。如果我们使用亚里士多德的这些主题来表示关注或探究的普遍领域，我们可以称"形而上学"是对存在的广泛形式的研究。这将包括存在的本质，但也将包括对存在的种类、因果关系的基本形式、秩序和生成的来源等的讨论。在实际研究活动中，形而上学的边界有时是模糊的，可能会发生变化，关于边界本身的问题可以被认为是在形而上学的范畴之内。

如果我们在这个意义上使用"形而上学"，很明显，"形而上学"存在于中国思想中，最清楚地可以追溯到《易经》《道德经》和《淮南子》等文本。中国哲学家自古就以"有""无"来争论"存在"与"非存在"。他们根据"气"的模式发展了事物构成的概念；他们大多将世界理解为处于不断变化（"易"）的状态。许多中国思想家将终极存在称为"道"，并将世界的基本运行法则视为"阴阳"的相对力量。虽然没有与"metaphysics"精准对应的中文术语，但常用的将"metaphysics"翻译成中文的短语"形而上学"取自《易经》。《易经》将两种形式的存在分为"形而上者"和"形而下者"[4](p.407)。在某物之"上"意味着超越它或不受它限制。因此，"形而上者"是指不受任何形式限制之物。"形而上者"和"形而下者"也可以看作两个研究领域，后者大致对应于有形的物理领域，而前者是有形之外的领域。研究有形之外的物或受特定形式限制的物不是物理的问题，而是形而上学的。此外，关于形而上和形而下的界限的问题本身就是形而上学的问题。

中国古代思想家对"道""气""太极""两仪"等事物进行了思考，试图解释世界的现象。他们的本土形而上学观点通过吸收了佛教形而上学极大地丰富了，最终形成了新形式的儒家形而上学，体现在宋明时期的理学。宋明理学中的"气""理"等概念，尽管有明显不同，仍然可以看作亚里士多德形而上学中"质料"和"形式"的对应。双方都采用了类似的想法，以"形而下者"来解释"形而上者"。

既然中国的哲学家显然讨论了存在的本质和其运行法则，为什么会有人说中国没有形而上学呢？为了理解这个问题，将关注或探究的普遍领域与该领域里特定传统中的具体问题区分开来是有帮助的，然后也必须将其与旨在回应这些问题的具体理论区分开来。如果没有跨文化的视角，这些层次很难辨别。换言之，如果仅限于一种文化的视角，很容易认为自己传统中的问题是唯一合法的问题。此外，如果某些对问题的回应占据主导地位，人们可能会将它们视为唯一可能的答案。通过这种方式，这些回应可能被视为探究该领域的权威。形而上学最核心的两个问题是，什么是终极真实的，以及存在的终极原因是什么？在西方传统中，至少在20世纪之前，这两个问题的主要答案是永恒的和不变的。从中世纪开始一直到17世纪、18世纪，几乎每一位欧洲哲学家都将终极的形而上学基础视为超越世界并存在于时间和变化之外的上帝。对古典世界进行概括比较困难，但这种观点最有代表性的支持者是巴门尼德，他甚至否认变化是可能的。他认为只有存在，没有非存在。没有非存在，存在本身就不会改变。因此，生成是不可能的。[5](pp.215-219) 虽然这种对变化的否认是一个例外而非标准，但是最有影响力的希腊哲学家们确实在他们的形而上学中赋予了永恒以特殊地位。这在柏拉图的哲学中最为明显，构成存在的形式以及我们对其理解都是永恒和不变的。即使是更认真对待变化的亚里士多德，也将宇宙的最终推动力视为"不动的推动者"。[6](p.434) 万物都是通过效仿这个永恒不变的存在而运动的，它是所有存在的最终原因。[7](p.1694) 随着西方哲学的基督教化，一位完美而永恒的上帝取代了这个终极存在，其地位一直保持到 19 世纪。

如果我们把形而上学作为对终极的研究，并认为终极是不变的，那么形而上学就是对"不变之物"的研究。根据这一定义，将会没有（或少有）中国的形而上学。中国古人将"形而上者"视为"道"，但"道"并不固定。它的本质——如果我们可以这样说的话——是变化的，正如《易经》（它通常被认为是所有中国经典的基础）所阐述的那样。换言之，唯一不变的事物是变化。"常道"就是不断变化的道。如果把形而上学理解为研究不变的东西的学问，那么中国思想就没有形而上学；或者，正如安乐哲（Roger Ames）在一篇文章中所说，中国思想具有"非形而上学"（ametaphysic）的形而上学。[8](p.1694) 换言之，中国形而上学普遍否认存在不变这一基本假设，而将终极本身视为变化。

将形而上学定义为对不变事物的研究自然会导致另一个普遍的定义，即形而上学的研究超出可感知的现象世界。显然，我们周围的世界在发生变化；我们从未经历过真正不变的事物。如果终极的存在是不变的，那么它一定与我们周围出现的世界完全不同。这种观点通向一个超验领域，即西方哲学中的"形式""上帝"或"本体"。这种区分在康德那里最清晰，他谈到形而上学认知的来源时说："形而上学的概念本身决定其不能是经验的……因为认知不应该是物理的，而是形而上的，即超越经验的。"[9](p.15) 在这段引文中，康德将超越经验视为形而上学领域的界定。再次，如果我们采用这种形而上学的定义，那么就没有（或很少）中国的形而上学。正如中国思想家没有设定一个不变的终极存在，他们普遍不认为终极是从根本上超越世界的。20 世纪中国著名哲学家唐君毅很好地指出了这种对比，他将西方主流思想描述如下：

> 西方思想从追求超越现象的实体开始，将所有现象视为事物的属性，而不是存在本身。因此，它总是试图抛开现象，去探索宇宙中真实不变的实体。相比之下，中国人心中的宇宙只是一种流动，一种动态；宇宙中的

万物只能处于过程之中，超越过程就没有固定的存在作为基质。[10](pp.9-10)

中国思想家确实对"形而下者"和"形而上者"的境界做了质的区分。"形而下者"是一种器，它可以被感知和具体描述。"形而上者"不能被感知或具体描述。在这种有限的意义上，这两者有类似于存在与表象的区分，但这两个境界并没有超验的区别。同样的道理也适用于"理"和"气"的区别。尽管宋明理学家朱熹（1130-1200）对两者持某种二元论的观点，但这两者最终并不可分，因为理依赖气，没有气，理就无所依附。[11](p.8) 或许正是在这个意义上，我们应该理解安乐哲，他写道：

> 几乎没有证据表明早期的中国思想家对寻找和表达现象的本体论基础感兴趣——一些万物背后的存在，一些多背后的一，一些变化背后的理想世界。[12](p.216)

对于中国古人来说，变化发生在"形而下者"和"形而上者"两个层面。关键的对比不是"存在"与"生成"，而是"有形"和"无形"。再者，"形而上者"的境界，不像是从根本上区别于物质世界的"上帝"。相反，"形而下者"是"形而上者"的体现，正如凝固于有形实体中的"气"与散开的"气"是一回事。这两个"领域"最好被看作同一存在的两个概念，因为如果没有"形而下者"，就没有"形而上者"。如果不相信超验领域，中国思想家就不会有一个"科学"来研究它。如果把形而上学定义为只研究超越现象的"科学"，那么我们就不得不说中国古代思想家没有形而上学。

然而，在这两种情况下，人们常常错误地将形而上学与对于主要形而上学问题的特定答案等同起来。这种等同存在许多问题。最明显的是，它排除了许多毫无争议地从事形而上学的西方哲学家。虽然大多数西方哲学家普遍认为终极存在和存在的终极原因是永恒的和超越的（例如，上帝），但声称所有西方形而上学家一致地假设一个不变的存在作为研究对象的说法是错误的。在《泰阿泰德篇》中，苏格拉底告诉我们早期希腊人的"一个秘密"学说：

> 没有单一的事物或性质，它们都是由于运动、变化和混合，生成彼此，"生成"被我们错误地称为存在，但实际上它是生成。任何事物都不是存在，所有事物都是生成。[13](p.474)

苏格拉底肯定这甚至不是少数人的观点：

> 召集所有的哲学家——普罗泰戈拉、赫拉克利特、恩培多克勒和其他人，一个接一个，除了巴门尼德之外，他们会同意你的。召唤两种诗歌的大师——喜剧王子埃皮卡莫斯和悲剧的荷马；当后者唱出"众神从何而来，特提斯母亲从何而来"时，他的意思不是说万物都是流动和运动的产物吗？[14](pp.474-475)

同样，在《形而上学》第四卷中，亚里士多德谈到了早期希腊哲学家对不断变化的存在的看法如何影响了他们对可知事物的看法：

> 因为他们看到这个自然界的一切都在运动，而关于变化的东西无法做出真实的陈述，所以他们说，当然，关于无处不在的一切都在变化的事物，没有什么是可以真正被确定的。正是这种信念发展成为上述观点中最极端的，即自称赫拉克利特人的观点。（《形而上学 IV.5》）

亚里士多德在这里指的是像克拉底鲁这样的思想家，据称他认为自己不会说任何有意义的事物，只是动了动手指，因为事物在不断变化。克拉底鲁批评赫拉克利特说人不可能两次踏入同一条河流；他甚至认为一个人不能一次踏入同一条河流。否认一个不变的存在的人与那些肯定它的人相对立。但无论哪种方式，两者都在形而上学领域进行辩论。萨特曾经说过："作为一个形而上学家，我不认为我否认上帝存在，不如肯定上帝存在的莱布尼茨。"[15](p.139) 同样，像普罗泰戈拉、赫拉克利特和克拉底鲁这样的思想家也是形而上学史的正当人选，还应该指出的是，他们的观点并没有在西方消失。虽然西方哲学的基督教化使这些观点几乎无法表达，但生成导向的观点在 18 世纪、19 世纪重新出现，如黑格尔和尼采。可以说，与他们类似的观点在 20 世纪欧洲哲学家中占主导地位。

形而上学专门研究超验领域的说法也是一种有很多例外的概述。尽管亚里士多德将他的"第一哲学"视为研究万物原因的"最神圣的科学"[16](p.1555)，亚里士多德在他的形而上学中显然涵盖了现世的对象。在大多数情况下，"四因"在性质上不是超越的。与柏拉图相反，亚里士多德将它们置于与普通物体相同的领域。砖是房子的质料因；父母是孩子的动力因。在这一传统中发展，没有人会否认斯宾诺莎是一位形而上学家，但他的整个哲学都指向拒绝超越。对于斯宾诺莎来说，上帝和自然是一体的。他通过坚称上帝作为一个实体拥有无限的属性并且没有两个实体可以共享一个属性来论证其观点。因此，无限实体的存在排除了任何其他实体的存在。因此，自然或上帝是一个不可分割的、无因的、实质的整体。一切尽在其中。一切都是内在的。对于黑格尔和许多20世纪的哲学家来说也是如此。黑格尔的无限精神，或宇宙精神，通过辩证过程以有限的形式从低级到高级发展阶段来实现自身。精神不是超越有限的，它通过有限来定位自己。如果形而上学必须肯定超验，黑格尔就没有资格成为形而上学家。然而，几乎没有人会否认黑格尔是一位形而上学家。

如果西方思想家的世界观是生成而不是存在，或者他们的观点基于内在性而不是超越性，能够被认为是在做形而上学，则不能说中国缺乏形而上学，因为他们的世界观主要是一种变化和内在性。总而言之，在"形而上学"的范畴下，西方哲学家既研究存在也研究生成，既研究内在性，也研究超越性。他们的共同点不是他们在"形而上学"的名义下回答问题，而是他们都试图解决与存在的本质、组成和运行法则有关的问题。正是在这个意义上，我们可以说中国的思想家从事形而上学的研究，"中国的形而上学"可以作为一种简写，指代中国哲学家为解决相关问题而发展起来的一系列理论和思想。

当代一些思想家并不否认中国人有形而上学。然而，他们坚称，中国的形而上学与西方的形而上学有着根本的不同。一种普遍的观点是，这两种传统中的形而上学产生于截然不同的方向。例如，有人认为西方形而上学是"自然形而上学"，追求超越境界的真理，而中国形而上学是"伦理形而上学"，追求美好生活。[17](pp.360-369)这一观点与葛瑞汉（A. C. Graham）的著名主张相呼应，即西方哲学家主要寻找存在或真理，而中国哲学的核心问题是，什么是真正的道？[18](p.222)这种对比有一定的道理。古希腊哲学始于对存在本质的强烈好奇，在泰勒斯、阿那克西曼德、阿那克西梅尼、赫拉克利特、色诺芬、巴门尼德、芝诺、恩培多克勒斯、阿那克萨哥拉斯和毕达哥拉斯等思想家中都有体现。相对而言，大多数中国古代思想家关注的是社会伦理问题。由于这些伦理关怀，他们有时进入形而上学领域。正如方克涛（Chris Fraser）在一篇文章中所说，墨家关心"天"，但主要是将其作为行动的指南。这个方向为后来的形而上学辩论设定了方向。[19]孟子显然是为了他的先天美德理论而发展了"性"或"天道"思想，这本身就是通过对自我修养的关注而发展起来的。然而，这种中西哲学的对比不应该被夸大。这种特征是模仿事实与价值的区分。"事实与价值"的区分在西方并未成为问题，直到休谟质疑其联系。我们应该记住，亚里士多德使用关于合适的人类功能的"事实"作为他论证幸福的伦理目标的基础。《形而上学》所考察的"四因"之一是目的因，它决定了人类的合适功能和精湛的技艺。此外，康德哲学的一个重要分支是基于理性意志概念的"道德形而上学"。康德的理性意志是自由意志，这是现代形而上学的一个关键概念。与此同时，正如余纪元（Jiyuan Yu）在一篇文章中指出，中国形而上学的发展让人很难相信中国哲学家的动机并非是为了更好地理解存在。[20] 因此，更准确地说，中西形而上学的区别是程度和重点的问题，而不是本质区别。此外，有必要牢记，在中国传统中，形而上学和道德总是密不可分的，因为价值地位、自我本质和秩序观念即便不作为形而上学的基础，也都具有形而上学的含义。例如，在中国传统中，"无为"是道家道德生活的指导原则，同时也是一种形而上学的存在概念。"性"，孟子道德哲学中的一个关键思想，也定义了人类存在的本质。"道"是儒家和道家的核心概念，既是伦理的又是形而上学的。"阴阳"是形而上学的力量，也是社会/道德法则。"和""理"和"天"的概念也是如此。鉴于此种联系，研究中国伦理学而不考察它们的形而上学前提可能会歪曲这些道德观点。随着我们这个时代中国哲学研究的推进和深入，把我们的研究局限在中国的社会政治哲学和伦理学上已经无法令人满意。研究中国形而上学的目的不是将形而上学观点与哲学的其他方面区分开来，而是着眼于哲学延续体的形而上学方面，同时展示形而上学概念如何与其他关注的领域联系起来。

即使我们承认西方和中国都在探索形而上学，人们仍然可以声称他们所考虑的问题和他们产生的理论没有共同点。毕竟，几乎没有关键的中文形而上学术语可以轻松翻译成英文；反之亦然。那样的话，中国形而上学与西方形而上学的重叠只是名义上的，而不是实质上的。诚然，必须承认这两者之间存在一些差异。鉴于中国与欧洲占主导地位的形而上学观点大相径庭，这两种传统自然而然地关注不同的问题。例如，自由意志与自然因果性的关系，以及身心的区分在中国哲学中从来不是问题。由于大多数中国哲学家拒绝目的论，他们的核心关注点之一是自然，以及存在和秩序如何能够产生。鉴于中国哲学家对自然的看法通常不像欧洲同行那样以人类为中心，他们主要关注人类价值和社会结构如何与自然模式相关联。至少在20世纪之前，这些问题在西方哲学中并不那么重要。同时，这两个传统确实有许多共同的关注点，例如经验世界的起源和建立。将形而上学问题置于比较语境中有助于我们拓宽问题的表述。它不仅使我们能够对西方形而上学的标准问题找到新的见解，而且有助于我们了解这些问题可能比最初看起来更局限。例如，虽然中国哲学家不讨论自由意志，但他们关注人的动机与自然力量之间的关系，主要作为人的"性"和"天"之间的关系。中国哲学家没有讨论实体的本质，但他们确实讨论了事物的个体化。[21] 虽然我们不应该否认中西传统形而上学思想的差异，但两种传统都对形而上学做出了贡献并值得被研究。由于这一原因和其他一些原因，中国的形而上学与西方的形而上学一样值得被仔细而深入地研究。

最后，上述概括也不应掩盖中国哲学内部的多样性或已经出现的广泛的形而上学立场。中国哲学随着时间的推移而发展，表现了其内在力量，随着政治和经济环境变化并与其他文化互动，其中最重要的是吸收了印度的佛教。在任何特定时期，都有对立的学派和激烈的形而上学辩论。中国形而上学的周密研究应该注意所有这些细微差别。

二

如果中国形而上学是一个值得认真研究的课题，应该如何研究？这种研究有哪些好的例子？在本文的其余部分，我们想向读者介绍一些近期英语学界的著名学者在中国形而上学领域的前沿研究。这些文章收录在剑桥大学出版社出版的一本文集中，涵盖了中国哲学的各个主要时期，从先秦到20世纪，包括各种主要学派，从儒家、道家、佛教到宋明理学和新儒家，以及中国哲学的主要思想家和著作。虽然它们传达了中国哲学的多样性，但它们被一系列持续存在的形而上学问题联系在一起：世界的多重性和多样性如何由一个共同的起源或基础联系起来？宇宙的基本元素是什么？"空"或"无"与我们对世界的具体体验之间有什么关系？和谐的关系在社会、自然和宇宙的层面上是如何建立的？价值是如何植根于世界的？此外，虽然中国哲学随着时间的推移呈现出截然不同的形式，但许多术语在被重新解释的同时以新的方式继续使用。因此，诸如"道""气""和""理"等概念提供了不同文本，不同时代之间的另一个联系。总而言之，它们还解决了更广泛的问题：在强调相互联系、内在性和变化的世界观中出现了哪些形而上学问题？中国哲学传统能否提供其他做形而上学的方法？我们如何根据当代的哲学语境理解它们？形而上学与哲学中的其他学科有什么关系？

本文以王蓉蓉（Robin R. Wang）和刘纪璐（JeeLoo Liu）的两篇文章开始，分别分析了中国哲学中的重要概念："阴阳"和"气"。王蓉蓉的文章集中讨论了"阴阳"的重要性。她区分了将存在分为两个独立领域的形而上学和形而上学思维。在中文语境中，"阴阳"思维是形而上学的思维，它建立在将存在视为单一的自我生成、自我分化和自我组织的整体的视角之上。她首先分析了最常用于翻译"metaphysics"的古汉语短语"形而上学"，与"形而下"相对应。王蓉蓉认为，这些短语中的"形"的概念介于物理世界和形而上学的世界之间；"形"的范畴应该被视为"阴阳"场域的存在，包含"其上"和"其下"的部分。然后，她阐明了"阴阳"关系的六种具体形式，分析了"阴阳"描述的多样性。最后，王蓉蓉探讨了"环流"的隐喻，以此来展示"阴阳"相互作用的复杂性如何导致无止生成和出现。[22]与"阴阳"相似，"气"是中国形而上学的另一个核心概念，被发展为存在的基本组成的概念。在下一章中，刘纪璐将自然主义的"气"的概念确定为一系列哲学文本的一致主题，并认为中国"气"的形而上学是一种不同于"科学自然主义"的"人文自然主义"形式。根据她的解释，在中国"人文自然主义"视角，世界只是自然世界的实体，人是自然世界的一部分。自然实体可以被人认识，关于自然实体的存在和本质的表述是真实的。刘纪璐从《易经》《道德经》《庄子》《淮南子》等著作开始，到张载、王夫之等宋明理学理论，以及20世纪末熊十力努力调和"气"与现代科学，追溯了中国哲学史上"气"的宇宙学的主要问题。刘纪璐的文章的一个重要特点是，它将"气"的讨论置于当代形而上学语境中，使古老的思想与我们的时代息息相关。通过从自然主义的角度分析相关问题，刘纪璐重新解释"气"的概念，并使中国宇宙学为当代哲学语境提供一个合理的可选方案。[23]

形而上学研究存在的形式，其主要关注点之一是个体实体的本质。中国哲学家是如何理解个体实体的？"气"如何在世界中显现为实体？方岚生（Franklin Perkins）研究了物的个体化问题，以及一些最基本的形而上学问题。方岚生表明，虽然中国哲学家在本体论上优先考虑相互关联的过程和变化，持有一种"过程形而上学"，但他们并不否认个体事物的存在。他的论文考察了战国时期各种哲学中的物的个体化方法，集中在"物"的概念上。方岚生调查了中国早期哲学中对"事物"的地位和起源的各种描述，并通过讨论物的个体化受共同观点所制约的方式得出结论，即事物的最终起源本身不是事物本身。[24]因此，方岚生的文章构建了前一章刘纪璐所讨论的"气"的概念与人们日常生活世界的桥梁。

墨家是中国古典时期的主要思想流派，但对其形而上学观点的研究很少。在第四章中，方克涛（Chris Fraser）探讨了墨家关于"天""三法"和"命"的学说对存在的理解。对于墨家来说，存在遵循固定的、可识别的模式，并且可以通过感官感知、推理和历史先例可靠地知道。伦理规范是人类独立于存在的特征。因此，墨家之"道"是存在之"道"本身，建立在对世界的可靠知识上。指导墨家对存在态度的，不是其基本结构，而是它的"道"——它遵循什么规律，沿着什么路径。方克涛还讨论了这些形而上学观点的哲学意义、它们提出的问题，以及它们如何为中国早期的哲学话语设定程式。方克涛的研究表明，墨家的存在观和形而上学的理论取向对中国早期哲学对话的普遍方向产生了重要影响。墨家思想成为前佛教形而上学的共同前提，其特征包括：他们对"道"的正式关注，他们通过诉诸模式、关系和规律而不是抽象形式或结构构成来解释存在，他们对自然世界存在的信心正如所感知的那样，以及他们认为"道"植根于自然的观点。[25]

第五章安乐哲（Roger T. Ames）通过探索早期儒家经典《中庸》的"形而上学"解读，直接回应了中国哲学语境下的"形而上学"问题。他首先考察了中国早期哲学的一些一般假设，重点关注我们是否可以谈论中国古典"形而上学"。特别是，安乐哲解释了为什么中国哲学家对存在的本质少有兴趣，而是专注诸如"人类如何最有效地与天地合作，创造一个繁荣的世界？"这样的问题。安乐哲接着将《中庸》作为一个为对墨家的"天"的观念的回应具体的例子。《中庸》将人类呈现为与宇宙创造过程具有自反性和整体性的关系。新兴宇宙秩序的内在、初生和未确定的形态为有修养的人类生成提供了开放和机会，他们可以与天地共生合作，共同创造一个繁荣的世界。[26]

老子和赫拉克利特的哲学是动态的存在观的典范。尽管它们经常被共同提及，但其异同还有待进一步考察。第六章，余纪元（Jiyuan Yu）对老子和赫拉克利特进行了细致的比较。他提出赫拉克利特和老子各自发现了一种新的感知和思考存在的方式，他们的"逻各斯"图景和"道"的图景惊人地相似。对两者而言，世界是一体的，但其特点是在对立面之间的张力和转变中形成一种动态。基于他通过这种比较得出的结论，余纪元挑战了关于中国形而上学的两个有影响力的主张。一是中国哲学家不追求表象背后的存在，二是中国哲学家不关心存在的真相，只关心过好生活的方法。余纪元的研究表明，有像老子这样的中国哲学家在表象背后探究类似存在的东西，而且像老子这样的中国哲学家关心存在的真理就像关心如何过上好生活一样。[27]

第七章中的普鸣（Michael Puett）将读者带到了一个不太可能有形而上学的地方，即《礼记》。"礼"是儒家哲学中的一个重要概念。然而，它几乎完全作为伦理和社会政治哲学主题被研究。普鸣表示《礼记》提出了一套关于仪式及其如何影响存在的复杂而有力的理论。《礼运》篇明确了"礼"是人所创造的，秩序的建构是人类通过"礼"改造和组织世界。然而，这些理论也植根于一组复杂的形而上学主张。普鸣分析了这些形而上学的论点，讨论为什么它们对于文本中的礼如此重要，并探索试图发展基于礼的视角的存在的哲学含义。普鸣认为，《礼运》的作者并没有把和谐作为世界的预先存在的特征，并要求人类顺从。相反，和谐必须由人类通过驯化和管理自然界的基本力量来构建。[28]

佛教从印度传入，带来了一套新的形而上学问题和观念，逐渐融入中国哲学，对中国形而上学理论做出了重大贡献。在第八章中，康特（Hans-Rudolf Kantor）向我们展示了中国佛教中的与认识论问题相结合的各种存在概念。康特表明，中国佛教学者发展了多种方式来解释本体论的不确定性、真假的不可分性以及虚假的存在相关性。他介绍和比较了中国大乘佛教传统中发展起来的各种建构主义的存在观，汇集了中观、唯识、如来藏、天台和华严的经典。根据这些建构主义模型，真与假是相互构成和相互参照的。在认识论的层面上，我们对真理的洞察需要并且包括对虚假的体验。在形而上学的层面上，虚假本身就是存在的一个重要特征，构成了我们世界的一个维度。真假不可分割的认识论和形而上学意义相一致，因为世界和我们在其中存在的方式取决于我们的认识论立场。[29]

怀特海是以提倡一种生成而非存在的本体论而著名的西方哲学家之一。因此，他的哲学与某些中国哲学有所类同也就不足为奇。第九章，沈清松（Vincent Shen）将怀特海的本体法则和事件概念与华严宗哲学进行了比较。沈清松表明，中国哲学如此珍视的动态关系本体论实际上与怀特海的事件本体论非常接近。对于怀特海来说，普遍相关性决定了所有事件都指向许多其他事件的意义。在华严宗的十玄门教义中，怀特海的观点与"相应门"的说法类似，但也有一个重要的对比。虽然华严宗倾向于将"许多其他"及其整体和谐化为"一心"，但怀特海认为，每个现实体都通过其自身的动态能量趋向于他人。每一个现实体都接受他人的客体化，并将自己客体化于他人。沈清松接着从这种比较中提出了一些批判性的反思，以寻求事件和动态关系的本体论的积极发展。[30]

在第十章中，任博克（Brook Ziporyn）创新性地从"和为物"的角度审视和解释了张载的两极关系形而上学。张载，宋明理学的奠基人之一，以《西铭》而闻名，但他的《东铭》却鲜为人知。在这部《东铭》中，张载提出了一种形而上学的观点，重新解释了"无"这一异端的观念，从而为人际关系的重要性提供了证明。正如任博克所展示的那样，张载通过将"气"的本质定义为对立两极（阴阳、乾坤等）的结合来实现，因此在凝聚和分散的物质力量中作为必要代替和"大同"。这种两极性表现在个体的凝聚形式中，表现为它们的相互交感，比如它们之间的关系。这种形而上学的观点使生死交替和人际关系的重要性合法化，这两者都被佛教徒否定。由此产生的观点是一种"一元论"，但是以"和"为终极范畴的一元论，也就是说，"和"是张载对"万物是什么"这个问题的回答。任博克的章节提供了基于两极性（由王蓉蓉阐述）的中国"气"的形而上学（由刘纪璐阐述）的具体而有力的例子。与康特和沈清松的前两章一起，任博克的讨论也为我们进入下一章，关于上个千年最具影响力的儒家思想家朱熹的形而上学奠定了基础。[31]

宋代哲学家朱熹的"道学"成为正统思想，并一直影响着儒家哲学家至今。白诗朗（John Berthrong）在其章节中首先考察了"形而上学"一词如何在中文语境中应用的广泛问题，然后转向解决朱熹的成熟形而上学中的结构问题。白诗朗认为，朱熹的形而上学提供了审美的价值论宇宙学的建构视角，即表达对道德和审美价值关注的宇宙学。这种宇宙学还包含一种伦理修养和行为的主体间意识：我们在世界上从不孤单，而是始终在宇宙中，并在伦理上与我们的人类同胞联系在一起。白诗朗对朱熹的形而上学进行了词汇编纂，概述了朱熹哲学中的许多关键的哲学术语。在本章中，读者会发现一个极好的例子，说明中国哲学中形而上学和价值论是如何在一个连贯的哲学体系中相互支持的。[32]

熊十力是 20 世纪最重要的中国哲学家之一。熊十力将中国传统哲学的概念、问题和主题与中国佛教哲学的象征性元素结合起来，表达了一种宏大的哲学融合。在合集最后一章，梅约翰（John Makeham）分析集中在熊十力的主要哲学著作之一《新唯识论》。梅约翰分析的第一部分介绍了熊十力根本的一元论以及他对唯识学作为一种本体二元论的相关批判。熊十力的批评是基于大乘的缘起学说和现象世界与无差别的绝对存在没有本体论上的区分。在第二部分，梅约翰引用了从《新唯识论》中提取的一系列证据，表明华严宗的自然起源学说在熊十力哲学建构整体中发挥了核心作用。梅约翰总结说，与熊十力从中汲取灵感的唯识论不同，熊十力有效地将基本存在/本性/内在本质/绝对，作为现象/世俗谛的本体论的潜在"轨迹"，就像大海支持波浪，却又跟波浪没有什么不同。[24]

总之，这些论文涵盖了中国哲学的所有主要时期和流派，揭示了它们的多样性、普遍关注点和发展轨迹。作者们不仅呈现了这些思想家和文本的形而上学理论，而且对中国形而上学本身的发展做出了独特的贡献。因此，他们的研究体现了中国形而上学的前沿研究，有力地证明了中国形而上学的存在和研究它的合法性。我们希望这些专业学者为中国形而上学研究提供了有意义的工作，为未来中国哲学研究提供有价值的参考。最重要的是，我们希望它们将成为更广泛的形而上学概念的起点和灵感，能够解决和整合世界各地文化发展起来的大量形而上学问题和见解。的确，中国形而上学的存在与合法性已不再是问题。摆在我们面前的真正问题是如何更好地研究它，如何让这样的研究更有成果。让我们继续前进。

参考文献

[1] [2] Van Inwagen Peter, "Metaphysics", *Stanford Encyclopedia of Philosophy*, Accessed on 30 October 2013 at http://plato.stanford.edu/entries/metaphysics/, 2007.

[3][6][7][16] Barnes Jonathan, *The Complete Works of Aristotle: the Revised Oxford*

Translation, Princeton, N.J.: Princeton University Press, 1985/1991.

[4] 高亨. 周易大传今注[M]. 济南：齐鲁书社.1998.

[5] Graham Daniel, *The Texts of Early Greek Philosophy (Part I)*, Cambridge, UK and New York: Cambridge University Press, 2010.

[8][26] Ames Roger T, "Reading the Zhongyong 'Metaphysically'", *Chinese Metaphysics and Its Problems*, Chenyang Li and Franklin Perkins (eds.), Cambridge, UK and New York: Cambridge University Press, 2015.

[9] Kant Immanuel, *Prolegomena to Any Future Metaphysics, with Selected Writings from the Critique of Pure Reason*, Translated by Gary Hatfield, Cambridge: Cambridge University Press, 1997.

[10] 唐君毅. 中西哲学思想之比较论文集[M]. 台北：学生书局，1988.

[11] 黎靖德. 朱子语类[M] 北京：中华书局，1986

[12] Ames Roger T., *Confucian Role Ethics: A Vocabulary*, Hong Kong/Honolulu: The Chinese University of Hong Kong Press/the University of Hawaii Press, 2011.

[13][14] Edman Irwin, *The Works of Plato*, New York: Tudor Publishing Company, 1936.

[15] Sartre Jean-Paul, *Situations III*, Paris: Gallimard, 1949.

[17] Yu Weidong and Jin Xu, "Morality and Nature: The Essential Difference between the Dao of Chinese Philosophy and the Metaphysics in Western Philosophy", *Frontier of Philosophy in China,* Vol. 4, No. 3, 2009.

[18] Graham Angus, *Disputers of the Tao*, La Salle, IL: Open Court, 1989.

[19][25] Fraser Chris, "The Mohist Conception of Reality", *Chinese Metaphysics and Its Problems*, Chenyang Li and Franklin Perkins (eds.), Cambridge, UK and New York, Cambridge University Press, 2015.

[20] Yu Jiyuan, "Ethical Naturalism in Daoism and Stoicism", *Chinese Metaphysics and Its Problems*, Chenyang Li and Franklin Perkins (eds.), Cambridge, UK and New York, Cambridge University Press, 2015.

[21][24] Perkins Franklin, "What is a Thing (wu 物）？The Problem of Individuation in Early Chinese Metaphysics", *Chinese Metaphysics and Its Problems*, Chenyang Li and Franklin Perkins (eds.), Cambridge, UK and New York, Cambridge University Press, 2015.

[22] Wang, Robin R., "Yinyang Narrative of Reality: Chinese Metaphysical Thinking, " in *Chinese Metaphysics and Its Problems*, Chenyang Li and Franklin Perkins (eds.), Cambridge, UK and New York, Cambridge University Press, 2015.

[23] Liu, JeeLoo, "In Defense of Chinese Qi-Naturalism", *Chinese Metaphysics and Its Problems*, Chenyang Li and Franklin Perkins (eds.), Cambridge, UK and New York, Cambridge University Press, 2015.

[28] Puett Michael, "Constructions of Reality: Ritual and Metaphysics in the Liji", *Chinese Metaphysics and Its Problems*, Chenyang Li and Franklin Perkins (eds.), Cambridge, UK and New York, Cambridge University Press, 2015.

[29] Kantor Hans-Rudolf, "Concepts of Reality in Chinese Buddhism", *Chinese Metaphysics and Its Problems*, Chenyang Li and Franklin Perkins (eds.), Cambridge, UK and New York, Cambridge University Press, 2015.

[30] Shen, Vincent, "Being and Event—Whitehead's Ontological Principle and Huayan Buddhism's Concept of Event", *Chinese Metaphysics and Its Problems*, Chenyang Li and Franklin Perkins (eds.), Cambridge, UK and New York, Cambridge University Press, 2015.

[31] Ziporyn Brook, "Harmony as Substance: Zhang Zai's Metaphysics of Polar Relations", *Chinese Metaphysics and Its Problems*, Chenyang Li and Franklin Perkins (eds.), Cambridge, UK and New York, Cambridge University Press, 2015.

[32] Berthrong John, "A Lexicography of Zhu Xi's Metaphysics", *Chinese Metaphysics and Its Problems*, Chenyang Li and Franklin Perkins (eds.), Cambridge, UK and New York, Cambridge University Press, 2015.

[33] Makeham John, "Xiong Shili's Understanding of the Relationship between the Ontological and the Phenomenal", *Chinese Metaphysics and Its Problems*, Chenyang Li and Franklin Perkins (eds.), Cambridge, UK and New York, Cambridge University Press, 2015.

【作者简介】李晨阳，新加坡南洋理工大学哲学系教授；方岚生（Franklin Perkins）．，夏威夷大学哲学系教授，*Philosophy East and West* 主编。

【译者简介】李璐瑶，新加坡南洋理工大学哲学系博士候选人。

帕托契卡对柏拉图的现象学挪用 *

[美]伯特·C.霍普金斯 文　雷乐天 译　洪维信 校

【内容摘要】本文旨在探究帕托契卡在《柏拉图与欧洲》中对柏拉图的现象学挪用（即书中所谓对灵魂之关切的"本体—宇宙论"层次），并认为这种挪用从根本上受到了"所谓的未成文学说"之影响。恰恰是这一学说，而非海德格尔的"烦"（Sorge）概念，为帕托契卡的论题"在正确意义上显示灵魂活动的是我们与数学世界的关系"奠定了基础。帕托契卡关于对灵魂之关切的论述，涉及雅各布·克莱因就柏拉图学说中的"相—数"概念的重建对帕托契卡之分离（chōrismós）命题的影响，这一命题与柏拉图的未成文学说密不可分。本文认为，该命题影响了帕托契卡关于"展现自身之物"和"展现"的根本区分，而且这一区分影响了他对胡塞尔和海德格尔现象学主体主义的批判，以及帕托契卡现象学所特有的现象概念。本文指出，帕托契卡对柏拉图关于"存在的展现"的描述所具有的形而上学特征的批判中存在一些问题，这些问题是由于帕托契卡认可康拉德·盖泽对作为柏拉图主义基石的物体之"层级生成"的重建而造成的。这些问题源自盖泽对《理想国》第六卷中关于影像—范式区分的颠覆，因为这一区分与种种数学假设和相（eidē）关联。本文最后提出，恢复这种关联的合理秩序是证实帕托契卡原创思想的关键：某物出现时，展现的结构绝不仅仅是所出现的东西。

【关键词】扬·帕托契卡；雅各布·克莱因；柏拉图之未成文学说；对灵魂的关切

---

* 本文原为 Hopkins, Burt C., "Patočka's Phenomenological Appropriation of Plato", *Jan Patočka and the Heritage of Phenomenology*, Springer, Dordrecht, 2011, pp. 39-53。

一 导论[①]

对于胡塞尔和海德格尔而言，柏拉图思想所具有的形而上学特征，在原则上，就已经排除了它被现象学挪用的可能。对胡塞尔来说，这是因为柏拉图最具价值的看法，例如本质统一性的"一对多"（one-over-many）本性和逻辑性意义上的"自在"（in itself）状态，都被柏拉图对理念性意义的实体化（hypostization）遮蔽了。[②] 对海德格尔来说，原因更为复杂：柏拉图的本体论，由于受逻各斯固有的在场特权指导，是一种形式本体论。在此意义上，指导各项研究的存在之意义，被不加批判地假定为属于"一般的东西"（Etwas überhaupt）。[③] 但对于扬·帕托契卡（Jan Patočka）来说，柏拉图思想所具有的形而上学特征，在原则上，并不排除它被现象学挪用的可能。实际上，帕托契卡的挪用虽然是不完全的，但却是根本性的。在《柏拉图与欧洲》[④]中，帕托契卡将"何谓欧洲"的起源追溯到柏拉图关于对灵魂的关切（care of the soul）的论述，与胡塞尔将欧洲的理念定位在古希腊哲学对普遍科学（epistemē）的推动中形成鲜明对照。而且，与德里达等人[⑤]在"关切"的概念中看到海德格尔在《存在与时间》中阐述的"烦"（Sorge）不同，帕托契卡所阐述的关切，既不涉及对存在的生存论—本体论理解，也不涉及对由此种生存论—本体论理解而生发的、拥有本体论特权的实体之本真的、极度原始的时间性的揭示。

对帕托契卡而言，"关切"问题根本上是一个灵魂为了整全而斗争的问题，而灵魂的自我展现发生在"存在一般的模型"[1](p.185)的数学结构中。数学与柏拉图的相论之间存在连续性，所以帕托契卡说，"数学的同时也是灵魂的"[2](p.102)。进而，"向我们展示了合理意义上的灵魂的，是我们与数学世界的关系。在数学和思想里，思考向我们展示其自身，思考内在于思想之中"[3](p.103)。

---

① 分节和小标题为译者与作者商榷后所加。

② 胡塞尔认为现象学的"普遍本质是 eidos（即柏拉图意义上的 ιδέα），但 [现象学的普遍本质] 是在其自身的纯粹性中被理解的，不受任何形而上学的解释 [的影响]"，参见 Edmund Husserl, *Erfahrung und Urteil*, Hamburg: Felix Meiner Verlag, 1985, p. 411; *Experience and Judgment*, trans., J. S. Churchill and K. Ameriks, Evanston, Illinois: Northwestern University Press, 1973, p. 341.

③ 海德格尔将柏拉图对存在之意义的取向描述为"形式本体论的"（Martin Heidegger, Platon: Sophistes [Frankfurt am Main: Vittorio Klostermann, 1992], p. 432; *Plato's Sophist*, trans., R. Rojcewicz and A. Schuwer [Bloomington: Indiana University Press, 1997], p. 299）。确切地说，对任何预先给定的主题的解释，包括对"一般的东西"（Etwas überhaupt）的解释（ibid., p. 225/155），都是由逻各斯引导的。

④ Jan Patočka, *Plato and Europe*, trans., P. Lom, Stanford, Stanford University Press, 2002.

⑤ Jacques Derrida, *The Gift of Death*, trans., D. Wills, Chicago and London: University of Chicago Press, 1995, p. 13. 另见 Edward F. Findlay, *Caring for the Soul in a Postmodern Age*, Albany: State University of New York Press, 2002, p. 62。

在下文中，我将追溯帕托契卡对柏拉图的挪用。这一挪用既与帕托契卡现象学中自我展示的现象学优先性有关，也跟作为现象学特有的现象之基本特征的出现（appearing）或显现（manifesting）有关。众所周知，这种优先性是在帕托契卡对胡塞尔和海德格尔的主观主义的批判中发展起来的，但它的柏拉图主义背景似乎并没有受到应有的关注。这可能部分是由于帕托契卡在《柏拉图与欧洲》中明确指出，他的柏拉图与胡塞尔的或海德格尔的柏拉图完全不同，因为他所讨论的柏拉图，首先是亚里士多德等人所载"所谓未成文的"（λεγομένοις ἀγράφοις δόγμασιν,《物理学》209b 14-15）柏拉图。

二 帕托契卡论柏拉图式"对灵魂的关切"

首先可以肯定的是，帕托契卡指出了柏拉图之"对灵魂的关切"存在的三种取向：1."本体—宇宙论的（ontocosmological）"[4](p.97)；2. 两种冲突生活方式的共有关切；3. 对物体和无形体的关切。其中，帕托契卡明确指出，第一种取向是"最重要的"[5](p.182, 188)。这个领域是帕托契卡的主题，他用自己的话将其描述为："柏拉图本人的教诲，或者说，柏拉图因其哲学家身份从未以书面形式记录下来的学说，因为柏拉图认为这种[书面形式的]记录不适合哲学，[因为文字]模棱两可，无法把握哲学本身，导致哲学陷入了今天所处的境地，即'有多少人就有多少种意见'（quot capital, tot sensus）的境地。在这种境地中，问题的核心没有被追问，离题的东西反而被辩论，种种无关紧要的考量，使得我们失去讨论中和视线中的正确线索。"[6](p.182) 柏拉图教诲本身的未成文本性，和帕托契卡在《柏拉图与欧洲》中并未重建他所暗示要"尝试重建"[7](p.182)的柏拉图教诲这一事实，都阻碍了他将柏拉图教诲用作他的阐释之基础。帕托契卡阐释的是柏拉图之对灵魂的关切中最重要的维度，即帕托契卡所称的，柏拉图"关于存在之出现的思想"[8](p.103)。因此，帕托契卡认为，"毋庸置疑，这些柏拉图式的反思包含了哲学一直追求的东西，哲学历代以来直到今天一直追求的东西"[9](p.103)。这一观点是异乎寻常的，特别是当我们考虑到，不仅柏拉图式的对话"仅在一定程度上"反映了这些"反思"[10](p.182)，而且重建它们的尝试也存在分歧，而且往往存在根本的分歧。

帕托契卡勾勒出柏拉图关于存在之出现的基本思想的方法，似乎是将柏拉图在未成文教诲中被记录下的学说的内容视为不证自明的，尽管这种学说没有直接出现在柏拉图的对话中。将其自明性建立在这一学说上的学术重构，同样没有出现在帕托契卡自己的文本中。这似乎具有讽刺性：帕托契卡关于柏拉图基本思想的讨论的背景，是对现象相对于存在的现象学自主性以及对某物的出现和它作为存在物的状态两者之间的根本区分。这种讨论不是由柏拉图的思想出现的方式、由它赋予自身的方式所引导，而是由对它作为独立于它的表现而存在的东西的吸引力所引导。换言之，讽刺的是，似乎帕托契卡对柏拉图思想的形而上学局限性的所谓现象学解释本身——根据他自己对该术语的理解——就是形而上学的。

然而我认为，以上看法具有误导性。因为这看法基于一种假设，这种假设又与帕托契卡对柏拉图之对灵魂的关切的描述相矛盾，与引导他对胡塞尔现象学和海德格尔现象学的现象学批判的自成一格的（sui generis）展现场域相矛盾。这一假设认为：思想或者说思考本身，能够出现、能够直接向我们展示自身，因此，思想之存在是一种现象。帕托契卡认为，对于柏拉图而言，思想是不能直接出现的，就像灵魂具有内在性一样，思想既不可见又不确定。事实上，在帕托契卡对柏拉图思想的描述中，这些特征都被提及，而且这些特征也都体现在他自己的思想中。众所周知，他对胡塞尔和海德格尔都就这个问题做出过批判。胡塞尔和海德格尔对显现本身的现象学解释，均诉诸某种确定性事物的存在，而这某种确定性事物——根据帕托契卡的理解——与现象学的现象是共延的。"出现"，用帕托契卡的话来说，"不同于出现的东西"。[11](p.98) 就此而言，"它是一个完全不同的结构"[12](p.98)。因此，虽然灵魂或思想必然出现在显现的事物中，它必然无法与其显现分开的出现，总须是"一种比出现的东西——如果它要出现的话——更多的东西"[13](p.99)。对此，帕托契卡补充道："而且我们知道，出现，是'一'在'多'之中、在不同给予方式之下的出现。"[14](p.99)

不仅"我们知道"这一点，而且帕托契卡相信，柏拉图"毫无疑问"[15](p.99)也知道这一点，并且他将这一基本思想主题化了："事物，只有在以与它不同的他物为基础时，才能够向我们出现。"[16](p.99) 以数学、数学结构作为它的"指导线索。"[17](p.99) 可以肯定的是，柏拉图所讨论的数学和数学结构——无须赘言（因此帕托契卡也没有这么说）——不是现代符号数学的数学和数学结构。在现代符号数学中，数量具有精确意义下的普遍性，即关于离散或连续量级的不确定概念客观性。相反，柏拉图所讨论的数学和数学结构涉及的是异构量级，即算术处理的离散量级和几何处理的连续量级。帕托契卡认为，在柏拉图那里作为存在（包括灵魂的存在）的范式的，正是在这种数学。作为存在的范式，数学以不可见的"相"、可见的立体的生成以及"站在可见与不可见的边界上"[18](p.187) 的灵魂为其模型。此外，灵魂通过思考，将自己引入这个存在的层次结构中。帕托契卡所说的"思考"，并不意味着"任何形式的外在展示"[19](p.188)，而是"灵魂自身在运动中的实践"，是一种"产生独特的体验，[使我们能够]看到在彼方、

在另一边 [在不可见领域里] 的事物，以及 [在可见领域里] 不存在的事物"[20](pp.188-189) 的实践。柏拉图之对灵魂的关切，对于帕托契卡来说，"意味着想要与自己统一"[21](p.189)。而这种统一的野心植根于这样一个事实，即"人最初不是，也并不总是跟自己相统一的"[22](p.189)，因为人的自我运动中的灵魂，"怀有一种持续活跃的冲动，要么通过思考达到与自身的统一，要么通过非理性陷入非存在（non-Being）"[23](p.188)。

按照帕托契卡的说法，数学之所以能够在柏拉图思想里充当存在的模型，在于数学指出了，就可理解性和揭示性而言，数学存在不同维度的差异，这种差异与这些存在的生成之间的联系，产生了它们的层次结构。正是这种差异和层次结构，在"我们可以称之为柏拉图的本体论"[24](p.185) 中，指向存在的层级性和多样性。帕托契卡将这种维度生成解释为：从无维度数开始并终止于物体表面的生成。柏拉图的数，或者说"希腊概念"[25](p.184) 的数，是"由单位组成的组合的范式"[26](p.100)。用帕托契卡的话来说："[这个范式的] 基本思想是层级递进，从数意义上的单位（μονάς）到线，从线到平面，从平面到物体。"[27](p.184) 在这个维度的演进中，开端象征着最高级，因为作为数学存在维度的源头，所有数存在都依赖于它。而且作为最高级，数意义上的单位也比由它生成的线条更易于理解，就像线条比表面更易于理解一样。根据帕托契卡的说法，柏拉图时代的古代几何学的主要问题是"数学领域内的关系"[28](p.101)——对于数和几何维度而言——"是以特定方式分级的"[29](p.101)。这种层级表现在从一个维度到另一个维度的过渡中，当一个维度的关系的不可通约性被证明在另一个维度上是可通约的，这不仅意味着，对不可通约性的发现并没有终结数学存在之间的关系，而且意味着，维度性"同时具有将可理解的与不可理解的混合在一起的含义"[30](p.102)。

作为柏拉图关于"存在之出现"的思想的线索，数学和数学结构是通过作为存在一般（Being in general）的类比来成为后者的模型的。帕托契卡将两者之间的类比分解如下。对应着数学世界中的单位——数——的有两个首要原则。"其中，第一个首要原则是太一（the One）。"[31](p.185) 帕托契卡用现象学术语表达了这一点："为了让某物显现自身，必须有某种能够（用我们现代的 [现象学] 术语说）以其自身被把握、识别"的东西。另一个首要原则是不确定二元组（indeterminate dyad），它通过重复（相乘）或相除来将一个对象倍数化。这个不确定二元组对多（multiplicity）的责任使其成为不确定的，与负责确定性的"太一"相反。然而，这两个原则尽管有根本的对立，却能够"混合"、相互渗透。在这一点上，它们类似于数学结构中随着从一个层次到另一个层次的过渡而发生的[32](p.102)、可理解者和不可理解者的混合。因此，作为确定性原则的"太一"意味着统一、限制，而不确定二元组意味着无限性、持续增长。用帕托契卡的话来说，"柏拉图认为这两个原则是万物之始"[33](p.102)。这两个原则都"产生效果"[34](p.192)，其中太一的"形式和有限性是良善的"[35](p.192)，而相反地，"不确定性、混乱性和负面的无限"是邪恶的。在后者中，"我们投射在我们生活中造成混乱的一切：激情、肆意，所有想要无缘无故也无精确限制地增长或无休止地重复自己的那些东西"[36](p.192)。

这两个首要原则的混合，即太一和不确定者的混合，通过将限制和统一强加于多样性而生成数，即"万物的原始形式"[37](p.186)。但是，它们生成的数是"不同于我们在数学中使用的数"。这些非数学的数是相；它们不是"可以数算的数"而是"一切数的模型"，"它们总是唯一的"。[38](p.186)，然而，"作为相的数"（Numbers as Ideas）并不意味着存在像数的相（idea of number）那样的东西。帕托契卡写道："数的相既不存在，也跟相的数毫无关系。"[39](p.210) 作为数"之上"[40](p.210)的某种共同事物的数（数学意义上的数）的相，并不存在。这是因为数特有的、非时间性的"前"和"后"的关系排除了它。二元组在三元组之前，三元组在四元组之前。"这里的共性不在数之上，而是在数之内。"[41](p.210) 任何两个数之间的前后关系，就已经排除了数之上的共性。这意味着，数的普遍性在于"组成了数学意义上数的东西，即单位（μονάς）"[42](p.210)。对于相为何是数的疑问，帕托契卡回答说："因为在这些统一的多样性的第一个模型中，我们有所有向度性的原型。"[43](p.186) "从数学上看"[44](p.186)，这个模型对"类似平面和物体的事物"[45](p.186)之出现负责。而在"太一与多样性的首次统一"[46](p.186)中，相—数（Ideas-numbers）是"这种存在物的成形过程的原型"[47](p.186)。作为"最基本、最根本的数"[48](p.100)，"这些数不能相互合成，不能进行算术运算"[49](p.100)。之所以如此，是因为它们是"不可比量、非同类项的（ἀσύμβλητοι）"[50](p.186)；它们"不是由任何种类的同质相同单位组成"[51](p.100)。这意味着"我们所知的数，不属于相的领域"[52](p.100)，而是处"在某个较低的领域，这领域并非没有预设，更恰恰是一个以相为预设的领域"[53](p.100)。相—数中有"九个或十个——对此的看法存在分歧"[54](p.100)——是"各种无穷无尽的数的例子"[55](p.100)的预设。也就是说，作为所有数的模型，[这九个或十个相—数]是"所有多样性及具形式者的首个原型"[56](p.186)。正是在此意义上，"当多样性统一时"[57](p.186)，"我们面前就会出现一个像数一样的东西"[58](p.186)。

类似于几何线的是"相—数，而相—数就已经包含了一些类似于非理性关系的东西"[59](p.187)。"柏拉图试图表明，这种数学类比可以让我们理解相—数的相互关系，[这种关系]也就是他所谓的，相—数对彼此的相互参与。"[60](p.187) 与平

311

面类似的——正如我们已经提到的——是灵魂。灵魂"站在万有之中"[61](p.187)。虽然灵魂自身是不可见的,但也"站在可见和不可见的边界上"。"只是因为灵魂以其为基础思考"[62](p.187),第一原则、相—数、作为线性关系的相—数,以及适用于不可见领域的数学—数才得以存在。从灵魂的思考中产生的理解"使它自己运动"[63](p.187),并且随着这种运动,"它所掌握的一切——也就是说,就它所掌握的而言——都是可理解的关系"[64](p.187)。当然,包括在这些关系中的是"具体数学"[65](p.187)。而且,正是灵魂对"我们在可理解世界中已经习惯使用的那些衡量方式"[66](p.188)的使用,使到可见世界显出自身为比可理解世界欠缺一些存在。确切地说,可见者"以运动、不断变化和缺乏自我认同为特征的物体世界"[67](pp.187-188)的外貌,"在我们测量它时突然显现出来……作为一种非常模糊、难以捉摸的东西[显现出来]"[68](p.188)。尽管身体世界对我们有着彻底的吸引力,但当物体世界被如此衡量时,它显示出自己比"更高的存在"[69](p.103),也就是说"使存在物之出现成为可能"[70](p.103)的存在"欠缺一等。

柏拉图关于存在之层级的思想,在帕托契卡看来,"无疑屈从于希腊哲学传统,或者更准确地说是柏拉图那个时代的哲学,即认为某种最高级的存续和持久是存在的"[71](p.103)。进而他认为,柏拉图的思想"成为了一种关于绝对存在的学说,成为我们称之为形而上学的学说"[72](p.104)。对于帕托契卡而言,形而上学"同时意味着关于出现的学说和关于存在的学说。使万物向我们出现的,又是另一个更高的存在,照此类推"[73](p.103)。

小结:柏拉图之"对灵魂的关切"所关乎的,首先是一个思想的本体—宇宙论运动,是一个存在者根本上是不可见的,因此也就不能直接出现的关于存在的思想,是以出现的某物这方式来存在。灵魂不是直接出现的东西,而是对所有出现的现象负责的东西。确切地说,思维自我运动所针对的东西,即数学,为所有显现自身的事物提供其展现和出现的类比度量。[灵魂]对现象(即出现者的出现)负责,意味着灵魂超越了它负责使之出现的东西,也就是说,超越了各种出现的东西。正是由于这种责任,灵魂才出现、才间接地"展现了自身"。灵魂的展现恰恰是通过它的思维理解所带来的数学和与此类比的本体论关系才得以可能的。因此,这些数学的关系同时也是灵魂。

三 现象学传统中帕托契卡对柏拉图问题的原创性贡献

我们这里所讨论的数学结构是由单位(μονάς)组成的范式,即无维度的算术数、无维的点、一维的线、二维平面、几何和立体测量的三维立体。我们这里所讨论的数学关系涉及两者:(1)数学存在的层级结构和(2)这些数学维度的混合。前者关注的是参与到立体生成的数学存在，这其中较简单的结构是包含更多、更易于理解的，由此在数学存在的尺度上，高于更复杂的存在。后者关注的是，一个朝向更高的数学维度的十字路口，其中在一个维度上不可通约的量级间关系，在另一个维度上变得可通约。算术结构类似于本体—宇宙生成的第一原理，即太一和不确定二元组，生成能够生成物体维度的原始维度的相—数。相—数区别于"数学—数"之处在于，它们的相—单位的异质性，这使得它们不可比拟（ἀσύμβλτοι），不能像"数学—数"一样结合。数学关系类似于第一原理[太一和不确定二元组]的混合，它以一种涵盖相—单位的非理性关系和每个数相互交互的独特统一性的方式产生相—数。

因此，对灵魂的本体—宇宙论关切，代表了对存在之出现的发现。存在之出现即现象，作为真理的标准，在于它能区分以其自身出现的事物与仅仅看似如此但其后表现并非如此的事物。然而在柏拉图那里，这一发现并非"纯然地"实现，因为在柏拉图思想中，出现并非真理的唯一标准。相反，柏拉图关于存在之出现的思想变成了形而上学。确切地说，他的哲学试图校准出现，即存在的真理，使之与存在物的规模相适应，而存在物的规模取决于他们在关乎最在场和最持久之物的传统思维中的参与度。因此，存在的真理最终不是在展现自身的事物的出现中可以寻求到的，而是通过与此无关的、一种不被该标准证实的方式推定地保持在场的事物来寻求的。

从如上讨论可以看出，如果将帕托契卡关于柏拉图对灵魂的关切之最重要维度的描述与海德格尔的"烦"（Sorge）概念联系在一起，就会不公正地忽视帕托契卡作为一个思想家的独创性贡献。正如我们所看到的，帕托契卡视域中的关切问题与灵魂思想的自我运动密不可分，这种自我运动以一种使得存在出现的方式瞄准数学结构；因此，对帕托契卡而言，柏拉图关于存在之出现的思想中，关键的不是存在者对存在的理解这一"现象"，而是出现本身的结构，具有对所有理解和存在的一种现象学优先性。此外，当人们将帕托契卡对柏拉图形而上学的批评与海德格尔对柏拉图形而上学批评混为一谈时，给帕托契卡造成了更大的不公正。我们已经看到，帕托契卡对柏拉图的批判，并不像海德格尔那样，集中在任何客体的存在的派生意义上。正是由于这种对客体存在的无差别对待，柏拉图的本体论只能是一种形式本体论。相反，帕托契卡的批判着眼于这样一个事实，即柏拉图的"本体论"使存在的真正出现成为可能，这种出现提供了"哲学解释的最深层次和终极的基础，哲学问题的最终答案"[3] (p.41)——帕托契卡坚持认为，"并非一个存在"——被柏拉图误解了。柏拉图最终通过诉诸这样一个存在者来回答这个问题；或者更确切地说，是诉诸存在的层次结构来回答这个问题。

帕托契卡对柏拉图的现象学挪用受到"出现的结构必须是独立自持的"[74](p.41)这一思想指导。这意味着,"出现必须以其纯粹的结构清晰地展现给我们,而不顾任何现实,不顾任何可以作为其基础的具体的真实事物"[75](p.41)。胡塞尔的现象学以及海德格尔的现象学都无法达到这一点,而且基本原因是一致的:主体主义。胡塞尔预设了一个[帕托契卡认为实际上]"不存在"[76](p.41)的"'内在转向'的行动"[77](p.143),而且[帕托契卡认为]"整个构成系统都并不存在"[78](p.143)。这并不是说,对帕托契卡而言,这并不意味着"不存在来自主体、有关出现的中介活动"[79](p.143)。而是说,主体向我们展示自身的整个系统及其对事物的指示和指称,是"世界向我们展示自己时所必需的中介"[80](p.143)。这种基本的中介是一种"形式的主体性"[81](p.143),因此它永远不是人们可以"构成"世界"在场"的材料。而海德格尔之此在对存在的理解(Seinsverständnis)将存在问题视为"有限主体的一个成就"[82](p.170)。海德格尔自己也最终意识到,这种把握存在的现象的方式,"仍然太接近胡塞尔的主体主义"[83](p.170)。而且,胡塞尔和海德格尔都把在帕托契卡认为是现象的正确意义的出现本身与存在混为一谈,因此不符合帕托契卡关于出现问题的观点,"在现实中,自身展现的问题比关于存在的问题更根本、更深刻"[84](p.133)。胡塞尔将先验主体性的内在存在作为现象学最基本的现象,背离了这一点;而海德格尔将现象的真正意义与存在的意义画等号,也背离了这一点。

从胡塞尔和海德格尔的经典现象学的观点来看,帕托契卡认为出现的结构具有根本自主性的想法尽管具有独创性,但显然存在着无法克服的内在困难。从胡塞尔的角度来看,现象和主体无疑被认为是不可分割的,原因很简单,出现但又不向人出现的事物在本质上是不可能存在的。从海德格尔的角度来看,没有比存在的意义更基本的现象,因为正是这种意义的实存—本体论的先天状态,构造了任何存在的事物的自我展现。当然,帕托契卡并非没有意识到这些困难。他对胡塞尔的回答是,从向人出现的必要性来看,并不意味着,"人将是事物的创造者和承载者。相反,[事物的]承载者是结构。那出现者(存在物)向其出现的,是这个最根本结构的一个环节和组成部分"[85](p.41)。帕托契卡对海德格尔的回答是"要弄清现象与存在的事物之间的关系"[86](p.33),必须通过现象学哲学。现象学哲学"不同于现象学,它不仅要[像现象学那样]分析现象本身,而且不止步于此,要[根据分析]得出结论"[87](p.33)——这些[结论]是"可以说是形而上学的"[88](p.33)。因此,对帕托契卡来说,为了使现象保持其现象[的身份或状态],"它必须在宇宙中保有一个自治的非真实领域,尽管它是非真实的,但在某种程度上决定了现实"[89](p.33)，哪怕这样做的方式，"是一个科学无法解决的问题……即便只考虑现象本身的现象学也不能解决"[90](p.33)。在最好的情况下，"现象学哲学可以就此提出某些建设性的假设"[91](p.33)。

四 关于克莱因的建设性假设

我们以上对帕托契卡关于柏拉图式对灵魂的关切（在其具有特权的本体—宇宙论向度）的讨论，清楚地表明了指导帕托契卡对胡塞尔和海德格尔的批判的原创思想的来源，以及他对非主体（a-subjective）和非本体论现象学的个人表达：柏拉图主义的分离（chōrismós）命题。这个命题假设：事物展现的杂多之基础是它们自身以外的东西，这种东西，作为出现的结构，不仅不存在，而且是永远不能以出现者的方式展现自身。这种东西是相—数的领域，相—数是数学—数的前设，是可见物体的维度性，是对作为显现自身之场所的灵魂的关切。当这个结构本身被认为是不能出现时，柏拉图以及帕托契卡如何能够建立一个关于出现的结构的现象学关系？帕托契卡无疑会回答：通过对灵魂的关切。帕托契卡如何能够认为他知道柏拉图"未成文的学说"的内容？毕竟这种学说是未成文的，只能间接获得（通过亚里士多德的二手辩论等）。这里可能有两个答案，一短一长。由于在帕托契卡已发表的著作中很少提及关于这个主题的一手和二手文献——除了亚里士多德，帕托契卡只简要提到了罗宾（L. Robin）、默隆（Ph. Merlan）、威尔珀特（P. Wilpert）[92](pp. 413, 411, 415) 盖泽（K. Gaiser）①——以下两个答案都属于"建设性的假设"。

简短的答案是，帕托契卡能够"看见"柏拉图未成文学说的内容。也就是说，帕托契卡是柏拉图未写明（而只是与他最亲近的人谈及，而且这些人还大都不同意他）的学说的传人。

较长（亦未必与第一个答案无关）的答案，是帕托契卡早年与雅各布·克莱因的交往。帕托契卡于 1933 年在柏林曾与雅各布·克莱因一起研究过希腊思想，[93](p.16)"被传授以"亚里士多德这个说法，即柏拉图或柏拉图主义者认为，从某种意义上说，相即数。1947 年，帕托契卡评价克莱因说："这个人在我的生活中扮演了绝对重要的角色。是他叫我去弗莱堡的。多亏了他，我才知道当时在

---

① Konrad Gaiser's *Platons Ungeschriebene Lehre*, Stuttgart: Ernst Klett Verlag, 1963. 在 Jan Patočka, "Europa und Nach-Europa", *Ketzerische Essais zur Philosophie der Geschichte und ergänzende Schriften*, ed., K.Nellen and J. Němec, Stuttgart: Klett-Cotta, 1988, pp. 245, 256-257, 266-267 中被提及。

思想世界中发生的一切。他是让我怀疑我最初的方向的人。"[1] 克莱因当时正在完成迄今仍是唯一一部试图从古希腊算术和逻辑学的概念层面重建柏拉图关于相数（eidetic numbers）的未成文学说的著作，这启发了帕托契卡：也许可以在柏拉图对话（尤其是《大希比阿篇》和《智者篇》）中某些地方找到对这一学说的隐晦引用。克莱因该项研究计划的第一部分《希腊计算术与代数的起源》[2] 于1934年出版。同年，第一个评论此著的人就是帕托契卡。[3]

鉴于高度的相关性，帕托契卡这段评论值得被完整引用：

> 克莱因展示了古希腊意义上的数（ἀριθμός）概念与我们的数概念有何不同，以及这个概念（多的统一）的问题如何与希腊哲学特别是柏拉图哲学中的基本问题相关联。从这个角度阐明古希腊意义上的数（ἀριθμός）概念，使得柏拉图主义最重要和最深奥的问题——尤其是相—数的问题——得以解决。克莱因同意奥斯卡·贝克尔（O. Becker, *Die diairetische Erzeugung der platonischen Idealzahlen*, Quellen u. Studien I, 483 ff..）的观点，即算术证明（ἀριθμός εἰδητικός）只是一个"相的集合"，一个算术的统一性，而这个统一性的单位（μδικός）是相（εἴδη）。基于这些知识，克莱因是第一个敢于对柏拉图意义上"某物与此物之形式"的分有（methexis）问题提出解决方案的人：相的算术性质[相

---

[1] "Brief J. Patočkas an Robert Campbell vom 30. 9. 1947", Eugen Fink and Jan Patočka, *Briefe und Dokumente 1933-1977*, ed., M. Heitz and B. Nessler (Freiburg/München: Alber; Praha: OIKOYMEHN, 1999), p. 57. 菲利普·卡菲克（Filip Karfik）在与作者的个人电子通信中记录了以下关于帕托契卡与克莱因和柏拉图之"未成文教义"的关系："帕托契卡大约自其在柏林学习的初期就对这个主题甚感兴趣。克莱因当时是他的好友，而且两人友谊持续至战后（1947年两人曾在弗莱堡见面）。帕托契卡在1945至1949年间讲授关于前苏格拉底和柏拉图哲学的课程，对当时前沿的学术动向是知情的，包括关于早期希腊数学（贝克尔[Becker]等人）和亚里士多德和其他人（罗宾[Robin]、威尔珀特[Wilpert]、贡佩兹[Gomperz]）关于柏拉图之未成文学说的著述。在1964年出版的关于亚里士多德的书中，帕托契卡再次提到了这个主题，其中一整章是对柏拉图未成文哲学的阐释。他的所有这些早期研究都依赖于从罗宾开始的重建柏拉图未成文教义的尝试，都先于克雷默（Krämer）和盖泽相关著述的发表。当他读到盖泽的《柏拉图之未成文学说》（*Platons Ungeschriebene Lehre*）一著，他将其视作对这种重建的一种认可和更易懂的解释版本，并在后来的著作中多次引用它。1970年代初，他再次讲授柏拉图（讲义尚未出版，但留存有打字稿），使用了盖泽版的重建。"

[2] Jacob Klein, "Die griechische Logistik und die Entstehung der Algebra", *Quellen und Studien zur Geschichte der Mathematik, Astronomie und Physik*, Abteilung B: *Studien*, Vol. 3, No. 1, Berlin: Julius Springer, 1934, pp. 18-105 (Part I). 两个部分的英译本：*Greek Mathematical Thought and the Origin of Algebra*, trans., E. Brann, Cambridge, Massachusetts: M.I.T. Press, 1968; 2nd ed., New York: Dover Publications, 1992.

[3] Jan Patočka, Jacob Klein, *Die griechische Logistik und die Entstehung der Algebra I, Quellen und Studien zur Geschichte der Mathematik, Astronomie u. Physik*, (hsgg. v. Neugebauer, Stenzel u. Töplitz. Berlin, Springer 1934. S. 97)", *Česká mysl*, Vol. 30, No. 4, 1934, pp. 232-233. 英文版参见 Eric Manton, *The New Yearbook for Phenomenology*, Vol. 6, 2006, p. 307.

(εἴδη)等于数(ἀριθμοί)]，使得理解相(εἶδος)如何既是无(χωρίς)又是有(ἕν)成为可能，尽管种类与多(πολλά)有关。克莱因在《大希比阿篇》(300a-302b)中找到了这个解决方案，特别是在"个别看是一，一起看是二"(ἓν ἕκαστον, ἀμφότερα δὲ δύο)这说法里。

克莱因试图清楚地解释柏拉图关于相—数的学说。虽然他的解释还不完整，但在要点上，在澄清问题方面做得很好。可以说，任何进一步的研究都必须认真考虑克莱因的解释。如果我们参考布伦施维克(Brunschvicg)的《数学哲学的阶段》(*Les étapes de la philosophie mathématique*)中关于相—数之特征论述的许多晦涩之处，我们就会看到，柏拉图对话是多么不恰当地未能提供关于这一学说的任何信息。在这方面，克莱因对《智者篇》的透彻而深刻的解释是全新的，并为这篇对话的哲学财富提供了惊人的证据支撑。关于相—数的理论不是一个数学的理论，而是一个关于智性推理(διάνοια)之可能的本体论的和哲学的解释。[1]

对比帕托契卡对克莱因文章的以上评论与我们对他在《柏拉图与欧洲》中关于柏拉图未成文学说之描述的讨论，有四点格外突出：1. 二者关于相—数的描述是相同的；2. 对相(εἶδος)的算术性质之描述也是相同的，这一性质将相与多(πολλά)关联起来，让它既是分离(χωρίς)又是统一(ἕν)；3. 帕托契卡评论中提到的相—数的非数学特征，意味着一种可能的、对思想或智性推理(διάνοια)之类的事物的哲学解释，类似于《柏拉图和欧洲》对思考或思想的解释，即思考或思想在它建构存在的数学结构的运动中变得显见；4. 在帕托契卡的评论中，既没有提到相—数对物体维度生成的基础作用，也没有提到《柏拉图与欧洲》中作为这生成的例子的、立体的数学生成。

前两点中提到的"同一性"对我们的建设性假设很关键。帕托契卡证明了，克莱因是第一个"敢于"为柏拉图的分有(methexis)问题提供解决方案的人。帕托契卡评论显然过于简短，无法使他详细说明克莱因的解决方案如何植根于以下两个基本洞见：1. 古希腊的数(ἀριθμός)概念与我们的数的概念之间存在

---

[1] Jan Patočka, Jacob Klein, *Die griechische Logistik und die Entstehung der Algebra I, Quellen und Studien zur Geschichte der Mathematik, Astronomie u. Physik*, hsgg. v. Neugebauer, Stenzel u. Töplitz. Berlin, Springer 1934. S. 97, *Česká mysl*, Vol. 30, No. 4, 1934, pp. 232-233. 英文版参见 Eric Manton, *The New Yearbook for Phenomenology*, Vol. 6, 2006, p. 307。

差异;① 2. 这种差异解释了非数学分离（chōrismós），这种分离是相数与多样性关系的特质。② 克莱因对古希腊的数（ἀριθμός）与我们的数概念之间差异的描述，简洁地说就是：如果我们将"概念"理解为一个包含个别对象的共同特质的相③，那么，古希腊的数（ἀριθμός）根本称不上是一个概念。而我们的概念，也就是克莱因所谓的现代的、后弗朗索瓦·韦达（Vieta）的、数学的、符号的数（Zahl）的概念，正是这样一个概念。克莱因将古希腊的数（ἀριθμός）的"非概念性"描述为：多个相同单位的有序集合中集合的统一（现代术语中的正整数）不是基于单位的。这是帕托契卡在他的评论中提到的《大希比阿篇》中克莱因的解决方案：例如，在古希腊的数二（ἀριθμός）中，单位是每一个（ἓν ἑκάστον），而它们的统一是"两个一起是为两个"（ἀμφότερα δὲ δον）；因此，"二"不能基于任何一个单位（每个单位都是一，不是二），因为二只同时指代在一起的两者。与之形成对照的是，现代数概念的象征性质，是作为一个数量的一般概念的表征。一言以蔽之，对克莱因来说，希腊数是确定性的，而我们现代的数是非确定性的。

在克莱因看来，古希腊的数（ἀριθμός）的"算术结构"的不可化约的"一对多"统一性，以及亚里士多德关于柏拉图（或柏拉图主义者）认为相数具有不可比性（ἀσύμβλητοι）的记载，提供了算术证明（ἀριθμὸς εἰδητικός）之分离（chōrismós）结构的一条线索。这就是：算术结构表现出一种统一性，这种统一性在不将自身分布于其中的同质的数学单位之中的前提下包含了多重性；亚里士多德的相关记录就提供了背景，揭示柏拉图对话中由异质单子（monads）所构成的相（即是 ἀριθμός）的集合，是由不同通种（genē）④的单位构成的。因此，与数学—数中可比较的、可以"无差别地"组合成不同数的同质单子不同，从亚里士多德的记录来看，相—数的单子是不可比较的，也就不能像数学—数那样组合成不同的数。⑤ 正是在这个意义上，克莱因认为，《智者篇》中哲学家埃利亚异乡人（Eleatic Stranger）和数学家泰阿泰德（Theaetetus）都说明了，这意义下的相—数让我们的智性推理（διανοία）能够思考对象，包括存在的和不存在的。⑥

---

① Jacob Klein, op. cit., chapter 6.
② Jacob Klein, op. cit., chapter 7.
③ 见上文关于帕托契卡的相—数不是"数的相"（idea of number）的讨论。
④ Jacob Klein, op. cit., p. 86/89（德／英）.
⑤ Aristotle, *Metaphysics M, 6* 1080a 15-b 4; 参见 W. D. Ross 对非对称（ἀσύμβλητος）这一术语的注释，*Aristotle's Metaphysics*, Oxford: Oxford University Press, 1924, p. 427。
⑥ Jacob Klein, op. cit., pp. 88-94/91-98（德／英）.

对我们的建设性假设而言，比帕托契卡承认克莱因最早提出柏拉图分离论的解决方案更重要的是，之后关于柏拉图未成文学说的著述都并没有遵循克莱因的方案。① 这包括帕托契卡在他的作品中最常提到的书——盖泽 1963 年的著作《柏拉图之未成文学说》。事实上，盖泽在没有提及克莱因提出的解决方案的前提下明确说："柏拉图式数的逻各斯特征如何与它们的无法结合（ἀσύμβλητοι）性相协调，仍然有待解答。"[94](p.365) 而且，在引用克莱因关于相—数的算术结构（但不涉及它们的不可比性）的论述之后，盖泽再次表明他没有遵循克莱因的论述，他写道："对这种事态的柏拉图式解释 [克莱因之相—数的算术结构] 与逻各斯的数学理论的关系，本质上还待解答。"[95](p.367) 克莱因的方案没有被接受这一事实比它最早被提出更重要，因为它支持了我们的假设，即帕托契卡一定是对克莱因有所借鉴。《柏拉图与欧洲》中关于对灵魂之关切的论述表明，帕托契卡清楚地看到了：算术结构中数的单位，不是同质的数学单子，而是不可比较的相。没有任何思考的技艺，可以让人见到这一点，因为要见到它，必须先明白到：数学—数的"单位"与相—数的"单位"之间根本上是无法类比的，尽管这里有着统一各种数的单位的"一对多"的算术结构的类比。同样，没有任何思考的技艺，可以得出柏拉图的分离命题，即假设相—数的非数学的"一对多"的算术结构，超越了只能依从（组成相—数的）异质统一性出现的各存在物。毫无疑问，这就是为什么帕托契卡在《柏拉图与欧洲》中写道："柏拉图最重要的学说是思考本身是不充分的……根据柏拉图的说法，哲学始于可以看到某物的地方，有意义的话语将我们引向事物本身的地方。"[96](p.182) 帕托契卡接着说，尽管眼睛对哲学很重要，但对柏拉图来说，引导视线的不是眼睛，而是对"存在（to be）这动词的意义"[97](p.182) 的沉思。在《智者篇》中，柏拉图看到了"作为真理问题（有什么真的存在？）的存在问题"[98](p.183)。

---

① 尽管无法在此详述所有可能的原因，但可以简明地指出两个最为明显的原因。首先，克莱因试图从自己的概念层面来研究古希腊数学，与他对前现代希腊数学概念和现代欧洲数学概念之间的"概念性"（Begrifflichkeit）差异的批判—历史性描述密不可分。大多数关于柏拉图之不成文学说的讨论，无论是否提及克莱因，都缺乏对此的敏锐度，使用模糊的隐喻的术语，谈论希腊数概念比现代数概念更"具体"和"直观"等。除了上述在克莱因的叙述中希腊数（ἀριθμός）的非概念性存在模式之外，希腊数那令人困惑的存在模式（即同时是多又是一），也尤其重要。因为克莱因的论点是，这种存在模式意味着希腊数（ἀριθμός）既是独立的（καθ᾽ αὑτό）又与某物有关（πρός τι）。由此，克莱因认为（1）希腊算术以及计算术既然是无关系的也是有关系的数学存在；（2）从存在的角度来看，算术和希腊数（ἀριθμός）比计算术和类比（ἀναλογία）更基本。对于克莱因之后的盖泽和帕托契卡来说，情况正好相反：柏拉图所谓的"逻各斯理论"（在数学关系的意义上）假定"范式（παράδειγμα）和通往众生的桥梁"具有优先性（Jan Patočka, "Europa und Nach-Europa", op. cit., p. 245）。从克莱因的角度来看，这种优先顺序的颠倒具有无法克服的缺陷，即削弱了数学作为相（εἴδη）这数学和所有其他事物的范式的存在物的图像地位，而这一点是在柏拉图对话中清楚地体现出来的。另请参阅下文对最后一点的讨论。

但是，帕托契卡在《柏拉图与欧洲》中的讨论并没有遵循这一思路，而是回到了柏拉图的未成文学说，即立体的数学维度生成是柏拉图关于存在层级的形而上学教义的最初模型。正如我们所指出的，克莱因对相数的描述并不涉及它们与维度生成的联系。虽然在这里无法详细考察为什么会出现这种情况，但在我们的讨论范围内可以进行非常简短和总结性的讨论。在《欧洲与后欧洲》（*Europa und Nach-Europa*）中，帕托契卡写道，盖泽关于柏拉图之未成文学说的著作"非常合理地确立了数学对于柏拉图的重要性，尤其是数学作为存在的范式的重要性"[99](p. 266)。而在盖泽的叙述中，提供这种范式的数学，是帕托契卡在《柏拉图与欧洲》中呈现的维度生成数学，包括它作为灵魂自我运动的思想目标和作为处于可见与不可见之间、灵魂的三维类比的地位①。[100](p. 266) 帕托契卡在此依赖盖泽的对柏拉图未成文学说的重构带来了以下问题，这一问题与帕托契卡在《柏拉图与欧洲》中对"关于存在之出现的根本思想"的形而上学转向的批判不无关系：在柏拉图对话中表现出来的，不仅不支持盖泽命题之"柏拉图思想中的数学是作为存在模型发挥作用的"，而且实际上与这一命题相矛盾。

柏拉图对话中关于数学存在的经典段落（locus classicus）是所谓线段比喻。几何学家和算术学家的智性推理（διανοία）所用的假设，不仅位于辩证法家运用理性思维（νόησις）研究的相（εἴδη）之下，而且还是某比例（ἀναλογία）下相那更高度的存在的影像。在这里，可见领域中的影像，在其可见的原本中，模仿更高程度的存在。《理想国》第七卷为了支持数学的这种地位，声称数学家与辩证法家相反，"梦"着存在（533b）。柏拉图这个文本中数学的地位，显然不是作为存在的模型（paradigmata），而是作为存在的影像。但也许更重要的是，如果帕托契卡在《柏拉图与欧洲》完成了被中断了、关于《智者篇》里存在与真理的讨论，帕托契卡则只能接受《智者篇》影像的存在模式向逻各斯和智性推理（διανοία）提出的问题，即影像是世间唯一迫使灵魂复制它"是其所不是者"的存在模式的存在物。它的存在模式怎样可以与它表面是但并真是的本原的存在模式区分？也就是说，帕托契卡只能接受柏拉图对话中的一个确切的转折点。这里，存在之出现的问题，即在柏拉图和（我认为的）帕托契卡的意义上的存在的现象问题，遇上了一个只有柏拉图的哲学——而不是胡塞尔、海德格尔甚至帕托契卡意义上的现象学哲学——能够解决的问题。这个问题就是：在智性推理（διανοία）指导下的逻各斯，是否能够提供能把影像加上影像之化身（智者）与原本加上原本之化身（哲学家）区分开来的标准。帕托契卡对柏拉图主义的现象

---

① 其中帕托契卡提供了盖泽关于维度生成的描述的简明概要，其语境就是帕托契卡对盖泽描述的认可。

学挪用，以胡塞尔和海德格尔都从未想过的方式，将这些问题本身拉近，是无与伦比的成就。

参考文献

[1][2][3][4][5][6][7][8][9][10][11][12][13][14][15][16][17][18][19][20][21][22][23][24][25][26][27][28][29][30][31][32][33][34][35][36][37][38][39][40][41][42][43][44][45][46][47][48][49][50][51][52][53][54][55][56][57][58][59][60][61][62][63][64][65][66][67][68][69][70][71][72][73][74][75][76][77][78][79][80][81][82][83][84][85][86][87][88][89][90][91][96][97][98] Jan Patočka, *Plato and Europe*, trans., P. Lom, Stanford, Stanford University Press, 2002.

[92] Jan Patočka, Aristoteles, jeho předchůdci a dědicové, *Aristotle, His Forerunners and Successors*, Praha: Academia, 1964.

[93] Edward F. Findlay, *Caring for the Soul in a Postmodern Age*, Albany: State University of New York Press, 2002.

[94][95] Konrad Gaiser, *Platons Ungeschriebene Lehre*, Stuttgart: Ernst Klett Verlag, 1963.

[99][100]Jan Patočka, "Europa und Nach-Europa", *Ketzerische Essais zur Philosophie der Geschichte und ergänzende Schriften*, ed., K. Nellen and J. Němec, Stuttgart: Klett-Cotta, 1988.

【作者简介】伯特·C.霍普金斯（Burt C. Hopkins），美国现象学家，原西雅图大学哲学系教授、系主任，曾任南京大学客座教授、巴黎社会科学高等学院客座教授，希伯来耶路撒冷大学高级研究员、捷克科学院哲学研究所研究员等，研究方向为胡塞尔、克莱因、柏拉图、康德、海德格尔、德里达等，部分著述已被译为中文发行。

【译者简介】雷乐天，毕业于查理大学人文学院，研究方向为思想史。

【校者简介】洪维信（Hung Wai-shun），剑桥大学哲学博士，西雅图大学哲学系副教授，研究方向为语言哲学、感知哲学、梅洛－庞蒂等。

海德格尔政治现象学：
政治、自由、技术

郝长墀

【内容摘要】 尽管海德格尔没有专门讨论政治现象学的问题，我们在他的前期和后期著作中可以发现两种政治现象学，"公众性"政治现象学和"框架化"政治现象学。"公众性"概念表达的是作为自由的此在与他人之间的非本真政治关系，而"框架化"作为近代以来人类历史的本质在政治上表达为高度一致性，在其中人从而成了重要的原材料，处于一种虚无主义的状态。海德格尔政治现象学思想的一个重大贡献就是揭示了政治生活在本质上是人和世界上的事物显现的先验条件。文章最后一部分讨论了超越海德格尔政治现象学的不同路径，对于海德格尔现象学的盲点进行了批评。

【关键词】 政治；自由；技术；公众性；框架化

当代西方政治哲学仍然依据事实与价值的区分（是与应当的区别），从道德主义和现实主义两个角度探讨政治生活的基本问题。政治哲学中的道德主义认为，道德先于政治，政治是道德的工具，或者说是道德的在政治中的体现。而现实主义认为，政治哲学讨论的是关于政治生活中的秩序、安全、信任和合作条件的基本问题，比如，国家的正当性的一个必要条件就是解决这些基本问题[1]。其根本思维框架是把人与人形成的政治共同体看作某种整体，对于这种整体的问题的解决，要么求助于外在的更高的道德原则，要么在整体之中讨论内部的成员或群体如何生存和共处的问题。无论是道德主义还是现实主义，其着眼点仍然是

---

[1] 参见伯纳德·威廉斯《政治理论中的现实主义和道德主义》，应奇译，《马克思主义与现实》2011年第3期。

解决政治制度的正当性和合法性的问题，没有就政治现象作为政治现象自身来讨论。与这样的政治哲学不同的现象学路径讨论的则是关于政治现象自身的问题，是政治的本质问题。

托马斯·白多夫（Thomas Bedorf）、斯蒂芬·赫尔曼（Steffen Herrmann）在2020年出版了《政治现象学：经验、本体论和认知》一书，其中他们作为共同作者写的文章"政治现象学：经验、本体论和认知"为第一章，提出了三种不同路径的政治现象学，并以此为标准对其他16篇论文进行分类[1]。根据白多夫和赫尔曼的观点，第一类政治现象学讨论是人类共同体生活中的某些现象，比如种族问题、暴力、情感、争端和争议等。胡塞尔把国家看作解决共同体成员之间的争端和争议的产物，就是一个例子[2](p.4)。第二类政治现象学属于政治本体论，其典型代表是阿伦特。阿伦特的观点是，政治的角色不是维护个人之间的和平共处，而是提供个体实现自己的条件或政治空间[3](pp.5-7)。第三类是政治认知现象学，主要是以福柯为典型代表，其核心思想是我们整个世界的每个角落都被政治制度化，在这种泛化的政治生活或者政治网络中，生成了我们与他人、我们与世界的关系。作者特别提到了恩乃斯托·拉克劳（Ernesto Laclau）的观点：我们对于自己和世界的理解应该在制度性事件中寻找，而制度的形成是取决于某个决定的时刻，既可以如此，也可以不同，因此，我们理解自己和他人以及世界是政治决定的结果[4](p.8)。

尽管白多夫和赫尔曼的分类是有争议的，比如第二类和第三类严格来讲，未必是不同类的政治现象学，本文关注的是，他们所说的三类政治现象学与英美政治哲学一样，仍然没有触及政治的本质问题。在本文，我通过解读海德格尔前期和后期的文本，围绕着自由和技术两个概念来阐述如下一个观点：在海德格尔看来，政治的本质就在于它从根本上是先验的（transcendental），是与存在（Being）的概念紧密联系在一起的。在以《存在与时间》等核心文本中，海德格尔认为，此在（Dasein）的存在（the Being of Dasein）就是实存（existence），其含义就是自由，是"使存在"（let be），是其他存在者（beings）或对象（objects）显现的前提条件。实存（existence）和自由（freedom）不是指的某种存在者，而是存在者的前提条件。自由不是我们通常所理解的言论自由、信仰自由、集会和结社自由等，而是作为此在的根本特征，是在—世（being-in-the-world），是事物显现的先验条件。后期海德格尔转向存在自身（Being）之后，对于科学和技术进行了思考，揭示了技术的本质是框架化（enframing）。框架化不仅仅体现了科技的本质，更是时代的本质，在其中，物与人作为储备物而存在，人成了最重要的原材料。本文认为，在海德格尔文本中存在着两种政治现象学思想,"公众性"与"框架化"政治现象学。

本文的任务就是通过讨论海德格尔关于政治与自由、政治与技术的关系的思想,勾勒出海德格尔的政治现象学理论①,并指出我们在何种意义上超越海德格尔。

一 此在、自由、共在

政治生活是一种特殊的主体间性关系,理解政治必须首先理解人的本质。在《存在与时间》中,海德格尔提出,世界上有两种存在者,在手和随手的存在者,而此在不属于这两种的任何一种,此在的存在就是实存(existence),是去存在(to be),用形而上学的语言来说,"此在的'本质'就在于它的实存"[5](p.67)。只有此在是实存的,其他都不实存。此在的存在性的一个根本特点就是,在每一种情况下,此在的存在性对于此在来讲就是一个问题,是每个此在自身的问题。"在每一种情况下此在就是它的可能性",它就是这种可能性,可能性不是它的属性。它可以选择赢得自己,也可以选择失去自己。[6](p.68) 正是此在的这种特性或根本特征,在手或随手的存在者(beings)才得以显现自身。作为可能性的此在就是自由,而自由就是使得某物存在(letting-something-be):自由不是生产出某物,而是让某物作为随手的存在者被相遇即被利用,使得某物作为随手性的存在显现出来,这就是"使得某物参与进来"(letting-something-be-involved)。在日常生活中,此在面对的都是具有随手性(readiness-to-hand)的存在者,之所以如此,这是因为此在拥有"'先天'的使得某物参与进来的条件,正是这个先天的(先验的)条件使得此在在生活中与之打交道的东西都呈现出了随手性"。因此,使存在(letting be)就是"把所有的随时性事物解放为随手的事物"。让某物参与进来就是指在某个环境中把某物的随手性存在给解放出来。[7](p.117) 这里需要特别说明的是,此在在与身边的事物打交道的时候,不是把自己的主观随手性强加给周围的事物,而是在此在的自由活动中使得周围事物的随手性被解放出来。与随手性相对应的就是此在的自由(letting be),这符合现象学的显现与显现者的关系。海德格尔说:"就任何存在物面向操劳而显示自己而言,也就是说,它在它的存在性之中被发现而言,它已经是在某种环境下作为随手之物了;它不是'近距离的''世界材料',即仅仅是在手的存在。"[8](p.118) 在此在的世界中,事物不是作为某种独立的实体或材料出现的,而是在此在的关注和操劳中显示

---

① 本文在观点上与《作为先验政治哲学的政治现象学》(《社会科学》2020年第1期)是一致的,希望通过解读海德格尔进一步细化前文的观点。

自己的随手存在性。此在使得事物的随手性显现出来，这就是此在的自由含义之一。在《论真理的本质》一文中，海德格尔说，自由就是从事于存在者自身被揭示出来的活动。自由，在存在者被揭示的意义上，理解为使得存在者存在，这就是真理的本质的圆满完成。[9](pp.126-127) 他强调，人的所有活动都与这种使得存在者显现自己的开放领域的开放性（the openness of the open region）有关。[10](p.126)

对于海德格尔来说，此在遇到的不仅是随手的存在者，而且还有其他此在。此在作为此在从来就不是孤立的，因此此在自身的构成要素中——理解、情绪和情感、话语——同时具有共同的理解，共同的情感情绪和共同的话语。也就是说，此在在其内在的构成中已经与其他此在形成了一个共同体，比如，火车站，作为随手的存在者，它不是仅仅相对于某个此在而存在的。他者是在关切、关怀（solicitude）出现的。当此在与此在之间被本真的联系在一起的时候，正确的关系应该是"使得他者在自身的自由之中为了自己"而存在，这就是解放他者。[11](p.159) 在日常生活中，此在的互为存在处于两种极端之间，要么顶替别人的选择，从而主宰别人，要么帮助别人，解放别人。[12](p.159) 尽管有无数的混合形式，此在与他者的关系上的根本问题是，在实现自己的自由的同时，是帮助别人同时实现自由呢？还是主宰别人，取消别人的自由？实现自己的自由与实现别人的自由实际上是分不开的。此在不可能仅仅实现自己的自由而忽视别人的自由，因为，本真的此在与本真的共在是分不开的。主宰别人，取消别人的自由，实际上也是遮蔽了共在，取消了自身的自由，自身的自由不是本真的自由。在互为存在的关系上，共在的问题就是使得他者被揭示（the disclosure of the Other）[13](p.161)，使得他者作为他者而显现出来。由于共在是此在的不可分割的构成部分，这里就涉及一个基本问题，即他者作为他者是如何与此在，与他自身的关系相关联的。

海德格尔说，处于某种环境，在我们关心自己的方式之中，"他者作为他们所是被遇到了；他们是他们所做的"[14](p.163)。我们总是在某种环境之中与他人发生某种关系，而他者是通过他们的所作所为呈现出来的。这里的关键是如何理解"环境"。在列维纳斯的哲学中，与他者的关系是面对面（face to face）的关系，一种伦理关系。面对面的关系是一种直接的，不受任何场景影响的伦理关系。而海德格尔这里所说的环境，此在经常发现自己所处的环境，可以理解为政治空间，"公众性"（publicness）[15](p.165)。"公众性"是什么呢？公众性就是此在的共在的存在特征在日常生活中的表现。我与他者的关系主要是通过公众性表现出来的。他者在日常生活中是作为公众性显现出来的：公众性作为此在的共在是替代了此在自身的可能性，是以"常人"的形式表现出来的。无论是使用交通工具，还是利用公共媒体，都代表了他者。这个他者不是某个人，不是在家庭之外的公共场合的某个人，而是无名的每一个他者，这个他者也是此在自己。这个无面孔的他者，作为一种公共存在，在日常生活中，体现为此在的可能性，此在被狭隘化为一种共在方式的存在。此在在日常生活中理解自己的时候，总是以这种公共性的存在理解自己，使得自己服从于它，以至于无法区分自己的可能性与共在的可能性，把共在的可能性理解为自己的可能性，比如，把自己等同于某个团体、派别、国家、种族、肤色、文化等。在公众性存在中，说此在被他者或常人所主导，说此在屈服于他者或常人是不准确的。"每个人属于他者自己而且增加他们的权力"[16](p.164)。每个此在都把公众性的存在作为自己的存在来理解，正是在这种切身体会和无意识的认同感中，"常人的真实的独裁性得以展开"。公众性的快乐就是我的快乐，公众性如何看待事物和判断也就是我的判断，公众性的审美也是我的审美，公众性的愤怒也是我的愤怒。这种公众性的存在虽然是无名的和没有面孔的，却规定了我在日常生活中（这里不区分私人与公共生活）对于自己的存在方式。[17](p.164) 这种公众性或常人表现为，它对每个此在而言给出了所有的判断和决定，它剥夺了个体此在的责任性。[18](p.165) 其结果是，当此在偏离公共性的存在方式的时候，此在面临的是一种无法思考的真空局面，缺乏任何认同感和归属感，从而使得此在具有负疚感。这里，我们可以看到英美政治哲学中讨论的规范性原则如何内在化为每个日常生活中此在的意识之中：此在要么有意识的认同公众性存在，要么被迫认同。这种被迫认同，可以是内在的"道德化"方式，也可以是外在的胁迫性方式。规范性原则要获得其现实意义，必须是"公众性在每一个方面都切己地控制了世界和此在被理解方式"[19](p.165)。此在与公众性之间几乎没有任何缝隙，公众性决定了此在如何理解自己以及如何看待世界。政治的正确性就是公众性给此在规定的思考的范围和思考的方式。在这种公众性中，此在被卸载了选择的"负担"，从而使得此在感到生活变得轻松和容易：公众性使得此在有一种安全感、稳定感和信任感。任何偏离公众性的存在方式都会带来猜疑、排斥和威胁。公共话语对于世界的解释也是我自己的解释，比如自然科学作为日常生活中的公共话语，对于自然世界的解释也是我自己的解释，我不用亲自去研究，但是我从内心无条件的认可。

因此，公众性的存在构成了此在的自我，此在在理解、情感和话语等方面都体现为常人的样态。公众性显示的是"日常性的'最实在的主体'"[20](p.166)。比如，在当前美国政治生活中，共和党与民主党的意识形态不是某种理论说教，而是体现在个体生活中的自我认同方面：因为不同的政见，比如拥护或反对川普，使得朋友之间、夫妻之间、父子之间等产生了隔阂和鸿沟，政治话语在情感上和理解上都造成了很深刻的伤害。因此,"常人是生存性的;而且,作为源初现象,它属于此在的肯定性构成"[21](p.167)。正是在这个意义上,我们才能够理解白多夫和赫尔曼所提到的三类政治现象学中的现象。

海德格尔认为,这种公众性现象是此在的失去自己(lostness)[22](p.344)的存在方式,是非本真状态。当此在受良心的召唤回到自身之中,依据自己在自身之中使得自己最内在的自我做主的时候,此在就处于本真状态。毅然决然做出选择(resoluteness)[23](p.344),此在直接面对自己的存在的潜在性,抓住对于自己而言最内在的可能性,在自己的处境(situation)[24](p.346)之中以及在焦虑之中向前迈出一步。之所以说是在焦虑之中做出选择,是因为此在面对自己的可能性和自己的行动,没有任何人可以替代他的选择,如同在悬崖之上俯瞰深渊。在这种情景下,此在被彻底个体化了,不再在公众性中寻找自己的庇护。那么,这种本真存在是不是一种孤独的个体内心生活呢?本真的存在方式与非本真的存在方式之间的区别不是在内容上(世界没有变,他人仍然在那里),而是选择的方式变化了。由于此在的内在的构成部分包含共在,此在的毅然决然地选择,同时也改变了与他者的关系:"它可以成为他者的'良心'。"只有当人们都成为自己的时候,人民(people)才可以互相地本真存在[25](p.344)。也就是说,此在的本真选择,作为此在的存在的揭示和真理,是公共生活的良心,因为它指出了回到本真自己的道路或方式,在自己的选择中,以间接的存在方式,使得其他的此在也成为自己。犹豫不决(irresoluteness)[26](p.345)就是屈服于日常的公众性,而毅然决然就是使得自己从常人之中被召唤回来。从公众性的角度看,本真的此在就是异类,是反抗者。但是,此在的本真选择,不仅改变了世界上的事物对于此在的意义,也改变了此在与他人的关系,在自己的选择中,使得他人回到自身。这里我们可以利用萨特的话,当一个人为他自己负责的话,也是为所有的人负责;当一个人选择自己的时候,也是为所有的人选择。[27](pp.23-24)在公众生活中,特别是在政治生活中,个人脱离公众性的存在方式,不仅是响应自己的良心的召唤,而且具有改变政治空间的力量。福柯所说的三种关系的观点,与自己的关系,与他人的行动关系,与控制事物的关系[28](pp.48-49),也可以在这种此在的本质状态下理解:当公众性遮蔽了此在的本真状态的时候,也遮蔽了他人的自由,同时也遮蔽了世界上的事物的显现;反过来也是如此,对于世界上的事物的遮蔽,也意味着对于此在和他人的遮蔽。近代以来科学技术的本质就说明了这一点。我们下一部分要论述。这里需要强调的是,与自己的本真的关系构成了与他人的本真关系,从而决定了事物显现的条件。自由,在海德格尔看来,是此在、他人和事物显现的先验条件。

二 政治与技术的本质

如果说公众性的概念仍然比较抽象，没有具体的时代特征，那么，技术的概念在海德格尔那里就明确是针对自伽利略和笛卡尔以来的人类历史的本质特征的思考。海德格尔关于技术的本质的思考不仅是针对技术和科学而言，技术的本质远远超出科技领域。这里，我们关注的是技术的本质在政治上的表现。

在《存在与时间》中，海德格尔对于科学发展史上数学物理学产生的意义的讨论的核心内容与后期海德格尔关于技术的本质的阐述是一致的。海德格尔说，现代科学的发展的决定性意义不在于对于事实的观察和数学的应用，而在于自然本身被放到一个数学化的视域之中。数学化投射（the mathematical projection）揭示的是某种先验条件、某种存在方式；只有在这种先验条件下，所有的事物成为在手的存在物。也就是说，科学研究的对象（objects）的存在特征或方式，是在这种数学化之中被揭示出来的。数学化成了"存在物可以被发现的唯一的方式"[29](pp.413-414)。在《现代科学、形而上学、数学》一文中，海德格尔说，数学化就是关于物质性的投射，"这种投射第一次打开了一个领域，在其中，事物，也就是说，事实，显示它们自身"[30](p.291)。现代科学的根本特征不是把数学应用于自然科学研究，而是在一种数学化的存在方式中使得事物显现自身，所谓"事实"就是在这种存在方式中出现的事物，数学自身也是在这种存在方式中得到理解和研究的。"数学化的投射就是关于事物本质的预期，关于物质体的本质的预期；因此，所有事物与其他事物之间的关系的结构的基本勾勒在先被刻画出来了。"[31](p.292)用现象学的显现—显现者的术语来说，数学化的投射是显现，在其中，物质对象呈现出来。正是这种数学化的投射，使得存在者的存在（the Being of beings）转变为物之物性（thingness of things）。[32](p.305)在《关于技术的问题》一文中，海德格尔说："现代科学指代的方式是把自然作为可以计算的力（forces）的内在统一体（coherence）来追求和诱捕。"[33](p.326)"现代物理学就是框架化（enframing）的先驱"[34](p.327)，而框架化要求"自然作为储备物可以被秩序化"[35](p.328)。框架化就是"实在的事物在其中把自身显现为储备物的方式"，它"挑战人，把他放到这样的位置，在秩序的样态中，把实在的事物揭示为储备物"。[36](p.329)人作为自然物也不例外。在《超越形而上学》一文中，海德格尔说，人成了"最重要的原材料"，因为人是所有消费的对象[36](p.104)。这是一个消费的时代，是"权力（power）独有的权力的时代"[37](p.104)。物理学上的"力"的概念与人类社会的"权力"概念是相通的，自然科学的能源消耗与人类经济社会的商品消费是同类的概念，它们反映的都是技术本质统治的时代。

尼采在《善恶彼岸：关于未来的哲学序曲》第一部分第 22 节中谈到物理学与民主政体的高度一致性。他说，现代灵魂的民主本能要求的平等不仅适用于我们，也适用于自然界："所有的地方在法律（法则）面前平等；自然在这个方面也一样，自然并不比我们好多少。"物理学家骄傲的谈论的自然符合规律的思想，与民主思想是高度一致的。[38](p.30) 尼采看到了在人类现时代，自然与人类社会具有某种同构特征。尼采所要否定的是人把平庸的道德概念强加给自然界，因为弱者的道德观念遏制了自然和人类的另外一个共同特征，那就是权力或权力意志。无论是尼采反对的还是他赞扬的，都印证了海德格尔的框架化概念。

在框架化时代，人成了最重要的原材料，海德格尔警告，或许有一天，工厂将会用来进行人工培育材料，而且，根据计划和需要，男女有机体进行交配和生育。[39](p.106) 人的生育必须按照社会的需要来计划执行。人不再如《存在与时间》中所说的此在一样实存（existence, to be），不再是世界上的事物显现的先验条件；相反，人成了显现者，作为无名的被消费的原材料而被生产。在这种彻底的数学化投射之下，人不再存在，或者说，人作为物质性的对象而存在。在这种能源转换，能量消费的时代，一切都是为了消费。权力争斗中，掌握权力和追求权力的，在本质上没有区分，他们都是为了权力，权力超越了权力斗争的双方。[40](p.102) 人类社会被划分为不同的领域，所有的领域都是以框架化的计划来安排的，其中经济、科学与技术、政治等都呈现出同样的结构。在这样的社会，权力争斗不再是当权者（领袖）与被领导者之间的矛盾。海德格尔说，人们容易把怨恨和愤怒对准领袖，因为，人们相信，领袖们基于自私的自我中心主义的盲目的愤怒，把所有的事物都依据自己来设想，根据他们自己的意愿和意志来安排所有的东西。事实并非如此，因为领导力是服务于框架化的，对于存在者整体的一种计划性的数量化的保障是这个时代的要求。领导者决定性的贡献就在于对于所有存在者消费的领域进行监督，因为他们理解这些领域。在这样一种情况下，理解力就等同于计算的能力。[41](p.105) 这样一种为了消费而消费的时代，领导者的本能就是使得自己能够成为服务于这种消费社会的指导器官；他们也是被雇佣者。这是被存在遗忘所留下的真空下的结局。[42](p.107) 如果从对于存在者无条件的消费的角度看，"正如战争和和平的区分不再站得住脚，'国家的'与'国际的'的区分也垮掉了[43](p.107)。不再存在真正意义上的国际主义者和国家主义者，这是技术的本质在政治领域内的一个直接的后果。

另一个后果是，我们现时代的历史进程的一致性（uniformity）不是"把旧的政治制度作为补充吸收到最近的政治制度中"。为了保障秩序，在对于存在者的消费之中，起决定作用的个别领导者之间的战争一样的争论的根基就是一致性，一致性不是结果；一致性就是存在者的一致性。为了获得可以计算出的安全秩序，所有的国家之间的不同，所有的不同的政府形式，都仅仅是一个工具而已，都服务于一致性的领导。"由于实在性就是可计算的筹划的一致性，同样，人，为了能够与实在性保持一致，必须进入单调的一致性之中。今天，一个没有制服（uniform）的人已经给人某种不真实的印象。"[44](p.108)

因此，对于海德格尔来说，框架化表现在科学上就是数学化投射，表现在经济上就是为了消费而消费，表现在政治上就是高度一致性。他把人类社会这样的时代形容为："地球作为错误的非世界而显现。"[45](p.109) 这是因为存在的缺失或不在场（the emptiness of Being），是一种虚空（vacuum）。所有的存在者，无论多么丰满，都不可能替代存在自身。从这个角度看，技术就是对于一种缺乏的组织，它是与存在的缺失相关。[46](p.107) "框架化的统治威胁到人类这样一种可能性，人被拒绝进入一种更为源初的显现之中，从而不能经历更为初始的真理的召唤。"[47](p.333) 人成为无对象者，成为储备物的秩序安排者，同时他自己也是一种储备物。这样一种角色，给人一种幻觉，人到处碰到的都是人自己，所有的事物都是他构造的。人把自己提拔为地球的主宰。[48](p.332)

在《存在与时间》中，此在从公众性的独裁之中回到自己的方式是在焦虑之中毅然决然进行选择，在选择自己的同时也成为他人的良心。那么，在框架化作为技术的本质统治的时代，人应该如何做呢？框架化不是人为的产物；框架化作为一种揭示事物的方式是一种命运（destining）。[49](p.335) 框架化不是事物呈现的唯一的一种方式，它不可能穷尽一切事物呈现的方式。在框架化之中，蕴含着一种救赎的力量。[50](p.334) 框架化是存在（Being）的一种隐蔽；这样一种命运，不是人可以发明或任何其他方式造出来的。正是在框架化之中，在其表面上作为唯一的显现方式之中，这种极端的危险把人与某种赐予联系起来了。这里就有"救赎力量的可能升起"。[51](p.337)

对于海德格尔来说，对于技术的本质的思考已经是一种对召唤的回应。在"关于人道主义的信"中，他说，思想，就其本质而言是关于存在的思想，是被存在所拥有。思想与存在的关系就是作为到来者。思想本身与存在的到来紧密捆绑在一起。存在已经来到思想之中。存在就是思想的命运。[52](p.264) 在《存在与时间》中此在听从自己的良心的呼唤，选择成为本真的存在，而后期海德格尔倾向于一种倾听此在之外或时代之外的召唤，人不可能依赖自己成为脱离现有秩序的关键。他说："没有这么一回事儿，人的存在是单一的和唯有依靠自己的。"[53](p.337) 人的思想已经暗示着一种超越技术本质的关系，思想是对于存在召唤的响应。

三　公众性与框架化

海德格尔给我们描绘了两种不同的政治情景：公众性和框架化。两者的一致性就在于它们都是事物显现的方式，是事物显现的先验条件。公众性的一个代名词就是民众，它可以指任何人，也不是任何人，其根本特征是平庸性、平均化和陌生性。当此在成为民众的一员的时候，此在的个体性就消失了。与此在的三个要素（理解、情感、话语）相对应的是公共性的"特殊方式的理解、谈论和解读"。此在在绝大多数情况下，几乎没有距离地被吸收到常人之中，而且被它所统治。[54](p.210) 理解、情感和话语不是互相独立的原子存在，而是互相渗透的，理解之中已经具有某种情感的理解而且表达为某种话语，同样，话语也包含情感和理解，而情感总是某种理解的情感，总是通过某种话语来表达出来。那么，在作为公众性的共在是如何表达自己的呢？在公众性中，人与人的互为存在可以通过话语表现出来，人与人进行交谈和交流，但是，这种话语是无意义的话语（idle talk）。话语本来应该是使得被谈论的对象显现出来，但是，在公众性中，话语表达的是普通的理解（average intelligibility），"我们不再对于谈论的对象有很多理解；我们已经是在仅仅倾听语言所说的"。我们把注意力集中到语言所说的话语，而对于谈论的对象则是表面的理解，甚至完全忽视。比如，2020年美国大选投票结果出来后，支持川普的人坚信选举有大范围的舞弊，他们在语言和情感上对于舞弊本身非常感兴趣，而对于是否存在舞弊的事实却不关心。在日常生活中，包括政治生活，通过交谈和交流，我们有了一个共同的理解，对于语言所说的理解，一种普通的理解[55](pp.211-212)。我们理解的是话语，而不是话语所指向的对象。对于我们而言，"事物是这样的，因为有人说是这样的"[56](p.212)。人们陷入这么一种大家都这么说的情景，似乎大家都这么认为、都这么说，就代表事物就是这个样子的。这种无意义的话语最终是对于事物自身的遗忘。这种遗忘或忽视实际上就是它的根本目的，因为公众性仅仅是互为的存在，要求所有的人都是一个样子，都是没有面孔的生命。公众性的主宰还表现在情感上。世界对常人而言不是不重要，重要的是世界如何被理解，必须按照平庸性的理解来理解，"常人规定了一个人的情感和决定了人可以看到什么和如何看"[57](p.213)。人的情感，人能看什么以及如何看，在常人之中都已经被规定好了。此在的话语、情感、理解都被常人或公众性所决定。这种掩盖事物本身呈现的方式，这种以歪曲的存在方式使得事物呈现的此在作为公众一员的存在，从根本上讲是一种无根据性（uprooting），但是这种无根基却是"此在的最为日常和最为固执的'现实存在'"[58](p.214)。如果我们在政治哲学中仅仅讨论政治究竟是以某种道德信念为根基呢，是实现某个道德信念（比如正义），还是政治现实本身就是人们的某种妥协或协议的结果，就是寻求某种有序的、安定的、有保障的共处状态，也就是说，政治哲学中的道德主义或现实主义在这种无根基的状态下讨论的。人们是在听从一个正义的声音呢，还是遵循一种协议呢？这些都是非本真的存在，因为人们的情感、话语、理解都是非本真的。

对于《存在与时间》的海德格尔来说，政治生活作为一种典型的日常生活形式，此在在其中失去了自己。如果获得自己，如何面对自己，对于此在而言有一条出路，那就是当意识到自己是向死而在的时候，当自己面对的是无可替代的深渊的时候，在焦虑之中，人被个体化，此在的良心召唤它回到自己，做出本真的选择。正是此在的有限性，特别是人总有一死的不可避免的可能性，使得此在意识到常人的情感、理解、话语都无法消除自己的焦虑，此在不得不面对自己。此在意识到，作为共在的一种形式，公众性的生活虽然是最"现实"的、似乎不可避免的，但是此在有更多的可能性，此在就是它自己的可能性。

克尔凯郭尔对于这种公众性有非常相似的表述。在我们这个时代，科学化、客观化的一个表现就是平均化，一切都要量化。在社会上的表现就是产生了乌合之众。克尔凯郭尔说，乌合之众的一个根本特征就是嫉妒。动物不会嫉妒，因为一个动物仅仅是复制另外一个动物或种类。人不一样，人在所有的种类中是唯一这样的种类，每一个个体都不一样，具有精神性。数字或数字化的人仍然保留这种独有的特征，那就是嫉妒。在这种群体中，人作为个体消失了，偶像也随之产生，"多数""群体""统计学"成了独裁者。[59](p.52) 在这种公共空间中，有一种"抽象的权力"，它如同"一个恶魔"，控制着人们。[60](p.56) 克尔凯郭尔所说的"抽象的权力"，在海德格尔看来就是框架化，即技术的本质。

后期海德格尔对于科学和技术的本质的思考，可以说，是对于几百年来人类科技发展史的本质的揭示。技术的本质不仅仅体现在科学和技术的领域，它是近代以来人类社会生活的本质。框架化在政治领域的表现就是要求高度的一致性。海德格尔对于框架化的分析给我们展现的是一幅阴郁的画面。自从伽利略和笛卡尔以来，人类社会进入一个仅仅以数学化投射的存在方式为唯一存在的方式的时代，所有的事物，包括人类都陷入一种虚空的状态，一种虚无主义的时代。理解力已经等同于逻辑和数学运算，对象已经消失为能量，自然和社会都是消费的对象。资本市场、科学技术、政治文化都遵循同样的秩序，传统的国家与国家之间的区分，国家与国际的区分，已经失去了意义。在政治领域之中的所有运作，包括统治者与被统治者之间的权力争斗，都是服务于框架化。人与物之间不再有本质的区别，都是能量储备，服从同样的逻辑。正如克尔凯郭尔所说，如同一个恶魔控制着所有的人。

在这样一个黑暗无可逃避的时代，人们能够做些什么呢？海德格尔试图通过分析诗歌艺术等来寻找框架化之中的光明，寻找存在（Being）的踪迹和希望。思想是我们唯一的希望，因为思想与存在有着内在的关系。这种思想是一种等待、一种倾听。与海德格尔不同，福柯提出了不同的道路：在权力无所不在的网络之中，我们不是被动地接受一切，不是无所作为。福柯认为，我们应该对于我们的时代采取一种批评的态度，这种批评的态度不是指出一种新的社会形态，而是通过历史性和批评性的分析，揭示我们并不总是这样，我们可以通过各种形式包括行动来抵制这个时代。我们不是要改变整个时代，这是不可能的，我们是要采取局部的批评。[5]但是，局部的批评的依据是什么？是一种权力抵抗另外一种权力吗？如果是权力之间的较量，批评就成了一种权力的诡计，与批评这个词本身包含的正当性概念就是矛盾的。无论是海德格尔还是福柯，都是在探讨一种可能性，都是在存在的范畴或视域之中寻找出路。

四 对于海德格尔政治现象学的几点质疑

针对海德格尔的政治现象学，我们至少可以提出下面的不同看法。

第一，无论是"公众性"政治还是"框架化"政治，海德格尔给出的都是灰暗阴森近乎绝望的图画。两者都是关于存在者显现的方式，无论在什么意义上理解，都是在存在的范畴之中，在存在与存在者的本体论区分之中来理解的。假如我们超越存在范畴，我们的思考方式会不会不一样？在《存在与时间》中，海德格尔仅仅把此在的构成部分分析为"理解、情感、话语"，而这三大要素是具体显现为身体的。身体，不是物质体（body），而是肉身（flesh），其本质特征是感受性（affectivity）。人的身体与物之间的根本区分就是人可以触摸事物并且感受到自己在触摸，而事物无法感受自己。物质体之间是作用和反作用的区分，是力量的较量，而人的身体是在感受事物的时候同时使得事物呈现出来。身体的感受性的最为本质表现就是关于快乐和痛苦的感受。这种感受永远是最内在、最个体化的，是永远无法外化或对象化的。不是死亡使得个体意识到自己独一无二，而是感受性。人的感受性是无法在公众性的情绪或在框架化下呈现出来，而它就是此在或人的根本特征，最内在的个体特征。在框架化下，人的身体成为政治、经济和技术的对象，成了物质体（body），从肉身变成物质体，人不再作为人而呈现。在框架化下，肉身是不可见的，肉身无法作为肉身呈现出来，但是这并不意味着肉身是虚无的。奥古斯丁在《上帝之城》中论证到，既是我感受到的对象是虚幻的，是不存在的，但是这并不意味着我的快乐是虚幻，我喜欢或爱我所爱的，这是无法质疑的。人的感受性或爱就是人的肉身，它不依赖于存在。因此，即使我们被框架化所统治，我们不必在诗歌或艺术中去寻找存在的踪迹或召唤，我们在自己的肉身中时时刻刻体验到人不是"最重要的原材料"，我们不必等到存在（Being）的到来而获得解放。我们需要做的是从公众性或任何其他外在形式中回到自己的肉身，体会自己的快乐和痛苦。如果我们能够这样，世界并非如海德格尔所描述的那么灰暗，或者说，世界本来就是灰暗的，而充满生命的肉身却是时刻鲜活的。任何外在的暴力和统治都无法穿透肉身的自我感受。政治可以消灭作为物质体的身体，但是永远无法占有或剥夺人的感受性。

第二，当海德格尔说，在技术的本质统治的时代，一切都是为了消费，任何东西，包括人都是原材料和储备物的话，当他说国家与国家之间的区分已经消失，战争与和平的区别也过时了，统治者与被统治者之间都扮演同样的角色的时候，当他说，框架化也许是存在对于自己的挑战，在框架化中隐藏着救赎的力量，他关于技术的本质的理论里是不是有一种对于纳粹统治的辩护。如果纳粹政府与其他形式的政府没有本质区分，如果说焚烧煤炭与焚烧犹太人没有本质区分，这样的思想等待是不是一种恶的行为？在战争中，大批人无辜死亡，比如第二次世界大战，这与和平时期没有区别吗？这里涉及一个根本的问题：无论什么样的政府，当它对于管辖范围内的人们进行肉体伤害和残害的时候，当个体在一个政府的统治下不断经受各种痛苦的时候，个体的痛苦的呐喊还是一种无意义的行为吗？的确，在技术的本质的视域下，人的身体与任何其他自然物没有区别，人具有各种物质性（物理、化学、生物、生理、心理等），但是，这不是个体肉身的本质显现。个体的生命是一种内在的体验，一种无法外在化的关于快乐和痛苦的体验，在其中，个体体验到自身的统一性。在技术的本质的视域之中，人就是原材料，就是人力资源，其典型表现就是纳粹集中营以及与纳粹集中营类似的其他组织。当一个一个鲜活生命走进毒气室的时候，我们还能够说，这是技术的本质的一种表现，或许在其中，我们可以看到救赎的力量吗？在这个时候，仍然谈论存在与存在之思的话，这种思想是不是在为纳粹辩护？

第三，无论技术的本质表现的多么普遍，个体的生命，个体的肉身是无法被其所涵盖的。政治一致性试图通过控制或消灭人的身体来达到自己的目的，身体是政治权力施加的集中点。[61]身体既是政治权力实现或者呈现的对象，也是政治权力的局限。政治权力可以消灭的是身体，而不是身体的本质和尊严。当政治利用武力来征服个体的时候，已经承认自己到达了极限和无能。肉身就是技术的本质的极限。面对肉身或个体生命，政治的态度应该是敬畏，而不是征服。列维纳斯认为，面对他者的面孔，他者向我发布的命令是"禁止杀人！"这既是道德命令，也是政治命令。这个命令的发布没有任何的权力或武力作为后盾，但是，它却高于任何的权力或武力。对于他人的生命，对于人的生命，我们应该心怀敬畏。敬畏的依据是什么呢？生命的神圣性。个体超越政治，不是因为个体作为政治组织结构中的一员，而是因为其自身所包含的神圣性。面对神圣，我们应该敬畏，应该感到恐惧和战栗。人们知道，在政治生活中，权威是一个重要的概念，一个警察因为他的身份而具有权威，一个公务员也如此。一个父亲也对儿子拥有权威。这种权威性的根源不是来源于权力，相反，世俗的权威常常需要权力来伴随，比如国王需要军队和警察来维护自己的权威。如果说权力本质上是这个世界的，是世俗性的，权威的真正根源就是神圣的，不是这个世界的。神圣的权威不需要任何权力。从权力的角度看，神圣权威甚至是脆弱和软弱的。在权力机器面前，人的肉身可以被压得粉碎，但是，肉身的尊严是不朽的。面对神圣权威，"每一个人都要在恐惧与战栗中生活，同样地，没有任何一个现有秩序可以从恐惧与战栗中豁免"。"恐惧与战栗表明，有一个上帝——这是每一个人和每一个现有秩序都不应该在任何时候遗忘的"[62](p.88)。在海德格尔的政治现象学中，我们看到的是权力意志和为了意志而意志，我们甚至看到了来自存在的召唤，但是，我们看不到任何更高的权威的命令。

五 结语

本文首先分析《存在与时间》中的"此在、自由、共在"概念的含义，描述了海德格尔的"公众性"的政治现象学内容，进而依据海德格尔后期文本，认为在海德格尔关于技术的本质主张中存在一种框架化政治现象学。在以"公众性"为核心的政治空间中，此在不仅失去了自己，而且事物在作为公众性的共在的存在方式中被遮蔽了。公众性与此在不是对立的两个事物，公众性是此在在日常生活中的存在方式，而且绝大多数情况下，此在把自己误认为是公众性的存在，屈服于公众性。后期海德格尔认为，以现代物理学为开端的人类生活，技术的本质"框架化"或数学化的投射统治着人类。在政治生活中，无论是统治者还是被统治的人，都服务于框架化，人类成了最重要的原材料。针对公众性的政治，海德格尔给出的出路是此在在意识到自己向死而在的根本存在方式的时候，听从自己良心的召唤，做出自己的选择，而针对框架化的政治，海德格尔认为只有思想才可以指出另外一种道路，人类只有在思想的引导下才可以走出黑暗，摆脱这个虚无主义的时代。框架化时代是虚无主义的时代，这是因为存在的不在场，技术的统治是基于这种匮乏而展开的。人类生活在根本上是无根基的、是无意义的。我们只有在思想中等待存在的来临。文章的最后简要地指出，人不必等待存在来拯救自己，人在自身的感受性中，在肉身之中，人已经超越了政治空间，无论是什么意义的政治空间。人类生活的无根基，不是因为存在的缺场，而是因为生命的根源和尊严不在存在的视域之中。

参考文献

[1][2][3][4] Thomas Bedorf and Steffen Herrmann (eds.), *Political Phenomenology: Experience, Ontology, Episteme*, New York and London: Routledge, 2020.

[5][6][7][8][11][12][13][14][15][16][17][18][19][20][21][22][23][24][25][26][29][54][55][56][57][58] Martin Heidegger, *Being and Time*, trans., John Macquarrie and Edward Robinson, Harper One, 1962.

[9][10][27][30][31][32][33][34][35][36][47][48][49][50][51][52][53] Martin Heidegger, *Basic Writings: from Being and Time (1927) to The Task of Thinking (1964)*, trans., David Farrell Krell, Harper San Francisco, 1993.

[28] Jean-Paul Sartre, *Existentialism is a Humanism*, trans., Carol Macomber, New Haven & London: Yale University Press, 2007.

[28] Michel Foucault, Paul Rabinow (eds.), "What is Enlightenment?" *The Foucault Reader*, New York, Pantheon Books, 1984.

[36][37][39][40][41][42][43][44][45][46] Martin Heidegger, *The End of Philosophy*, trans., Joan Stambaugh, Harper & Row, Publishers, 1973.

[38] Friedrich Nietzsche, *Beyond Good and Evil: Prelude to a Philosophy of the Future*, trans., Walter Kaufmann, New York, Vintage Books, 1966.

[59][60] Merold Westphal, *Kierkegaard's Critique of Reason and Society*, University Park, Pennsylvania: The Pennsylvania State University Press.

[61] 郝长墀. 作为先验政治哲学的政治现象学. 社会科学. 2020(1).

[62] Soren Kierkegaard, *Practice in Christianity*, trans., Howard V. Hong and Edna H. Hong, Princeton University Press, 1991.

Politics, Freedom, and Technology: Heidegger's Contributions to Political Phenomenology

Abstract: In this essay based on the analysis of Heidegger's texts I try to show that Heidegger made a great contribution to political phenomenology. In the first part, an interpretation of Being and Time and other relevant texts shows that there is a phenomenology of "publicness" in which both Dasein, the Others and the things in the world are covered up. In the second part, a reading of later Heidegger demonstrates that the term "enframing" not only holds true for science and technology, but also for the whole human history since Gelileo, and it makes the distinctions between war and peace, between international and national irrelevant. In the third part, a discussion of Heidegger's view on how we can get out of the two political phenomena is given. And in the fourth and last part, a critique of Heidegger's political phenomenology is focused on the possibility and implication of his theory being used to defend any evil actions of governments such as what happened in a Nazi concentration camp, and at the same time points to the possibility of a new political critique..

Keywords: Politics. Freedom. Technology. Publicness. Enframing

【作者简介】郝长墀，武汉大学哲学学院教授、博士生导师。

斯坦利·豪尔沃斯之和平品格初探

杨 林

【内容摘要】"和平主义"被斯坦利·豪尔沃斯认为是基督教伦理学的核心教义,是使其思想得以跳出美国本土开始广泛传播的契机,成为曾经饱受战争侵略过的国家思考"和解"议题的后现代神学依据之一。豪尔沃斯认为教会群体存在的意义不是通过外在的伦理规则或是教义作参照,以试图据此改变社会,而是通过效法耶稣基督为和平而牺牲小我之品格,将其内化于自身的言行中,使得教会成为一个奉行和平主义的群体。为厘清豪尔沃斯所持立场的逻辑脉络,本文将分为三个部分论证:首先说明豪尔沃斯借助对一般伦理学的抨击,意在建构以叙事与品格为基础的人与神之间横向的关联;其次解释豪尔沃斯的和平主义观点试图在基督教会之间建立和平共同体,这一关系具有纵向的连续性;最后则在豪尔沃斯以"和平主义"为中心的基督教伦理学思想中,为横向与纵向的连续性思想特质寻找统一的根基。

【关键词】叙事;品格;和平主义;斯坦利·豪尔沃斯

美国后自由主义神学研究领域的代表人物之一,杜克大学教授斯坦利·豪尔沃斯(Stanley Hauerwas, 1940-),在20世纪70年代新教德性伦理复兴之际,批判德性论证致力于将道德问题集中于"义务"和"规则"之上,使"行动"脱离"行为者"的趋势。因其逐渐疏远了亚里士多德的美德伦理传统,令道德的自我断断续续地行动,欠缺连续性与一致性,使得德性伦理失去了可被称为传统的历史意义。这导致的后果是公共生活只注重制度和规范的完善,忽视了道德主体的内在品格,以及作为行为者在现实生活中的各种正当情感诉求和愿望。所以豪尔沃斯在1975年、1981年出版的《品格与基督教生活》(*Character and the Christian Life: A Study in Theological Ethic*)与《品格的社会》(*A Community of*

Character: Toward A Constructive Christian Social Ethic）两本著作中，将"德性"和"品格"作为其伦理观的起点反省与构建基督教道德生活。

梳理时间线不难发现，豪尔沃斯在成长过程中经历了第二次世界大战后美国和苏联之间的冷战、越南战争、核武器使用的争议，以及美国对外发动的战争，或是被列为袭击对象的种种恐怖主义事件。因此，他本人对战争带来的负面影响深有感悟，其在1983年出版的 *The Peaceable Kingdom* 这一著作便是他试图从基督论的角度去解读非暴力的现实意义。"9·11"事件以后，大部分美国公民作为受害者，被袭击后笼罩着的无安全感令他们支持政府向发动恐怖袭击的地区进行回击。由此带来的一连串以"反恐"之名引发的战争与冲突此起彼伏，且为了给战争披上正义的战衣，一些神学家也参与到其中为那些可以想象的失序结局以上帝之名进行维护。这些因素都促使豪尔沃斯决定不得不站出来发表自己的立场，即："我们说我们想要和平，但事实上我们知道我们喜爱冲突甚至战争。"[1] (p.320) 于是，他以主张和平主义的立场深入对基督教伦理学的研究，以此呼吁美国公民，尤其是基督教会群体重新审视战争与和平的议题，不要以报复的心理对待恐怖事件。所以，*The Peaceable Kingdom* 在暴力与冲突频发之际多次再版，并翻译成其他语言进入各国研究与和解议题相关的领域。

然而，虽然豪尔沃斯是欧美学界有名的神学家和伦理学家，是引领后自由主义神学前沿观点的代表人物之一，但是他在中国大陆并不被人广泛熟知，即便是在汉语神学界，对他的基督教伦理学思想研究也极为有限，这一方面是由于豪尔沃斯的基督教伦理学涉及的公共领域广泛；另一方面是由于他的神学思想立足于美国社会。但这并不代表他所探讨的许多议题与我们无关；相反，研究他的基督教伦理学思想对我们探索中国基督教伦理学的本土化建构具有启发意义，有助于中国基督教会思考其在社会所应承担的责任，即，教会不应该沦为远离主流文化的宗教团体，也不应该成为具有以某种特殊社会诉求为导向的准政治组织。教会应该在见证基督的行动里，把耶稣基督所呈现的言行合一的道德样式传递给社会，借此影响社会。

一　和平品格的文本依据

1. 叙事与品格：人与神之间的关联

通常，人们认为伦理学的首要任务之一便是去表明道德观如何建基于一些不变的原则和信念。甚至会假定，如果可以表明这些原则和信念是根据上帝的启示而定的，那就可以肯定这些原则的绝对性，这种观念在文艺复兴思潮影响下的1960年代的美国很常见。因为这一时期科学理性的建立，人的本体意识被唤醒，自我意识提升，再加上科技对原有生活的改变，曾一度被认为是以基督教信仰文化占主导的美国回归社会伦理本位，社会从神本向人本转变，基督教教义的影响力日渐式微。但是这个假定经不起反驳，例如，如果上帝并不存在，那么一切事情在道德上便都是被允许的，都有着导致它发生或产生什么结果的原因。因此，所有人其实都期待着一种带有绝对性的道德系统，要么是规则和原则，要么是信仰的对象以某种方式给予的保证，否则谋杀、说谎等事便没有了明确的对与错之分。[2](p.2) 但讽刺的是，人们越是坚守固有的信念，便越是怀疑这种坚守是没有稳固基础的，因为一切信念都是由环境所生成的结果，所以信念具有任意性的特征，会随着环境的需求与演化出现多种新的信念，吸引着有相同思想与观念的人加入，通过彼此的认同免除对所持守信念的不确定性导致的内心不安。这就决定了人们必须由自己决定什么是好，什么是坏。所以当有人带头做出某种选择时便被视为模范，因为他们是自觉地做这事，而不是被约定俗成的东西限制。但是，豪尔沃斯认为这种由自己选择或是构建道德观的想法和做法其实埋下了自我毁灭的种子，因为道德的本真性（authenticity）似乎在要求着道德观不是由一个人自己塑造出来的；相反，道德观是一些会塑造人的东西。[3](p.3) 因此，豪尔沃斯在其著作《品格与基督教生活》中主张"品格、叙事和视界（vision）在伦理中扮演着重要角色"，因为在他看来，人是践行者（agent），所以"我做了那事"意味着主语是第一人称的我，不可能是描述其他人称。[4](p.39) 因此，人是具备主观能动性的，这种主观能动性要求人有能力自己决定自己可以自主选择由哪种叙事传统塑造，这包含了两种相关的意思："第一，每个人独特的生命故事都有开始与结束。故事讲述出一个人生命的历史演化因素，描述他过往和现在是怎样的人；第二，自我是与叙事的身份相接。在描述的层面，自我被理解为一个叙事。从规范的角度看，自我需要一个让其能面对矛盾的叙事。"[5](p.144) 据此，按照豪尔沃斯的观点可以理解为，人的生命是依靠一个内在的叙事结构连接外在环境可能附加给人要承担的各类角色去面对偶发事件。这个"内在的叙事"塑造了"自我"应该是一个稳定、连贯一致的主体，且这个主体是具有认知性、主观能动性、辨别是非的能力，以及可以自主决定践行的能力。也就是说，这个叙事的自我是主动的，他可以被国家与家族的叙事传统塑造，也可以自主考察，并选择接受其他不同的故事。所以，如果一个人选择成为基督徒，就意味着他决定建立与上帝之间的关联，在特定群体里接受来自上帝的启示。

简而言之，叙事能够成就一个传统，影响并塑造一个人的品格、意向、情感、行动。其次，确信同一种叙事传统的群体，依靠回忆与复述来明确自我的身份。最后，叙事具有生命力，且是向外在环境开放的。也就是说，叙事所成就的传统不是故步自封的，而是面对处境的挑战可以更新与变化的，但是这种更新与变化要参照现实生活经验，二者彼此观照，打破二元对立思维。传统叙事与现实并不是完全对立的状态，因为真理的呈现必须经过参照物的对比与实践，二者均为对方预留空间，容许对方的参与，在张力中现实经验以传统叙事为参考，虽不能消除张力，却能为追寻真理而明确目标与方向。因此，豪尔沃斯将教会的处境与《圣经》文本叙事相连接，犹如象征着基督宗教信仰的十字架一般纵横交错，上帝以耶稣的生命叙事启示自身，基督徒通过在教会群体的生活中以回应圣经叙事的方式塑造自己的品格。也就是说，像上帝一样的和平之品格的形成，就是通过学习《圣经》的叙事内容与群体在圣事活动中对上帝的关注的过程。在这一过程中，品格与视界之间形成一种辩证关系，品格的形成需要视界来辅助，视界需要品格来提醒是否正确，二者结合令符合上帝的国度之道德生活保持生命力地不断推进，彼此参照。

2. 基督教会：圣经叙事下的和平共同体

豪尔沃斯对基督教伦理学的研究与论述是基于这样一种立场，即，基督教伦理学是一套社会伦理，教会的责任就是要成为教会，让世界知道它是（理想）世界。[6](p.100) 得益于亚里士多德"人的德性可以由教导和习惯养成"[7](p.xvii) 这一观点，豪尔沃斯认为这里面的"教导"需包含两种要素：门徒制和群体。前者乃指门徒藉着师傅的智慧指出对与错；后者指门徒成为一个群体的成员，从群体生活中学习达至美善的德性。[8](p.75) 对基督徒而言，这群体就是教会。因为他们是被呼召做耶稣的门徒，所以他们必须在教会群体中生活和学习做门徒。简言之，基督徒应是按照圣经的文本叙事去审视生活的人，他们的品格与行为需要在教会这样的群体中被塑造。因此，耶稣在基督教伦理学中通过圣经故事的叙事所呈现出的特殊道德理智，使之与传统相互关联，共同成就基督教伦理学致力于建构和平的核心内涵。其中，圣经叙事是了解如何践行效法上帝的重要文本依据，通过解读耶稣的生平、受死和复活的伦理意义，得出和平在圣经历史中的多层内涵。而教会的责任就是力争与上帝这个宏大的叙事连接，所谓"连接"，除了需要依靠教会对圣经真理进行宣讲与解读，也要求基督徒知晓教义的内涵，这些不是来自某一地域的"基督教文化"体系，而是来自基督徒通过在教会这个群体中共同践行对以往传统的继承，以及在这种实践过程中让自己所服侍的群体能够与《圣经》这本宏大叙事融为一体，使得和平之传统在群体的实践中延续。

然而，现实主义学者莱因霍尔德·尼布尔（Reinhold Niebuhr）曾反驳这种基督教社群主义观点。在其著作《道德的人与不道德的社会》中，他坚持只有个人才有成为道德主体的资格，因为道德的前提是道德意识，道德意识的产生仰赖于理性的自我超越能力，只有具有了自我超越的意识能力，才能超越自然冲动，反思自己的行为，使不同的行为选择成为可能，是故"没有自我超越的理性能力就不会有自我批判能力，而没有自我批判能力就没有道德行为"[9](p.80)。与个人相比，社会群体没有充分发展的自我意识，它只有自我意识水平以下的感情和冲动，因此群体的存在实际上只是一种自然层面的存在，完全遵循自然流变的法则。群体的行为选择严格受制于先在的原因，可通过一种完备的知识体系对其进行预测。[10](p.144) 所以，在尼布尔写这本著作时所亲历的群体道德意识逐渐下行的这种趋势，需要依托政治手段来解决，而那些坚持个人完善的信仰团体则被视为是逃避社会历史的理想主义者，因为基督教伦理并没有具体体现在社会结构中。因此，涉及社会群体时，尼布尔主张追求的社会公义就是对耶稣所教导的个人化的、爱的社会性实践，这在豪尔沃斯看来，尼布尔的关于个人与群体的观点可以被理解为："耶稣的伦理至多可以直接应用在个人或者两者之间的关系上。当我们集结成群体时，我们需要更现实、更实际的进路，也就是更重视社会中人之本质的进路。耶稣可能说过要爱仇敌，但我们现代人更饱经世故，我们知道，把这样一种爱应用于当代复杂社会问题是不切实际的。因此，要为公义奋斗，公义是耶稣更简单、更个体化之爱的一种具体、现实、可在社会上应用的形式。"[11](p.60) 换言之，按照尼布尔的这个逻辑，无论是个人还是群体，即使不知道上帝的箴言，也还会相信公义，并为之实现而做出努力。

豪尔沃斯将这一看法视为后君士坦丁教会神学理性的实例，因为尼布尔的社会伦理学中所称的社会群体指的是具有共同利益而结成群体，因而也就有了统一的意志，采取统一行动，共同承担行为后果的个体组合。比如国家就是"通过政府机构组织起来共同生活，并且在一定限度内表达共同意志的"[12](p.163)。而无论是国家政治制度文明，还是基督教文明，哪一个消失了，都不会影响二者前期留下的缩影。说到这里，尼布尔所呈现出的矛盾点便显而易见。一方面，他说："……群体的存在实际上只是一种自然层面的存在，完全遵循自然流变的法则。群体的行为选择严格受制于先在的原因，可通过一种完备的知识体系对其进行预测。"另一方面他又说，无论是国家作为一个政府机构社群，还是宗教群体都能够因为曾经以"社群"为单位建构过某种文明，便不会在群体消失后而将其文明一并清零。因为"群体组织的生死之间不像个人生命那样有一个简单界限"[13](p.144)。可以说，被称为基督教伦理学家的尼布尔并没有在早期著作中清晰地厘清群体与个人之间的辩证关系，或者说他着重于探讨如何在国家制度文明下实现社会正义的现实意义，进而忽略了基督教伦理学首先是"上帝国度"的伦理这一特殊性。而豪尔沃斯所要讨论的基督教伦理学是对于基督徒来说，教会才是最重要的伦理单元，也即是说，"社会伦理"的传统指称乃是一种无谓的同义反复。所有基督教伦理都是社会伦理，因为基督教所有的伦理都预设了一个社会、群体、政治的起点之——教会。通过教导、支持、牺牲、崇拜以及对教会的委身，平民大众能够做出某些特别的甚至是英勇的举动，并非出于他们自身的天赋或能力，而是因为他们拥有一个足以支持基督徒德性的群体。[14](p.64) 所以基督教伦理是一种"学术规范"，简单来说，它的任务相当于"提词器"的功能，提醒教会群体记得如何说出并活出福音的话语。伦理与群体之间是相辅相成的关系，就好像婴幼儿咿呀学语，他/她先学会的一定不是语法规则，而是先从模仿说出字、词开始，群体就是提供咿呀学语的环境，伦理就是经历了一段学习与实践以后所掌握的语法规则，在这段相辅相成的关系中它居于第二位，它成就于人们的群体生活方式上。因此教会要做的事，就是在基督徒生活中让一些重要的榜样影响教会，例如效法耶稣基督的言行成就和平。

综上，基督教伦理学并非一套独立的体系，它居于基督教神学之内。因此，基督教伦理学对道德议题的讨论与反思必须围绕神学的核心之福音。豪尔沃斯的基督教伦理学思想主张基督徒群体的道德生活是以效法耶稣基督为核心，作为行为者的基督徒的言行与为人处事要以耶稣的行事作为参考标准。所以豪尔沃斯从叙事、品格、视界和教会群体的角度建构道德生命，他首先设定人类的存在和行动具有偶发性和历史性之特殊性本质。那么，自我的品格对道德的想象（视界），以及对真理的探求都体现在特定传统的实践和故事叙事之中。具体而言，品格主导道德生命的持续性，它不是与生俱来的，而是通过所处成长环境已知的传统叙事（包括信仰）所塑造，并在明确的意图指向下培养而成。豪尔沃斯思考基督教教义作为一种社群性、语法性的规则，在训练视界的过程中可能产生的作用。因为教义的意义在于信徒如何使用它，若用得连贯一致，便可证明教义的真理性，所以通过特殊的"文化—语言"体系的训练，基督徒可能据此真实地认知自己和这个世界。这样一来，可以得出圣经叙事为视界的训练提供了语言技能与道德想象力的空间，而品格和视界之间的辩证关系会为彼此的形成与发展起到相辅相成的作用。并且，圣经叙事将耶稣基督生命中重要的主题与日常生活联系起来，凸显了群体的重要性，以至于脱离群体的语境将无法理解圣经叙事的意义。因此，圣经叙事的真理离不开教会群体的实践。只有教会群体通过效法圣经叙事中耶稣基督用爱、宽恕、牺牲自己、忍耐与盼望塑造自身和平的品格，并将这一品格践行出来时，才能见证圣经叙事的真理性。

二 塑造和平品格的现实局限性与可实践性

时至今日，战争依旧以这样或是那样的理由在部分地区进行着。反观人类社会，尤其是对战争的看法，人们有时甚至会在看到其他国家的战乱局面感到些许安慰，因为这些报告证实了他们自己的假设，即，他们被一种优越的制度和文化传统所保护。所以生活于这样的社会环境里，他们站在一种优越与自豪的制高点上用自欺欺人的态度面对世界，在这种自我欺骗中不断地"训练"与强化自身优越的视界。然而具有讽刺意味的是，这样的社会越是证实这种自我欺骗，生活就越危险。他们失去了识别"危险是什么"和"危险在哪里"的技能。因此，在这种被"训练"到失去辨识危险的程度时，欺骗便成为不公正的滋生地，因为掩盖世界危险的必要性使人们不可能面对社会秩序的那些方面，这些方面给别人造成不平等的负担。这种安全阴谋迫使人们视邻居为陌生人。因此，豪尔沃斯认为良好而公正的社会需要一种叙事，它帮助人们了解"存在"的真相，并抵御充满诱惑力的自我欺骗。[15](p.18)

而有着基督宗教信仰传统的美国社会，有必要重新思考圣经叙事能在塑造良好而公正的社会过程中能够做些什么。因为豪尔沃斯认为："基督徒本应是爱好和平的人，有什么可能的理由能促使他们积极地相互对抗呢？耶稣教导我们这样做似乎不合他的品格，基督教团体也不应该遵循这样的训诫。只有当我们看到这种对峙才是和平的核心时，我们才会理解和平是一种美德。"[16](p.319)也就是说，无论基督徒置身于何种相对抗的境况时，在做出决定前如果能回想到耶稣是如何做的，而后再选择解决方案，便真正理解了缔造和平是被耶稣示范过的德性。但这并不意味着和平就是避免冲突；相反，基督徒必须参与分歧，以克服诉诸暴力而赢得和平的诱惑。因为冲突无处不在，相比"知道自己真正想要什么"来说，人们似乎更容易知道自己厌恶什么，甚至是仇恨什么，所以生活更多地由人们所厌恶的因素所支配。人们没有把缔造和平视为一种美德，为什么人们似乎不愿把缔造和平视为一种美德？豪尔沃斯怀疑这是因为："我们认为美德是每个人都应该拥有的个人特征，而不管他们在任何特定的群体中是什么成员。但是，正如我希望表明的那样，对美德的这种理解即使不是完全的错误，也太有限了。因为，亚里士多德主张有些美德，如正义和友谊，是与某些关系相关的，没有这些关系，就不可能存在。建立和平是一种美德，因为教会相信和平（以及一种非常特殊的和平）是其本质的本质特征。"[17](p.319)那么如何正确理解缔造和平是一种美德的关键是——如何理解缔造和平是一种什么样的活动？在这样的背景下，《马太福音》（18:15-22）中的这段话对于理解和平作为一种美德提供了重要的参考性：

> 倘若你的弟兄若得罪你，你就去，趁着只有他和你在一处的时候，指出他的错来，他若听你，你便得了你的弟兄；他若不听，你就另外带一两个人同去，要凭两三个人的口作见证，句句都可定准。若是不听他们，就告诉教会；若是不听教会，就看他像外邦人和税吏一样……那时彼得进来，对耶稣说："主啊，我弟兄得罪我，我当饶恕他几次呢？到七次可以吗？"耶稣说："我对你说，不是到七次，乃是到七十个七次。"

豪尔沃斯认为，人们倾向于把缔造和平看作解决冲突的过程，而不是置身于冲突之中。但是置身于冲突之中也是缔造和平的一种方式，因为通常，人们不会在非暴力的处境中去主动思考和平的意义。即使面对他人所置身的暴力处境，也会因"事不关己高高挂起"，相信时间或是其他方式会解决与治愈他们因暴力而带来的创伤。但是站在基督教信仰的立场上，豪尔沃斯认为马太福音的这段经文是"耶稣似乎一直在与一套完全不同的预设打交道，这些预设是关于什么是一个和平与缔造和平的共同体所必需的。似乎和平并不是没有冲突的名称，而是一个知道它是以一个被宽恕的民族团体身份，共同生活在一起而形成的生活样式与做法。这样一个团体不能'忽视'彼此的罪行，因为他们知道，这种罪行是对团体和平的威胁。"[18](p.321) 换言之，缔造和平应是基督徒的共同信念，每个人都不应该将生命只视为"自己的"，且将因他人对自己的冒犯带来的不满情绪隐藏，认为那才是自己应该为缔造和平、避免冲突所做的事工。而是应该意识到他人的冒犯，不仅仅是针对自己的，而是对整个社会都具有冒犯的潜在冲突。如果自身不对这种冒犯做出反应，久而久之便习惯于忍受类似的过程，在沉默中躲避了冲突，表面上是建立了一种"皆大欢喜"的和平局面，实际上躲避是一个人为了掩盖他人的罪而加深了自己的罪。从这个角度来看，建立和平绝非事不关己之事，反而是要求最高的道德任务。

豪尔沃斯认为上述马太福音中这一段经文有趣的地方之一是："它假设基督教团体将会包含冲突和错误，问题不在于这种冲突能否消除，而在于基督徒在教会内如何处理这种冲突。冲突不应被忽视或否认，相反，冲突可能涉及罪，且被迫进入公开。面对他人的冒犯或是罪行必须这样做，因为耶稣带来的平安不是安息的平安，而是真理的平安。就像没有真理的爱会被诅咒一样，没有真理的和平也会被诅咒。简而言之，维护和平是基督教团体的美德，如果教会要成为一群真正和平相处的人民，就必须具备这种美德。"[19](p.321) 这种美德的塑造需要一个前提，便是基督徒首先要学会认识到自身的罪，因为罪是极其根本的，以至于必须通过学习才能确认罪的本质。就像人们在理解实在的性质时高估了自身的意志，进而导致本来想拥有建立一切满足自我所需的自由，却在这一过程中桎梏于各种各样的不可抗力与权势中失去自由，"想拥有"变成"被拥有"。莱茵霍尔德·尼布尔将人们的这种罪称为是一种权力欲。[20](p.59) 即，人因为无知而陷于一种有限的思想中，但是又不甘愿承认这种有限。所以假定自己可以利用现有的一切去逐步超越这种有限，直到他的思想可以等同于宇宙的思想，以此来抵消外界对自身带来的不安全感。但是这种权力欲超出了人类的受造性，所以在有限的桎梏与试图突破有限的张力中，人被自身的欲望所驱使，扰乱了造物界的和谐。圣经用宗教和道德来为罪做出定义，宗教层面上的罪就是人背叛上帝，企图代替上帝的意志去行事。道德和社会层面上的罪就是不公义（injustice），就是人们错误的行使自由，将自己的欲求当成实在的中心，于是乎就必然会导向迫使他人服从自己的意志，因而对其他生命不公义。[21](p.59) 因此，基督教伦理学不应拘泥于规则与原则的教导，而是关乎自我作为"行为者"需要怎样转化，以致能真确地认识自己，以及如何看待世界。所以站在信仰的立场上，豪尔沃斯认为受众通过对圣经叙事的确信与学习，知晓如何运用那既关乎别人也关乎自己的罪之形式，而后选择跟随耶稣基督，做他的门徒，展开上帝在十字架上为救赎罪所成就的生活方式。这种展开不是需要信徒依靠某些特别的直接体验来呈现，而是要求基督徒真真切切地意识到耶稣的生、死，以及复活这一段生命轨迹所承担的责任。学习效仿上帝，乃是学习他因为拯救罪所呈现的品格，语言和相关的习惯使我们有可能知道什么是罪人。只有在这样的基础上，豪尔沃斯说："我们才有能力避免武断地判断，因为我们学会把我们彼此之间的关系视为有助于我们为共同利益服务的，一种持续的话语传统的一部分。至少在基督徒中，这样做的好处是成为一个被赦免的群体，被授权见证神借着拿撒勒人耶稣所建立的和平国度。"[22](p.323) 这样一来，基督徒把其生命的定位与上帝子民的历史相关联，作为一个教会群体，唯有基督徒在历史上不断地维系一群和平子民所必须有的德性，并将其与行为统一起来塑造成能够确认"我是谁"的品格，才能使之与上帝在耶稣基督之生命里所做的工相称。

然而，有人提出质疑："如果豪尔沃斯所说的有关和平之品格的形成是建立在对基督教生活形式及其语言的'充分'训练上的。那么，由于语言的使用是包含人们自己的生活方式在内的，具有地域文化差异所呈现出的特殊性，所以即使每一个基督教团体因着对耶稣的承诺而团结在一起，却仍然有自己本地化的，离散的语言。"[23](p.113) 也就是说，当豪尔沃斯认为只有经过被教会充分塑造的门徒才能真正理解上帝的真理时，他回避了语言的特殊性这个问题，他只是期望通过教会形成共同体（communities）训练门徒如何使用语言来塑造和构建他们的世界，为他们自己的主张建立客观的条件。但是由于没有详细说明如何理解教会共同体所彰显的伦理对所有基督徒都是规范的，所以其所阐述的教会共同体成为一群能够被区分出来的品格群体并不现实。

尽管如此，渴望和平是全世界人类共同的愿望，不管它实际践行起来是多么的难以令人信服，对它的追求却始终是世界各国人民共同追求的目标，也是其他学科共同致力于探讨如何使其更具有可对话性与实践性的动力。豪尔沃斯将基督论（坚持唯有耶稣的品格才是人应具备的本质）与教会论（教会的实践建基于效法耶稣基督）相结合起来，以此来实践通过训练与塑造，教会群体能够呈现出将爱、宽恕、牺牲自己、忍耐、友谊与盼望统一在一起的和平之品格。这一品格的实践者是教会群体，教会的本质取决于对圣经文本叙事中耶稣基督的生命所展示的样式，耶稣的出生、传道、受难与复活叙述完整地体现了非暴力所做的事工。因此，和平是耶稣基督的品格，也是教会应该培养门徒所具备的品格。对于战争，豪尔沃斯也是主张战争不能够从本质上解决问题，越南战争对美国造成的灾难与身心的创伤难以估量，但是他本人并不认同将和平划归为乌托邦的阵营，因为他认为和平本身并不是一种空想，事实上和平的确是全世界人类共同追求的目标。耶稣基督的和平品格是建立在圣灵论与末世论基础之上，对非暴力有表达的源头，也在实际生活中发挥着作用，例如马丁·路德·金的非暴力运动就是最好的见证。因此，对基督徒来说，其生命的主要规范就是呈现一种不抵抗的、非暴力的、和平的品格。

三 结语

在价值观日益多元化的现代世界，很多颠覆人们传统观念的新兴价值观出现，使得具有差异性的价值观之间存在着诸多争议，源于实证主义的价值中立主张令价值疑难问题陷入两难之中，并不能有效地从根本上解决人们所担忧的问题。而对于秩序、安全感与归属感的追求，令人们不得不依赖于什么让自己选择某种价值。在美国功利主义环境中曾经流行这样一种世俗的观点，即"每个人都需要信点什么"[24](p.7)。但豪尔沃斯认为这是一种君士坦丁式的断言，教会应该在多元主义环境的事实底下有一种自己的回应方式。因此，基督教伦理学首先应从"基督教"这一限定词的意义出发，以教会这样一种特殊性的团体所能呈现出的社群伦理为研究方向，成为豪尔沃斯构建和平主义思想的背景。在他看来，和平是一种品格，"我们应该成为具备何种品格的人"是基督教伦理学主要关注的焦点。作为教会群体，成员都是因着共同的、对上帝的信而聚集在一起。信心是对耶稣基督的忠诚，因为耶稣就是上帝和平国度的宣讲者，所以信就是在基督的生命里找到属于自己的真正的生命。[25](p.139) 因信而跟从耶稣的教导，便要求基督徒以耶稣本身为起始点，学习成为耶稣的门徒，从而学习变得好像上帝。[26](p.117)。因为耶稣所成就的就是为和平立下楷模，令跟从者能够在他的生命中认识上帝的和平，从而基督徒能够效法耶稣基督的样式，与上帝、与自己、与他人建立和平的关系。

据此，豪尔沃斯以耶稣的生平、受难与复活叙事作为基督教神学与伦理学所要研究的核心议题，探求以"行为者"为中心的伦理学。通过对德性伦理的意义就在于其是对某种品格的培养之内涵的延伸，论述教会在圣灵引领下转化生命的可能性。教会的任务是要通过牧养，使得耶稣基督的教导内化于基督徒的品格之中，进而在参与社会生活的过程中能够效仿耶稣基督的品格，彰显基督教有关和平的伦理。另外，豪尔沃斯的基督教伦理学思想还有值得我们反思的是，在中国，传统教会大多数属于或接近于"皈依者的教会"类型，圣俗二元论盛行。另一方面，近年来也有的城市新兴教会似乎又具有浓厚的政治性。对此，豪尔沃斯的基督教伦理学提供了一个新的教会模样范式，即教会既不应该沦为远离主流文化的宗教团体，也不应该成为具有某些以某种特殊社会诉求为导向的准政治组织。教会应该成为教会，在见证基督的行动里，把耶稣基督为和平所呈现的言行合一的道德样式传递给社会，借此影响社会。

参考文献

[1][16][17][18][19][22] John Berkman and Michael Cartwright eds., *The Hauerwas Reader*, Durham and London: Duke University Press, 2001.

[2][3][4][6] Stanley Hauerwas, *The Peaceable Kingdom*, Notre Dame, Ind.: University of Notre Dame Press, 1983.

[5][15] Stanley Hauerwas, *A Community of Character: Toward A Constructive Christian Social Ethic*, Notre Dame, Ind.: University of Notre Dame Press, 1981.

[7][古希腊]亚里士多德.尼各马可伦理学[M].廖申白译.商务印书馆，2003.

[8] Stanley Hauerwas, Matthew，Brazos, *Theological Commentary on the Bible*, Grand Rapids，Michigan：Brazos Press, 2006.

[9] Reinhold Niebuhr, *Moral Men and Immoral Society*, New York: Charles Scribner's Sons, 1960.

[10][12][13]刘时工.爱与正义：尼布尔基督教伦理思想研究[M].北京：中国社会科学出版社，2004.

[11][14][24][美]侯活士.异乡客：基督徒的拓荒生活[M].贺志勇译.北京：世界图书出版公司，2013.

[9][20][21][25][26][美]侯活士.和平的国度——基督教伦理学献议[M].纪荣智译.香港：基道出版社，2010.

[23] R.Scott Smith, *Virtue Ethics and Moral Knowledge: Philosophy of language after MacIntyre and Hauerwas*, New York: Routledge, 2017.

A Preliminary Study of Stanley Hauerwas's Peaceful Character

Abstract: "Pacifism" is considered by Stanley Hauerwas as the core doctrine of Christian ethics. It is an opportunity for his thought to jump out of the United States and begin to spread widely, and it has become one of the theological bases for countries that have been invaded by war to think about the issue of "reconciliation". Hauerwas believes that the significance of the existence of the church community is not to use external ethical rules or doctrines as a reference to try to change society accordingly but to imitate Jesus Christ's sacrifice of the personality of the ego for peace and internalize it in his own words and deeds so that the church could become a pacifist community. To clarify the logical context of Hauerwas's position, this article will be divided into three parts to demonstrate: firstly, Hauerwas intends to construct the horizontal relation between man and God based on narrative and character by attacking general ethics; Secondly, it explains that Hauerwas's view of pacifism tries to establish a peaceful community among the Christian churches, which has a longitudinal continuity. Finally, in his Christian ethical thought centered on "pacifism", Hauerwas seeks a unified foundation for the characteristics of horizontal and vertical continuity.

Keywords: Narrative; Character; Pacifism; Stanley Hauerwas

【作者简介】杨林（1986- ），女，天津师范大学政治与行政学院，政治学理论博士后。

巴蜀哲人

建构和输出新现代人文学知识体系，塑造"文化强国"的中国形象*

马正平

【内容摘要】在当代，人类知识的有效性进入了世界性困窘，全球后现代学科课程改革应运而生，但收效甚微。其根本的原因在于：传统西方学界对人类存在、认识和实践行为的研究，都是将其作为观察、分析、思考之对象的"对象性研究"，而未采取思维现象学的方式将其进行直观描述和原理模型的建构，且未进行统观性、跨学科统一原理的研究。于是当前的学科知识强调目标性的、焦点觉知的理性知识，而忽视附带性的、辅助性的、类理性的知识觉知。幸运的是，中国古代传统的知识型与传统西方的知识型完全不同，非常高明地强调了作为理性焦点觉知之辅助支柱的"类理性附带觉知"——"只可意会不可言传"的"精华"知识。因此，自20世纪70年代末以来，中国当代学者运用了思维现象学的方法，对人类存在状态和知行实践进行了思维直观描述与架构式研究，初步构建了超越前现代（1.0版）、现代（2.0版）、后现代（3.0版）的4.0版的"新现代人文学学科自主知识体系"，试图给人类知识观变革闯出新路径。由于"新现代人文学科自主知识"直观描述并建构了默会知识中焦点觉知与附带觉知的整合知识之真相，因此，具有极高的思维操作的有效性，目前在国外一些同行中产生了较大影响。更重要的是，4.0版人文学科自主知识体系是对"中马西"哲学思想之精华的融合。笔者还对4.0版人文学科的自主知识之更新、学科建设、对外输出与全球共享作了具体设想和建议。

---

* 国务院参事室、中央文史馆第八届"国学论坛"交流论文，2020年3月，北京。编者注：马正平教授欢迎学界同仁对其提出的理论和倡议进行批评和讨论。

【关键词】新现代人文学；思维现象学；默会认识论；中国文化输出共享

一 人类知识的有效性的世界性困窘境

当代世界哲学尤其是哲学社会科学、人文科学存在的根本问题是有效度很低的难题和困惑，导致这一后果的原因有二：一是从研究对象、内容上讲，西方哲学的历史是从本体论转向认识论，再从认识论最后转向实践论，形成了本体论哲学、认识论哲学和实践论哲学三大哲学世界的知识体系。这些对认识、实践的研究都是具体的个别认识（客体认识）之实践（道德实践、政治实践、物质生产实践、宗教、艺术的精神实践和生命实践）活动的研究，而没有对人类认识实践活动基本原理的研究。二是对个别的、具体的认识、实践活动的研究时，都是把它们作为客体认识活动和实践活动的对象、内容的进行对象性客体性研究，也就是把这些认识活动、实践活动作为客体对象进行观察、分析、解剖，从而分析它们的特征、性质、关系、运动规律。而未采取思维现象学方式对存在状态，认识和实践活动进行直观与描述和原理模型建构，进行统观性跨学科统一原理研究，这样一来，无论从研究内容上、研究对象、客体上有认识活动和实践活动的区别，但是就哲学研究方法上来，仍然是一种主客二元对立的认识论哲学的研究方法。于是，西方哲学本体论、认识论、实践论的哲学知识全是强调明言的、理性的、概念的、语言式的批判性目标性焦点觉知理性知识，从而忽视了默会性体知性附带性辅助性类理性知识觉知学科知识，因此缺乏认识和实践思维操作的有效性。

中国哲学与西方哲学不同的地方在于，中国哲学一开始就没有把本体世界、认识活动、实践活动作为认识的对象、内容进行分析、思辨和论述，形成主客二元对立的理性的认识论哲学。因此，黑格尔在《哲学史讲演录》将"哲学"定义为对存在着的事物的思维考察，因此他才说："哲学是从西方开始的"，"中国没有哲学"，有的只是道德教训。黑格尔并不知道的是，中国古代哲学是对本体存在、认识活动和实践活动的思维现象进行本质直观和现象学描述，因此产生的存在知识、认识知识、实践知识都是精华性的默会知识的显性化描述。中国古代哲学、美学、文艺理论的范畴就是这样有效性知识体系。

从文化的知识观的角度讲，西方文化的知识观自公元前5世纪前后的理性化趋向追求之后，理性主义的文化知识观一直是西方不舍的追求，而当笛卡尔"我思故我在"主客二元对立的主体性理性化的现代主义认识论哲学产生以后，更强化了西方对理性化、概念化、名言化的文化知识的揭示与寻求。这样的结果是，现代主义以来，西方的文化知识是具有高度的理性化、概念化、明言化特征。只是这样的文化知识，尤其是人文知识却缺乏应有的实践性、操作性。而中华文化的知识观很早就超越了理性知识的时代，而转向了对"只可意会，不可言传"的人类实践活动的默会或缄默知识进行思维现象学的直观、体验和语言描述，于是形成了近代或现代化之前的中国文化尤其是人文学科的古典性知识体系。那时的中国传统文化已经具备极高的深度和操作有效性。例如，由《尚书·尧典》中"诗言志"演化的"道"和后来的"气"论和意境说、境界说；同时也具有极高的实践思维的操作性，例如实践活动的思维操作程式。从"六诗"的"赋比兴"演化出了诗文写作思维操作模型章法："起承转合"。到清代桐城派时期，中国人文学的知识已经达到了炉火纯青的高度和实践操作有效性。

但是，基于西方文艺复兴、启蒙主义的现代主义思想传到中国以后，由于中国传统文化缺乏西方文艺复兴、启蒙主义现代理性化人文思想，因此，当西方文化传到中国以后，中国文化知识的合法性受到质疑批判和否定。于是，人文学科的全盘西化就这样产生了，中国传统文化就这样被否定尘封了。应该说，西方文艺复兴、启蒙主义的现代人文思想对中国传统文化知识内容的否定具有合法性。因为，正是西方现代文化的"科学"和"民主"两大主义使中国进入现代化世界；这是无可否认的。

但是，现代主义西方文化的知识形态的理性主义知识观却大成问题。当代最著名的知识论哲学家波兰尼认为，人类的知识是由一个共时性的整合结构形态：人类知识的表现形式是显性的、意识性的、理性的、目的性的、概念性的、焦点觉知的理性知识；而这个焦点的、理性的、知识判断之能够产生，却依赖、基于下意识的、无意识的、庄子所谓"只可意会不合言传"的、"精华性"的、附带觉知的、感性形式的知识，进而整合成一个知识整体。换言之，附带觉知的感性形式的知识是焦点目的的理性判断知识的辅助、支撑、证据系统。而中国文化的本质特征的区别就在这里——西方文化的知识是理性的焦点觉知的概念知识，而中国文化的知识则是附带觉知的、感性形式的、只可意会不可言传的默会知识。问题在于，一旦具有实践活动的、认识活动的、附带—辅助—支援性的默会知识，焦点理性的概念不说出来并无大碍；而只具有认识实践活动的、理性的、焦点觉知知识，则是空壳的、低效甚至无效的知识。正是因为这个原因，五四运动以后，从西方引进的语言学、文学、写作知识、后来从苏联引进的马克思主义哲学、美学知识就属于这种理性的、概念的、明言的焦点觉知知识。由于这些理性焦点觉知知识缺乏感性的、形式的、支援系统的附带觉知知识的支撑，故自20世纪初五四运动以来的语言学知识、文学知识、写作知识、美学知识、语文知识都既无深度，也无实践操作的有效性，一直受到国人的抵制与批判。

同样，西方的现代主义理性化明言性知识形态，遭到西方的后现代哲学思潮的严肃批判否定之后，又从一个极端走向另一个极端：转向感性化、经验化、建构化的知识观。这种感性经验建构的知识观回到经验状态之后，却缺乏原理性、概括性的哲学深度，因此，这是一种没有意义的退化的知识观，虽然他们反理性、反宏伟叙事的知识观具有知识观变革的推动性，但最终不能确立有效性的、具有新的哲学基础的理想的当代新知识观，因此，现在全世界的知识观问题处于进退两难的尴尬境地，十分焦急。

二 人类知识观变革的新出路、新探索、新成果

默会认识论—后批判哲学家波兰尼的知识现象学虽然揭示了人类知识形态的真相：焦点觉知与附带觉知的整合结构。但是，波兰尼认为，无意识、下意识、感性的、图式的、附带觉知的知识是难以言传的，所以他在教学方法论上创造了"带徒制"教学法，主张实践行为的附带觉知的默会知识只能采取"先生讲，学生看"的直观感受式来建构实践行为的附带觉知的默会知识。在某些学科是有可能的，但在文学、哲学等精神产品生产的实践活动中，这种语言的操作知识的默会知识是不能直观出来，无法让学生直观感受的。因此，波兰尼的默会认识论的、反理性的、后批判知识观是无法彻底揭示人类默会认识知识的语言形态的。

在这一点上，中国传统的知识形态解决了这一旷世难题。例如，"六诗"中的"风—赋比兴"就基本描述出了语言、文学、文章等人类精神生产的实践活动的默会知识体系。其中，"风"是诗歌所表达的境界、气象、风神之"美"，这是由艺术灵感所产生的审美动力学；而"赋、比"就是艺术思维、形象思维的重复与对比，即渲染与反衬的默会思维知识。而"兴"就是语言行文措辞中产生言外之意、象外之象的含蓄性修辞手法。这是艺术的形象思维学的基本规律原理。"风"后来演化为"文"（采）"文气""气象""风骨""意境""境界""氛围"的时空之美；"赋、比"后来发展成为"起—承—转—合"艺术篇章的章法结构基本原理。这就是章学诚所谓为"文"之的"法式""文学"的本来内涵。这样一来，"意境"美学和"起承转合"就基本揭示了语言、文学、文章制作的实践活动的高度操作性基本原理，但这套理论大多数西方人士看不懂的。

但是，现当代西方学者也从实践中探索出了与上述中国传统诗学、文学理论非常接近的现代知识形态。例如，西方在文艺复兴的"十四行诗"的结构模式，也是"起承转合"，这可能是受中国诗文结构章法学的影响所致。又如现代世界电影理论大师爱森斯坦的"蒙太奇"电影结构理论的本质就是"赋"的"重

复""渲染"性思维模型，和"比"的对比反衬的赋形思维操作模型的运用。由于"起—承—转—合"的本质是重复与对比的思维模型的黄金组合，因此我们认为，西方"蒙太奇"理论只是"起承转合"的零散部件，是一种不成体系的、不成熟的"起—承—转—合"理论。而"起—承—转—合"结构章法学则是一种成熟的、思维体系的"蒙太奇"篇章结构原理。再如，西方关于美本质的研究，自柏拉图之后，一直没有成功，但到了当代西方学者，尤其是欧洲德国、法国美学家将美本质理解为"非客体"的"氛围"和无形的"大象"，这已经快要接近中国古典传统美学关于美是什么的美本质认识——境界、氛围、时空——了。但是中国当代对审美思维的本质已经获得了成功的解决。

这样看来，西方人文学科关于诗学、文学、写作的默会知识境界的基本原理的探索和中国当代学者关于这个问题的研究成果还有明显的距离。也就是说，在这个问题上，中国人文学科的研究成果走在了西方学者的前头。下面以我40多年来潜心研究的时空美学、非构思写作学、非形式逻辑学、实践哲学原理和语文课程论成果为例进行证明。

1. 非构思写作学

由我建构起来的"非构思写作学"是当代中国的全新的写作学，也是一种新现代的全新的文学、艺术理论。非构思写作学认为，文章、文学、艺术创作并不需要理性的构思过程，而是运用渲染与反衬即重复与对比的艺术形象思维原理生成材料、结构、语言、标题甚至思想的过程。这是中国传统的"起承转合"文章章法论的新现代转化的中国式写作学，也就是郑板桥所谓"胸无成竹"的艺术创作理论。非构思写作学解决了文学艺术创作思维的形象思维原理，因而解决了文学、艺术、语言生成的实践思维操作性问题，因此，这种进入了思维现象学的写作艺术形象思维知识也解决了文学、艺术、言语知识的有效性问题。

2. 实践思维学、非形式逻辑学

非构思写作学的核心有效知识就是重复与对比即渲染与反衬的赋形思维、形象思维知识和分析与综合的路径思维知识。二者构成人类实践思维的非形式逻辑学基本原理性知识。这样就实现了鲍姆嘉通在《实践哲学》《美学》和《诗的随想》中所希望美学能够建立的与形式逻辑学并驾齐驱的姊妹逻辑学，即实践活动的非形式逻辑学的哲学梦想。或如维柯《新科学》中所谓"诗性智慧"。这显然是世界逻辑学史上第一对形式逻辑、抽象逻辑的超越与发展，这就为"实践哲学"的知识体系建构打下坚实的逻辑基础。

3. 时空美学

"时空美学"是继现代主义"实践美学"、新实践美学和后现代主义的"后实践美学"(即生命美学、超越美学、存在美学、身体美学)之后新现代主义思维现象学美学,学术深度处于国内外美学原理最前沿。因为"时空美学"是对文气论、意境论、境界说等中国传统的文论美学的新现代思维现象学转化与升华。一方面,时空美学揭示了美的本质,即"美本身"的两千多年美学难题。时空美学认为,美是从初始客体对象上创生出来的似客体的无限生命时空,即氛围。另一方面,时空美学揭示了审美本质,即审美思维的本质、审美思维本身是什么的两千多年美学难题。审美就是从初始客体对象上对无限生命时空的直观与折射创生的审美思维操作过程。更重要的是,时空美学受非构思写作学的写作思维原理的启发,发现了"直观"与"折射"的审美思维操作过程的本质奥秘。时空美学认为,所谓审美"直观"是审美主体在初始客体对象的形式上进行高速甚至光速的渲染与反衬的时空感觉累积浓化厚化的"艺术"创作过程;所谓审美"折射"是审美主体在初始客体对象的内容上,进行高速甚至光速的因果联想的时空感觉生成的艺术联想过程。这一点,在几千年的中西美学中,都是言语路断"不可思议"的最大难题,现在被时空美学彻底解决掉了。

4. 递变论知行哲学:新现代形而上"实践哲学"

由于人类写作活动、文学创作、艺术创作活动和审美活动都是一种实践活动,因此,当非构思写作学揭示了写作实践活动过程的内在机制、思维原理的"知行递变"写作哲学之后,实际上它就是实践哲学的部门、应用哲学了。由于个别中隐含着一般,因此,可以从"知行递变"写作哲学中联想上升到实践哲学的基本原理:知行递变的实践过程原理;同时,可以从重复与对比或渲染与反衬的赋形思维和分析与综合的路径思维原理中上升出实践活动的非形式实践逻辑学。此外,由于写作活动和审美活动都是对未体性的美的表达,并构成知行递变中的首个知的内含,因此,可以揭示出美(梦想)是实践活动的动力的实践动力学原理。于是,可以建构起实践哲学的基本原理的知识体系:一、时空论审美动力学;二、知行递变论实践过程论;三、赋形思维和路径思维的非形式实践逻辑学。这样的实践哲学实际上已经将认识过程和实践过程统一在一起的新现代"知行哲学"了,从而告别西方哲学将认知和实践分离的哲学阶段,进入将认知和实践进行整合的立体哲学境界了。

5. 新现代"历史哲学"和"历史学"

由于非构思写作活动或实践哲学中的"知行递变"的实践过程论也是人类历史的一个切片、横断面,而"知行递变"的本质就是重复与对比的赋形思维原理,也就是说,人类的历史不过是一个对人类审美和文化精神"有完没了"的重复与对比,或渲染与反衬的"知行递变"的宏观过程。正因为这个原因,所以，《易经》中的"杂卦传"才用重复与对比，或渲染与反衬的赋形思维原理来概括64卦的演化生成过程原理；由于"重复"与"对比"的赋形思维的路径思维是因果、构成、过程、程度的非形式逻辑，因此，重复与对比，或渲染与反衬的"知行递变"的宏观过程的赋形思维的路径思维也应该是因果、构成、过程、程度的非形式逻辑，正因如此，《易经》中的"序卦传"才用因果性原因分析和功能分析路径思维原理来概括64卦的因果性生成过程原理。这样，"知行递变"和重复与对比、渲染与反衬的赋形思维和因果性路径思维就是人类历史的实践逻辑维度的历史哲学的历时原理。另一方面，人类历史过程是一个文化发展过程的秉笔直书的记载，而非构思写作学理论中包含着写作文化学理论认为，一个（写作）文化事件（对人类生存处境的挑战与应对）的发生就是对时代社会的时空情绪、价值取向的发现与思维方式、行为规范的措施创造，因此历史问题、文化问题本质上都是时空情绪、价值取向、思维方式、规范创造的美学问题，这与马克思讲的"人是按照美的规律进行建造"的美是动力的实践动力学实践哲学原理十分吻合；而这就是人类历史的实践逻辑维度的审美动力的历史哲学原理。用这样的历史哲学会产生全新的人类历史、民族历史的书写模式。

6. 新现代"言语学"

目前的索绪尔现代语言学是受现代主客二元对立的认识论哲学方法论产生出来的分析语言的句子结构关系的客体语言学，这种语言学与文学、写作创作活动中语言艺术行为技巧没有多少关系，因此，现代结构主义已经成为不受学生老师欢迎的非文学、非审美、非艺术的无用文学学科。由于非构思写作学的行文措辞学实际上是一种言语艺术思维学，因此，可以在行文措辞学基础上建构一种完全超越索绪尔的现代结构语言学的"新现代言语学"，这种言语学研究的是音法学、字法学、词法学、句法学，即语音创造、文字创造、词汇创造和句子创造思维和审美规律，这种言语学这对中小学语文教学和大学文学、写作教育具有十分重大的意义，也对语言艺术智能化提出了新的突破思路。音法学、字法学言语学还是一种人类史前文明的考古学。

7. 非构思写作课程与教学论与非构思语文课程与教学论

将非构思写作学的写作知识作为写作课程内容进行教学课程和教学方法的改革，由此就建构起了非构思写作课程教学论的大学中文师范专业的写作教育学的学科与课程。这样非构思写作课程与教学论既可运用到大学写作课程教学中，也可以运用到中小学语文的写作教学中去。

8. 非构思阅读学、本义阐释学和综合阐释学

将非构思写作赋形思维和路径思维的知识运用到文学与文章作品的阅读活动

中去，就可建构一门非构思阅读学的学科与课程，从而真正科学理解文章的本来意义。这样的非构思阅读学实际上也是一门本义阐释学，这样就将贝蒂的本义阐释学即逻辑阐释学得到证实和实现。在此基础上，将文本本义放到具体的阅读、阐释语境前见创建新的意义，这样我们就会建构一门既能准确科学地获得作者的文本本义，又能使人创生语境意义的综合阐释学，这样就完全超越伽达默尔的后现代的主观阐释的哲学阐释学。这样的综合阐释学也是新现代的认识哲学或认知哲学。

9. 非构思语文课程与教学与动力论的新现代教育学

将非构思写作课程与教学论与非构思阅读教学论整合起来，可以建构非构思语文课程与教学论，也可称动力学语文课程与教学论。个别中包含一般，因此，我们可以从非构思语文课程与教学论，即动力学语文课程与教学论中抽象升华出新现代的非构思教育学即动力教学。这种教育学就是强调学生的思维、审美、文化、学科技能素养的人格素养之后的学科默会知识课程与教学的一般课程论和教育学，这样就可实现党和国家"立德树人"的伟大教育战略，也是中国传统的儒家教育思想的当代转化的成果。

10. 4.0版新现代人文学自主知识体系

人文学科包含语言学、文学、历史学、哲学、考古学、艺术、教育学七门具体学科。由于考古学可以包含在历史学中，因此，我们上边介绍的新现代主义的文学（写作学）、历史学（含考古学）、语言学（言语学）、哲学（时空美学、实践哲学、非形式逻辑实践思维学）、教育学（非构思写作或语文课程教育学、动力教育学）已经涵盖了人文学科全部学科领域了。如果说人类古代即前现代人文知识是1.0版，现代主义人文知识是2.0版，后现代主义人文知识是3.0版的话，这样一来，我们的新现代人文学科知识就令世界当代人文学科的知识进入4.0版了，于是，世界当代人文学科的知识体系就进入当代最前沿了。

三 新现代人文学科自主知识的深刻性、有效性与影响力

上述新现代人文学科的全新知识已经进入人类文化最深处的思维现象学（实践思维模型和实践审美思维）原理的高度。因此，它既具有高度的哲理性、理论性，又具有高度的实践操作性、有效性。正是因为这样，目前这套自主知识体系不仅在国内学术界和教育界具有较大影响，而且对国外学术界也产生了一定的影响。下列事实可以充分证明在哲学高度上，我们新现代人文学科的全新知识所蕴含的哲学思想与世界哲学大师同步，并在很多方面有所超越：

（1）"非构思写作学"的"非构思"写作哲学理念与哈耶克的人类活动的

"非设计"的"自发秩序"实践哲学原理不谋而合。

（2）"非构思写作学""时空美学"的全部写作知识都是写作和审美的默会知识的显性化，这与当代后现代的著名的后批判哲学家波兰尼的默会认识论的不谋而合。

（3）我们的"时空美学"中的美，既非客体，也非主体，而是一个是"似客体"的无限生命时空的"似客体"概念，与当代欧洲汉学家美学家朱利安的"非客体"的哲学概念完全相同，并比他早提出15年。

（4）更重要的是，"非构思写作学""时空美学"的全部写作知识都是写作和审美的默会知识的显性化，而且是对写作和审美的思维现象学的默会知识的显性化。而"思维现象学"使当代人类知识观进入最前沿。

（5）我们在非构思写作学知识基础上发展、建构出来的关于语言行为思维规律的"言语学"（音法学、字法学、词法学、句法学）是对索绪尔的现代结构语言学的彻底超越，这样将作为认识论科学性的静态结构"语言学"变革为实践论的艺术性的动态行为的语言学，这是当代的一场伟大的语言学革命。

（6）我们从非构思写作哲学中升华建构出来的关于人类一般实践活动的基本原理的实践（不是道德、政治、物质生产、艺术或精神生产实践哲学）形而上学研究的递变论"知行哲学"，这是哲学界的重大突破和变革。

（7）非构思写作学和时空美学中包含的实践思维学和实践逻辑学，是超越形式逻辑、抽象逻辑的非形式逻辑和形象思维学的基本原理。这是世界逻辑学从形式逻辑发展到非形式逻辑的重大突破和重大成果。

（8）我们建设的"非构思写作学"的写作知识，"揭示了人类写作活动的奥秘"（著名文学理论家林兴宅先生语），实现了"哲理性与操作性的统一"（著名文学理论家孙绍振先生语），其编写的《高等写作学教程系列》（1—5册）是"中国当代写作学走向成熟的标志性建筑"（著名文学理论家孙绍振先生语），因此，2002年就被选为教育部"面向21世纪课程教材"；2008年，我们建设的"写作学"课程被评选为全国高校写作课成首门"国家级精品课程"；2013年被评选为全国高校写作课唯一的"国家级精品资源共享课程"，其104节视频课程向国内外播出，疫情期间曾被全国很多大学慕课作为教学教材。非构思写作学的理念和教材，不仅为中国高校中文和非中文专业的写作课程教材，而且为基础教育的语文教学的作文和阅读教学的课程理论和教学方法的教学资源使用。甚至著名语文教育家深圳教科所程绍堂教授级研究员说："如今，如果不学习非构思写作学，已经无法实现语文课程改革的目标了。"我们从网络上可以看到，现在江苏、福建、广东、浙江、深圳、四川、重庆很多著名特级教师都在运用这套语文教学思想进行语文课程与教学改革的立项研究。

不仅如此，非构思写作学的知识体系和教材受到国外的语文教学专家的高度评价与运用。新加坡国立教师教育学院的语文课程部主任申请前来四川师大进修马正平教授的非构思写作学，其向新加坡教育部的申报理由是："根据学术查新发现：四川师大马正平教授的非构思写作学的原理性与操作性处于世界学术前沿。"日本早稻田大学文学系某教授认为，基于非构思写作学的作文教学课程模型与知识体系已经进入思维原理层，已经处于国际学术前沿，并邀请去日本进行非构思写作学的学术交流。中国香港、澳门、台湾的写作和语文教学界专家同样给予基于非构思语文教学以很高的评价，所以被邀请去进行学术交流。非构思写作学在文学界的反应也很强烈。知识网《知乎》上有人提问题：要进行文学创作，读哪些书最有作用：有网友推荐了5本写作书：其中第一本就是马正平主编主撰的《高等写作思维训练教程》，其余才是美国、法国等外国学者关于文学创作方面的著作。

（9）由于马正平的非形式逻辑学或实践思维学揭示了艺术（形象）思维、逻辑思维等实践逻辑的操作化原理和思维模型。中国思维科学学会组织编辑出版的大型文献述评性著作《中国思维科学研究报告（1987—2007）》隆重介绍了163名思维科学学者，前15名是"钱学森、潘菽、高觉敷、曹日昌、车文博、田运、朱智贤、林崇德、戴汝为、钱学敏；马正平（四川师大）、孙小礼（北京大学）、于景元（中国社科院）、赵光武（北京大学）、王霁（中国人民大学）"，马正平排名第11位。排马正平之前10位和之后的5位都是国内著名心理学、思维学学者（参见中国思维科学学会主编《中国思维科学研究报告》，中国社会出版社2007年版，第8页）。

（10）马正平所著《生命的空间：〈人间词话〉的当代解读》（中国社会科学出版社2000年版）是目前国内第一部研究《人间词话》美学的专门性著作。中山大学李砾博士、教授在作为国内研究王国维《人间词话》美学思想的第一篇博士论文《〈人间词话〉辨》（导师：饶芃子教授）在《导言》中开宗明义指出："上世纪80年代以来，《人间词话》的研究有许多新的气象和成果。佛雏、叶嘉莹、陈鸿祥、马正平、周一平等海内外学者力图对《人间词话》作较为全面、系统的探讨。他们的思路开始摆脱以往研究的某些局限，将《人间词话》研究领到一个新的广阔的空间。"（第1页）然后在介绍当前海内外《人间词话》研究主要成就时，在介绍了佛雏先生《王国维诗学研究》、叶嘉莹先生《王国维及其文学批评》之后，便是对马正平《生命的空间》的介绍。华南师大党委书记、校长王国健教授主编的《世纪之交中国古代文学研究问题聚焦》一书认为："马正平在《生命的空间——〈人间词话〉当代解读》"突破了通行的'境界'即'情景交融'论和'境界'即'艺术形象'论，让人耳目一新。而作者是在对王氏《人间词话》文本和相关论著进行了整体系统的考察基础上得出这一结论的，因而较有说服力。""对'境界'说的内在体系探讨最为细致深入的还是马正平。马正平的研究是继叶嘉莹、陈良运之后探讨《人间词话》'境界'说系统性问题最重要的成果。""这一部分介绍'世纪之交'《人间词话》研究两本最有代表性的专著：1.陈鸿祥《〈人间词·人间词话〉注评》（略）；2.马正平《生命的空间——〈人间词话〉的当代解读》……是二十多年来王国维《人间词话》境界说理论研究的新收获，是近年来王国维美学与文论思想研究的一次重要突破。这种突破，主要是通过对王国维美学概念、美学体系、美学主旨的还原来实现的，而最终则实现了对中国传统美学与文论思想的迷人风采的还原。""如果马正平的这个说法能够成立，其《解读》一书的价值就不仅仅在于《人间词话》研究，而更在于它可能动摇20世纪用西方美学文学理论建构起来的中国现代文学理论体系。"（王国健主编：《世纪之交中国古代文学研究问题聚焦》，广东教育出版社2007年版）

四　中国4.0版人文学科知识体系是"中马西"的融合

前述新现代人文学科知识体系一方面是中国古代或前现代传统人文学科的当代转化与升华，另一方面也是马克思主义和西方古代当代人文学科知识的新现代阐释。因此，它是一个"中马西"人文学科知识体系的新现代转化、融合与升华。以"实践哲学"为例，新现代人文学科知识体系中的核心形而上实践原理论实践哲学就是如此。这种实践哲学中的实践动力学——实践审美动力学，与马克思讲的"人是按照美的规律进行建造的"的著名观点吻合。而这"美"是一个"似客体"的"末体"，这与柏拉图讲的造床木匠的床的"理念"，以及马克思讲的"建筑师比蜜蜂高明的地方在于建筑师在造房子之前房子的表象就先在于建筑师的头脑里"相吻合的。而马克思讲的"美的规律"，就是人的"内在尺度"，这个"内在尺度"就是我的时空美学中的"生命时空"或"时空情绪"，这也是海德格尔的生命澄明的存在感。这一切都是属于"审美论实践动力学"的实践哲学原理之一。我们所谓"知行递变"的实践过程论实践哲学原理，与马克思主义的"历史唯物主义"和"辩证唯物主义"是相通的：其中，历史与逻辑的统一的观点就是人类实践活动因果性相生逻辑，即《易传》中的《序卦传》的因果相生逻辑。而我们所谓实践活动的重复与对比的赋形思维逻辑，正是黑格尔讲的"正—反—合"、马克思主义讲的"否定之否定"的实践辩证法，即《易传》中的《杂卦传》的重复与对比的辩证赋形思维的实践逻辑。这两种实践逻辑是整合在一起的，也就是说，因果相生的实践逻辑背后是对人类文化精神、美学精神的重复与对比、渲染与反衬。这样的"知行递变"的实践哲学原理就实现了中马西实践哲学深处的统一沟通，即把中马西传统人文文化实现了新现代的转化与升华了。除了（实践）哲学以外，其他人文学科——语言学、文学、历史学、考古学、教育学——也可作如是观。

五 加强 4.0 版人文学科自主知识更新与学科建设

目前国内学科课程体系中的人文（语言学、文学、哲学、历史学、考古学、艺术学、教育学）学科的课程知识体系仍然停留在现代主义认识论哲学基础和方法论基础之上，知识陈旧，实践操作性有效性极差，还不如中国古代或前现代人文知识的理论性、操作性和有效性，遭到学生和老师的排斥。为了实现中华传统文化的真正复兴，实现文化强国的伟大"中国梦"，因此，建议中宣部国家教材局、国家教育部、新闻出版总署联合实施"中华传统人文学科复兴工程"的文化强国的教育工程，对大学的语言文学专业、历史专业、哲学专业、艺术专业和教育专业的课程进行 4.0 版中国人文学科的知识更新的课程革命和学科建设。用这种从中华传统文化中转化、升华出来的新现代 4.0 版中国人文学科的知识武装我国人文学科大学生的理想的思维与审美素质和能力。

对"中华传统人文学科复兴工程"（简称"华工程"），应该像党中央的"马克思主义理论研究和建设工程"（简称"马工程"）那样重视。甚至认为，应该用"华工程"去诠释"马工程"，就像用中国道家、儒家的思想去诠释来自印度的佛教那样，最后创造了中国式佛教"禅宗"那样去影响中国、影响世界。这样，才能把马克思主义的人文思想与中国固有的儒道释的人文学科思想相结合，才能真正建构新时代的理想的人文学科知识体系。由此，显示中国作为文化强国的文化实力和文化自信。这个问题的实质就是把"马工程"实现"华工程"化，也可以说是把"华工程"实现"马工程"化。

由于新世纪初以来基础教育的课程改革，实际上并未进行真正的学科课程知识的变革，仅仅是教学方法、学习方法的后现代转向，因此，并未完成真正的课程改革的伟大任务。与此同时，4.0 版中国人文学科的自主知识更新的课程革命和学科建设成果对基础教育中的语文课程、历史课程、艺术课程、思政课程进行相应的 4.0 版中国人文学科自主知识体系更新的课程改革。以提高基础教育中对孩子们进行真正的中国人文学科的思维和审美文化素养和能力，从而建构每个学科的核心素养，只有这样才能真正实现党和国家"立德树人"的伟大教育战略思想。这是关于国内的文化强国的具体方案设想。

六　加强 4.0 版中国人文学科自主知识体系对外输出

既然 4.0 版中国人文学科的自主知识体系已经实现了中国传统人文学科知识的当代即新现代转化与升华，基本实现中国传统文化的当代复兴，并且与马克思主义、西方文化的人文学科知识的沟通与融合，在很多方面已经超越了西方人文知识的深刻性、操作性和有效性。为了展示中国传统文化实力的高度和自信，为了世界各国进行文化学术沟通交流，我们建议国家组织力量将我国学者的 4.0 版中国人文学科自主知识体系的学术专著、大学教材和基础教育的人文学科课程教材进行翻译，向世界推广，由于这是一套既具有理论的深刻性、哲理性，又具有实践操作性、高度有效性的新现代人文学科的自主知识体系，通过这套 4.0 版中国人文学科的自主知识体系在全世界的推广、共享，我国就可以在全世界塑造是"文化大国""文化强国"的中国形象与盛世英名。

Construct and Export a New Modern Autonomous System of Humanities, and Shape the Image of China as a Cultural Power

Abstract：In contemporary times, the validity of human knowledge has endured a worldwide predicament, and a global postmodern subject curriculum reform has emerged, but with little effect. The fundamental reason is that the Westernized research paradigm on human existence, cognition and practical activities falls into the category of "objectified research", taking them as the objects of observation, analysis and thinking, without adopting the "thinking-phenomenology" approach to intuitively describe them and construct a principle model, and it does not carry out an overall research for a comprehensive, interdisciplinary and unified principle. Therefore, the current intradisciplinary knowledge emphasizes rational knowledge of goal-oriented and focused awareness, while ignoring incidental, auxiliary, and rational-like knowledge awareness. Fortunately, the ancient Chinese traditional paradigm of knowledge is completely different from that of the West, and very cleverly emphasizes the "rational-like incidental awareness" as an auxiliary pillar of rational focused awareness—the "essence" of the knowledge that "can only be understood and cannot be conveyed". Therefore, since the end of 1970s, contemporary Chinese scholars have used the approach of thinking-phenomenology to conduct intuitive thinking descriptions and structural research on the state of human existence and the practices of cognition-action（知行）, and have initially constructed a "new modern autonomous knowledge system of humanities" (4.0 version) that surpasses the pre-modern (1.0 version), modern (2.0 version), and postmodern (3.0 version) knowledge system, trying to open up a new path for the reform of epistemology. Because this "new modern autonomous knowledge system of humanities" intuitively describes and constructs the truth of the integrated knowledge of both focused awareness and incidental awareness in tacit knowledge, it has a high effectiveness of thinking operations and has a great influence on some foreign counterparts. More importantly, this 4.0 version is a fusion of the essence of "Western, Marxist and Chinese" philosophy. I also made specific ideas and suggestions on the updating, disciplinary constructing, exporting and global sharing of 4.0 version of autonomous knowledge system of humanities.

Key words: New Modern Humanities; Phenomenology of Thinking; Tacit Epistemology; Chinese Culture Export and Sharing

【作者简介】马正平（1950- ），男，四川西充人，系四川师范大学文学院二级教授，博士生导师，享受国务院政府特殊津贴专家、四川省政府文史研究馆馆员、中国写作学会原副会长、中国写作学会青年写作理论家协会创会会长，中华美学学会资深会员、中国思维科学学会常务理事。主要从事新现代主义哲学背景下的时空美学、非构思写作学、实践哲学、语文课程与教学论和言语（音法、字法、词法、句法）学研究。

《哲学探索》征稿启事

当今世界已陷入后人类风险社会。日益加大的人口压力，不堪重负的环境生态，足以毁灭地球的核武器和核工业，无节制研发应用的新技术，世界大流行的疫灾，日益丛林化的国际政经秩序，无限度膨胀的欲求和愈演愈烈的物质主义伦理文化……诸现象已造成层出不穷的根本性生存难题，正以不同的方式向哲学涌现，寻求终极的生存论答案；与此同时，传统哲学也获得当世激励，哲学自身那些根本的、常在的、永恒的问题必将接受多元存在境遇的再审问。为促进哲学探索的当世繁荣，需凭借更适切的交流载体。据此，四川师范大学哲学学院创办的《哲学探索》辑刊，其宗旨是"追踪当世哲学发展的方向、态势和进程，报道后人类进程中的思想、成果和方法，聚焦风险世界重大哲学问题的讨论与争鸣"。诚邀海内外哲学家和跨领域思想者不吝赐稿。

一 基本准则

本刊以学术质量为生命，对稿件实行严格的"查重"和"三审"制度。编辑部既充分尊重匿名评审专家的意见，更认真对待作者提出的任何异议，以确保客观公正。为一流学者搭建高水平的学术交流平台，更为青年才俊构筑思想精神的家园。

二 常设栏目

1. 思想家自述（篇幅：15000—30000字）

为中外哲学家、思想家提供系统地自我推介体系性思想、理论和方法的交流平台。

2. 前沿问题研究（篇幅：10000—20000字）

（1）原创的哲学思想；新哲学词典诠释；新的哲学观念或思想的辩证探讨。

（2）生活世界不断涌现出来的重大最新存在问题的哲学思考、检讨、追问。

3. 哲学与人类未来（篇幅：10000—15000字）

（1）人口、环境、新技术（尤其人工智能、基因工程、会聚技术、大数据分析、人脸识别）、疫病、海洋争夺、太空开发、军备竞赛等涌现出来的人类问题与哲学—伦理责任。

（2）后人类进程中的政治和教育等方面的哲学问题。

4. 传统与当代（篇幅：10000—15000 字）

（1）哲学自身的根本的、长在的、永恒的问题的当世呈现或再审问。

（2）哲学范式传统的比较研究；古今经典文本的新解或重释。

（3）连续统进程中的生活哲学、生活伦理、生活美学问题。

5. 学术专访（篇幅：8000—9000 字）

（1）基本主题：哲学的当代发展与未来。

（2）内容要求：内生极强碰撞力和张力空间的最新思想火花、哲学灵感、形上直观。

（3）受访对象：成名哲学—思想家；中青年哲学学人。

6. 批评与对话（篇幅：8000—20000 字）

（1）范围：高水平的哲学新著书评；古今不同哲学思想、方法的比较研究与批判；当世哲人不同哲学主张、观点、思想的批评与交流；当世重大哲学问题的讨论与争鸣。

（2）要求：杜平庸；尚真知；论理道。

7. 巴蜀哲人（篇幅：10000—15000 字）

（1）巴蜀历代哲学家—思想家的哲学—思想研究。

（2）当世巴蜀哲学学人的创新性研究成果。

三　酬劳与版权

本刊以学术质量为准则，实行优稿优酬。

本刊已加入信息网络系统，凡来稿即视为同意加入网络版，发放的稿费同时包含网络版稿费。

凡在本刊刊发的文章，版权归本刊所有，任何形式与媒介的转载、翻译、结集出版均须事先取得本刊编委会的书面许可，并注明出处和版权归属。

四　投稿

本刊只接受电子投稿。唯一收稿信箱：zhexts@sicnu.edu.cn。

联系电话：028-84765981；028-84761198。

五　稿件体例

1. 文稿请按题目、作者、内容摘要、关键词、正文、参考文献、英文文摘（包括题目和关键词）、作者简介之次序撰写。若研究论文为基金项目，请在首页末以注释方式列出课题项目名称、课题编号。

2. 需要在文末提供作者工作单位、学位、职称和研究方向等简介；附作者详细通信地址、电子邮箱、电话和微信号。

六　引证标注

1. 引文注释与参考文献合二为一，置于文尾，格式如下：

（1）参考文献的页码注于文中引文的后引号外面，如："……"[1]（p.28）

（2）参考文献实行通标序号。格式：[1][2][3]……

（3）多次引用同一条参考文献，须注明不同引注序号。

2. 示例：

[1] 韦政通. 中国思想史 [M]. 上. 上海：上海书店出版社，2003.

[2][5][12] 郝大维，安乐哲. 通过孔子而思 [M]. 何金俐译. 北京：北京大学出版社，2005.

[3] 汪林茂. 工具理性思路下的清末文字改革运动 [J]. 浙江大学学报（人文社会科学版），2008(5).

[4][6] Ronald Farmer, *Beyond the Impasse: The Promise of a Process Hermeneutic*, Mercer University Press, 1997.

[7] Eggers, Daniel, "Hobbes and Game Theory Revisited: Zero-Sum Games in the State of Nature", *The Southern Journal of Philosophy*, 2011, 49(3).

3. 说明性和解释性注释，标注于当页下，采取"每页编号"，格式：①②③……

《哲学探索》编委会

2021 年 12 月